Peter Christian Scholtz

Pet. Chr. Heinr. Scholtz, Predigers zu Bovenau im Herzogthum Holstein,

Entwurf einer Kirchengeschichte des Herzogthums Holstein

Peter Christian Scholtz

Pet. Chr. Heinr. Scholtz, Predigers zu Bovenau im Herzogthum Holstein,
Entwurf einer Kirchengeschichte des Herzogthums Holstein

ISBN/EAN: 9783743692145

Hergestellt in Europa, USA, Kanada, Australien, Japan

Cover: Foto ©Lupo / pixelio.de

Weitere Bücher finden Sie auf **www.hansebooks.com**

Pet. Chr. Heinr. Scholtz,
Predigers zu Bovenau im Herzogthum Holstein,

Entwurf
einer
Kirchengeschichte
des
Herzogthums Holstein.

Schwerin und Wismar,
im Verlage der Bödnerschen Buchhandlung
1791.

Vorbericht.

Die Geschichte des Landes, in welchem mich die Vorsehung den Anfang des Lebens hat machen lassen, und worin ich meinen Aufenthalt habe, zu erforschen, ist mir von Jugend auf eine angenehme und unterhaltende Beschäftigung gewesen. Ehe ich das Amt eines Predigers, welches ich nunmehro durch die Gnade und den Beistand meines Gottes 24 Jahre bekleide, antrat, hatte ich Gelegenheit, mich an solchen Orten aufzuhalten, wo ich meine Wisbegierde durch die Sammlung mancher Nachrichten, die einen Bezug auf mein Vaterland hatten, bereichern konnte. Dies reizte mein Verlangen, in der Erforschung der Schicksale des Lan-

Vorbericht.

des, dem ich alles schuldig bin, weiter zu gehen. Je mehr ich mich bemühete zu forschen, desto stärker häufte sich der Vorrath, den ich zusammen brachte, und mit dem Anwachse der Nachrichten, welche ich erhalten hatte, vermehrte sich auch der Trieb, das Gesammlete vollständiger zu machen.

Wie ich darauf den Beruf zu dem Amte, das die Versöhnung predigt, erhielte, ist zwar meine Beschäftigung auf manche Art unterbrochen; dennoch habe ich nicht unterlassen, meine Nebenstunden auf die Untersuchung der Geschichte meines Vaterlandes zu verwenden. Ich gestehe es, diese Arbeit hat mir manches Vergnügen geschenket, und ich sehe es als eine Pflicht an, die ich mir selbst schuldig bin, von der Zeit, welche mir außer meinen Amtsgeschäften zu meinem eigenen Gebrauche überlassen ist, Rechenschaft abzulegen. Obgleich, wie die Erfahrung lehret, das Feld der Geschichte, wenn man in die ältern Zeiten zurückgehet, wüste liegt, indem unsre Vorfahren die Ge-

legen=

Vorbericht.

legenheit, die sich ihnen darbot, um für die Nachwelt zu sorgen, nicht genutzet haben; und in unsern Zeiten sehr Viele dies Geschäfte für überflüssig ansehn; so halte ich es um so viel nöthiger, das Andenken dessen, was sich vormals zugetragen hat, zu erneuren, und solches auf die Nachkommen zu bringen.

Die Schicksale der Religion eines Landes kennen zu lernen, und die Spuren der weisen Vorsehung in der Erhaltung der Kirche zu bemerken, giebt denen, die auf die Wege des Herrn aufmerksam sind, die beste Ermunterung zum Preise der Güte des Ewigen. Man wird hier unterrichtet, wie verfinstert der Zustand der Menschen gewesen ist, denen das Licht der Offenbarung fehlte, und die nur blos das Licht der Natur als die einzige Erkenntnißquelle hatten. Man siehet, wie weit sich solche haben verleiten, und von dem Ziele der Bestimmung abführen lassen, die die göttlichen Wahrheiten mit Erdichtungen und Aberglauben

Vorbericht.

vermischten, und dadurch den ganzen Werth der liebenswürdigen Religion des größten Wohlthäters der Menschen auf eine bedaurenswürdige Weise verdunkelten. Die Geschichte der Religion, wenn man in die verfinsterten Zeiten des Heidenthums zurückgehet, aber auch einen Blick auf den kirchlichen Zustand vor der Reformation wirft, unterrichtet uns von den dunkeln und verborgenen Wegen der Regierung, die sich in der Haushaltung Gottes auf Erden offenbaret.

Um so viel mehr haben die Einwohner eines Landes Ursache, die Güte des Höchsten zu preisen, wenn er nicht nur sein Wort gegeben hat; sondern auch dasselbe lauter und ohne Verfälschung und Irrthümern verkündigen lässet. Diese Wohlthat, dieses schätzbare Glück genießet Holstein nun schon so viele Jahre. Es kann sich nicht allein rühmen, daß es von der Glaubensverbesserung an solche Regenten gehabt, welche große Verehrer der seligmachenden Lehre des Evangelii gewesen sind,

Vorbericht.

sind, sondern die auch selbst alle Sorgfalt angewandt haben, Unwissenheit, Irrthum und Aberglauben auszurotten, und alles zu veranstalten, damit das Wort Gottes rein und unverfälscht verkündiget werden möchte. Sind es nunmehro 1000 Jahre, daß der erste Funke des Evangelii hier anglimmete; so sind schon über 260 Jahre verflossen, seitdem die christliche Religion in ihrer Lauterkeit geprediget wird.

So wenig man von den Schicksalen und von den Begebenheiten der Religion in Holstein eine zusammenhängende Nachricht bisher antrift; so ungezweifelt hoffe ich, daß die Geschichte der Kirche meines Vaterlandes, welche ich jetzo darstelle, denen, die Freunde derselben sind, nicht unangenehm seyn werde. Ich nenne diese Geschichte einen Entwurf, weil ich, wenn ich alles, was von dem Kirchenzustande Holsteins gesagt werden kann, weitläuftig hätte anführen wollen, solches in so enge Schranken nicht hätte eingeschlossen werden kön-

Vorbericht.

kommen. Dennoch habe ich keinen wichtigen Umstand, welcher in die Geschichte der Kirche einen Einfluß hat, unbemerkt gelassen. Meine Absicht bei der Bekanntmachung dieses Werks zielet dahin, denen, welche mit mir in einem Lande wohnen, und mit mir gleiche Wohlthaten genießen, die Schicksale der Kirche ihres Vaterlandes in der Kürze zu überliefern. Diese Absicht denke ich durch diese Schrift zu erreichen.

Der Herr, der bis jetzo so gnädig über Holstein gewacht und das Licht des Glaubens unverfälscht in demselben erhalten hat, wolle solches bis an das Ende der Tage leuchten lassen. Bovenau den 7ten August 1790.

Inhalt.

Erster Theil.

Von dem Zustande der Religion in Holstein
in heidnischen Zeiten — — — 1

Erster Abschnitt.

Von der Religion der alten Teutschen — —

Zweiter Abschnitt.

Von der Religion der Holsteiner in heidnischen
Zeiten — — — — — 18

Erste Abtheilung.

Von der Religion der Sachsen in Holstein — —

Zweite Abtheilung.

Von der Religion der Wandalen und Wenden in Holstein 39

Inhalt.

Zweiter Theil.

	Seite
Von dem Anfang und Fortgang der christlichen Religion in Holstein bis auf die Reformation	55

Erster Abschnitt.

Von der Bekehrung der Holsteiner zum christlichen Glauben

Zweiter Abschnitt.

Von dem Zustande der christlichen Religion in Holstein unter den Erzbischöfen in Hamburg und Bischöfen in Lübeck und Oldenburg — — 66

Erste Abtheilung.

Von den Erzbischöfen in Hamburg — — — —

Zweite Abtheilung.

Von den Bischöfen in Oldenburg und Lübeck — 109

Dritter Abschnitt.

Von dem Zustande der Religion, der Kirchen, der Geistlichen und der Klöster in Holstein vor der Reformation — — — 182

Inhalt.

Erste Abtheilung.

Von dem Zustande der Religion in Holstein vor der Reformation — — — — — — Seite 182.

Zweite Abtheilung.

Von den Kirchen in Holstein vor der Reformation — 194

Dritte Abtheilung.

Von den Geistlichen in Holstein vor der Reformation 203

Vierte Abtheilung.

Von den Klöstern und geistlichen Verbindungen vor der Reformation — — — — — 205

Dritter Theil.

Von der Beschaffenheit der Religion in Holstein von Anfang der Kirchenverbesserung bis auf die gegenwärtige Zeit — — 223

Erster Abschnitt.

Von der Kirchenverbesserung in Holstein — —

Zweiter Abschnitt.

Von den Aufsehern über die Kirchen in Holstein nach der Reformation — — — — 238

Inhalt.

Erste Abtheilung.

Von den königlichen Generalsuperintendenten in Holstein — Seite 257

Zweite Abtheilung.

Von den ehemals fürstlichen Generalsuperintendenten in Holstein — — — — — 269

Dritte Abtheilung.

Von den holsteinischen Superintendenten des Bischofs zu Lübeck — — — — 283

Dritter Abschnitt.

Von den merkwürdigsten Begebenheiten in der Kirchengeschichte Holsteins von der Reformation bis auf die gegenwärtige Zeit — — 288

Erster Theil.

Von
dem Zustande der Religion
in Holstein
in heidnischen Zeiten.

Erster Abschnitt.
Von der
Religion der alten Teutschen.

Da die alten Teutschen ihren gröſten Ruhm im Kriege suchten und sich durch Tapferkeit auszeichneten; so haben sie uns selbst nichts von ihren Sitten und von ihrer Lebensart, und noch weniger von ihrer Gottesverehrung hinterlassen. Die Griechen und Römer, welche durch die Wissenschaften aufgeklärter waren, und sich klüger und verständiger als andere Völker hielten, nannten alle Nationen, deren Sprache ihnen unbekannt war, und die sie nicht anders, als aus den Kriegen, welche sie mit ihnen führten, kennen lernten, Barbaren. Auch die Teutschen muſten sich diese Benennung beilegen laſſen. Sie sahen sie als wilde und ungesittete Menschen an, von denen sie glaub=

ten, daß sie ihr vorzüglichstes Verdienst im Rauben und im Morden suchten.

Daß die ersten Einwohner Teutschlands, welche ihren Ursprung von Ascenas a), dem Enkel Japfets, haben sollen, aus unterschiedenen Völkern bestanden haben, welche ihre Wohnörter oft veränderten, und aus einer Gegend in die andre zogen, ist keinem Zweifel unterworfen. Ein schwächeres Volk muste dem stärkern weichen, und dis gab ihnen die beste Anleitung, sich in den Waffen zu üben. Durch ihre Wanderungen machten sie sich andern bekannt, aber auch furchtbar. Cäsar sagt von ihnen, daß sie sich nicht über ein Jahr an einem Orte aufgehalten, und mehr von der Viehzucht als vom Ackerbau sich ernähret hätten b). Die Jagd war ihr vornehmstes Geschäfte, wenn sie sich zu Hause aufhielten, und sie achteten dieselbe, nebst dem Feldzuge, nur für Männer anständig, indem sie die Besorgung des Hauswesens und die Zubereitung der Nahrungsmittel den Weibern überließen.

So dunkel die Geschichte Teutschlands ist, wenn wir auf die ältesten Bewohner desselben sehen; so sind wol die Römer diejenigen, durch welche wir einige Erkenntniß von ihren Sitten und Religionsgebräuchen erhalten haben. Diese sandten in verschiedene Gegenden des bevölkerten Erdkreises solche aus, welche sich nach der Verfassung der Länder und Einwohner erkundigen, und davon Bericht abstatten mußten. Auch in Teutschland und

---

a) Clüver. germ. antiqua L. 1. c. 4. 5.
b) Iul. Caes. de bello gall. L. 4.

und in die nördlichen Länder wurde ein Mann mit Namen Theodor gesandt, welcher sich über 29 Jahre beschäftigte *), einen vollständigen Bericht von dem Zustande der Länder und Völker, welche er durchreisete, abzustatten. Aus diesem Berichte sowol, als aus den mit den Teutschen geführten Kriegen, haben uns die Römer mit den Einwohnern des alten Teutschlands, welche von ihnen nebst allen nach Norden wohnenden Völkern Celten oder Nordländische Leute genannt wurden, bekannt gemacht.

Ob nun gleich von diesen Celten, wozu auch die Einwohner Frankreichs, Englands und anderer benachbarten Länder gerechnet wurden, eine unterschiedene Art, das göttliche Wesen zu verehren, beobachtet wurde; so war dennoch bey ihnen der Gebrauch, einem höhern Wesen eine gewisse Ehrerbietung zu erzeigen, allgemein. Daß ein Gott sey, konnten sie aus den Werken der Natur wahrnehmen, aber, wie sie ihn anbeten und ihm auf eine ihm wohlgefällige Weise dienen sollten, war ihnen unbekannt. Dennoch gereichet es den ältesten Teutschen zum Ruhm, daß sie ihre Gottesverehrung blos auf diejenigen Gegenstände eingeschränket haben, von welchen ihnen auf eine sichtbare Weise Hülfe widerfuhr. Sie machten sich nicht selbstgeschnitzte Bilder, welchen sie ihre Hochachtung erzeigten, sondern vielmehr die über ihrem Haupte schwebende Weltkörper, als Sonne, Mond und Sterne, deren Einfluß auf ihre irdische Wohlfahrt sie so deutlich verspürten, verehrten sie als wohl-

c) Io. Micraelii Pommerl. L. 1, 6.

wohlthätige Gottheiten. Julius Cäsar, welcher in den Kriegen, die er mit den alten Teutschen geführet hat, Gelegenheit hatte, sich um die Sitten und Gebräuche dieses Volks zu bekümmern, hat uns davon einige Nachricht hinterlassen. Von dem Gottesdienste der ältesten Einwohner Teutschlands, so viel er davon hatte in Erfahrung bringen können, machet er uns folgende Beschreibung: „Die Teutschen haben keine Priester, welche die „Religionsgebräuche beobachten, noch die Opfer „verrichten. Sie halten die allein für Göt-„ter, welche sie vor Augen haben, und von wel-„chen sie Hülfe verspüren, nehmlich die Sonne, „das Feuer und den Mond, von den andern wis-„sen sie gar nichts d).„ Es ist dieses zwar nur von denjenigen Einwohnern Teutschlands zu verstehen, welche an Frankreich und Italien gränzten: allein es ist zu vermuthen, daß auch die Bewohner des disseitigen oder nördlichen Teutschlands die Sitten und Gebräuche, wie auch den Gottesdienst ihrer Landsleute werden angenommen haben.

Da ihre Beschäftigung darin bestund, Kriege mit den Nachbaren zu führen, und auf die Jagd zu gehen; so konnte es nicht fehlen, daß ihre Sitten rauh und ohne Bildung waren. Demohngeachtet kann ihnen das Lob der Keuschheit und der Gutthätigkeit gegen Fremde nicht abgesprochen werden.

d) Iul. Caef. de bello gall. L. VI, 127. Germani neque Druides habent, qui rebus divinis praesint, neque sacrificiis student. Deorum numero eos solos ducunt, quos cernunt, et quorum opibus sperte iuvantur, Solem et Vulcanum et Lunam; reliquos ne fama quidem acceperunt.

ben. Die Hurerei und der Ehebruch wurden von ihnen auf das schärfste bestraft. Solche, welche ihre Ehre verscherzet hatten, wurden nicht nur nackend ausgezogen und ihnen die Haare abgeschnitten, sondern sie musten auch, nachdem sie zuvor gestäupet worden, den Ort ihres Aufenthalts verlassen, und sich von den Ihrigen entfernen. Tacitus, welcher ohngefähr 100 Jahre nach der Geburt Christi lebte, berichtet uns von ihnen, daß sie mit einer Frau sich begnügen lassen e).

Ihre Gutthätigkeit gegen Fremde und ihre Gastfreyheit war nach den damaligen wilden Zeiten ein Beweis ihrer edelmüthigen Gesinnung und ihres natürlich guten Herzens. Sie nahmen solche, welche aus andern Gegenden zu ihnen kamen, mit der größten Bereitwilligkeit auf, und bewiesen ihnen alle Merkmale der Freundschaft. Mit Vergnügen erlaubten sie Fremden den Aufenthalt in ihren Häusern, und unterhielten sie mit Lebensmitteln. Ja es war sogar bei ihnen eine nicht geringe Schande, wenn jemand die Pflichten der Gastfreyheit verletzte, und kein Mitleiden gegen diejenigen, die Hülfe suchten, blicken ließ. Cäsar rühmet von ihnen: „Sie halten es für eine Schande, „Fremde, wenn sie sich um einiger Ursache willen „bei ihnen einfinden, zu beleidigen. Sie schützen „sie wider die Ungerechtigkeit andrer, und geben „nicht zu, daß man ihnen etwas zuwider thue. „Ihre Häuser stehen ihnen zum Aufenthalt immer „offen, und sie theilen mit ihnen die Speisen und „die

---

e) Tacit. de morib. germ. Prope soli barbarorum singulis uxoribus contenti sunt.

"die Lebensmittel, die sie besitzen f).„ Hieraus kann man die Güte ihres Herzens, und wie wenig man ihnen die Tugend der Menschenliebe absprechen könne, deutlich wahrnehmen.

Haine und Wälder waren die Oerter, wo sie sich versammleten, ihre Verehrung einem höhern Wesen zu erzeigen. Sonne und Mond, deren Einfluß auf ihre Erhaltung sie so sichtbar bemerkten, sahen sie als ihre täglichen Wohlthäter an, und eben daher war es kein Wunder, daß sie diesen Weltkörpern eine vorzügliche Hochachtung und Ehrerbietung blicken ließen. Das Andenken derer, welche sich durch gute Handlungen und durch Heldenmuth bei ihnen verdient gemacht hatten, blieb unvergeßlich, und sie pflanzten das Gedächtniß derselben durch Lobgedichte auf ihre Nachkommen fort. Tempel und solche Gebäude, worin man Götzenbilder mit knechtischer Ehrfurcht anbetete, war den ersten und ältesten Teutschen fremd und unbekannt. Sie beobachteten ihren Gottesdienst auf freyem Felde nur blos unter der Bedeckung der Zweige von Bäumen, und hielten es für unanständig, das göttliche Wesen unter einem Bilde zu verehren, oder sich von demselben eine äußerliche Vorstellung zu machen. Tacitus berichtet von ihnen: „Sie halten es für unerlaubt, „Gott in ein Haus einzuschließen, und ihn

„unter

---

f) Iul. Caef. de bello gall. L. VI. c. 23. Hospites violare fas non putant, qui qusque de causa ad eos venerunt, ab iniuria prohibent, sanctosque habent, iis omnium domus patent, victusque communicatur.

„unter der Gestalt eines Menschen zu verehren g).

So war die Religion und der Gottesdienst der ältesten Teutschen beschaffen. Sie wusten von keinen Tempeln, in welchen eine ungeheure Menge von Götzen, bei welchen verfinsterte Menschen fast für alle Bedürfnisse dieses Lebens Schutz und Hülfe suchten, zur Schau aufgestellet waren. Mit einer erstaunenden und bewundernswürdigen Mühe brachten sie Steine zusammen, und häuften sie an und auf einander. Hier versammleten sie sich bei den wichtigsten Angelegenheiten, und berathschlagten sich in Geschäften, welche die Religion oder das allgemeine Wohl der Nation betraf. Wo findet man in Teutschland nicht noch in unsern Zeiten die Denkmäler der Zusammenkünfte unsrer heidnischen Vorfahren? Wer muß nicht erstaunen, wenn er ungeheure Steine siehet, welche von Menschen zusammengebracht sind, denen viele Werkzeuge fehlten, welche nur jetzo Unternehmungen von dieser Art leicht machen, weil wir sie besitzen.

Durch die Kriege, welche die Teutschen mit ihren angränzenden Nachbaren, und besonders mit den Römern, als dem damals berühmtesten und angesehensten Volke des Erdbodens führten, lernten sie die Gebräuche ihrer Feinde kennen, aber auch zugleich ihre Abgötterei und ihren Götzendienst. Unmöglich konnten sie mit ihnen bekannt wer-

---

g) Tacit. de mor. germ. Cohibere parietibus Deos atque in ullum humani oris speciem assimilare nefas existimant.

werden, daß sie nicht auch ihren Gebräuchen in der Verehrung der eingebildeten Götter hätten folgen sollen. Noch ein andrer Umstand, und dieser wol hauptsächlich soll den Einwohnern Teutschlands eine Veranlassung gegeben haben, ihre Sitten, und mit denselben ihre väterliche Religion zu verändern. Man behauptet, daß 24 Jahre, oder wie andre vorgeben, 490 Jahre vor der Geburt Christi ein gewisser Othin mit vielem Volke aus Asien sogar bis nach Norden gekommen sei, und alles überschwemmet habe [h]). Er nahete sich nicht nur diesen Cymbrischen Gegenden, sondern begab sich auch nach Dännemark, Schweden und Norwegen. Weil er nicht allein ein König und Anführer eines mächtigen Volks war, sondern sich auch für den obersten Priester ausgab, so war es ihm ein leichtes, die Völker, welche er durch seine Gewalt bezwang, zur Abgötterei und zum Götzendienst zu verleiten [i]). Seine Tapferkeit, wodurch er

---

[h]) Die Geschichtschreiber führen zwei Othins, Odins oder Oden an, die sich aus Asien in diese nördlichen Gegenden begeben haben. Der letztere soll aus einer Stadt, die Asgard geheißen hat, und in welcher er als Held und Obervorsteher des Götzendienstes seinen Aufenthalt hatte, aus Furcht für die römischen Waffen nach Rusland, von dannen nach Sachsen und endlich nach Norden gewichen seyn. Nachdem er sich des Königreichs Schweden bemächtiget hatte, hat er ganze Colonien Götzendiener hereingeführet und seine Abgötterei allenthalben ausgebreitet. Dis soll kurz vor der Geburt Christi geschehen seyn, und will man behaupten, daß dieser den Namen Othin nach dem erstern angenommen habe. Filenii disp. de sacris pont. gentil.

[i]) Arnck. Cymb. H. R. 21. Snorc Sturles. Chr. Norv. P. I.

er ganze Völker besiegte und sie zum Gehorsam brachte, und seine Gesetze, welche er ihnen vorschrieb, erwarben ihm bei den Nachkommen eine göttliche Ehre.

Die Bekanntschaft mit den Römern sowol als die Ankunft dieses Othins, welcher sich durch seine Macht und durch die Würde des Priesterthums, welches er vorgab, bei den bezwungenen und überwundenen Nationen ein Ansehen zu verschaffen wuste, veränderten die Sitten und die Religionsgebräuche der Teutschen. Hatten sie bisher nur blos Sonne und Mond als göttliche Wohlthäter verehret; so ließen sie sich jetzo verführen, denenselben Götter, die ihnen bekannt geworden waren, an die Seite zu setzen. Sie machten sich, wie andre Völker, Bilder, welchen sie die Ehre, die dem einigen und höchsten Wesen zukommt, erzeigten. Sie sonderten ihnen Oerter aus, wo sie sich zum Dienste derselben zu gewissen Zeiten und an bestimmten Tagen versammleten. Sie erbaueten ihnen zum Theil Tempel, in welchen sie ihre geänderten Religionsgebräuche verrichteten, und ihnen Gaben und Opfer, um sich ihre Beschützung und ihren Beistand zu erwerben, darbrachten. Auf diese Weise erhielt die Religion in Teutschland eine ganz andre Gestalt. Mit der Veränderung der Religion und des Gottesdienstes musten sich auch natürlicherweise ihre Gebräuche ändern.

P. I. n. 1. 4. Edda in praef. c. 3. Cluv. Germ. ant. L. I. c. 2. 9. Ad. Br. de Situ Dan. 143. Steph. in not. ad Sax. L. 6. 139. Holb. Dän. R. H. I, 44.

Findet man, daß die verfinsterten und in Unwissenheit lebenden Heiden sich nach den Bedürfnissen dieses Lebens Götter erdachten, welche den Menschen nach der Macht, die sie ihnen anvertrauet zu seyn glaubten, sich wohlthätig erzeigen könnten; so vermehrte sich auch bei den Teutschen durch die Folge der Zeit die Anzahl der Götter. Es ist fast unglaublich, welch ein Heer von Götzenbildern in den unterschiedenen Gegenden Teutschlands verehret worden ist. Eine jede Provinz hatte gleichsam ihren Schutzgott, welcher vor andern vorzüglicher Ehre gewürdiget wurde. Die Sonne und der Mond blieben ihnen freilich immer wichtige Wohlthäter, und sie erzeigten bei veränderten Religionsgebräuchen denselben noch immer ihre Hochachtung. Die Sonne sahen sie als eine Mutter ihres Urhebers des Theut an, von welchem die Teutschen den Namen haben sollen. Aus der Ursache auch die Teutschen, wie man vorgiebt, unter allen Völkern nur allein die Sonne als ein genus foemininum gebrauchen [k]. Auch der Mond war ihnen wichtig, und sie beobachteten die Ab- und Zunahme desselben mit vieler Aufmerksamkeit. Die Zeit des Neumondes hielten sie für besonders glücklich, um etwas Wichtiges zu unternehmen und auszuführen. Sie feierten daher dem Neumond zu Ehren ein großes Fest, an welchem sie Merkmale der Freude und des Vergnügens äußerten [l].

Die

---

[k] Hildebrand. Rit. orunt. c. 1.
[l] Tacit. de. mor. Germ. Ad. Brem. H. Ec. L. I. c. 6.

Die vornehmsten Götter der Teutschen, nachdem sie ihre väterliche Religion geändert hatten, waren der Tuisco oder Thies und Ties; der Thor, Thoren oder Thonar; der Wodan oder Othin; die Freia, Fria oder Frigg; der Crodo oder Sater; die Irmensäule und außer diesen viele andre. So wie die beiden ersten Tage in der Woche ihre Benennung von der Sonne und dem Monde haben; so sollen die 5 übrigen Tage nach den angesehensten Götzen der Teutschen den Namen empfangen haben. Tuisco soll der erste König und Stammherr der Teutschen gewesen seyn. Von ihm behaupten einige Geschichtschreiber, daß er das geistliche und weltliche Regiment, die Religion und das Policeiwesen angeordnet habe. Einige halten ihn für einen Sohn des Ascenas. Sein Alter rechnen sie auf 200 Jahre und seine Regierung auf 176 m). Der Dienstag soll von ihm die Benennung erhalten haben, und wird dieser Tuisco oder Thies als ein Gott der Gerechtigkeit vorgestellet. Daher es auch bei den Teutschen der Gebrauch war, am Dienstage Gericht zu halten n). Von dem Thor, aus dessen Munde Blitz und Donner ging, soll der Donnerstag seinen Ursprung haben. Sein Bild ist, wie einige behaupten, andre aber mit Recht in Zweifel ziehen, an dem Orte, wo jetzo die berühmte Handelstadt Hamburg stehet, in heidnischen Zeiten verehret wor-

---

m) Aventin. Bavr. Chron. L. I. Tacit. de mor. Germ. — celebrant antiquis carminibus Tuisconum Deum.

n) Arnck. Cymbr. H. Rel. 105.

worden °). Nach dem Wodan, welcher ein Kriegsgott war, nannten sie den Mittewochen den Wodansdag. Der Freitag hat seinen Namen von der Freia. Das Götzenbild dieser Freia war zu Magdeburg, und stellte auf einem Wagen eine nackende Weibsperson stehend vor. Des Haupt bedeckte ein Myrtenkranz, auf der Brust brannte eine Fackel und in der rechten Hand trug sie die Welt; in der linken aber 3 Pomeranzen. Hinter ihr stunden die drei Grazien, welche ihre Gaben mit abgewandtem Gesichte überreichten. Den Wagen zogen zwei Schwäne und zwei Tauben P). Der Abgott Crodo oder Sater, nach welchem die Teutschen den Sonnabend Satertag nannten, stellte einen alten hagern Mann im bloßen Haupte, mit nackter Brust und mit einem langen Rock, Barte und Haare vor. In der linken Hand hatte er ein Rad und in der rechten ein Wasserfaß mit Blumen und Früchten. Jenes sollte die Einigkeit, dieses aber den Ueberfluß der Sachen andeuten q). Man verehrte ihn besonders zu Gardelegen und Halberstadt ʳ). Die Irmensäule, welche von den Sachsen göttlich verehret ist, war zu Iresburg in Westphalen auf einem Berge aufgerichtet. Ein Menschenbild mit einem Harnisch angethan, hielte in der rechten Hand ein schwebendes Kriegspanier, darin eine Rose abge-

o) Staphorst Hamburg. Kirch. Hist. I, 4.
p) Crantz in Saxon. L. II. c. 12. Arnck. Cymb. H. R. I. I.
q) Crantz L II. c. 9.
r) Collect. opuscul. hist. March. illustr. 18. u. 19. St. 58.

abgebildet war, in der linken aber nebst einem scharfen Schwerdte zwei Wageschalen. Diesen Abgott, den die Sachsen besonders verehrten, zerstörte Kaiser Carl der große im Jahr 780. Einige halten dafür, daß diese Irmensäule einem unbekannten Gott gewidmet gewesen wäre, andre aber glauben, daß sie eigentlich Herrmannssäule geheißen habe und zum Andenken eines unter den alten Sachsen berühmten Helden, welcher den Namen Herrmann geführet habe, aufgerichtet sei [s]).

Hatten die Teutschen nunmehro Götter, welchen sie die Ehre der Anbetung erwiesen, so musten sie auch solche haben, welche den Dienst der eingebildeten Götter beobachteten. Diese stunden bei ihnen, so wie überhaupt bei den Heiden, in großer Achtung, indem sie für ganz besondre und vertraute Freunde der Gottheiten angesehen wurden. Sie glaubten, daß sie eine so genaue Bekanntschaft mit den Göttern hätten, daß durch ihren Ausspruch die Schicksale der Menschen entschieden werden könnten. Man erkundigte sich bei ihnen nach dem Ausgang und nach den Folgen solcher Unternehmungen, welche einen wichtigen Einfluß auf die zeitliche Wohlfahrt hatten. Den Willen der Götter zu erfahren, nahm man in verschiedenen Vorfällen und bei den Angelegenheiten des Lebens die Zuflucht zu ihrem Urtheil. Solche, welche die Religionsgebräuche besorgen, und zum Theil den

Aus-

---

s) Meib. diss. de Irmens. Sax. Arnck Cymb. H. N. 108. Crantz. Sax. L. I. c. 9 Coll. op. hist. March. ill. 18. u. 19. St. 60. Avent. in Annal. Boior. 43.

Ausspruch und das Urtheil der Götter bekannt machen mußten, wurden in Druiden, Wahrsager und Barden unterschieden.

Die Druiden waren die angesehensten unter ihnen, und von denselben wurden die Opfer verrichtet. Plinius meinet, daß sie ihren Namen von dem griechischen Worte drys oder einer Eiche empfangen hätten, weil sie sich bei ihren Opfern des Eichenlaubes bedienten und den Eichenbaum vor andern heilig hielten. Da aber diese Druiden teutsche und nicht griechische Priester gewesen sind; so ist es wahrscheinlicher, daß sie ihre Benennung von dem alten sächsischen Worte Dru oder Tru, welches so viel als treu und redlich bedeutet, erhalten haben t). Denn die Treue war die edelste Tugend ihres Amtes. Julius Cäsar macht uns von diesen heidnischen Priestern folgende Beschreibung: „Sie wohnen dem Gottesdienste bei, bestellen das „öffentliche und Privatopfer, erklären die Religion, „entscheiden Streitigkeiten und bestimmen die „Strafen u).„ Man erkennet hieraus, in welchem Ansehen sie bei dem Volke müssen gestanden haben. Dis Ansehen brachten sie sich theils durch ihre Wissenschaften, da sie andre unterrichteten x), theils aber auch durch ihr Amt, welches sie bekleideten, zuwege. Sie waren frey von Eidschwüren. Das geschlachtete Thier, von welchem nichts als der Kopf geopfert und verbrannt wurde, war ihre Belohnung. Eine weiße Kleidung war ihre ge-

---

t) C. Calvör Rit. eccl. II, 376.
u) Iul. Caes. de bello gall. L. VI, 123.
x) Clüver. Germ. antiqua L. I. c. 24. 205.

gewöhnliche Tracht, worin sie mit den Egyptischen, Gallischen und Morgenländischen heidnischen Priestern übereinstimmten y). Sie gingen insgemein barfuß und hatten lange Haare und Bärte z).

Außer diesen Druiden gab es bei den Teutschen Wahrsager und Wahrsagerinnen. Die erstern musten aus den Opfern, aus dem Flug und Geschrei der Vögel künftige Dinge, wenn es verlangt wurde, vorhersagen. Diese, die Wahrsagerinnen, hießen Alraunen von dem alten teutschen Worte Runen oder heimlich ins Ohr sagen, weil sie heimlich durch ein Gemurmel ihre Zauberei und Geheimnisse denen, welche sich bei ihnen Raths erholten, zu erklären gaben a). Die Barden, welche später entstanden sind, ja nach dem Urtheil einiger Geschichtschreiber nach Christi Geburt, waren eigentlich Dichter. Sie musten bei feierlichen Zusammenkünften ihre Lieder singen und die Heldenthaten der Krieger im Volke mit Lob erheben. Auch bei traurigen Vorfällen, bei Begräbnissen und Sterbemahlen war es ihre Pflicht, das Andenken der Verstorbenen in ihren Gedichten zu verewigen, und andre zur Nachfolge in löblichen Kriegsthaten und edlen Handlungen zu ermuntern b).

Die Trunkenheit ist vorzüglich das Laster, von welchem man glaubt, daß die Teutschen ihren Ruhm darin gesucht haben. Es war freilich bei ihnen

---

y) Alex. ab Alex. L. IV. c. 17.
z) Arnk. Cymbr. H. R. 274.
a) ib. 261.
b) ib. 258.

ihnen eine Ehre, wenn bei öffentlichen Zusammenkünften und bei Opfermahlen ein Teutscher im Trinken sich nicht beschimpfen ließ: allein diese Gewohnheit ist wol den übrigen heidnischen Völkern, wenn sie ihren Göttern zu Ehren Freudenfeste feierten, ebenfalls gemein gewesen. Dresserus glaubt, daß unsre Weihnachten von dem starken Getränke der Teutschen, dessen sie sich um diese Zeit bedienten, die Benennung habe. Denn in seinem Buche von den Festtagen schreibt er: „Die alten Teut„schen hatten die Gewohnheit, vor dem Anfange „des Jahres sich in Wein zu berauschen, und „sandte einer dem andern Wein zum Geschenk. „Diese Gewohnheit mag ohne Zweifel daher ent„standen seyn, weil man den Janus, welcher nie„mand anders als Noah war, vor Zeiten als den „Erfinder und Urheber des Weins nach der Sünd„fluth verehrete c).

Ihre Festtage, an welchen sie sich versammleten, ihren Götzen zu dienen, und ihnen Gaben und Opfer zu bringen, wurden niemals beschlossen, ohne daß sie sich berauschten. Dies hielten sie für eine Ehre, die sie ihren eingebildeten Gottheiten erzeigten. Zu dem Ende hatten sie eigene Becher, welche bei öffentlichen Zusammenkünften ausgeleeret werden musten. Es ging gar so weit, daß sie aus der Hirnschale ihrer erschlagenen Feinde Trinkbecher machen ließen, welche zum Theil in Gold eingefasset waren, und bei Gast= und Opfermahlen von den Anwesenden ausgeleeret wurden d).

Diese

---

c) C. Calvör Rit. eccl. II. 273.
d) Arnct. Cymb. H.R. 223.

Diese Becher waren zu unterschiedenen Gebräuchen bestimmet. Aus einigen trank man den Göttern zu Ehren. Aus andern den Verstorbenen zum lebewohl. Man hatte Becher, die dem Othin, andere, die dem Thor und noch andre, die der Freia gewidmet waren, und die alsdann gebraucht wurden, wenn man diesen Götzen Festmahle hielte e). Man findet sogar, daß bei der Einführung des Christenthums diese lasterhafte und sündliche Gewohnheit anfänglich beigeblieben sei, indem die Heiden, weil sie sich so sehr dazu gewöhnt hatten, zur Ehre Gottes und Jesu Christi einen Becher austrunken f).

Die mehresten heidnischen Einwohner Teutschlands gaben der Meinung Beifall, daß die Seelen der Menschen unsterblich wären, und daß sie nach dem Tode in einen glücklichen oder unglücklichen Zustand gelangten. Vorzüglich achteten sie den Tod derer, welche im Kriege erschlagen worden, herrlich, und sie glaubten, daß sie nach diesem Leben den Lohn ihres Ruhms, welchen sie sich in der Welt erworben hätten, reichlich genießen würden. Dies ermunterte sie zur Tapferkeit, und sie bestrebten sich daher, als Helden ihren Geist aufzugeben g).

---

e) ib. 221.
f) Bircherod. Palaest. antiq. 128.
g) Cluver, Germ, antiq. L. I. c. 32.

Zweiter Abschnitt.
Von der Religion der Holsteiner in heidnischen Zeiten.

So wie Holstein in ältern Zeiten zu Cymbrien gehörte, welches sich bis nach Jütland erstreckte; so sind die bekannten Einwohner desselben, so viel uns die Geschichte unterrichtet, die Sachsen, die Wandalen, und die Wenden oder Sclaven gewesen. Jene, die Sachsen bewohnten die drei Provinzen Holstein an sich selbst, Stormaen und Dithmarschen, welche insgesammt den Namen Nordalbingien führten. Diese, die Wandalen und Wenden hielten sich in demjenigen Theile Holsteins auf, welcher Wagrien genennet wird, und gehörte dies zu Sclavonien. Von diesen Völkern und von ihrer Gottesverehrung in heidnischen Zeiten wollen wir näher handeln.

Erste Abtheilung.
Von der Religion der Sachsen in Holstein.

Den Ursprung der Sachsen genau zu bestimmen, hält schwer, indem die Schriftsteller hierin unterschiedener Meinung sind. Sie haben den grösten Theil der beiden Herzogthümer Schleswig und Holstein in Besitz gehabt, und es ist wahrscheinlich, daß das sogenannte Cymbrien der erste Sitz und Aufenthalt der Sachsen gewesen sey. Im dritten Jahrhundert nach der Geburt Christi zogen
sie

sie sich nach Westphalen und drungen sogar bis in den Obersächsischen Kreis hinauf h). Dankwert hält dafür, daß die Sachsen oder Chauci ein Volk deutscher Nation sei, und daß sie nach dem Berichte des Zosimus wegen ihrer Grosmuth, Stärke des Leibes und Arbeitsamkeit unter den Teutschen für die tapfersten geachtet worden i). Von diesen Sachsen sind zuletzt auch die wendischen Länder an der Ostsee erobert und besetzt. So wenig man mit Gewißheit von ihrem Ursprung sagen kann; so ungewiß ist es auch, woher der Name der Sachsen entstanden sei. Einige wollen ihre Benennung von den Sacis, einem Scytischen Volke in Asien, andre von einem kurzen Degen, welchen sie Sachs hießen, noch andre von dem lateinischen Worte Saxum herleiten. Es ist aber wahrscheinlich, daß sie ihren Namen von dem Worte: Saz, d. i. ein Sitz oder liegendes Gut erhalten haben k). Nach der Beschaffenheit des Landes, in welchem sie wohnten, erhielten sie auch ihre Benennung. Einige hießen Angelsachsen, andre Ost- und Westsachsen und diejenigen, welche in unserm Vaterlande, wo Holz und Waldungen vormals im Ueberfluß waren, ihren Aufenthalt hatten, nannte man Holtsaßen oder Holzsachsen. In den Urkunden der ältern Zeit findet man zum öftern, daß das Land, welches jetzo Holstein genannt wird, Holzatia ge-

schrie-

---

h) Cluv. Germ. antiq. L. III. c. 21. Chytraeus in Saxon. L. III. 102. H. Meibom. Sax. inf. hist. 49.

i) Landesb. der H. Schl. u. H. 161.

k) W. F. Christiani Gesch. der Herz. Schl. u. H. I, 27. Gschwend Elsenb. Chron. 359.

schrieben ist ¹). Die Sachsen waren demnach im eigentlichen Verstande ein solches Volk, welches sich ein Land zu einem Sitz und beständigen Aufenthalt erwählet und erkohren hat.

Ptolomäus, welcher in dem zweiten Jahrhundert nach der Geburt Christi lebte, gedenket schon dieser Sachsen ᵐ). Er versetzet sie in Holstein und in den Südertheil des Herzogthums Schleswig. Wie sie nachher in Westphalen und in die daran gränzenden Länder sich ausbreiteten, nannte man die Gegend, welche an dieser Seite der Elbe von Sachsen bewohnet wurde, Saxonia transalbina oder ultima Saxoniae pars, dagegen hießen die Sachsen, welche sich an der andern Seite der Elbe aufhielten, Chauci. Die drei Provinzen Holstein, Stormarn und Dithmarschen, welche noch jetzo zu dem Herzogthum Holstein gehören, wurden zum Unterschied von den benachbarten Ländern mit dem Namen Nordalbingien oder auch Transalbingien bezeichnet.

Daß die alten Sachsen, ehe sie die Götzen fremder Völker annahmen, der Sonne und dem Monde, so wie die übrigen Einwohner Teutschlands nur allein göttliche Ehre erwiesen haben, ist keinem Zweifel unterworfen. Berge, Haine, Wälder und Brunnen waren bei ihnen geheiligte Oerter, bei welchen sie ihre gottesdienstliche Handlungen zu verrichten, und in wichtigen Geschäften und Vorfällen sich zu berathschlagen, zusammenkamen. Auf den Bergen oder vielmehr Hügeln hatten sie
ihre

l) W. F. Christiani G. d. H. S. u. H. I, 26.
m) H. Meib. Sax. inf. hist. 4.

ihre Altäre. Diese zeichneten sie durch Steine, welche sie mit großer Mühe an einander häuften, aus. Auf diesen Altären brachten sie ihre Gaben und Opfer, welche ihre verordneten Priester der Gottheit, welcher sie bestimmt waren, widmen musten. Diese Hügel, auf welchen die Opfersteine lagen, waren so eingerichtet, daß ihre länge sich von Osten nach Westen, dagegen die Todtenhügel, welche durch große Feldsteine, die solche umschlossen, ausgezeichnet wurden, von Süden nach Norden erstreckten "). Zu solchen Opferplätzen erwählte man insgemein waldigte Gegenden und Oerter, die mit Bäumen umgeben waren. So wie diese Plätze bei den Sachsen ehrwürdig geachtet wurden; so durfte sich niemand bei lebensstrafe unterstehen, solche zu verletzen. Adam von Bremen berichtet von den Sachsen: Sie heiligten ihre Götzenhaine und Wälder und nannten dieselben nach ihrem Namen °).

Opferberge sowol als Todtenhügel sind noch gegenwärtig an verschiedenen Orten in Holstein sichtbar, ob sie gleich größtentheils zerstöhret sind, indem man die Steine vormals zur Befriedigung der Kirchhöfe und jetzo zu Gränzsteinen, die Aecker abzutheilen, gebrauchet. Der sel. Probst Arnckiel erzählet, daß zu seiner Zeit in dem Amte Segeberg bei der Kirche Segen ein solcher Kirchberg von 60 Schritten in der länge und 12 Schritten in der Breite befindlich gewesen sei. In der Mitte dieses Berges sahe man drei große Steine, auf welche

---

n) Arnck. Cymb. H. R. 233. 234.
o) Hist. eccl. L. I. c. 6.

welche der Opferstein ruhete p). Der in der gelehrten Welt berühmte und durch seine Gedichte bekannte ehemalige Pastor zu Wedel, Johann Rist berichtet, daß hinter seinem Garten ein kleines Holz gewesen sei, in welchem ein runder Platz, der Riesenkamp gelegen. Dieser Platz wäre umher mit Steinen und zwischen denselben mit Eichenbäumen besetzt gewesen. In der Mitte hätte man einen ungeheur großen Stein, an welchem 4 Absätze oder Stiegen bemerket würden, erblicket. Dieses war der Opferstein, und er hatte noch das Ansehen, als wenn er mit Blut und Gehirn bestrichen und besprenget wäre q). Bei dem Kirchdorfe Albersdorf in Dithmarschen ist gleichfalls ein solcher Opferstein, welcher auf 5 andre Steine ruhete, vormals zu sehen gewesen. Der Ort, wo dieser Opferstein lag, war mit einem Hain oder Bäumen umgeben r). Jetzo trift man zwar noch hin und wieder Spuren und Merkmale solcher Oerter, welche bei unsern sächsischen Vorfahren ehrwürdig waren, an: allein ihnen fehlet die Hauptzierde, welche sie umgab, Holz und Bäume.

Die ältesten Einwohner Holsteins kannten, so wie die übrigen Teutschen anfänglich keine Götzen, welche sie in Tempel einschlossen, und denen sie eine knechtische Ehrfurcht erwiesen. Sie verehrten so wie diese die sichtbaren Weltkörper, deren Einfluß auf ihre zeitliche Wohlfahrt sie so deutlich

---

p) Arnck. Cymb. H. R. 134.
q) J. Rist sechste monatl. Unterredung.
r) Cymbisch. Holst. Antiq. Remarq. 74. Nova Litter. Mar. Balt. 1699. 287.

lich verspürten ⁸). In Wäldern und besonders auf Bergen und Hügeln versammleten sie sich, um ihren Gottesdienst nach den Begriffen, welche sie sich von dem höchsten Wesen machten, zu verrichten. Wie sie aber durch den Ueberzug des Othins, welcher mit einem Scytischen Volke diese Gegend und ganz Norden überschwemmte, bezwungen worden waren, lernten sie nicht nur andre Götter kennen, sondern nahmen auch dieselben an, und erwiesen ihnen ihre Verehrung. Doch findet man, daß sie ihren alten Gewohnheiten, auf freiem Felde sich zum Dienste der Gottheit zu versammlen, treu geblieben sind. Denn hier errichteten sie ihren Götzen zu Ehren Altäre, und brachten ihnen, ihres Schutzes und ihrer Hülfe theilhaftig zu werden, die Opfer und Gaben, welche sie ihnen bestimmt hatten. So wenig sie zuvor sich der Tempel bedienet hatten, so oft sie sich zur Verehrung eines höhern Wesens bei einander einfunden; so wenig kann man mit Gewißheit behaupten, daß sie nach der Zeit Gebäude, in welchen die Götzen, denen sie dienten, eingeschlossen waren, aufgeführet hätten. Vielmehr ist es wahrscheinlich, und die Erfahrung bestätiget es offenbar, daß die Sachsen bis auf die Zeit, da der Aberglaube und die Abgötterei gänzlich bei ihnen ausgerottet wurde, von keinen Tempeln, in welchen sie ihre Götzen anbeteten, gewußt haben. Die von den Römern bezwungenen Völker bekamen alsbald ihre Götzenhäuser; allein die freien Sachsen ließen sich zu die-

---

s) Alex. Rossaeus in Relig. mundi. P. I. 192.

diesem römischen Gebrauche nicht verleiten t). Dem=
ohngeachtet hatten die Oerter, welche sie ihren Gott=
heiten widmeten, und an welchen sie sich zum Dien=
ste derselben versammleten, drei unterschiedene Ab=
theilungen. Gegen Morgen stund die geheiligte
Eiche nebst dem Altar, nahe dabei sahe man das
Götzenbild, dann folgte ein Zaun oder Geländer,
hinter welchem sich das Volk aufhielte u). Sol=
che Plätze waren bei ihnen, so wie bei vielen an=
dern Heiden Freistäten für die Verbrecher, und
konnten diejenigen, welche den Tod verwürket hat=
ten, ihre Zuflucht dahin nehmen und daselbst Si=
cherheit finden, wenn sie von ihren Feinden ver=
folget wurden x).

Daß die Sachsen viele und mancherlei Göt=
ter, so wie andre heidnische Völker nach den unter=
schiedenen Bedürfnissen dieses Lebens verehret ha=
ben, ist offenbar und unstreitig. Vorzüglich aber
nimmt man wahr, daß bei ihnen, wie bei den Dä=
nen und Gothen drei Gottheiten vor andern in Ach=
tung gestanden haben y). Diese waren der **Thor**,
der **Wodan** und die **Freya**. Der Thor war
bei ihnen ein erhabener und mächtiger Gott, wie
auch ein Herr des Himmels. Sie glaubten von
ihm, daß er sich um alles bekümmere, und für die
Wohlfahrt der Menschen durch eine alles bemerken=
de Aufsicht sorgen könne. Er sei nicht nur allwis=
send, sondern auch mächtig genug, diejenigen,
die

t) Schlesw. Holst. Anz. 1758. 845.
u) Calvör Rit. eccl. II, 80.
x) Arnck. Cymb. H. Rel. 255.
y) Edda in praef. fab. c. 3. Snoro Sturles. Chr.
Norv. P. I, N. 1. 2.

die ihm dienten, zu beschützen. Bei seinem Namen schworen sie, wenn sie eine Sache mit einem Eide bekräftigen wollten ᶻ). Diesen Thor hielte man für einen Sohn des Wodan oder Othin, und sahe ihn als einen Bestreiter der höllischen Schlange an, welche er zwar überwand, aber auch sein Leben dabei einbüßte ᵃ).

Der Wodan oder Othin war der Vater dieses Thors. Man verehrte ihn als einen mächtigen Beschützer im Kriege, und glaubte, daß kein Ort in der Welt sei, welcher nicht unter seiner Macht und Herrschaft stünde ᵇ). Ihm zu Ehren opferte man die im Kriege überwundenen Feinde und in der Gefahr nahm man seine Zuflucht zu seiner Hülfe, und erwartete von ihm ungezweifelt die Errettung ᶜ). Dieser Othin, welcher nachher von Menschen göttliche Ehre erhielte, soll der mit großer Macht aus Asien in diese nordischen Länder gekommene Kriegsheld gewesen seyn. Nachdem er Schweden erobert und zu Upsal seinen Sitz und seine Wohnung genommen hatte, ist er in diesem Reiche gestorben. Wegen seiner großen und mächtigen Thaten, die er im Leben vollbracht hat, ist er nach dem Tode von dem Volke, welches er bezwungen hat, mit göttlicher Ehre gekrönet worden ᵈ). Diesen Othin haben die nordischen Völker und folglich auch die Sachsen als einen solchen Gott angesehen, der Himmel und Erde und alle Dinge

z) Arnk. 87.
a) Edda P. 2. 4.
b) Arnk. C. H. R. 89.
c) ibid. 99.
d) Edda in praef. c. 3. Snoro Sturles. P. I. N. 4.

erschaffen hat, und aus dem Grunde Aller Vater oder der allgemeine Urheber der ganzen Welt und der Menschen hieß ᵉ). Daß in Hollstein ihm von den Sachsen eine göttliche Verehrung widerfahren sei, beweisen die Altarhügel nicht nur, die ihm errichtet sind, sondern auch die Oerter, wo man sich zu seinem Dienste versammlete. Bei Windberg in Süderdithmarschen ist ein Hain gewesen, welcher ihm gewidmet war, und daher noch immer den Namen Wodanslag oder die Zusammenkunft, welche dem Wodan zu Ehren gehalten ist, beibehalten hat ᶠ).

So wie der vorgenannte Thor als ein Sohn dieses Othins, so wird die Freia oder Freya als eine Ehefrau desselben angegeben. Diese war eine Göttin des Friedens, der Wollust und der Liebe ᵍ). Man verehrte sie bei fröhlichen Begebenheiten und besonders bei ehelichen Verbindungen. Andre behaupten, daß die Gemalin des Othins Frigga geheißen habe, und von der Freia unterschieden sei, indem sie die in Pommern, und besonders auf der Insel Rügen verehrte Ertha oder Hertha vorstelle.

Weil die heidnischen Einwohner in diesen Gegenden diese drei Götzen vorzüglicher Ehre würdigten, und sie über andre erhoben; so hat man daraus geschlossen, daß die nordischen Völker einige Erkenntniß von der Dreieinigkeit müssen gehabt haben. Man glaubt, daß die Apostel oder apostoli-

---

e) Edda P. I. fab. 3.
f) Hellm. Süderdithm. Kirch. Hist. 5.
g) Arnck. Cymb. H. R. 99.

stolischen Männer, welche nach dem Befehl Christi das Evangelium verkündigten, den Heiden die Begriffe von den drei Personen in dem göttlichen Wesen beigebracht hätten, daß aber dies Geheimnis nach der Zeit mit Fabeln vermischt sei, und wie das Heidenthum sich wieder ausgebreitet hat, aus drei Personen der Gottheit drei Götzen entstanden wären h). Daß auch andre Völker drei Hauptgötter gehabt und denenselben eine größere Ehre und Hochachtung als andern Götzen bewiesen haben, findet man in der Geschichte. Die Preußen hatten so wie die übrigen Heiden zwar mancherlei Götter; allein die drei Götzen, Percur, Potoll und Potrimp waren über die andern erhaben und ihnen wurde größere Ehre erzeiget als den übrigen i). In Pommern und im Brandenburgischen ehrte man sogar einen dreiköpfigten Abgott, der Trigelöf oder Triglaf hieß, und man erkannte ihn als einen Gott des Himmels, der Erde und der Höllen k). In diesem einzigen Bilde betete man die drei Hauptgötter, von denen man glaubte, daß durch sie alles bestehe und regieret werde, an.

Bei den Einwohnern Nordalbingiens, welches von Sachsen bewohnet wurde, stund auch die Irmensäule, die in Westphalen zu Iresburg verehret worden ist, in großer Achtung. Man siehet solches aus einer alten Handschrift, worin die Wörte stehen: „De Ermens-Süle edder ie-„bermanns-Süle, als da iederman sin Thoflucht
„tho

---

h) Bangii Hist. eccl. Sueo-Goth. L. 6. c. 8.
i) Arnolds Kirch. Gesch. des Kön. Preußen. II.
k) Coll. opusc. hist. March. illustr. 18. u. 19. St. 54.

„tho geheb, iß van unsen Vör=Olben in Dith=
„marschen angeropen. Un hebben se sülvige ot
„Herkules=Süle heten¹).„ Haben die Dithmar=
scher derselben ihre Verehrung erzeiget; so ist nicht
zu zweifeln, daß auch die übrigen Einwohner Nord=
albingiens, welche insgesamt Sachsen waren, sol=
ches gethan haben.

Den drei vornehmsten Göttern, dem Thor,
dem Wodan und der Freia haben unsre heidnischen
Vorfahren drei **Altäre** erbauet, auf welchen sie
ihnen ihre Opfer brachten. Es finden sich, wenn
man die Opferhügel der alten Sachsen mit Auf=
merksamkeit betrachtet, noch in Holstein Gegenden,
wo drei Hügel neben einander mit Steinen umge=
ben sind. Der mittelste Hügel, welcher dem Thor
gewidmet war, ist insgemein über andre erhaben
und mit größern Steinen gezieret. Die andern
Hügel, welche dem Othin und der Freia zu Ehren
aufgeworfen sind, haben ebenfalls ihre Steinkreise,
welche die von Erde gemachte Erhöhung umschlie=
ßet ᵐ). Wo drei solche Opferberge neben einan=
der angetroffen werden, kann man mit Gewißheit
schließen, daß daselbst keine Begräbnißplätze sind.
Denn diese waren nur einzeln, dagegen der Opfer=
berge mehrere bei einander gefunden werden. Die=
se Altäre legten die Sachsen, wenn es die Gelegen=
heit erlaubte, gerne an den Wurzeln der Berge
an. Zwischen den Steinen, worauf der Opfer=
stein ruhet, war eine Höle, in welche man das
Opferblut goß. Die Eichen, welche solche Opfer=
plätze

---

l) Heßm. Süd. Dith. K. Hist. 6.
m) Arnck. Cymb. Heid. Rel. 232.

plätze umgaben, waren bei allen Heiden und folglich auch bei den Sachsen hochgeachtet. An einigen Orten, wie in Preußen n), und bei Oldenburg in Wagrien, wo die Wenden den Abgott Prove verehrten, hatten die Bildsäulen der Götzen auf diesen Eichbäumen ihren Sitz, ja man sammlete die von den Bäumen abgefallenen Blätter und schätzte sie der größten Verehrung würdig o). Es sollen sogar einige Bäume von dem Blute, womit sie gefärbt und besprenget gewesen sind, ein fürchterliches Ansehen gehabt haben p). Zu Romore in Preußen soll eine solche Götzeneiche gestanden haben, welche 6 Ellen im Umfange hatte und deren Blätter und Zweige so fest an einander geschlossen gewesen sind, daß kein Regen hat durchfallen können q). Auch in Holstein und zwar in dem Amte Bordesholm, nicht weit von dem Dorfe Blomendal, hat vor Zeiten eine Eiche gestanden, welche von den heidnischen Sachsen als ein Heiligthum geschätzet ist. Sie führte den Namen Schwerck=Eiche r).

Zur Verehrung der bei den Sachsen gebräuchlichen Götzen kamen sie an gewissen Tagen zusammen, und brachten denselben ihre Opfer. Unter andern hatten sie drei wichtige Feste, welche sie ihren Hauptgottheiten zu Ehren mit besondern Feierlichkeiten begingen. Das Fest des Thors fiel im Anfange des Herbstes im Monat September

---

n) Arnolds Kirch. Gesch. des Kön. Preußen. 18.
o) Ibid. 19.
p) Hartknoch. diss. 10. R. P.
q) Arnck. Cymb. H. R. 238.
r) ibid.

her ein. Es war ein Dankfest nach zurückgelegter Erndte. Da sie den Thor für den Beschützer und Wohlthäter der Menschen ansahen, und von ihm glaubten, daß er ihre Felder fruchtbar machen und segnen könnte; so hielten sie sich auch verpflichtet, ihm ihre Erkenntlichkeit zu erzeigen, und sich von ihm ein fruchtbares und kornreiches Jahr auf die Zukunft zu erbitten. Man brachte ihm daher aus Dankbarkeit für den empfangenen Segen nebst andern Gaben und Geschenken auch vorzüglich Brodt dar s). Im Winter oder im December, um die Zeit, da der kürzeste Tag einfällt, begingen sie 7 Tage der Freia zu Ehren mit großer Freude. Dis war das Neujahrsfest. Es war dasselbe ein Fest des Wohllebens und des Vergnügens. Sie beschenkten sich, aßen, tranken und tanzten. Je größer ihre Freude war, und je mehr sie sich vergnügten, desto glücklicher glaubten sie, würde das folgende Jahr für sie seyn, und ihnen Ueberfluß und Segen bringen. Man hält dafür, daß von dieser frohen Zusammenkunft der Heiden die Weihnachtsspiele, welche nachher bei den Christen gebräuchlich gewesen sind, ihren Ursprung haben. Dem Kriegsgott Othin oder Wodan zu Ehren feierte man im April ein Opferfest. Denn da überhaupt alle nordische Völker und auch die Sachsen den Othin für einen mächtigen Beschützer und Helfer in einer jeden Noth hielten; so zweifelten sie nicht, durch seinen Beistand über ihre Feinde siegen zu können. Um nun seines Schutzes

theil-

---

s) Snoro Sturles. Chr. Norv. P. 3. n. 7. in vita S. Olai 247.

theilhaftig zu werden, versammleten sie sich, und brachten ihm, in der Erwartung, daß er ihnen wider ihre Feinde beistehen und Hülfe widerfahren lassen möchte, solche Opfer, welche sie als Siegeszeichen von ihren Feinden erhalten hatten. Selbst ihre Feinde übergaben sie dem Wodan, von welchem sie glaubten, daß es ihm angenehm sei, wenn er mit Blut versöhnet würde t).

Es war bei den Sachsen, so wie bei den benachbarten Heiden, ohne Zweifel der Gebrauch, zur Feier und zur Begehung der Fest- und Freudentage durch den Schall der Hörner einzuladen. Wie kostbar diese Hörner gewesen sind, kann man aus denen in den Jahren 1639 und 1734 bei Tundern im Herzogthum Schleswig gefundenen Hörnern, welche von dem feinsten Golde verfertiget und mit seltsamen Bildern und Figuren geschmückt sind, wahrnehmen u). Da dieselben in einer Gegend gefunden sind, wo die Fresen als Nachbaren der Sachsen sich aufhielten; so ist zu vermuthen, und fast außer Zweifel, daß man sich auch bei diesen eben solcher Instrumente, um das Volk zum Gottesdienst herbeizurufen, werde bedienet haben. Nach vollbrachtem Opfer wurde ein Festmahl x) gehalten, welches sich mit Saufen und Kämpfen endigte. Wer hierin den Vorzug erhielt, und andre an Fertigkeit sowol im Trinken als im Kämpfen übertraf, hatte die Ehre, von den Barden, als ihren Richtern, nicht nur besungen

---

t) Arnk. Cymbr. Heid. Rel. 98. 189. 200. 212.
u) ibid. 217.
x) Snoro Sturles. Chr. Norv. P. 3. n. 3.

gen zu werden, sondern ihm wurden auch zum Siegeszeichen Kränze von wohlriechenden Kräutern und Rosen als eine Krone aufs Haupt gesetzt. Fand sich aber jemand bei diesen Feierlichkeiten, der sich im Trinken und Ringen nicht hervorthun wollte, den erklärte man für einen Feind, ja man schonte wol gar seines lebens nicht y).

So wie bei den Teutschen drei unterschiedene Orden unter denen, die den Götzendienst verrichteten, gefunden wurden; so hatten auch die Sachsen ihre Opferpriester, ihre Wahrsager und ihre Barden. Die erstern musten die Opfer zubereiten und sie den Götzen auf die Art darbringen, wie es bestimmt war. Die Wahrsager musten aus dem geschlachteten Opfer, aus dem Gang und Wiehern der Pferde, und aus dem loszeichen künftige Dinge andeuten. Sie hatten auch Wahrsagerinnen, welche durch ihre Zauberei und gaukelhafte Stellungen das Volk zu hintergehen und zu blenden, sich alle Mühe gaben. Die Barden, von denen nach der gemeinen Meinung Bardewik den Namen erhalten haben soll, waren sowol bei den Sachsen, als überhaupt bei den nordischen Einwohnern, welche sie Skalden nannten, in besonderm Ansehen. Sie wurden nicht nur von dem Volke, sondern auch von den Vornehmen und Grosen geschätzet. Die Thaten derer, die sich durch ihre Tapferkeit und durch ihren Heldenmuth einen grosen Ruhm erworben hatten, waren von ihnen in gewisse lieder gefasset und sie sorgeten dafür, daß
solche

y) Calvör Rit. eccl. II, 366. Arnct. Cymb. H. R. 224.

solche als Zeit= und Geschichtbücher aufbewahret wurden. Könige und Fürsten erwiesen ihnen vorzügliche Ehre z), und sie gebrauchten sie als ihre Rathgeber bei wichtigen Geschäften. So wie sie durch ihre Gedichte das Volk zum Streit ermunterten; so wusten sie auch durch die Beispiele der Tapferkeit, welche sie von den Vorfahren erzählten, ihren Muth zu erwecken, herzhaft den Feinden entgegen zu gehen a). Selbst Carl der große, der mächtige Bezwinger der Sachsen hat die Kriegslieder der Sächsischen Barden aufzeichnen lassen, und er hielte sie so werth, daß er solche sich bekannt gemacht und ins Gedächtniß gefaßt hatte b).

Diese Barden oder Skalden übertrafen die übrigen heidnischen Gößendiener sowol an Einsicht als an Gelehrsamkeit und eben dadurch setzten sie sich bei dem gemeinen Mann sowol als bei andern in eine nicht geringe Achtung. Es bestund aber ihre Wissenschaft theils in einer Kenntniß von den verschiedenen Gottheiten und von der Art wie die Verehrung derselben beobachtet werden müste, theils aber auch in der Zeichnung der Buchstaben und Schriften, womit sie ihre Gedichte abfaßten, und den Verstorbenen Denkmäler errichteten. Man nennet diese Schreibart, welcher sich die Gothen und Sachsen bedienten, Runebuchstaben und sind von denselben noch Beweise bis auf unsre Zeiten geblieben c). Man schnitt diese Buchstaben, weil

das

z) Arnck. Cymb. H. R. 258.
a) N. P. Sibbera Bibl. hist. Dan. Norv. 3.
b) Eginhard in vita Car. M.
c) Arnck. Cymb. H. Rel. 293.

das Papier zum Schreiben damals unbekannt war, auf Holz von Eschen oder Buxbaum ᵈ), oder man zeichnete auch die Grabschriften auf Steine und Felsen ᵉ).

Alle Götzendiener der Sachsen hatten große Vorzüge, und man würdigte sie besondrer Ehre. Von allen Auflagen waren sie frei. Ihre Einkünfte waren ansehnlich, und ihren Stand, den sie bekleideten, hielte man sehr geachtet. Diejenigen, welche dazu aufgenommen wurden, musten nicht von niedriger und gemeiner Abkunft, sondern insgemein aus adelichen und vornehmen Geschlechtern entsprossen seyn. Die Priesterinnen der Freia waren sogar aus Königlichem und Fürstlichem Geblüte ᶠ). Sie trugen, um sich von andern zu unterscheiden, eine ausgezeichnete Kleidung. Die Farbe derselben war weis, und sie selbst durften sich nicht verheirathen ᵍ).

Die Sachsen glaubten, daß eine göttliche Vorsehung sei, die sich um alles, was auf Erden vorgeht, bekümmere, und die Schicksale der Welt regiere. Daß auch die Menschen und die Begebenheiten ihres Lebens von dieser Vorsehung und nach weisen Absichten geleitet würden, war bei ihnen eine allgemein angenommene Meinung. Allein sie verdunkelten diese Lehre durch die falschen Begriffe, die sie sich von der Macht und Gewalt ihrer Götzen mach-

---

d) Stephan. in not. ad Sax. Hist. Dan. 100.
e) Saxo in Praef. Hist. Dan. 3. L. 9. 173.
f) Arnold. de Diis Saxon. c. 10. 109.
g) Arnk. C. H. R. 275. Calvör Rit. eccl. II, 493. 498.

machten. Das Lebensziel der Menschen hielten sie von den Göttern bestimmt, und sie zweifelten keinesweges, daß die Seelen nach dem Tode unsterblich wären und künftig einmal die Vergeltung des Guten sowol als des Bösen zu erwarten hätten h). Auf dem Siech- und Krankenbette zu sterben, sahen sie als einen elenden und verächtlichen Tod an, hingegen im Treffen und vor dem Feinde das Leben lassen, hielten sie für eine glückliche und selige Veränderung. Denn sie hatten die Meinung, daß die künftige Herrlichkeit um so viel vollkommner seyn würde, je tapferer ihr Ende und der Ausgang aus dieser Welt gewesen sei i).

Hatten die heidnischen Bewohner in Norden die Vorstellung, daß nach der Zerstöhrung dieses Weltgebäudes ein neues grünes Erdreich aus dem Meer hervorkommen und ohne Bearbeitung fruchtbar sei, da denn die Menschen sich aufs neue vermehren und fortpflanzen würden k), und daß die künftige Seligkeit gröstentheils in dem Genusse köstlicher Getränke bestünde l); so ist kein Zweifel, daß auch die Sachsen, da ihre Religionsbegriffe mit denen, welche die nordischen Völker hatten, so genau übereinstimmten, dieselben werden angenommen und behauptet haben.

---

h) Arnck. Cymb. H. Rel. 334.

i) Arnck. Cymb. H. Rel. 334. Cicero bezeuget von den Cymbern, zu welchen auch die Sachsen gehörten: Cimbri et Celtiberi in praelio exsultant, lamentantur in morbo.

k) Edda P. I. fab. 49.

l) ibid. fab. 15. 49.

Die Beerdigung der Todten geschahe bei unsern Vorfahren, den Sachsen gemeiniglich auf Bergen und Hügeln, welche mit Bäumen umgeben, und mit großen Steinen besetzt waren. Sie legten sie auch an den Wegen und Heerstraßen an, damit das Gedächtniß der Verstorbenen bei den Reisenden und Vorbeigehenden stets gegenwärtig seyn möchte m). Bei den Grabhügeln, welche noch hin und wieder in Holstein gefunden werden, bemerket man zwo Reihen von großen Steinen, welche die aufgeworfene Erde umschließen, und an deren Ende einige Steine, welche die übrigen an Größe übertreffen, aufgerichtet sind. Unter diesen letztern sind solche beerdiget, welche ihrer Tapferkeit wegen sich hervorgethan haben. Der innere Theil dieses Raums oder die aufgehäufte Erde ist mehrentheils ungemauert: in solchen Begräbnissen aber, wo vornehme Personen beigesetzet sind, mit lauter kleinen Steinen ausgefüllet und durchgemauert n). Die Anführer des Heers, welche bei den Sachsen die Würde der Regenten bekleideten, begruben sie unter ihren Altären, oder auch in der Mitte der übrigen Todten o).

Es hatten die Sachsen eine zwiefache Art, die Verstorbenen zu beerdigen. Der erste und älteste Gebrauch war, den Leichnam, ohne ihn zu verbrennen, der Erde zu übergeben. Dieser Gebrauch ist ohne Zweifel von Noah auf die Nachkommen desselben fortgepflanzet. Nach der Zeit, wie die Scythen

---

m) Cypraeus Annal. L. I. c. 2.
n) Arnck. Cymb. H. R. 345.
o) Calvör Rit. eccl. I, 998.

Scythen in diese Gegend kamen, verordnete ihr Anführer Othin, die Körper der Verstorbenen zu verbrennen. Er verhieß dabei, daß das Gold und Gut, welches mit dem Körper verbrannt würde, dem Verstorbenen nach Vallhalla folgen, und von ihm an diesem Orte genutzt werden sollte. Die Todtenasche der verbrannten Körper sollte man ins Wasser werfen, oder auch in die Erde vergraben. Nach dem, wie die Todten im Leben berühmt gewesen waren, sollten die Grabhügel groß gemacht werden, und zum immerwährenden Andenken nach dem Verstorbenen den Namen erhalten. Denen, welche tapfere Thaten ausgerichtet hatten, sollten Siegessteine aufgerichtet werden p). Dieser Gebrauch die Todten zu verbrennen, soll aus der Ursache erwählet seyn, damit die Feinde dem Körper im Tode kein Leid zufügen könnten. Es ist auch die Gewohnheit, die Körper zu beerdigen, nicht gleich gänzlich abgeschaffet, sondern nebst der Verbrennung noch eine lange Zeit üblich gewesen q).

Wenn die Sachsen ihre Todten verbrannten, beobachteten sie folgende Gebräuche: die Asche thaten sie in irdene Töpfe und bedeckten dieselben unten, auf den Seiten und oben mit Steinen, damit sie nicht beschädiget würden. Daher sie auch noch zu unsern Zeiten, ob sie gleich so viele hundert, ja über tausend Jahre in der Erde gestanden haben, unverändert herausgenommen werden können. Unter der Zeit, daß der Körper brannte, gingen die Anwesenden um das Feuer und besungen den Ver-

p) Snoro Sturles. P. I. N. 1.
q) Saxo gram. hist. Dan. L. V.

storbenen. War der Todte von Ansehen; so warf man ihm zu Ehren einige Sachen von Werth, besonders die Waffen, welche er im Leben getragen und hochgeachtet hatte, ins Feuer. Auch musten bei Vornehmen wohl gar ihre Pferde und Bediente zugleich mit verbrannt werden. Denn sie glaubten nach der Verheißung Othins, diese Dinge wären im künftigen Leben ihrem Freunde brauchbar r). Eine Urne, welche bei dem Schlosse Pinneberg vor Zeiten ausgegraben ist, beweiset sogar, daß man den Verstorbenen muste Fleisch und Speise beigeleget haben, indem ein unverweßliches blutiges Stück Fleisch gefunden worden ist s). Gottlose Leute hielten die Sachsen eines ehrlichen und feierlichen Begräbnisses unwürdig. Sie warfen ihre Körper vielmehr den wilden Thieren und Vögeln zur Speise hin t). Nach vollendetem Leichenbegängniß wünschten sie dem Verstorbenen eine gute Nacht, indem sie sagten: „Fahre hin nach Vallhall u), oder „fah-

---

r) Saxo gram. L. 8. in vita R.
s) Rist sechste monatliche Unterredung.
t) Saxo gram. hist. Dan. L. 6. N. 28.
u) Die nordischen Völker nannten denjenigen Pallast, wohin Othin, ihr Gott, gegangen, um sich mit den Göttern zur Tafel zu setzen: Vallhalla. Dieser Aufenthalt des Vergnügens lag in Scytien, und alle Helden, welche sich durch Tapferkeit berühmt gemacht hatten, tranken in dem Saal des Othins Bier und Meth aus den Hirnschalen der von ihnen erlegten Feinde. Dieses Vallhalla hatte nach ihrer Einbildung 540 Thüren, und niemand kam dahin, der nicht in der Schlacht, oder von der Hand seiner Feinde gestorben war. Aus dieser ersten Wohnung nach dem Tode glaubten sie in eine ewig daurende Wohnung überzugehen, welche sie Gimle nannten, und daselbst unter des Allmächtigen Regie-

„fahre hin nach Wodan oder Oden, d. i. Othin, un=
„ser großer und mächtiger Gott erhalte dich, vergel=
„te deine Tapferkeit, und mache dich ewig glück=
„lich.„ Dann beschlossen sie das Begräbniß mit ei=
nem Mahl, darin sie des Todten Gesundheit trun=
ken, welches zu der Zeit Erbbier und Grabbier
hieß x). Diese Gewohnheit sowol als die Be=
nennung hat sich noch bis auf die gegenwärtige Zeit
erhalten.

Zweite Abtheilung.
Von der Religion der Wandalen und Wenden in Holstein.

So wie die Sachsen Stormarn, Holstein und
Dithmarschen oder Nordalbingien bewohnten; so
hielten sich die Wandalen und nach dem Abzug der=
selben die Wenden in dem an der Ostsee belegenen
Theil von Holstein, Wagrien genannt, auf. Man
behauptet, daß die Wandalen sich bald nach der
Sündfluth in diese Gegend begeben haben, und von

Wanda=

Regierung immer glücklich lebten. So wie sie sich zwei
Wohnungen einbildeten, welche für die Seligen be=
stimmt wären; so hielten sie auch dafür, daß die Ver=
dammten zwei Wohnungen künftig zu erwarten hät=
ten. Die erste, wohin sie nach dem Tode versetzt wür=
den, nannten sie Nifheim, und war dis ein schre=
ckensvoller Ort; die andre hieß Nastrand, wo die
Quaal unaufhörlich dauerte, indem sie mit Schlangen
bedeckt sei, welche ihre Köpfe inwendig hätten und
lauter Gift ausspieen, in dem die Verdammten wa=
den müssen. Edda P. I. fab. 49. Holb. Dän. R.
Hist. I. 45. 81. 82.

x) Snoro Sturl. Chr. Norv. P. I. n. 27.

Vandalus, einem Nachkommen des Askenas, des Enkels Noah abstammen sollen y). Nach Dankwerts Meinung haben sie ihren Ursprung aus Schwaben. Sie hatten ihren Aufenthalt und ihre Wohnungen in Meklenburg und Wagrien. Weil sie sehr zum Wandern und zum Herumziehen geneigt waren, änderten sie oft ihren Wohnort und suchten einen bequemern Aufenthalt. Endlich verließen sie gar ihren Sitz in Wagrien, durchstreiften Frankreich und Spanien und kamen sogar nach Africa. Im fünften Jahrhundert wurden sie von der Kaiserin Eudoxia im Occident wider ihren Gemahl Maximus zu Hülfe gerufen. Sie stellten sich auch unter ihrem Anführer Genserich ein, eroberten die Stadt Rom und richteten in Italien ein Königreich auf, welches aber nicht länger als bis in die Mitte des sechsten Seculi dauerte, da die Wandalen von dem Kaiser Justinianus geschlagen wurden z). Diesen Wandalen, welche anfänglich die Besitzer Wagriens waren, leget man vorzüglich das Lob der Keuschheit bei, denn wo sie hinkamen, zerstörten sie die Hurenhäuser und beförderten die ehelichen Verbindungen a). Sie waren so, wie alle Heiden, Götzendiener, ob man gleich von der Art ihres Götzendienstes, den sie hier im Lande beobachtet haben, nicht so genau unterrichtet ist.

Nach dem Abzuge der Wandalen aus den an der Ostsee gelegenen Gegenden kamen die **Venedi** oder

---

y) Helm Chr. Slav. L. I. c. 2. N. Bang.
z) Crantz. Wandal. L. I. c. 22—34.
a) Salvianus in libro de gubernat. Dei. L. I. c. 2. 7. col. a.

oder Wenden auch Sclaven genannt, und nahmen Besitz nicht nur von der Mark Brandenburg, Pommern und Meklenburg, sondern auch von Wagrien. Sie waren eigentlich Sarmaten, und hatten ihren Aufenthalt in Esthland, Finnland und Carelien gehabt. Nachdem aber die Wandalen ihre Wohnungen an der Ostsee verlassen hatten, zogen sich die Wenden hierher und besetzten die verlassenen Länder. Mit denen noch zurückgebliebenen Wandalen vermischten sie sich in der Folge der Zeit so genau, daß sie sowol in ihrer Kleidung als auch in ihren Gebräuchen mit denselben übereinstimmten. Es verlor sich also das Geschlecht der Wandalen gänzlich aus dieser Gegend, und die Wenden oder Sclaven traten an ihre Stelle b).

Die Sitten dieser Wenden waren rauh und wild. Es war bei ihnen keine Schande, fremde Güter zu rauben, und durch Betrug sich das Vermögen Andrer zu verschaffen. Das erfuhren ihre Nachbaren, die Sachsen und die Dänen sehr oft. Helmold, welcher ein christlicher Priester zu Besau war und dies Volk kannte, sagt von ihnen: „die Wen„den sind immer ein wildes und unruhiges Volk. „Die Räuberei ist ihre Hauptbeschäftigung, und „eben daher sind sie auf der einen Seite den Dä„nen und auf der andern Seite den Sachsen ver„haßt. Von ihrer Untreue schreibt er: die Sclaven „sind von Natur untreu und zum Bösen geneigt c).„ Das war freilich ein schlechter Ruhm dieser Nation. Allein bei diesen Lastern, von welchen sie

b) Helm. Chr. Slav. L. I. c. 2. 9.
c) ib. c. 2.

nicht frei zu sprechen sind, übten sie zwei herrliche Tugenden aus. Diese waren die Gastfreiheit und die Barmherzigkeit. In der Ausübung der Gastfreiheit gingen sie so weit, daß sie die Häuser und die Güter derer, welche Fremde aufzunehmen sich weigerten, mit Feuer verbrannten und verheerten. Arme und Kranke nahmen sie mit vieler Bereitwilligkeit auf, und sorgten für ihre Verpflegung. Bettler wurden daher nicht unter ihnen gelitten, weil solche, die in Armuth und Dürftigkeit geriethen, von den nächsten Anverwandten und Freunden aufgenommen und unterhalten wurden [d]). Diese Tugenden verdienen billig an ihnen gelobt und gerühmt zu werden.

Diese Wenden oder Sclaven lebten in der Finsterniß und in der Blindheit, weil sie keine Erkenntniß von dem einigen und wahren Gott hatten. Sie bewiesen denen, welche sie sich als Götter vorstellten, in den Wäldern und Hainen ihre Verehrung, aber sie hatten auch den Vornehmsten derselben Tempel erbauet, in welchen sie angebetet wurden. Daß ein einiger Gott sei, der im Himmel regiere, und sich um die Dinge der Erde nicht bekümmere, war ihr allgemeiner Glaube [e]). Von diesem Gott und aus seinem Geblüte waren nach ihrer Meinung die Götter, welche die Herrschaft über die Erde hatten, entsprossen. Je näher die Götter der Erde dem Beherrscher des Himmels verwandt waren, desto größer war auch ihre Macht und desto stärkern Einfluß hatten sie auf das Wohl und

auf

---

[d]) ib. c. 82. L. II. c. 12.
[e]) Arnck. Cymb. Heid. Rel. 122.

auf das Verderben der Menschen. Unter diesen irdischen Göttern, welche sie verehrten, waren einige über die Felder, andre über die Wälder, andre über das Wasser, wieder andre über die Traurigkeit, Freude und dergleichen gesetzt f). Sie bildeten sich auch ein, daß zwei Götter die ganze Erde beherrschten, und alles, was sich zuträgt, beobachteten. Der eine von diesen sei ein guter und der andre ein böser Gott. Dieser hieß in ihrer Sprache Zorneboch oder ein schwarzer Gott und von ihm habe alles Unglück und alles Elend den Ursprung. Jener wurde Belboch oder ein weiser Gott genannt, und von ihm komme alles Glück und alle Wohlfahrt, so wie es sich in den Begebenheiten und in den Schicksalen dieser Erde zuträgt g).

Unter den Götzen, welchen die Wenden eine göttliche Ehre erzeigten, und welche sie als Beschützer der Erde und der Bewohner derselben achteten, war der Abgott Zwantewith der größte, erste und vornehmste. Einige halten dafür, daß er seinen Namen von Sankt Vit erhalten habe, indem die Mönche von Corbey die Rugianer, da sie dieselben zum christlichen Glauben bekehren wollten, den Heiligen Vit als ihren Schutzheiligen empfohlen. Da aber die Wenden den christlichen Glauben verleugneten, sei aus Sankt Vit ihr Abgott Schwantewith entstanden h). Andre verwerfen diese Meinung und behaupten mit mehrerer Vermuthung, daß dieser Abgott seine Benennung von

den

---

f) Helm. Chr. Slav. L. I. c. 83.
g) ib. I, 52. Alb. Crantz. Wand. L. 3. 37.
h) C. Schöpfe Nachr. v. Lauenb. 5. Crantz. Wand. L. V. c. II. 109.

ben in der Wendischen oder Sclavischen Sprache gewöhnlichen Wörtern Schwante, welches so viel als heilig anzeigte und Witz, welches ein Licht bedeutete, empfangen habe i). Es hatte dieser Götze seinen Wohnort in der Stadt Arcon auf der Insel Rügen. Seine Verehrung geschahe im Tempel, in welchem sein Bildniß von Holz hingestellet war. Sein Haupt war mit 4 Köpfen, davon zwey vorn und die andern hinten saßen, gezieret. So wie er in der Hand ein Horn hielte; so waren neben ihm ein Pferdezaum, ein paar Stiefeln und ein großes Schwerdt angebracht. Ihm wurde beständig ein weißes Pferd gehalten, worauf kein Mensch sich setzen, ja es nicht einmal berühren, vielweniger ein Haar ausreißen durfte. Nur allein der Priester des Abgotts hatte die Ehre, dasselbe zu verpflegen. Wenn es des Morgens voller Schweiß war (weil man es in der Nacht vorher ohne Zweifel stark geritten hatte), so entstund eine große Freude. Denn man wurde dadurch ermuntert, sich zum Streit wider die Feinde zu rüsten. Hatte man wirklich einen Krieg angefangen; so muste dieses Pferd Glück sagen, nicht durch Wiehern, sondern mit den Füßen. Es wurden nehmlich drei Reihen Spieße hingelegt. Ueberschritt es dieselben mit dem rechten Fuße; so hielte man den Sieg unvermeidlich. Geschahe es aber mit dem linken Fuße; so konnte man sich kein Glück versprechen. In dem ersten Fall konnte nichts die Wenden vom Streit zurückhalten k).

Alle

i) Aepini Diss. de Meclenb. Conv. 16.
k) Schlöpte Nachr. v. Heidenth. in Lauenb. s.

Alle Wenden, und auch diejenigen, welche in Wagrien wohnten, musten dem Zwantewith, weil er das Haupt unter allen Göttern war, jährlich einen Tribut und Opfer darbringen. Eine jede Person, sowol männlichen als weiblichen Geschlechts, war verbunden, ihm einen Pfennig zum Opfer zu geben. Führten die Wenden mit ihren Nachbaren einen Krieg, und waren sie so glücklich, eine ansehnliche Beute zu erobern; so gehörte der dritte Theil von dem, was dem Feinde abgenommen war, dem Zwantewith l). Der Geschichtschreiber Helmold macht uns Folgendes von ihm bekannt: "Zwantewith, der Abgott der Rügianer, hat unter allen Götzen der Sclaven den Vorzug. Daher auch noch zu unsern Zeiten nicht allein die in Wagrien wohnenden, sondern auch die in andern Provinzen sich aufhaltenden Wenden, jährlich ihren Tribut ihm übersenden, indem sie ihn für den Gott aller Götter halten m)."

Außer vielen andern Götzen, welche die Wenden verehrten, hatten sie zwei selbst hier im Lande. Der eine hieß Prove oder Prono, und dieser hatte seinen Sitz nahe bei dem Gute Puttlos in einem nicht weit von der Ostsee gelegenen Eichenwalde. Der andre war Podaga. Dieser wurde zu Ploen verehret n). Von dem erstern findet man in den Geschichtbüchern umständliche Nachricht, von dem letztern aber ist nichts als der Name übrig geblieben.

Des

---

l) Saxo gram. L. 14. in v. R.
m) Helm. Chr. Slav. L. I. c. 52.
n) Helm. Chr. Slav. L. I. c. 83. Crantz. Wand. L. 4. c. 23.

Des Prove Bildniß stund auf einem Eichbaume von vielen Zweigen. Er hatte die Gestalt eines Mannes, eine Krone auf dem Haupte, lange Ohren, und Stiefeln an den Beinen. In der rechten Hand hielt er ein rothes und gleichsam glühendes Eisen, in der linken aber eine Fahne. Dis Eisen hieß ein Prove-Eisen. Wenn jemand einer Uebelthat beschuldiget wurde; so muste er ein solches glühendes Eisen anrühren, und urtheilte man daraus, ob der Beklagte unschuldig oder schuldig sey. Dieser Aberglaube, ein glühendes Eisen zum Beweise der Unschuld zu berühren, ist noch lange nachher, wie die christliche Religion schon hier im Lande eingeführet war, bei den Bewohnern Wagriens im Gebrauch gewesen °).

Um den Eichbaum, auf welchem das Bild des Prove stand, sollen mehr denn 1000 Bilder von 2, 3 und mehr Angesichtern zu sehen gewesen seyn. Die Eiche, auf welcher man den Götzen erblickte, durfte niemand, als nur der Priester berühren, weil sie für besonders heilig gehalten wurde. Der Altar, der zum Opfer gebraucht wurde, stand nahe vor dem Götzen p). Der Abgott Podaga, welchen man zu Ploen verehrete, soll einen Tempel gehabt haben, in welchem er unter einer seltsamen Gestalt abgebildet worden ist. Allein der Prove, so hoch und werth er auch von den Wenden geachtet ist, hatte keinen Tempel, sondern der Ort, wo man sich zu seiner Verehrung einfand, war nur mit einem Vorhof und Stacket umschlossen. Zu demselben

o) Helm. L. I. c. 52. N. Bang.
p) Joh. Peterſ. Holſt. Chron.

selben konnte man durch zwei Pforten gehen. In den Vorhof durfte niemand kommen, als nur der Priester, oder auch ein solcher, welcher vom Feinde verfolget wurde, und sonst keine Sicherheit wußte. Denn hier fand der Verfolgte eine Freistäte, welche mit keinem Blute besprützt werden durfte q).

Den Götzendienst verrichteten bei den Wenden, so wie bei den Sachsen, gewisse dazu bestimmte Personen. Bei den Preußen hatte man sogar einen Hohenpriester, welcher die Aufsicht über die andern Diener der Götzen hatte. Dieser hieß in ihrer Sprache Crive, die gemeinen Götzendiener nannten sie Sigonoten r). Es waren diese Priester bei den Wenden sehr hoch geachtet, und man ehrte sie wie Könige, und oft noch höher s). Sie hatten die Gewalt, die Missethäter zu bestrafen. In zweifelhaften Fällen erholte man sich bei ihnen Raths. Daher auch der Rath, welchen sie ertheilten, vorzüglich für gut gehalten und als der beste und vollkommenste angenommen wurde t). Die Einkünfte hatten sie von den Opfern und von dem Tribut, der den Götzen gebracht werden mußte. In der Kleidung hatten sie viel Aehnliches mit den übrigen heidnischen Götzendienern der Teutschen, und trugen sie so, wie diese, lange Haare und Bärte u). Einen ehelosen Stand zu führen war ihre Pflicht,

und

---

q) Helm. L. I. c. 83.
r) Duysburg Chr. Pruss. P. 3. c. 5. Waibel, Chr. Pr. v. 21.
s) Helm. L. I. c. 6. L. II. c. 12.
t) ib. L. II. c. 12.
u) Saxo gram. L. 14. in v. Wald.

und die Uebertreter dieser Pflicht wurden scharf bestraft und wol gar lebendig verbrannt. x)

Der vornehmste Dienst, welchen die Wenden ihren Götzen erwiesen, bestund in Opfern. Da dem Abgott Zwantewith die gröste Ehre von der ganzen wendischen Nation erzeiget wurde; so brachte man ihm auch die ansehnlichsten Opfer. Ein jeder, welcher zu dem wendischen Volke gehörte, muste ihm jährlich seine Gabe überbringen, oder durch andre überschicken. Es soll auch selbst der dänische König Sweno, ob er gleich kein Wende war, um von ihm versöhnt zu werden, demselben einen kostbaren Becher zur Verehrung übersandt haben. Sonst brachte man Thiere von aller Gattung, und auch sogar Menschen. Der Vornehmste unter den Gefangenen muste ein Opfer der Götzen werden. Er wurde in voller Rüstung auf sein Pferd, welches mit den vier Füßen an vier Pfähle gebunden war, gesetzt. Man legte darauf Holz an beide Seiten, zündete es an, und verbrannte den Reuter mit dem Pferde y). Die Wenden bewiesen oft auch darin ihre Grausamkeit, daß sie die Christen, welche sie erhalten konnten, schlachteten, weil sie glaubten, mit dem Blute derselben sich die Gunst ihrer Götter zu erwerben z). Nach dem verrichteten Opfer hielten sie ein Mahl, bei welchem sie sich gewisser Gebete bedienten, und die Becher ihren Götzen zu Ehren ausleerten.

Diese

---

x) Hartkn. diss. 9. rer. pruss.
y) Duysb. Chr. Pruss. P. 3. c. 331. Hartkn. diss. 10. rer. pr.
z) Helm. L. II. c. 12. Crantz. L. 3. Wand. c. 37.

Diese Wenden feierten auch gewisse Tage, an welchen sie sich versammleten. Der Montag war ein gewöhnlicher Tag ihrer Zusammenkunft. An demselben funden sie sich mit ihren Priestern und Fürsten in den Hainen oder Tempeln ein. Entweder vor oder nach dem Götzendienste hielte man Gericht a), und entschied die vorgebrachten Klagen. Außer diesem gewöhnlichen Tage der Zusammenkunft hatten sie auch besondre Festtage. Unter diesen war das **Erndtefest**, welches nach geendigter Ernde gefeiert wurde, das wichtigste. Den Tag vor dem Feste muste der Priester den Tempel des Zwantewith mit großer Behutsamkeit ausfegen. Um nicht bei dieser Beschäftigung durch den menschlichen Odem den Götzen zu verunreinigen, muste er allemal den Kopf zur Thüre hinausstecken, wenn er Odem holen wollte. Am folgenden Tage, da das Volk in großer Menge versammlet war, nahm der Priester das Horn aus der Hand des Götzenbildes und weissagete aus dem Wein, welcher noch vom vorigen Jahre darin war, wie die Fruchtbarkeit des künftigen Jahres beschaffen seyn würde. Hatte der Wein im Horn sehr abgenommen; so bedeutete es ein unfruchtbares Jahr: konnte man dies nicht bemerken; so hofte man eine fruchtbare Zeit. Darauf wurde der Wein vor des Götzen Füße ausgegossen, frischer Wein ins Horn eingeschenkt, und dem Abgott zu Ehren von dem Priester, welcher den Götzen bat, dem Volke und dem Vaterlande Güter, Reichthümer und Sieg über die Feinde zu verleihen,

aus-

---

a) Helm. L. I. c. 83.

D

ausgetrunken. Nachdem es ausgeleeret worden, schenkte er es wieder voll, und gab es dem Zwantewith in die Hand. Darauf opferte das Volk Kuchen von Mehl und Meth gemacht, welche die Größe eines Menschen hatten. Diese Kuchen stellte der Priester zwischen sich und dem Volke, und bat um eine reiche Erndte des künftigen Jahres. Dann begrüßete er das versammlete Volk im Namen des Götzen, und ermahnete dasselbe zur fleißigen Beobachtung des Opfer= und Götzendienstes. So feierte man das Erndtefest als das wichtigste und vornehmste unter den Festen der Wenden b).

Wenn sich das Volk in Wagrien versammlete, um ein Fest zu feiren; so führte der Priester des Prove, welcher Mycke genannt wurde c), die gegenwärtigen Männer, Weiber und Kinder in den Hof des Abgotts. Die herbeigeführten Ochsen, Schafe, Vögel u. dergl. nahm er von ihnen in Empfang, und opferte sie dem, welchem sie von den Anwesenden gewidmet waren. Das Ende und der Schluß dieser Handlung bestund in Fressen, Saufen, Spielen und Tanzen. Dies währte bis in die dunkle Nacht d). Bei diesen Lustbarkeiten verwünschten sie ihre Feinde, und übergaben sie der Rache ihres bösen und schwarzen Gottes, des Zornebochs, ihre Freunde aber und sich selbst empfahlen sie der Beschützung des guten und weisen Gottes, des Bolbech e). Fand sich jemand bei dem
Ab=

b) Arnk. Comb. H. R. 185.
c) Crantz. Wand. L. 4. c. 11.
d) Joh. Peterſ. Holſt. Chr. I, 17. Helm. Chr. Slav. L. I. c. 52.
e) Helm. ib. 52. Crantz. Wand. L. III. c. 37.

Abgott Prove ein, welcher in zweifelhaften Fällen einen Ausspruch von ihm erwartete; so schlachtete der Götzendiener das Thier, das ihm gebracht worden war. Nachdem er das Blut desselben gekostet hatte, that er im Namen des Prove den Ausspruch, ob die Sache, weswegen man den Götzen um Rath fragte, glücklich oder widrig seyn würde f).

Waren gleich die Wenden der Abgötterei ergeben, und hatten sie ihre Götzen, welchen sie gewisse Opfer zur Versöhnung darbrachten; so war doch bei ihnen die Ueberzeugung allgemein, daß ein Gott sei, der die Welt, und die ganze Einrichtung derselben geordnet habe. Ob er sich gleich nach ihrer Meinung selbst nicht um die Dinge, welche auf Erden geschehen, bekümmerte; so habe er doch solche bestimmt, welche die Regierung der Welt und der menschlichen Schicksale beobachteten g). Den Eid hielten sie für höchst unerlaubt, und daher litten sie nicht, daß jemand zum Eide gelassen wurde, indem sie ihn als die größte Beleidigung der Götter ansahen. Denn ein jeder Eid war bei ihnen so gut, als ein Meineid, weil derselbe nicht, wie sie dafür hielten, ungestraft bleiben könnte h).

Der Haß, welchen die Wenden gegen die Christen bewiesen, war unerhört und schrecklich. Alles, was nur die Bosheit der Menschen ersinnen kann, wurde von jenen erdacht, um die Quaal und Pein der letztern zu vergrößern. Dies erfuhren die Sachsen, welche an diesen Wenden fürchterliche Nachbaren hatten. Die Christen zu verfolgen,

und

---

f) Helm. l. c. 53. Crantz. L. III. c. 37.
g) Helm. c. 83. h) ib. c. 83. 185.

und ihre Lehren zu beschimpfen, waren sie sehr erfinderisch. Sie marterten die Bekenner des Christenthums auf eine grausame Art. Sie bunden sie an einen Pfahl, rissen ihnen das Eingeweide aus dem Leibe und hefteten sie nach manchen Martern, die sie von diesen Barbaren erdulden mußten, zum Spott ihres Bekenntnisses ans Kreuz i). Gegen solche, die sich durch die Predigt des Evangelii bekehren ließen, bewiesen sie die größte Verachtung. Daher hielte es auch so schwer, daß die wendische Nation das Bekenntniß von Christo annahm. Nur allein durch die Gewalt konnte sie dazu gebracht werden, der Abgötterei zu entsagen, und der seligmachenden Lehre des Glaubens Beifall zu geben.

So verfinstert die Wenden im Heidenthum waren; so glaubten sie doch ein künftiges Leben, und daß die Leiber der Verstorbenen einmal wieder auferstehen würden. In der Absicht gaben sie ihren Freunden, wenn sie durch den Tod von ihnen getrennet wurden, verschiedene Sachen zum Gebrauch mit. Denn sie hielten dafür, daß ihnen dieselben in der Zukunft nöthig und nützlich seyn würden. Nach dem Stande, in welchem sie hier gelebt hatten, würde, wie sie sich es einbildeten, ihr künftiger Zustand auch beschaffen seyn. Den Angesehenen mußten ihre Waffen, Pferde, Bediente, Kleider und andre Sachen folgen, damit sie sich derselben an dem Orte, wohin sie nach der Auferstehung gelangten, bedienen könnten. Daß auch die unvernünftigen Thiere wieder auferstehen, und denen, welche sich derselben in diesem Leben bedienet

---

i) Helm. Chr. Slav. L. I. c. 52.

dienet hatten, auch künftig nützlich und brauchbar seyn würden, glaubten sie mit einer ungezweifelten Gewißheit k).

Bei den Wenden war es fast durchgehends der Gebrauch, die Todten zu verbrennen. Wenn jemand von ihren Anverwandten und Bekannten gestorben war; so kleideten sie denselben prächtig und legten bei dem erblaßten Körper die Sachen, welche ihm im Leben angenehm und unentbehrlich gewesen waren. Je erhabener der Stand war, den der Verstorbene in diesem Leben bekleidet hatte, desto größere Ehre widerfuhr ihm auch bei der Beerdigung. Die nächsten Freunde folgten der Leiche mit bloßen Schwerdtern l). War der Verstorbene ein Ehemann, der eine Wittwe hinterließ; so mußte diese, theils ihre Liebe gegen ihren Ehegatten zu erkennen zu geben, theils aber auch zu zeigen, daß sie keine Ursache seines Todes sei, sich nachher an dem Orte, wo ihr verstorbener Mann verbrannt worden, durch einen Strick vom Leben zum Tode bringen, oder auch nach Art der Einwohner im Lande des großen Mogols öffentlich verbrennen m). Die Leiche setzte man auf einen erhöheten Ort, und zündete das dabei liegende Holz an. Die Asche sammlete man darauf, schüttete solche in Steinkrüge, und brachte sie zur Verwahrung an den Ort, welcher zum Begräbniß ausersehen war. Solche Urnen, worin die Asche der verbrannten Körper aufbewah-

---

k) Duysburg Chr. Pr. P. 3. c. 5.
l) Hartknoch diss. 13. rer. pr.
m) Joh. Petersen Holstein. Chron. 84.

bewahret ist, hat man nach der Zeit häufig gefunden ⁿ).

Anfänglich waren bei den Wenden die Tempel und Hütten, welche sie ihren Götzen zum Dienste aufgerichtet hatten, auch ihre Begräbnißplätze und die Oerter, wo die Urnen beigesetzet wurden. Die Altäre, welche entweder aus aufgehäufter Erde, oder auch, und zwar am gewöhnlichsten, aus Steinen bestunden, bedeckten diese Urnen, worin die Asche der Todten enthalten war. Die Angesehenen und Reichen hatten ihre Gräber insgemein in der Mitte des Tempels oder der abgesonderten Plätze, wo sie sich zum Dienste ihrer Götzen versammleten. Nach der Zeit erwählten sie sich eigene Oerter zum Begräbniß und bezeichneten dieselben, so wie die Sachsen, mit Steinen ᵒ).

n) Schlöpke Nachr. v. Lauenb. 19.
o) Arnck. Cymb. H. Rel. Cap. 42. Chr. Fr. Reusch de tumulis et urnis sepulcralib.

Zweiter Theil.
Von dem Anfang und Fortgang der christlichen Religion in Holstein bis auf die Reformation.

Erster Abschnitt.
Von der Bekehrung der Holsteiner zum christlichen Glauben.

Der Befehl des Erlösers, daß seine Jünger in die Welt gehen, und das Evangelium, wo sie hinkamen, predigen sollten, ist deutlich in die Erfüllung gegangen. Nach der Himmelfahrt Christi suchten sie als Boten den Auftrag ihres Lehrers, von welchem sie zu dem wichtigen Geschäfte, welches ihnen anvertrauet war, ausgesondert worden, nach äußersten Kräften auszurichten. Sie gingen durch die Kraft des Geistes Gottes ausgerüstet, ihrem Berufe zufolge in die Welt, und bemüheten sich, die verfinsterten Menschen von den Wahrheiten des Heils, welche sie mit Nachdruck verkündigten, zu überzeugen. Daß der Schall des Evangelii bald bis in Deutschland durchgedrungen

gen sei, ist wol keinem Zweifel unterworfen, daß aber Timotheus, der Jünger des Apostels Pauli bis Bardewick gekommen sei, und daselbst den Sachsen einigen Unterricht von den Lehren der christlichen Religion beigebracht habe a), verdienet wol nicht den geringsten Beifall. Noch eher könnte man glauben, daß Egistus, einer von den 70 Jüngern, der erste Evangelist unter den Sachsen gewesen sei, obgleich auch dies mehr gemuthmaßet, als mit völliger Gewißheit behauptet werden kann. Man will dieses wenigstens aus einem alten Geschichtbuche, welches bei dem Stifte Bardewick aufbewahret ist, beweisen. Nach demselben sollen zwei Jünger den christlichen Glauben zu predigen, sich weit in Teutschland begeben haben. Der eine von ihnen hätte zwar in Trier die Heiden bekehren und sie zum christlichen Glauben bringen wollen, aber darüber sein Leben lassen müssen. Der andre aber, Egistus, wäre nach Bardewick gekommen, hätte daselbst den Sachsen eine Erkenntniß von Christo beigebracht, ein Bisthum aufgerichtet, und wäre im Frieden gestorben. Die Gebeine desselben hätte der König Knut in Dännemark als ein Heiligthum in sein Reich bringen lassen b). Die Ankunft dieses Egistus zu Bardewick soll unter der Regierung des Kaisers Nero geschehen seyn, und hält man ihn für einen Jünger des Apostels Petri c). So

a) Engelhus. Chronicon Leibnit. Rerum Brunsv. et Lun. Tom. II. 1021. Timotheus venit Bardewick, ubi et multos Saxonum convertit.

b) Schlöpck Chron. Bardow. 67. Joh. Peters. Holst. Chron. 9.

c) Alb. Crantz. Metrop. L. I. c. 1. Ferunt tamen sine certo autore plurimi, iam tum Neronis Imperatoris tempo-

So ungewiß und zweifelhaft diese Nachrichten sind; so gewiß und ungezweifelt ist es, daß Kaiser Carl der Große, welcher sich durch seine Siege Teutschland unterwarf, auch als ein Sieger in Niedersachsen erschien. Seine vornehmste Bemühung und Sorgfalt war dahin gerichtet, in den Ländern, welche er durch seine siegreichen Waffen erobert hatte, das Christenthum zu gründen, und anstatt des blinden Heidenthums, welches fast allgemein herrschte, die Religion der Christen einzuführen. Die Sachsen, welche sich weit ausgebreitet hatten, und ein mächtiges Volk waren, mußten diesen Kaiser als ihren Ueberwinder erkennen, und sich seiner Oberherrschaft unterwerfen. Der traurige Zustand, in welchem sie als Heiden und Abgötter lebten, bewog ihn, Sorge zu tragen, daß sie zur Erkenntniß Christi gelangen möchten. Dies Geschäfte übernahm Wilhadus, ein Mann, welcher sich keine Beschwerde verdrießen ließ, den unwissenden Sachsen, welche der Religion ihrer Väter mit Hartnäckigkeit anhiengen, die ersten Begriffe des Christenthums bekannt zu machen, und sie von der Vortrefflichkeit der Lehre Jesu zu überführen d).

temporibus, cum divus Petrus Romae versaretur, ex discipulis eius unum venisse Bardovicum, ibique nomen Chisti praedicasse et longanimiter gentis totius conversionem pie praestolantem diem ibi suum obiisse. Hinrich von Hervord, ein Mönch zu Minden, schreibt: Duo ex LXXII. Christi discipulis missi sunt per B. Petrum Apostolum in Teutoniam, verbum Dei praedicaturi, unus quidem in Treverim, sc. Maternus, alius autem sc. Egistus in Bardovicum cum Mariano, qui fuit Archidiaconus eius.

d) Ad. Brem. Hist. eccl. L. II. c. 9. 11.

Die Belohnung dieser seiner Treue, welche mit nicht geringen Widerwärtigkeiten, mit Haß und Verfolgung begleitet war, bestund darin, daß er ein Bisthum in Bremen aufrichten konnte, und die

779. Ehre hatte, der erste Bischof desselben zu seyn.

In Holstein regierte zu der Zeit ein Fürst oder Anführer der Sachsen, mit Namen Albion. Dieser, vereiniget mit dem berühmten Heerführer der Sachsen Wittekindt, widersetzte sich der Macht Carls des Großen: allein, da er von dem letztern bezwungen worden war, sahe er sich genöthiget, diesem mächtigen Kaiser sich zu unterwerfen. Um

785. nun desselben Gunst zu erlangen, ließ er sich taufen, und nahm den christlichen Glauben an. Diesem Beispiele des Fürsten folgten viele von seinen Unterthanen, welche zwischen der Weser und der Elbe wohnten, auch den größten Theil von Holstein inne hatten. Nach dem Tode dieses Albions setzte der Kaiser einen Statthalter oder Landvogt nach Holstein. Dieser hieß Utho oder Ubo, und nahm derselbe seinen Aufenthalt an dem Orte, wo jetzo Hamburg liegt. Weil aber die Sachsen, welche in Holstein wohnten, ihre eigene Regenten oder vielmehr Heerführer, welche sie sich selbst erwählten, gehabt hatten; so war es ihnen unerträglich, den Befehlen eines Statthalters zu gehorchen. Sie meinten, da sie freie Leute wären, schickte es sich nicht für sie, Richter über sich zu haben, weil sie befürchteten, daß diese nachher ihre Regenten und Herren seyn wollten, wie solches bei andern Völkern die Erfahrung lehrte. Sie hielten es für anständiger, daß sie sich selbst Richter wählten, und kein

andres

andres Recht gelten ließen, als welches sie unter sich bewilligten. Ueberdem wollte der Kaiser, da sie den christlichen Glauben angenommen hatten, daß sie gewisse Zehnten zum Unterhalt der Priester aussetzen sollten. Allein auch dies hielten sie für eine Sache, welche mit ihrer Freiheit nicht bestehen könnte, und urtheilten sie, daß sich solches wol für Sclaven, aber nicht für freie Leute, wie sie wären, schickte.

Aus der Ursache empörten sie sich wider die Befehlshaber, die ihnen vorgesetzt waren, und unterstunden sich sogar, sie zu tödten, und dadurch ihre vorige Freiheit sich wieder zu verschaffen. Dies bewog den Kaiser Carl den Großen im Jahr 789 einen Heerzug in diese Gegend zu unternehmen, und die ungehorsamen und widerspenstigen Holsteiner zu bestrafen. Damals soll der berühmte Abgott der Sachsen Hammon e), welcher in Hamburg verehret worden ist, woran aber billig andre zweifeln, und behaupten, daß niemals ein solcher Abgott gewesen sei, zerstöret worden sey. Damit nun die unruhigen Sachsen sich nicht aufs neue empörten, und den kaiserlichen Befehlshabern sich widersetzten, ließ Carl der Große 10000 von den an beiden Seiten der Elbe wohnenden Sachsen mit Weibern und Kindern f) in die Gegend jenseit des Rheins, und vermuthlich nach Franken, Brabant und Flandern versetzen. Da aber dies Land, worin so viele Menschen gewohnt hatten, dadurch öde und wüste geworden war, auch die Obotriten oder benachbarten Wen-

---

e) Staphorst Hamb. Kirchengesch. 1, 4.
f) Helmold L. I. c. 3. n. 4.

Wenden, welche diese entvölkerten Plätze einnahmen, Gelegenheit fanden, ihre Raubbegierde zu nähren; so erlaubte der Kaiser, daß die versetzten Sachsen nach einer siebenjährigen Abwesenheit wieder durch den Grafen Eckbert in ihr Vaterland zurückgeführet wurden, und Besitz von ihren ehemaligen Wohnungen nehmen konnten g). Man will behaupten, daß von dieser Zurückberufung der Sachsen in ihr voriges Eigenthum die Leibeigenschaft entstanden sei, indem die Obotriten, welche in sieben Jahren sich in diesem Lande angebauet hatten, nun sich dem Joche der Sachsen als Knechte hätten unterwerfen müssen h).

808. Zum Schutze wider alle künftige Ueberfälle legte der Kaiser zwei Festungen an der Elbe an. Unter diesen führet eine den Namen Hochbuchi, und ist diese die nachher so berühmt gewordene Stadt Hamburg. Es ist zwar diese Festung von den Wilsen, einer in
810. Pommern wohnenden Nation 810 zerstört, aber in dem darauf folgenden Jahre wieder hergestellet, und dadurch der Grund zu einer Stadt gelegt, welche unter allen Städten in Niedersachsen mit Recht die Krone ist. Denn noch in demselben Jahre ist
811. hier die erste christliche Kirche dem Heilande und seiner Mutter, der Maria, zu Ehren erbauet, und durch den Erzbischof Amalarius zu Trier eingeweihet i). Die Aufsicht über diese Kirche, welche in Nordalbingien gegründet worden ist, wurde einem Priester Eginhardus, oder wie ihn andre nen-

g) Dankwert 263.
h) Schleswig. Holst. Anz. 1767. 417.
i) Helm. Chr. Slav. L. I. c. 3. n. 9. 10.

nennen, Evidagus anvertrauet. Diesen Evidagus hatte Carl der Große zum Bischof, und die in Hamburg erbaute Kirche zu einer Metropolitankirche aller dänischen und sclavischen Völker bestimmt k). Dieses Vorhaben aber wurde durch die Unruhen, welche die Dänen und Wenden verursachten, sowol, als durch den Tod des Evidagus, welcher ohngefähr ums Jahr 813 erfolgte, unterbrochen. Der Kaiser Carl verließ darauf selbst in dem nächstfolgenden Jahre 814 den 28. Junius die Welt, und dies verursachte der Ausbreitung des Christenthums und der Beförderung der christlichen Religion eine große Hinderniß.

813.

Doch der damalige Bischof von Bremen Willerich, welcher nicht nur mit vielem Eifer die Predigt von Christo zu befördern suchte, sondern auch selbst umher reisete, das Evangelium zu verkündigen, ließ sich die Wohlfahrt Holsteins angelegen seyn. Er kam nach Ditmarschen, und erkundigte sich nach der Verfassung der Kirche zu Meldorf, welche von seinem Vorfahr, dem ersten Bischof in Bremen Willehab, ohngefähr 790 gestiftet war. Denn so meldet der Geschichtschreiber Adam von Bremen: „die Kirche zu Meldorf besuchte er sehr „oft, bis Hamburg zu einer Metropolitankirche er„hoben wurde" l). Dieser Eifer, welchen der Bischof Willerich in der Ausbreitung der christlichen
lehre

---

k) Staph. Hamb. Kirchengesch. I, 15. 16.

l) Hist. eccl. L. I. c. XII. Ecclesiam Melinthorp frequenter visitavit usque ad tempus, quo Hammaburg metropolis facta est.

lehre bewies, bewog den Nachfolger und Sohn Kaiser Carl des Großen, Ludwig den Frommen, daß er diesem Bischof die geistliche Aufsicht über ganz Holstein, und folglich über die Provinzen, welche an dieser Seite der Elbe liegen, anvertraute. Durch die Bemühung dieses Bischofs sind demnach die ersten christlichen Gotteshäuser in Holstein erbauet, und dem Dienste des Herrn gewidmet worden. War gleich die Kirche zu Meldorf schon von seinem Vorweser gegründet; so hat sie doch seiner Vorsorge vieles zu danken. Damit aber das Evangelium sich weiter in Holstein ausbreiten möchte, und die Heiden durch die Taufe in die Gemeinschaft der Christen aufgenommen werden konnten, sorgte er dafür, daß noch eine Kirche erbauet würde. Diese war die Kirche zu Schenefeld, welche dem Heil. Bonifacius gewidmet ist. Der beiden Kirchen zu Meldorf und Schenefeld gedenket Adam von Bremen mit diesen Worten: „Transalbingien „wird von drei unterschiedenen Völkern bewohnet. „Die ersten sind die Dithmarschen. Diese haben „ihren Aufenthalt bis ans Meer und ihre Kirche „heißt Meldorf. Die andern sind die Holsteiner, „die ihre Benennung von den Holzungen haben, „welche sie bewohnen, und ihre Kirche heißt Schene„feld. Der Störfluß ist ihre Gränze. Die drit„ten, als die edelsten werden Stormarn genannt, „darum, weil dies Volk sehr zur Unruhe und zum „Aufruhr geneigt ist. Hier ist der bischöfliche „Sitz Hamburg, und war diese Gegend vor Zei„ten mit streitbaren Leuten besetzt, auch reich an „Getreide und fruchtbar, nun aber der Sünden „wegen

„wegen arm und wüste ᵐ). Um diese neuerbauten
Versammlungsörter der ersten Christen wider die
Infälle der Wenden, der Dänen und der Normänner, welche sich ein Vergnügen daraus machten, die Christen zu verfolgen, und ihre Gotteshäuser zu verheeren, zu beschützen, legte man bei
denselben feste Plätze an, aus welchen man den
grausamen Unternehmungen der Barbaren zu widerstehen und daselbst in der Gefahr einen Zu-
fluchtsort zu finden, im Stande war. Dies soll
eine Veranlassung mit gewesen seyn, warum in
Süder-Dithmarschen nicht nur die Oerter Mels-
dorf und Bekelnburg befestiget sind, sondern auch
die Burg zu Essefeld oder die Stadt Itzehoe erbauet worden ist ⁿ).

Nicht lange nachher kam ein gewisser Erzbischof zu Rheims, mit Namen Ebbo in die Holsteinische Gegend. Bei dem Kaiser Ludwig dem 823.
Frommen stand er besonders in Gnaden, und er
hielte sich oft am kaiserlichen Hofe auf. Hier hatte
er erfahren, wie wenig das Christenthum in den
nordischen Ländern noch bisher ausgebreitet, und
wie

---

m) L. II. Transalbianorum Saxonum tres sunt populi,
primi ad Oceanum Thietmarsgoi et eorum ecclesia
Mildinstorpe: secundi Holsati dicti a sylvis, quas in-
colunt, eos Sturia flumen interfluit, quorum ecclesia *Sconevelde:* tertii, qui et nobiliores Sturmarii di-
cuntur, eo quod seditionibus illa gens frequenter
agitatur. Inter quos *metropolis Hammenburg* caput
extollit, olim viris et potens, agro et frugibus fe-
lix, nunc vero peccatorum vindictae parens in so-
litudinem est redacta.

n) Dankw. Landesbeschreib. der Herz. Geus Beitr. zur
Kirchengesch.

wie groß die Unwissenheit der Einwohner, welche in diesen Gegenden wohnten, sei. Dies bewog ihn, da er aus seinem Erzbisthum vertrieben war, einen Versuch zu machen, ob er zur Bekehrung der Einwohner in diesen Ländern etwas beitragen könnte. Er unternahm wirklich dies Geschäfte, und betrieb es mit vielem Eifer nicht ohne einen glücklichen Erfolg. Damit er nun seine Bemühung ferner mit Vortheil anwenden könnte, aber auch einen sichern Aufenthalt in Norden hätte; so schenkte ihm der Kaiser einen Ort bei Itzehoe, welcher Welna hieß. Hier legte er ein Bethaus und eine Pflanzschule an, in welcher junge Leute zu dem Missionswerke erzogen werden konnten o). Dieses Welna ist das noch bekannte Münsterdorf, woher die Münsterdorfische Probstei nach der Reformation die Benennung erhalten hat. Es nahm dieser Ebbo nebst dem Anscharius und dem Gehülfen des letztern, dem Audbert sich der Bekehrung der nordischen Einwohner, der Dänen und der Schweden an. Allein er verließ diesen Ort, und übergab denselben seinem Anverwandten, dem Audbert, welcher in der Folge zum Bischof in Schweden ernannt ist, aber frühe die Welt verließ p).

Der fromme q) Kaiser Ludwig war nunmehro darauf bedacht, den Vorsatz seines Vaters zu erfüllen,

825.

o) Remb. vita Anscharii c. XII. Gerold. c. XXIII.
p) Remb. vita Anschar. c. 13. I. Moll. orat. in laud. pr. rel. Chr. in Cimbr. Doct.
q) Dieser Kaiser Ludwig, welcher durch seine Wohlthaten, die er an die Mönche verschwendete, durch seine ungeheuchelte Gottesfurcht und durch sein fleißiges Lesen

füllen, und in der Stadt Hamburg ein Bisthum zu errichten. Man fand dieses um so viel nöthiger, da man wünschte, daß die nordischen Reiche völlig zum christlichen Glauben gebracht werden möchten. Dies zu bewirken, war das bequemste Mittel, diese Reiche der Aufsicht eines geistlichen Hirten anzuvertrauen, welcher sich die Bekehrung der Einwohner Nordens mit Sorgfalt angelegen seyn ließ. Auf der Reichsversammlung zu Aachen, welche im Februar 831 gehalten worden ist, berathschlagte man sich über die Ausführung dieser wichtigen Sache, und es wurde beschlossen, Hamburg zu einem Erzstift zu erheben, und demselben nebst Holstein die Reiche Dännemark, Schweden und Norwegen einzuverleiben. Ein so ausgebreitetes Erzbisthum erforderte einen Mann, welcher bei einer wahren Frömmigkeit auch Erfahrung und Kenntniß der Länder, über welche er die Aufsicht haben sollte, besaß. Niemand war hiezu in den damaligen Zeiten geschickter, als Anscharius, ein Vorsteher des Klosters zu Neu-Corvey. Dieser hatte bisher das Geschäfte eines Apostels im Norden mit vielem Segen ausgerichtet. Das ihm aufgetragene Werk, die Schweden zu bekehren, hatte er mit einem so glücklichen Erfolg ausgeführet, daß er, da er wieder zurückkehrte, von seinem erhabenen Beschützer, dem Kaiser Ludwig, mit der größten Achtung aufgenommen

831.

sen der Bibel sich den Namen eines Frommen erworben hat, beging dadurch die ruhmwürdigste Handlung, daß er die Bibel ins Teutsche hat übersetzen lassen. Chr. Wil. Fr. Walchii diss. de pietate Ludov. pii.

men wurde. Zur Belohnung der von ihm in dem Missionsgeschäfte bewiesenen Treue erkannte er ihn vorzüglich würdig, der erste Erzbischof in Hamburg zu seyn.

Zweiter Abschnitt.
Von dem Zustande der christlichen Religion in Holstein unter den Erzbischöfen in Hamburg und Bischöfen in Lübeck und Oldenburg.

Erste Abtheilung.
Von den Erzbischöfen in Hamburg.

1. **Anscharius.** Das Leben dieses großen und verdienten Mannes, welchem unser Vaterland die erste Ausbreitung der christlichen Religion größtentheils zu danken hat, verdient billig in der Kirchengeschichte Holsteins den ersten Platz. Es war derselbe im Jahr 801 den 8. Sept. in Frankreich aus einem edlen Geschlechte gebohren. Seine Eltern, welche ihn dem geistlichen Stande widmeten, sorgten mit möglichstem Fleiße für seine Erziehung. Schon im fünften Jahre seines Alters verlohr er seine Mutter. Das Benedictinerkloster zu Corvey hatte sich durch die gute Zucht und durch den

ben unsträflichen Wandel derer, die in demselben die Gelübde des Klosterlebens erfülleten, einen allgemeinen Ruhm erworben. Dieses bewog seinen Vater, ihn der Aufsicht und der Unterweisung der Lehrer, welche der Klosterschule vorstanden, anzuvertrauen. Fleiß und ein tugendhaftes Betragen machten ihn nicht nur bei seinen Lehrern beliebt, sondern sie erkannten ihn schon frühe für geschickt, aus einem Schüler ein Lehrer Andrer zu werden. Das Lob von seinen ausgebreiteten Kenntnissen und von seinem Wohlverhalten konnte nicht unbekannt bleiben. Der große Kaiser Ludwig, welcher die Tugend und die Frömmigkeit hochschäzte, und sich dadurch den Beinamen eines Frommen erworben hat, hatte aus dem Gerüchte die Verdienste unsers jungen Anscharius erfahren. Er wünschte einen geschickten Lehrer der Jugend dem von ihm bei Hörter in Westphalen angelegten Kloster Neu-Corvey verschaffen zu können, und dazu bestimmte er den ihm auf eine so vortheilhafte Weise empfohlenen Anscharius. Dem Befehle eines so mächtigen Beschüzers gehorsam, fand er sich 821 an dem ihm bestimmten Orte ein, und bewies auch hier, daß es ihm die angenehmste Beschäftigung sei, die Pflichten seines Berufes mit Treue und Eifer zu erfüllen. So wie der Ruhm seiner Verdienste sich immer mehr ausbreitete; so stieg auch die Achtung und Liebe, welche der Kaiser für diesen so würdigen Mann hegte.

Es hatte sich Harald, ein dänischer König in Teutschland taufen lassen, und das Bekenntniß von Christo angenommen. Dieser König war jezt im Begriff, nach Dännemark zu reisen, und er wünschte,

wünschte, daß auch seine Unterthanen, welche als Heiden in der Finsterniß und im Irrthum wandelten, zur Erkenntniß der Wahrheit gebracht werden möchten. Der Kaiser glaubte, dies Geschäfte würde niemand mit mehrerem Vortheil ausführen können, als ein Mann, der in seinen Unternehmungen eine unverdroßne Treue bewiesen hatte. Er trug es demnach dem Anscharius auf, ein Bote des Evangelii und der seligmachenden Lehre Jesu unter den Heiden zu werden; und sogleich war er entschlossen, diesem wichtigen und gefahrvollen Rufe zu folgen. Er begab sich darauf mit dem König Harald im Jahr 826 in Gesellschaft und in Begleitung seines Freundes des Aubberts oder Gandberts, welcher sich so, wie Anscharius nicht wenig um die Bekehrung der Einwohner Nordens verdient gemacht hat, nach Dännemark. Hier fand er freilich ein großes Feld zu bearbeiten, aber er war auch so glücklich, mit Unterstützung seines treuen Gefährten das Evangelium auszubreiten r), und den Namen Christi an solchen Oertern zu verkündigen, wo Menschen durch Aberglauben und Abgötterei zu den schändlichsten Handlungen sich verleiten ließen. Nachdem er drei Jahre nicht ohne Segen in Dännemark sich aufgehalten hatte, trug er eine Begierde auch in dem benachbarten Schweden den Saamen des göttlichen Wortes auszustreuen. Bekannt mit den Irrthümern der Heiden, fand er auch hier die beste Gelegenheit, sein Licht vor den Menschen leuchten zu lassen, und dadurch eine Menge zu Christo und zur Erkenntniß der Wahrheit zu führen.

Mit

---

r) Remb. vita Anscharii c. VIII.

Mit dem besten Zeugniſſe des Wohlverhaltens kehrte er 831 nach Teutſchland zurück, und wurde von ſeinem großen Wohlthäter mit Liebe aufgenommen. Eben damals war Ludwig der Fromme darauf bedacht, in Hamburg ein Erzbisthum zu errichten, und zur Bekleidung dieſes wichtigen Poſtens hielte er keinen für würdiger als unſern Anſcharius. Er erhob demnach 831 die neue Kirche in Hamburg zu einem erzbiſchöflichen Sitz und ernannte den Anſcharius zum erſten Erzbiſchof, ſchenkte ihm auch zu ſeinem Unterhalt Turholt ein Kloſter in Flandern. Der Pabſt Gregorius IV. 832. ertheilte ihm nicht nur den erzbiſchöflichen Mantel, ſondern er beſtätigte auch ihn und alle ſeine Stuhl-Erben als apoſtoliſche Legaten an die nordiſchen und öſtlichen Völker im Heidenthum s). Die Einweihung dieſes erſten Prälaten der hamburgiſchen Kirche geſchahe von dem Erzbiſchof Drago zu Metz in Beiſeyn der Erzbiſchöfe von Mainz, Rheims und Trier.

Die erſte Beſchäftigung des Anſcharius, nachdem er eine Würde, die ſeinen Verdienſten angemeſſen war, erhalten hatte, war dahin gerichtet: die Ausbreitung der chriſtlichen Lehre auf alle mögliche Weiſe zu befördern. Zu dem Ende legte er Pflanzſchulen an, in welchen junge Leute zubereitet wurden, als Miſſionarii unter die Heiden zu gehen, und ſie von den Wahrheiten der chriſtlichen Religion zu unterrichten. In Hamburg ſtiftete er ein Benedictinerkloſter und zu

---

s) Remb. vita Anſcharii c. XIV. Ad. Br. Hiſt. eccl. L. I. c. XVI.

Welna, woselbst sich zuvor der Erzbischof Ebbo und nach dem Abzuge desselben sein treuer Gehülfe in dem dänischen und schwedischen Missionsgeschäfte, Aubbert aufgehalten hatte, und welches jetzo Ludwig der Fromme dem Anscharius schenkte, stiftete er dem heiligen Sixtus zu Ehren ein Bethaus. An diesem letztern Orte, wo er sich öfters aufhielte, lies er 12 Knaben von dänischer und wendischer Geburt erziehen, damit sie nachher in ihrer Muttersprache ihren Landesleuten das Evangelium verkündigen könnten. Dies war eine für die damalige Zeiten überaus nützliche und vortheilhafte Stiftung. Bei den Kirchen, deren freilich nur noch wenige waren, ließ er Wasserbehältnisse anlegen, in welchen die Heiden, die sich zur christlichen Lehre bekannten, und dieselbe annahmen, getauft wurden. Es würde dieser gewiß in allem Betracht fromme Mann zur Beförderung des Christenthums in Holstein sehr Vieles bewirket haben, wenn er nicht durch die öftern Ueberfälle der benachbarten heidnischen Völker, denen die christliche Lehre verhaßt war, daran verhindert worden wäre. Denn man findet nicht, daß hier im Lande zur Zeit des Anscharius außer der Kirche in Heiligenstedt, welche ihre Benennung von den Gebeinen der Heiligen, welche Anscharius dahin hat bringen lassen, erhalten hat t), Kirchen erbauet sind. Allein so sehr er sich bestrebte, eine wahre Erkenntniß unter den Heiden auszubreiten; so war es ihm doch nicht möglich; wegen der Verfolgung der Wen-

---

t) Dankwert Landesbeschr. d. Herz. Schleswig u. Holstein 288.

Wenden, der Dänen und der Normänner, an die Erbauung neuer Kirchen in Holstein zu gedenken.

Im Jahr 845 erfuhr er das traurige Schicksal, daß die Dänen und Normänner Hamburg überfielen und plünderten. Die Kirche und das Benedictinerkloster, welches Anscharius gestiftet hatte, musten ein Raub der Flammen werden. Die Bürger und Einwohner, welche nicht umkamen, geriethen in die Gefangenschaft. Der Erzbischof selbst rettete kaum mit einigen Geistlichen sein Leben u). In dieser Noth nahm er seine Zuflucht zu dem Bischof Leuderich in Bremen, welcher aber unbarmherzig genug war, ihm Schutz, Hülfe und Aufenthalt zu versagen. Doch so unbarmherzig dieser Bischof sich bewies; so barmherzig war eine tugendhafte Edelfrau, mit Namen Ikie. Diese nahm ihn nicht nur mit Freuden auf, sondern sie gestattete ihm auch einen beständigen Aufenthalt auf ihrem Gute. Zur Erkenntlichkeit für diese Wohlthat, die sie ihm, da er sich verlassen sahe, erzeigte, stiftete Anscharius zu Rameslo im Stifte Verden, welches ihm seine gütige Wohlthäterin zum Besitz übergeben hatte, ein Kloster, als ein immerwährendes Denkmal der ihm von derselben erwiesenen Freundschaft x). Wie nachher der Bischof zu Bremen Leuderich starb, erhielte er mit Bewilligung des Pabstes Nicolaus I. auch das Bisthum Bremen, und wurde dadurch

845.

847.

---

u) Remb vita Anſch c. XIV.
x) Ad. Brem. Hiſt. eccl. L. I. c. XXII.

die bremische bischöfliche Würde mit dem hamburgischen Erzbisthum vereiniget.

Hatte Anscharius einige Jahre seinen erzbischöflichen Sitz verlassen, und sich an einem fremden Orte aufhalten müssen; so wünschte er, da nunmehro wieder die Ruhe herzgestellet war, nach Hamburg zurückzukehren. Der traurige Anblick dieses Ortes und die Verwüstungen, welche die Feinde daselbst unternommen hatten, bewogen ihn darauf zu denken, wie der Dom und das zerstörte Kloster wieder in den vorigen Stand gesetzet werden möchten. Nachdem dies von ihm ausgeführet und vollbracht worden war, richtete er sein vornehmstes Augenmerk auf die Bekehrung der Heiden zum christlichen Glauben. In Dännemark regierte jetzo Erich der ältere, ein Bruder des Königs Haralds, mit welchem Anscharius ehemals nach Dännemark gegangen war. Zu diesem begab sich der Erzbischof, um ihn, da er bisher das Christenthum unterdruckt hatte, zu günstigern Gesinnungen gegen die Lehre des Evangelii zu erwecken. Er war auch so glücklich, diesen König dahin zu bringen, daß er nicht nur selbst dem christlichen Glauben beipflichtete, sondern auch demselben in seinem Lande freien Lauf lies. Er erlangte sogar die Erlaubniß, in Schleswig, oder wie es damals hieß, Hedebo eine Kirche erbauen zu dürfen, welche von ihm Anscharius=Kirche genannt ist y). Bei dieser neu gestifteten Kirche taufte er mit eigener Hand in der Schley die bekehr-

848.

---

y) Ad. Brem. Hist. eccl. c. XXV.

kehrten Christen ᶻ), und es sollen nach dem Zeugnisse der Schriftsteller bei dieser Gelegenheit viele von ihren Krankheiten und körperlichen Gebrechen durch seine Wunderkraft geheilet worden seyn.

War seine Reise nach Dännemark von einem so guten Erfolge; so wünschte er auch in Schweden zum Besten und zur Aufnahme seiner Kirche etwas ausrichten zu können. Begleitet von einem Gesandten des Königes in Dännemark und mit einem Empfehlungsschreiben von dem Könige Erich unternahm er die Reise dahin. Byrce war damals der Hauptort und die Residenz des Königes in Schweden ᵃ). Hier überreichte er dem Könige Olaus seine Empfehlung aus Dännemark, welche von dem königl. dänischen Gesandten unterstützet wurde b). Die Ankunft des Anscharius hatte bei einigen Einwohnern der Stadt Byrce, welche ehemals seinen Unterricht genossen hatten, große Freude verursachet. Bei andern aber, welche in ihrer Blindheit und im heidnischen Aberglauben zu bleiben wünschten, war das Evangelium verhaßt und die Botschaft desselben unangenehm. Auch der König schien kein Verlangen zu tragen, ein Bekenner des Namens Christi zu werden. Da aber Anscharius in einer beweglichen und rührenden Rede ihm die Abscheulichkeit des Götzendienstes und die Vortreflichkeit der Lehre und des Bekenntnisses von Christo vorstellte ᶜ), wurde er be-

---

z) Ad. Brem. Hist. eccl. c. XXV.
a) Staph. Hamb. K. Gesch. I, 46.
b) ib. 47.
c) ib. 49.

wogen, ihm die Erlaubniß zu ertheilen, eine christliche Kirche aufzuführen, und seine Unterthanen, wenn sie Christen werden wollten, zu taufen d).

Indem dies in Schweden sich zutrug, ging in Dännemark eine wichtige Veränderung vor. König Erich I. verlies die Welt und ihm folgte ein entfernter Anverwandter, Erich II. So gewogen jener in den letzten Jahren seiner Regierung dem Christenthum war, so feindselig bewies sich dieser bei der Uebernahme des Reichs gegen daßelbe. Er suchte alles, was christlich hieß, zu vertilgen und gänzlich auszurotten. Daher eilete Anscharius aus Schweden nach Dännemark, um zu verhindern, daß die Vortheile, welche er unter der vorigen Regierung sich verschaft hatte, nicht unter dieser Regierung vernichtet, und die christliche Lehre in den dänischen Ländern ausgerottet würde. Es glückte ihm auch, die Gesinnung des Königs zu ändern, und an ihm nachher einen so großen Gönner und Beschützer zu erlangen, als er an seinem Vorweser gehabt hatte. Die Anschariuskirche zu Schleswig, oder Heddebii, welche schon auf königlichen Befehl geschlossen war, wurde wieder geöfnet, und der König erlaubte sogar, daß zu Ripen eine neue Kirche erbauet werden möchte e). Diese war die andre Kirche, welche in dem unter dänischer Herrschaft stehenden Cymbrien aufgeführet ist und Rembert, der nachmalige Erzbischof in Hamburg erhielte die Aufsicht über dieselbe.

Nach

d) Remb. vita Anschar.
e) Helm. Chr. Sclav. L. 1. c. 5.

der chriſtl. Religion in Holſtein ꝛc. 75

Nach einem so erwünſchten Fortgang der chriſtlichen Lehre in Schweden und Dännemark, begab ſich Anſcharius wieder nach Hamburg zurück. Nun beſtrebte er ſich für die Seelenwohlfahrt der ihm anvertrauten Länder mit allem Eifer zu ſorgen. Er predigte ſelbſt das Wort Gottes, tröſtete die Angefochtenen, löſete ſolche, welche in der Gefangenſchaft ſeufzeten, nahm ſich der Armen und Elenden an, und bewies ſich in allen Vorfällen als einen würdigen Lehrer des Evangelii f). Von ihm wurde auch die üble Gewohnheit, die Menſchen zu verkaufen, welche damals in Holſtein allgemein war, abgeſchaft. Endlich gefiel es dem Herrn, ſeiner Wallfahrt auf Erden ein Ziel zu ſetzen, und ſeinem wichtigen Berufe unter den Menſchen ein Ende zu machen. Denn im Jahr 865 den 3ten Febr. beſchloß er zu Bremen als ein rechtſchaffener Lehrer und redlicher Jünger ſeines Herrn ſein irdiſches Leben.

865

Die Lebensgeſchichte dieſes erſten Erzbiſchofs in Hamburg iſt von vielen Geſchichtſchreibern verfaſſet. So fromm und tugendhaft ſein Wandel war; ſo übertrieben war ſeine Verehrung der Reliquien, indem er den Kopf des Sixtus als ein Heiligthum ſtets bey ſich trug, und demſelben nach dem Gebrauche der römiſchen Kirche eine ausnehmende Achtung erzeigte. Nach dem Tode iſt er unter die Heiligen geſetzet, und man hat ſich nicht geſcheuet, ihn als einen Fürſprecher bei Gott öffentlich anzurufen g).

2. Rem=

f) Ad. Brem. und Alb. Stadens.
g) Staphorſt Hamb. K. G. I, 60.

2. **Rembert.** Dieser war Vorsteher der Kirche zu Ripen und ein Schüler des Anscharius, welcher ihn ungemein liebte, auch ihm drei Tage vor seinem Absterben die Versicherung gab, daß er sein Nachfolger werden würde. Sterbend empfahl er ihn den Umstehenden. Sogleich nach der Beerdigung des Anscharius wurde er mit allgemeinen Beyfall erwählet. Kaiser Ludwig II. bestätigte diese Wahl durch die Darreichung des Stabs und der Pabst Nicolaus I. überschickte den erzbischöflichen Mantel h). Der Erzbischof zu Mainz weihete ihn zu seinem neuen Amte ein.

Dieser Erzbischof Rembert folgte seinem löblichen Vorgänger sowol in einem tugendhaften Wandel, als auch in der Bemühung, die christliche Lehre unter den Heiden auszubreiten, mit vielem Ruhme nach. Das Evangelium zu verkündigen, reisete er allenthalben umher, und nahm sich insonderheit der Nothleidenden und Armen an. Ihnen beizustehen und sie zu verpflegen, war eine seiner angenehmsten Beschäftigungen. Daher er sich auch des Sprichworts bediente. „Den Armen müsse „man helfen, weil man nicht wüste, in wel„chem Christus wohnte" i). So edeldenkend dieser Erzbischof war, und so sehr er sich bemühete, andre glücklich zu machen; so traurig waren die Schicksale, die er als Erzbischof erdulden muste. Denn da Kaiser Ludwig II. gestorben war, fiel ein großer Theil der Neubekehrten vom christlichen Glauben ab. Die Dänen und Normänner zerstör-

---

h) Staph. Hamb. K. G. I, 65.
i) Ad. Br. Hist. eccl. L. I. c. 32.

störten und verheerten die niedersächsische Gegend und der Erzbischof muste aus Hamburg flüchten. Die Christen sahen sich für die Wuth dieser Unmenschen nirgends sicher. Ihre Kirchen wurden erbrochen, und man übte in denselben den schändlichsten Muthwillen aus. Alles wurde verwüstet und in die traurigste Verfassung gesetzet k). Rembert kehrte zwar, nachdem die Ruhe wieder hergestellet war, nach Hamburg zurück, aber er konnte in der kurzen Zeit, welche er noch lebte, den Schaden, welcher in seinem Erzbisthum verursachet worden war, nicht ersetzen. Denn schon 888 den 11ten 888. Jun. legte er seine Würde mit dem Tode nieder.

Es soll dieser Erzbischof ein eifriger Beter gewesen seyn. Denn da die Dänen und Normänner in Ostfriesland einfielen und die Friesen mit ihren Nachbaren den Sachsen diese Feinde in Gegenwart des Remberts angriffen, hat er wie Moses wider die Malakiter seine Hände gen Himmel aufgehoben, und Gott um den Sieg inbrünstig gebeten. Es ist darauf nicht nur die ganze dänische Armee in die Flucht geschlagen, sondern es sind auch 10377 Menschen auf der Wahlstatt getödtet l).

3. **Adelgarius**, ein Mönch aus dem Kloster Neu=Corvey. Wie er die Regierung des Erzbisthums, wozu er die Bestätigung vom Kaiser Arnolph, den Mantel vom Pabst Stephan VI. und die Weihe von dem Erzbischof zu Mainz erhielte,

---

k) Crantz Saxon. L. II. c. 31. Helm. L. I. c. 7. Ad. Br. L. I. c. 34.
l) Dankw. Landesbeschr. d. H. S. u. H. 264.

hielte, antrat, waren traurige Zeiten. Die heidnischen Normänner verfolgten die Christen und zerstörten ihre Kirchen. Der Erzbischof zu Cölln machte Anspruch an das Bisthum, und wollte solches dem hamburgischen Erzstift entziehen. Dies konnte freilich diesem Adelgarius nicht viel Gutes in seinem neuen Amte versprechen. Doch der Kaiser Arnolph schlug 891 bei Mainz die Normänner, und verschaffte dadurch der christlichen Kirche einige Ruhe, und der Pabst Sergius III. bestätigte 904 dem hamburgischen Stuhl durch eine Bulle das Bisthum Bremen wieder m). Allein Adelgarius konnte diese Vortheile nur eine kurze Zeit genießen, indem er schon 909 den 9ten May sein Leben endigte n). Sein Nachfolger war

4. **Hoger oder Hoyer**, gleichfalls ein Mönch aus dem Kloster Neu-Corvey. Von dem Kaiser Ludwig dem Kinde empfing er die Bestätigung, von dem Pabst Sergius III. den Mantel und von dem Erzbischof zu Cölln die Weihe o). Er soll ein frommes Leben geführet haben. Damit die Geistlichen, welche unter seiner Aufsicht stunden, sich eines guten Wandels befleißigten, beobachtete er eine genaue und strenge Ordnung. Traurig aber war das Schicksal der hamburgischen Kirche in der Zeit seiner Regierung. Denn die benachbarten Wenden, vereinigt mit den Dänen, überfielen das noch nicht sehr befestigte Hamburg, zerstörten diesen Ort, und übten die grausamsten Gewaltthätig=

m) Staphorst. K. G. I, 75.
n) Ad. Brem. Hist. eccl. L. I. c. 42.
o) ib. c. 43.

tigkeiten aus. In dieser betrübten Verfassung verlies dieser Erzbischof 915 den 20sten Dec. die Welt, und hatte zum Nachfolger

5. Reginward, einen Corveyischen Mönch, welcher aber schon 916 den 29sten Sept. durch den Tod abgefordert wurde.

6. Unni oder Unno. Diesem ertheilte Kaiser Conrad I. die Bestätigung, und Pabst Johann X. den erzbischöflichen Mantel. Der Fortpflanzung des Glaubens und der Ausbreitung der christlichen Lehre in den Ländern seines Erzbisthums nahm er sich mit vielem Ernste an. In Dännemark und Schweden war seit der Zeit, daß Anscharius das Evangelium daselbst geprediget hatte, das Christenthum ganz in Verfall gerathen, indem die Regenten dieser Reiche sich mehr um die Ausbreitung ihrer Macht, als des christlichen Glaubens bekümmerten. Um nun dem ehemals in diesen Reichen gepflanzten Christenthum wieder aufzuhelfen, reisete er selbst nach Dännemark und Schweden. Den König Gormo III. in Dännemark, welcher vormals ein Wüterich und grausamer Verfolger der Christen gewesen war, gewann er durch sein sanftmüthiges Betragen p) sehr, daß er die Bekenner der göttlichen Wahrheiten zu dulden anfing, und seinen Unterthanen erlaubte, die christliche Lehre anzunehmen. Darauf durchzog er die dänischen Inseln, untersuchte den Zustand derselben und predigte, wo er hinkam, das Evangelium von Christo. War sein Aufenthalt in Dännemark nicht ohne Nutzen gewesen; so hofte er auch in Schweden

---

p) Crantz. Metrop. L. 3. c. 2.

den den Samen des göttlichen Wortes verbreiten zu können, wenn er sich selbst in diesem Reiche einfand. In 70 Jahren hatten die Schweden, welche in den damaligen Zeiten den Namen der Normänner führten, keine Gelegenheit gehabt, die Predigt des Evangelii zu hören. Denn seit dem Absterben des Anscharius hatte sich kein Apostel in diese entfernte Gegenden gewagt. Es war daher die Erkenntniß der Wahrheit, welche Anscharius mit großer Bemühung gegründet hatte, beynahe gänzlich erloschen. Um so viel ernstlicher suchte der Erzbischof Unni allen Fleiß anzuwenden, die unwissenden Heiden zu unterrichten, und diejenigen, welche unterrichtet waren, im Glauben zu befestigen q). Mit diesen guten Unternehmungen beschäftiget erreichte er im Jahr 936 im Sept. zu Byrce in Schweden den Schluß seiner Tage.

7. **Adalbagus**, ein Domherr in Hildesheim und Kanzler des Kaisers Otto I., bei welchem er in großem Ansehen stand. Von diesem Kaiser erhielte er sogleich nach dem Absterben des Unni das erledigte Erzbisthum, von dem Pabst Leo VII. den Mantel und von dem Erzbischof in Mainz die Weihe r). Dieser Mann hat sich um sein Erzbisthum außerordentlich verdient gemacht, und unser Holstein hat seiner Bemühung die Stiftung vieler Kirchen, in welchen noch jetzo das lautre Wort der Wahrheit geprediget wird, zu verdanken. Es ist da-

q) Helm. Chr. Slav. L. I. c. 8. Ad. Br. l. c. Alb. Stad.
r) Staph. I. 283.

daher billig, sein Andenken zu erneuren, und den Ruhm, welcher ihm mit allem Rechte gebühret, zu erhalten.

Sobald Adalbagus die erzbischöfliche Würde übernommen hatte, war er darauf bedacht, das verfallene Christenthum wieder aufzurichten, und die Heiden, deren Anzahl freilich noch sehr groß war, zu bekehren. Die Gunst und Gewogenheit, welche er von dem mächtigen Kaiser Otto I. genoß, unterstützte seine Unternehmungen nicht wenig, und machte ihn geschickt und fähig, große und wichtige Dinge auszuführen. Durch die Gnade dieses Kaisers erlangte er ansehnliche Vorrechte für seine Kirche s). Denn da der König in Dännemark, Harald, ein Sohn Gormo III. sich wider den Kaiser Otto empörte, und in dem Herzogthum Schleswig unerhört wüthete, auch sogar der Abgeordneten des Kaisers nicht schonete t), wurde der Kaiser bewogen, mit einem Kriegsheer sich dem Könige Harald zu nahen. In dem Treffen, welches die Kaiserlichen den Dänen lieferten, wurden diese aufs Haupt geschlagen, und der Kaiser nahm nicht nur das Herzogthum Schleswig, sondern auch ganz Jütland in Besitz. Dies hatte die Folge, daß der König Harald sich dem Kaiser unterwarf und den christlichen Glauben annahm. Damit nun in den dänischen Ländern das Christenthum desto besser gegründet werden möchte, wurden drei Bisthümer, zu Schleswig, Ripen 948. und

---

s) Staph. I, 284.
t) Helm. Chr. Slav. L. I, c. 9.

und Arhusen gestiftet. Die Bischöfe, welchen die Aufsicht dieser Kirchen übergeben werden sollte, bestimmte der Erzbischof Adaldagus in Hamburg, und weihete sie mit den damals gewöhnlichen Gebräuchen zu ihrem Amte ein u), ob sie gleich noch nicht zum wirklichen Besitz ihrer Aemter gelangten.

Bey der Gelegenheit, da der dänische König Harald von dem Kaiser Otto überwunden war, und dem Verlangen des Kaisers zu folge den christlichen Glauben anzunehmen sich entschließen muste, bestätigte Poppo, der Priester des Kaisers nach dem Zeugnisse der Schriftsteller die Wahrheit der christlichen Religion durch ganz besondre Wunder. Einige Dänen, welche sich bey dem Könige Harald aufhielten, behaupteten, daß zwar Christus ein Gott seyn könnte, aber er wäre doch nicht so groß als ihre Götter, und er könnte auch die Wunderwerke nicht vollbringen, die ihre Götter vollbracht hätten. Wie Poppo dies hörte, trat er hervor und bezeugte, daß Christus wahrer Gott mit dem Vater und dem heil. Geist sei. Der König fragte ihn darauf: ob er durch ein Wunder die Wahrheit seines Glaubens bestätigen könnte? Er versprach solches, und am folgenden Tage lies er einen Handschuh glühend machen, welchen er so lange trug, als man es verlangte x). Eben dieser Poppo soll sich auch ein Kleid von gewächstem Zeuge haben anziehen und solches mit Feuer anstecken las-

---

u) Helm. Chr. Slav. L. I. c. 9.
x) Cyprae Annal. 78. Holbergs allgem. Kirch. Hist. I. Saec. X.

laſſen. Indem das Kleid, welches er am Leibe trug, brannte, verrichtete er ſein Gebet mit gen Himmel geſtreckten Händen. Ob nun gleich das Kleid zu Aſche brannte, ſo blieb doch ſein Leib unbeſchädigt y). Solche Wunder hatten eine große Wirkung auf die Gemüther der Dänen, und verurſachten, daß ſie ſich taufen ließen.

Die wendiſche Nation, welche in Wagrien und weiterhin an der Oſtſee ihren Aufenthalt hatte, war noch nicht gänzlich bezwungen. Ihre Nachbaren, die Sachſen erfuhren ſehr oft ihre Raubbegierde, und die Chriſten unter ihnen konnten ihrer Grauſamkeit nicht entgehen. Die Stadt Hamburg, welche der Hauptort in dieſem Lande war, hatte die Wuth dieſer Wenden auf eine ſchreckliche Weiſe empfunden, da ſie dieſelbe geplündert, verheeret und verbrannt hatten. Damit nun dieſe Wenden, welche von jeher ihren Nachbaren ein Schrecken waren, ſich nicht mehr unterſtünden, die benachbarten Sachſen zu beunruhigen, entſchloß ſich der Kaiſer Otto I. ſie durch die Macht der Waffen zum Gehorſam zu bringen, und die chriſtliche Lehre unter ihnen verkündigen zu laſſen. Er rückte daher mit einem anſehnlichen Heer in Wagrien, bezwang dieſe Nation, und machte ſie ſich unterwürfig. In der Hauptſtadt Wagriens, welche damals Rethre oder Stargard hieß, jetzo aber Oldenburg genannt wird, legte der Kaiſer ein Bisthum an, um die wendiſche Nation zum chriſtlichen Glauben zu bringen. Dieſes Stargard, oder nunmehro Oldenburg war die Reſidenz

952.

y) Ad. Brem. Hiſt. eccl.

der sclavischen Fürsten, und eine nicht unbeträchtliche Handelstadt. Das an diesem Orte aufgerichtete Bisthum sollte sich nicht bloß über die in Wagrien wohnenden Wenden, sondern auch über das ganze wendische Land bis nach Pommern erstrecken ²). Dies Bisthum wurde dem hamburgischen Erzstift einverleibet, und die Stadt Schleswig, für welche zwar schon ein Bischof bestimmt war, dem ersten Bischof in der Stadt Oldenburg, Marco, zur Aufsicht übergeben ª).

Nachdem der Kaiser sich nun auch die Wenden unterthänig gemacht hatte, übergab er ganz Holstein dem Regimente des Herrmann Billing, welcher sich durch seine Tapferkeit und durch seine Verdienste die Gunst des Kaisers vorzüglich erworben hatte. Diesem neuen Statthalter Holsteins und des benachbarten Sachsenlandes empfahl der Erzbischof Adaldagus, da er den Kaiser Otto nach Italien begleiten wollte, seine Kirchen, und bat ihn, dieselben in seinen Schutz zu nehmen. Nach seiner glücklichen Zurückkunft war die Freude, welche seine Gegenwart in den Herzen der Einwohner Hamburgs verursachte, außerordentlich. Nicht nur die Geistlichen, sondern auch die Bürger dieser Stadt nahmen ihn mit Merkmalen des Vergnügens auf, und zeigten dadurch, wie sehr sie ihn schätzten und liebten. Durch die Gnade
sei-

---

z) Helm. L. I. c. 9. Crantz. Wandal. L. IV. c. 8. Aldenburgensem (Episcopum) M. Otto prior instituerat, subiecerat ei Polabos Obotritos a terminis Holsatorum usque ad fluvium Panim et civitatem Demmin.

a) Helm. Chr. Slav. L. I. c. 12.

seines großen Gönners des Kaisers wurden auch die drei Bisthümer, Schleswig, Ripen und Arhusen, welche schon vor geraumer Zeit gestiftet waren, dem hamburgischen Stuhl bestätiget. Es gelangten demnach die schon lange eingeweihten Bischöfe zu dem Besitze ihrer Aemter b). Dies aber bewog den Erzbischof zu Cölln, Bruno, den Anspruch seines Stuhls auf das Bisthum Bremen zu erneuren. Denn da der Erzbischof in Hamburg die drei Bisthümer, Schleswig, Ripen und Arhusen zu Suffraganen erhalten hatte, glaubte er, vermöge der Bewilligung des Pabstes mit Recht fordern zu können, daß das Stift Bremen seinem Erzstift einverleibet würde. Allein Adaldagus wurde von dem Kaiser in dem Besitze von Bremen geschützet c), ja er erhielte sogar in einem Gnaden- 966. briefe die völlige Herrschaft über die Stadt Bremen selbst d).

Es verlohr zwar Adaldagus durch den im Jahr 973 erfolgten Tod des Kaisers Otto des gro- 973 ßen einen mächtigen und gnädigen Beschützer, aber seine Nachfolger in der Regierung Otto II. und Otto III. bewiesen in unterschiedenen Begnadigungsbriefen, welche sie dem Adaldagus ertheilten, wie groß ihre Liebe und Hochachtung gegen ihn gewesen sei. Endlich verlies dieser Erzbischof, nachdem er 52 Jahre den erzbischöflichen Stuhl mit Ruhm bekleidet hatte, im Jahr 988 den 28sten Apr. die Welt.

b) Staph. Hamb. K. Gesch. I, 296.
c) Crantz Metrop. III. 17.
d) Staph. Hamb. K. G. I, 301.

Durch die Vorsorge dieses Erzbischofs sind in Holstein viele Kirchen gestiftet. Denn da bisher nur wenige Kirchen oder vielmehr Bethäuser aufgeführt waren; so bemühete sich dieser Abalbagus, dafür zu sorgen, daß mehrere Gotteshäuser erbauet würden, damit das Werk der Bekehrung unter denen in der heidnischen Blindheit lebenden Holsteinern desto besser befördert werden könnte. Die Kirchen zu Crempe, Wilster, Süderau, Borsfleth, St. Margarethen, Brokdorf, Crummenteich, Herzhorn und andre sind zu seiner Zeit erbauet. Da auch unter seiner geistlichen Regierung das Bisthum Olbenburg errichtet worden ist; so wandte er alles an, was möglich war, die in Wagrien wohnenden Sclaven zum christlichen Glauben zu führen. So sehr dieser Erzbischof sich bestrebte, sein Ansehen zu vergrößern; so wenig schonte er der Kleinodien seiner Kirche, um Güter und Länder zu erlangen e). Bemühete er sich, Kirchen anzubauen und die Erkenntniß Christi unter den Heiden auszubreiten; so beförderte er auch nicht wenig den Aberglauben. Wie er mit dem Kaiser Otto nach Italien reisete, brachte er die Leiber verschiedener Heiligen mit aus Rom, und theilte dieselben als Heiligthümer in seiner Diöces aus. Denn eine jede Kirche, welche durch seine Veranstaltung erbauet ist, muste den Leichnam eines berühmten Heiligen haben. Dieser muste oft theuer für Geld erkauft; und als ein ehrwürdiger Schatz an dem Hauptorte der Kirche beige=

---

e) Ad. Brem. Hist. eccl. L. II. c. 7.

geſetzt werden f). Dieſen Heiligen, welche er als Fürbitter dem Volk empfahl, verordnete er gewiſſe Feſttage g). Dadurch wurde mehr der Dienſt der Menſchen, als der wahre Gottesdienſt befördert.

8. **Libentius.** Es wird derſelbe auch Liebizo oder Liebizzo genannt. Er war von Geburt ein Italiäner und mit ſeinem Vorfahren, auf deſſen Empfehlung er die erzbiſchöfliche Würde erhielte, aus Italien gekommen. Kaiſer Otto III. beſtätigte die auf ihn gefallene Wahl und Pabſt Johann XV. ſandte ihm den erzbiſchöflichen Mantel. Die Einweihung deſſelben geſchahe von den Biſchöfen der hamburgiſchen Kirche. Es wird ihm das Zeugniß gegeben, daß er ein frommer und gutthätiger Mann geweſen ſei, der ſeinem Amte mit aller Treue vorgeſtanden und ſich durch ſeine Freigebigkeit einen vortreflichen Ruhm erworben habe. Er erlebte aber betrübte Zeiten. Denn mit dem Ausgänge des zehnten Jahrhunderts überfielen die däniſchen Seeräuber, welche Adam von Bremen Aſcomanner nennet h), die Kirchen Hamburg und Bremen. Sie landeten mit einer Schiffsflotte an, beunruhigten die an dem Meere wohnenden Sachſen, Frieſen und Hedler, bemächtigten ſich ihres Vermögens und tödteten ſehr viele Menſchen. Erzbiſchof Libentius hielte ſich in Hamburg nicht ſicher, ſondern flüchtete mit den beſten Gütern nach dem Kloſter Bückün, um ſich da-

999.

---

f) Hiſt. Gotſchalci ap. Leibn.
g) Staph. H. K. G. I, 298.
h) Ad. Brem. L. II. c. 23.

daselbst für die feindseligen Unternehmungen dieser ungebetenen Gäste zu schützen [i]).

Noch trauriger aber war die Verfolgung, welche die holsteinischen Christen von dem wendischen Fürsten Mistewoi erdulden mußten. Dieser hatte den christlichen Glauben angenommen, und hielte sich bei dem Herzog von Sachsen Bernhard II. auf. Von demselben bat er sich eine Anverwandtin, oder, wie andre behaupten, eine leibliche Schwester desselben, Mechtild, zur Gemahlin aus. Der Herzog bewilligte diese Bitte. Um nun sich die Gunst des Herzogs zu erwerben, begleitete er denselben auf dem Zuge, welchen dieser mit dem Kaiser nach Italien machte, mit tausend Reutern, welche aber fast alle ihr Leben einbüßten. Nach seiner Zurückkunft begehrte er von dem Herzoge die Erfüllung seines Versprechens. Dies suchte der Marggraf Dieterich, welcher sich bei dem Herzoge aufhielte, zu hintertreiben, bediente sich auch dabei des verächtlichen Ausdrucks: „es wäre „unbillig, daß man die Anverwandtin eines Für„sten einem Hunde gäbe." Der wendische Fürst, durch diese Worte erbittert, entfernte sich sogleich. Wie darauf der Herzog ihm durch Abgeordnete anzeigen ließ, daß er die Heirath vollziehen möchte, gab er die Antwort: „Die edle Verwandtin eines „großen Fürsten kann sich wol mit einem verdienst„vollen Manne verbinden, aber nicht mit einem „Hunde. Das ist der große Dank für den Dienst, „welchen wir geleistet haben, daß man uns jetzt für „Hunde und nicht für Menschen hält. Wohlan, wenn

---

i) Ad. Brem. L. II. c. 23.

„wenn der Hund stark von Kräften ist; so wird er
„auch tapfer beißen." Hierauf begab er sich zu seinen Landesleuten den Wenden, erzählte ihnen die Schmach, welche die Sachsen den Wenden zugefügt hätten, indem sie sie Hunde hießen. Sie warfen ihm darauf vor, daß er eine solche Begegnung durch seine eigene Schuld litte, da er sein Vaterland verlassen, und sich zu den Sachsen, einem treulosen und gewinnsüchtigen Volke, begeben habe. Sie verlangten, daß er ihnen eidlich versichern sollte, die Sachsen zu verlassen, und daß sie ihm alsdann beistehen und helfen wollten. Dies geschahe auch [k]).

Es bewies sich demnach dieser Mistewoi von dieser Zeit an als einen Wüterich gegen die Sachsen. Allenthalben suchte er die Christen zu verfolgen, und seinen Haß gegen die Bekenner des Namens Christi zu zeigen. Er überzog Holstein, Stormarn und Dithmarschen, tödtete die Geistlichen, zerbrach die Gotteshäuser und zerstörte alles, was er vorfand. Darauf begab er sich mit seinem Kriegsheer in die wendischen oder sclavischen Länder, verbrannte die Kirchen und ließ die Priester derselben durch die unerhörtesten Martern hinrichten und tödten. Vorzüglich aber erfuhr die Stadt Oldenburg in Wagrien, welche eine der volkreichsten unter den wendischen Städten war, die Wuth und die Grausamkeit dieses Unmenschen. Es blieb fast in der ganzen Gegend disseit der Elbe keine Spur des Christenthums übrig [l]). So weit ging das grau=

---

k) Helm. Chr. Slav. L. I. c. 16.
l) ibid.

grausame Betragen dieses Barbaren. Unter solchen harten Verfolgungen, welche die hamburgische Kirche ausstehen muste, gab Libentius 1013 den 4ten Januar seinen Geist auf ᵐ). Er hat den Ruhm eines Gottfürchtenden Mannes hinterlassen. Daher zählet ihn auch die römische Kirche unter die Heiligen, und feiert sein Gedächtnis an seinem Todestage ⁿ).

9. **Unwann.** Obgleich der verstorbene Erzbischof Libentius einen gewissen Obdo zu seinem Nachfolger vorgeschlagen hatte, derselbe auch in der Absicht von dem Kaiser Hinrich II., welcher sich damals zu Magdeburg befand, die Bestätigung haben wollte; so ward er doch verworfen, und der Kaiser ernannte seinen Capellan Unwann, welcher Domherr zu Paderborn war, zum Erzbischof in Hamburg. Er ließ ihn auch gleich zu Magdeburg durch den Erzbischof Gero einweihen. Der Pabst Benedict IX. übersandte ihm darauf den Mantel ᵒ). Die erste Sorge dieses Erzbischofs bestund darin, daß er mit Beihülfe des Herzogs Bernhard in Sachsen die zerstörte Domkirche in Hamburg nebst dem Kloster und der Schule, obzwar nur von Holz wieder aufführen ließ. Mit den Stiftsherren nahm er eine Veränderung vor. Denn da diese bisher nur Benedictinermönche gewesen waren, welche nach den Regeln ihres Ordens leben musten; so wurden solche verordnet, welche nach den canonischen Regeln sich zu verhalten

---

m) Staph. Hamb. K. Gesch. I, 324.
n) Henschenii Acta Sanct. Ianuar. T. I, 180.
o) Staph. Hamb. K. Gesch. I, 375.

der christl. Religion in Holstein ꝛc.

ten hatten p). Mit dem Könige Knut in Dännemark, wie nicht weniger mit den Fürsten der Wenden oder Sclaven, Udo und Syderich lebte er in einem guten Verständniß. Es wurden auch von ihm Bischöfe für das Königreich Norwegen, dessen König Olaus das Christenthum in seinem Reiche zu befördern sich angelegen seyn ließ, wie auch für das Königreich Schweden geweihet q).

Dieser Erzbischof hat sich um die Ausbreitung der christlichen Religion in Holstein sehr verdient gemacht. Die Haine oder geheiligten Wälder, in welchen die heidnischen Einwohner ihre Abgötterei trieben, waren noch bei den Sachsen in großer Achtung. Um nun die abergläubischen Gebräuche, zu welchen die bekehrten Christen noch eine große Neigung hatten, gänzlich auszurotten, befahl er, diese Haine niederzuhauen und zu zerstören. Aus dem für das Holz gelösten Gelde ließ er christliche Kirchen erbauen. Auf die Art wurden in den Marschgegenden 12 Kirchen von ihm gestiftet und aufgeführet r). Es starb dieser löbliche Erzbischof 1029 den 27sten Januar. Ihm 1029. folgte

10. **Libentius II.** ein Anverwandter des Erzbischofs dieses Namens. Kaiser Conrad II. bestätigte ihn und Pabst Johann XIX. ertheilte ihm den erzbischöflichen Mantel. Es wird ihm das Zeugniß gegeben, daß er ein ehrlicher, frommer und wohlthätiger Mann gewesen sei, welcher sehr

viel

---

p) Ad. Brem. L. II. c. 34. Helm. L. I. c. 17.
q) Staph. Hamb. K. G. I, 383.
r) Alb. Stad. ad a. 1013.

viel Gutes in der hamburgischen Kirche soll gestiftet haben s). Sein Ende erfolgte schon 1032 den 25sten August.

11. **Herrmann.** Er war Probst zu Halberstadt. Kaiser Conrad II. bestätigte ihn in der Würde, und Pabst Benedict IX. schickte ihm den Mantel. Er hielte sich fast immer in Bremen auf, und bekümmerte sich wenig um die hamburgische Kirche; noch weniger aber um die Ausbreitung des Evangelii in den nordischen Reichen t). Sein Capellan, Svidgerus von Meyendorf, welcher nach der Zeit Bischof zu Bamberg geworden ist, erlangte die Ehre, unter dem Namen Clemens II. Pabst zu Rom zu werden u). Zu seiner Zeit überfiel der Fürst der Wenden, Gottschalk Holstein, plünderte die Gotteshäuser im Lande, nahm aber nachher die christliche Religion an und bewies sich bis an sein Ende als einen eifrigen Bekenner derselben x). Der Erzbischof Herrmann verließ die Welt 1035 den 28sten September.

12. **Bezelin Alebrandt** oder Adelbrandt, ein Domherr in Cölln. Den bischöflichen Stab empfing er von dem Kaiser Conrad II. und den Mantel vom Pabst Benedict IX. Er war nicht nur ein hübscher Mann von Gestalt, sondern auch klug, fromm und freigebig. Bei dem Herzog zu Sach-

---

s) Ad. Brem. L. II. c. 45.
t) Staphorst H. K. G. I, 385.
u) M. Frl Stidels wohlverd. Männer der Mark Brandenb. 5.
x) Helm. Chr. Slav. L. I. c. 19. 20.

Sachsen sowol als bei den Grafen in Holstein war er hochgeachtet ⁿ). Der ihm anvertrauten Kirchen nahm er sich mit großer Sorgfalt an. Die Domkirche in Hamburg hat er von Steinen aufführen lassen, und wider die Ueberfälle der Heiden legte er bei der Kirche eine Vestung und ein zierliches Schloß an ᶻ). Er starb 1043 den 15ten April und soll er seinen Tod dadurch befördert haben, daß er aus besondrer Devotion von Stade nach Bremen mit bloßen Füßen gegangen ist ᵃ).

1037.

1043.

13. Adelbert I. ein Probst zu Halberstadt, war aus dem Geschlechte der Herzoge von Baiern. Von dem Kaiser Hinrich III. erhielte er die Lehn und vom Pabst Benedict IX. den Mantel. Bei dem Antritte seiner erzbischöflichen Regierung schickte er an die nordischen Könige, um sich ihre Freundschaft zu versichern, auch ließ er an alle Bischöfe und Geistliche in den drei nordischen Reichen Ermahnungsschreiben ergehen, worin er sie zum unermüdeten Eifer und zur Sorgfalt, die Heiden zur Erkenntniß Christi zu führen, ermunterte ᵇ). Mit dem Könige Sweno III. in Dännemark gerieth er in eine Uneinigkeit. Dieser hatte eine nahe Blutsfreundin geheirathet. Der Erzbischof stellte dem Könige das Strafbare dieser Vermählung

1050.

---

y) Ad. Br. hist. eccl. Erat Bezelinus Archiepiscopus forma corporis et liberalitate animi omnibus acceptus, pro hoc enim a Duce Bernhardo ac eius Germano Dietmaro valde honoratus est.
z) ib. L. II c. 52.
a) ib. c. 63.
b) ib. L. III. c. 12.

lung vor, und zeigte ihm, daß er eine Blutschande begehe, und daher von ihm den Bann zu erwarten hätte. Dies verdroß den König so sehr, daß er sich erklärte, lieber von der Religion, als von seiner erwählten Gemahlin sich zu scheiden. Mit dieser Erklärung verband er die Drohung, die hamburgische Kirche zu verheeren.   Durch die Unterhandlung des Pabstes wurde diese Zwistigkeit, welche für Adelbert traurige Folgen hätte haben können, endlich in der Güte beigelegt, und der König ließ seine Blutsfreundin von sich ᵈ).

Bei dem Kaiser sowol, als bei dem Pabst Clemens II, welcher durch seinen Vorschlag zur päbstlichen Würde erhoben war ᵈ), stund er in besonderm Ansehen. Dies machte ihn stolz ᵉ), und zu großen und wichtigen Unternehmungen begierig. Er ging sogar mit den Gedanken schwanger, ein Patriarchat aufzurichten, und um diese Absicht zu erreichen, hatte er den Vorsatz, in seinem Erzbisthum 12 Bisthümer zu stiften ᶠ). Den Anfang dazu machte er im Jahr 1051. Da er aus dem Bisthum Oldenburg ohne kaiserliche Erlaub-

---

c) Staphorst H. K. G. I, 395. 396.
d) ibid. I, 397.
e) Adam von Bremen meldet von ihm: „Humilitas „in eo dubia videbatur, quam solis exhibuit ser„vis dei, pauperibus et peregrinis. — Principibus „autem seculi et coaequalibus suis humiliari nullo „modo voluit."
f) Ad. Br. L 3. c. 34. Diese 12 Bisthümer sollten seyn 1) in palmis, 2) zu Heiligenstedt, 3) Ratzeburg, 4) Oldenburg, 5) Meklenburg, 6) Stade, 7) Lesmona, 8) Wildeshusen, 9) Bremen, 10) Verden, 11) Ramslo, und 12) Friesland.

Erlaubniß und aus eigenem Willkühr 3 Bisthümer anordnete, welche außer dem olbenburgischen in den Städten **Meklenburg** und **Ratzeberg** angelegt werden sollten. Weil aber verschiedene Vorfälle im Reiche ihn, daran weiter zu denken, verhinderten; so gerieth dies Vorhaben in Stecken.

Die Gnade des Kaisers **Hinrich III.**, welcher diesem Erzbischof große Gunstbezeugungen widerfahren ließ, mißbrauchte er auf verschiedene Weise. Durch seine Bitten und Vorstellungen ließ sich der Kaiser verleiten, ihm ansehnliche Herrschaften und Höfe zu schenken, und dadurch seinen Stolz und Ehrgeiz zu vergrößern. Den Schatz der Kirche zu vermehren, und neue Güter derselben zu verschaffen, war seine Begierde unersättlich. Daraus muste natürlicherweise bei den Großen und Angesehenen im Lande ein Haß und Wiberwillen gegen diesen Erzbischof entstehen. Nach dem Tode des Kaisers **Hinrich III.** ernannte man ihn nicht nur zum Vormund des unmündigen Kaisers **Hinrich IV.**, sondern er genoß auch die Ehre, diesen jungen Herrn im Jahr 1065 wehrhaft zu 1065. machen. Auch dies gab ihm eine Gelegenheit sich ein Gut nach dem andern von der Gnade dieses jungen Regenten zu erbitten. Nun aber traten die Fürsten des teutschen Reichs mit einander in Verbindung, diesen gefährlichen Mann durch ihre Macht vom kaiserlichen Hofe und von dem Umgange mit der hohen Person des Kaisers zu entfernen, um seiner Haabsucht Gränzen zu setzen. 1066. Die Ausführung dieses Vorsatzes geschahe auf dem

Reichs-

Reichstage zu Tribur, da die Fürsten und Stände in den Kaiser drungen, diesen verhaßten Geistlichen von sich zu schaffen, oder sich der Reichsverwaltung zu enthalten, weil es unbillig wäre, daß um eines Mannes willen das ganze Reich in Verwirrung gerieth. Adelbert erhielte daher von dem Kaiser den Rath, die Kleinodien des Reichs einzupacken und sich davon zu machen. Allein wie er solches auszuführen im Begriff war, besetzte man die kaiserliche Herberge mit bewafneter Hand, warf den Adelbert aus derselben, und überließ ihn seinem Schicksal. Doch schickte ihm der Kaiser, damit ihm kein Unfall begegnen möchte, einige Mannschaft zur Sicherheit. Von der Hülfe des Kaisers verlassen, begab er sich trostlos nach Goßlar und von dort nach Bremen g). So viele Güter er sich durch seine unersättliche Haabsucht zuwege gebracht hatte, so viele Feinde fand er auch, da er sich nirgends für die Verfolgung seiner Gegner sicher sahe. Er muste daher in der Einsamkeit seinen Aufenthalt suchen, und den kaiserlichen Hof, an welchem er vorzüglicher Wohlthaten gewürdiget worden war, meiden. Seine Güter, in deren Besitz er auf eine so niedrige Art gekommen war, wurden ihm von seinen Feinden entzogen. Der härteste unter diesen war Herzog Magnus von Sachsen, welcher ihm nicht nur ein Landgut nach dem andern abnahm, sondern ihn auch sogar in der Stadt Bremen belagerte. Da er solchergestalt seiner Güter beraubt war, erhielte

---

g) Staph. Hamb. K. Gesch. I, 433.

rt von seinen Gegnern den Frieden und wider ihre Verfolgung einige Sicherheit ʰ).

Ein noch größeres Ungewitter zog sich über das Erzbisthum Hamburg zusammen. Die Wenden, Sclaven und Obotriten sahen den Verfall, in welchem die hamburgische Kirche durch den erniedrigten Zustand des Erzbischofs war. Dies suchten sie sich zu Nutze zu machen. Sie nahmen zu dem Ende die Gelegenheit wahr, die christliche Religion zu verleugnen, und ihre Grausamkeit an den Christen auszuüben. Ihren eigenen Fürsten Gottschalk, welcher aus einem Heiden ein Bekenner und Verehrer Christi geworden war, erwürgten sie mit seinem Priester Ebbo bei öffentlichem Gottesdienste in der Kirche. Darauf verheerten und verwüsteten sie alle Kirchen in Holstein, durchzogen das Land mit einer schrecklichen Raubbegierde, und vertilgeten, was sie antrafen, mit Feuer und Schwerdt. Zum Spott des Erlösers verstümmelten diese Barbaren die Crucifixe, die sie in den Kirchen und Häusern vorfanden. Jedermann kehrte unter solchen schreckenden Verfolgungen zum Heidenthum zurück, und die wenigen Christen, welche sich in ihrem Bekenntnisse treu bewiesen, hatten den ungezweifelten Tod zu erwarten. Von dieser Zeit an blieb das oldenburgische Bisthum 84 Jahre unbesetzt.

Diese harten Zufälle musten den Kummer, welchen der Erzbischof Adelbert über seine Verbannung vom Hofe empfand, vergrößern, ja sie sollen

sein

ʰ) Ad. Brem. hist. eccl. L. IV; 9.

sein Gemüth so sehr verwirret haben, daß er zu der Zeit fast schwachsinnig gewesen ist. Gleichwohl fand er Gelegenheit, sich bei Hofe aufs neue Ansehen zu verschaffen, und alles wieder zu erlangen, was ihm Herzog Magnus zu Sachsen abgenommen hatte. Er erlebte aber noch eine größere Verwüstung der Stadt Hamburg, als alle vorhergehenden. Denn die heidnischen Nachbaren zerstörten die Stadt so sehr, daß sie durch eine zweimalige Verheerung, welche in einem Jahre geschahe, fast in einen Steinhaufen verwandelt wurde. Bei diesem unglücklichen Vorfall befand sich der Erzbischof am kaiserlichen Hofe zu Goßlar. Der Zustand seines Körpers, welcher durch so viele Unruhen und Bekümmernisse äußerst geschwächt war, kündigte ihm sein herannahendes Ende an. Dieses erfolgte auch 1072 den 16ten März, da er seinen Geist aufgab und sein unruhiges Leben beschloß i).

Sonst ist noch bei diesem Erzbischof zu bemerken, daß er nicht allein Bischöfe für die Reiche Dännemark, Schweden und Norwegen eingeweihet hat, sondern auch Lehrer nach Island, Grönland und sogar nach den orcabischen Inseln gesandt habe k).

14. Liemar. Es war derselbe ein Baier und Probst zu Goßlar. Kaiser Hinrich IV. ernannte ihn zum Erzbischof in Hamburg und Pabst Alexan=

---

i) Das Leben dieses Erzbischofs hat Adam von Bremen, welcher zur Zeit, da dieser Erzbischof regierte, gelebt hat, umständlich beschrieben. Saph. I, 439
k) ibid. I, 410.

Alexander II. bestätigte ihn in dieser Würde. Hamburg war, da er sein Erzbisthum antrat, verwüstet, und in einer sehr kläglichen Verfassung. Es scheinet auch nicht, daß dieser Erzbischof sich daselbst viel aufgehalten habe, denn da er ein getreuer Gefährte Kaiser Hinrich IV. war; so begleitete er denselben an allen Orten, und war immer um ihn. Selbst in dem Treffen, welches der Kaiser mit den Sachsen hielte, wich er ihm nicht von der Seite. Er zog auch mit demselben 1081. nach Italien, half die Stadt Rom belagern, und den Pabst Hildebrandt absetzen. Nach der Zeit wurde er gefangen genommen, und erhielte nicht eher die Freiheit, als bis er sich durch eine ansehnliche Summe Geldes gelöset hatte. Mit dem Könige in Dännemark, Erich III., welcher die Trennung seiner Kirche von dem hamburgischen 1097. Erzbisthum vom Pabste verlangte, gerieth er in einen Streit, welcher sich erst mit seinem Tode, der 1101 den 16ten May erfolgte, endigte l). 1101.

15. **Humbert.** Von diesem Erzbischof weiß man nichts weiter, als daß er dem Vorhergehenden gefolget, und vermuthlich 1104 gestorben sei m). 1104.

16. **Friedrich.** Er ist ein Nachfolger des Erzbischofs Humbert. Zu seiner Zeit, im Jahr 1106 hat Graf Adolph I. von Schaumburg, welcher mit Holstein, Wagrien und Stormarn war belehnet worden, den seit 1072 wüste gelegenen Dom in Hamburg wieder aufgebauet; daher er 1106.

auch

---

l) Staph. I, 452.
m) ibid. I, 520.

auch in dem in besagter Kirche aufgerichteten Monument der andre Stifter dieses Tempels genannt wird n). Um diese Zeit verlohr das hamburgische Erzstift die Bisthümer in Dännemark, indem zu Lunden, mit Bewilligung des römischen Pabstes, ein Erzbisthum für die dänischen Kirchen errichtet ist o). Mit einigen Holländern machte dieser Erzbischof einen Vergleich, daß sie sich unter gewissen Bedingungen, die er mit ihnen verabredete, die unangebauten Marschländer besitzen, und in denselben nach ihrer Bequemlichkeit Kirchen erbauen könnten p). Das Ende seines Lebens erfolgte 1123 den 30sten Jan. q).

17. *Adelberon* oder *Adelbert*. Er empfing vom Pabst Calixtus II. den erzbischöflichen Mantel. Wie er das Erzstift antrat, sahe es um die christliche Kirche in Holstein traurig aus. Die Wenden hatten in den vorigen Jahren fast alles verheeret, die Kirchen zerstöret und die Priester getödtet. Das geistliche Oberhaupt des Landes, der Erzbischof in Hamburg hatte sich wenig um die Seelenwohlfahrt der Einwohner bekümmert. Es war daher nicht zu bewundern, daß allenthalben Unwissenheit, Finsterniß und Mangel der Erkenntniß angetroffen wurde. Unter den in Wagrien wohnenden Wenden, wo ehemals ein Bisthum gewesen war, traf man jetzo keine Kirchen und keine Priester mehr an r), und es fand sich nir-

---

n) Staph. I, 522.
o) ibid. I, 525.
p) ibid. I, 523.
q) ibid. I, 527.
r) Helm. Chr. Slav. L. I, c. 41.

niemand, der dem Volke einigen Unterricht beibrachte. In diesem betrübten Zustande befand sich Holstein, da dieser Erzbischof die geistliche Regierung antrat.

Ein gewisser Vicelin, ein Mann, der einen unwiderstehlichen Trieb hatte, das Reich Gottes unter den Heiden zu verkündigen, gab sich, nachdem er vorher von dem magdeburgischen Erzbischof zum Priester war geweihet worden, bei diesem Adelbero an, und bat ihn, daß er es ihm erlauben möchte, die Wenden oder Sclaven zu unterrichten und ihnen den Weg des Lebens zu zeigen. Dieses Anerbieten nahm der Erzbischof mit Freuden an, und trug ihm ungesäumt das Amt eines Lehrers unter den Sclaven auf s). Wie Adelberon nach der Zeit den Kirchenzustand in Holstein untersuchte, und sich zu Meldorf in Dithmarschen aufhielte, sandten die Einwohner von Faldern, welches jetzo Neumünster heißt, zu ihm und baten sich einen Lehrer aus, welcher ihnen das Wort Gottes predigen könnte. Da nun Vicelin eben damals gegenwärtig war, stellte ihm der Erzbischof diesen Ort als den bequemsten vor, seine Absicht, die ungläubigen Wenden zu bekehren und ihnen Christum zu predigen, in Erfüllung zu bringen, indem er daselbst an der Gränze Wagriens, wo die Wenden sich aufhielten, seyn würde. Sogleich ließ sich Vicelin bereit finden, und er nahm ohne Bedenken den Ruf eines Seelsorgers zu Faldern an t). In Begleitung des Abgeordneten begab er sich an den für ihn bestimm-

1130.

---

s) Helm Chr. Slav. L. I. c. 46.
t) ibid. c. 47.

bestimmten Ort. Damit es ihm aber auch nicht an dem nöthigen Unterhalte fehlen möchte, schenkte ihm der Erzbischof die Dörfer Wippendorf und Drager=storf mit allen dazu gehörigen Aeckern und Lände=reien u). Vicelin stiftete darauf in diesen Feldern ein Kloster und bewies sich in der Bekehrung der Wenden unermüdet. So beschwerlich zwar im Anfange dies Geschäfte war, indem eine Nation, welche schon so oft den christlichen Glauben verleugnet hatte, die Lehrer, welche ihren Unterricht zu befördern sich alle Mühe gaben, haßte und verfolgte; so glück=lich war doch endlich dieser fromme Mann, daß er nicht nur bei den Wenden das Evangelium mit Vortheil und im Segen predigte, sondern auch das so viele Jahre unbesetzte Bisthum Oldenburg wie=der erlangte, und zur Würde eines Bischofs er=hoben wurde.

1147. Im Jahr 1147 unternahm dieser Erzbischof Adelberon mit den beiden Herzogen Hinrich von Sachsen und Conrad von Burgund, dem Marg=grafen Albrecht und dem Grafen Conrad von Wi=tin einen Zug wider die Wenden, überwand sie, und nöthigte dieselben, die christliche Religion anzu=nehmen, und die gefangenen Christen loszulassen x). Um diese Zeit überließ der Probst Hartwich in Bre=men dem Erzbischof Adelberon die Graffschaft Dith=marschen und erhielte dafür die Graffschaft Stade. Weil aber Herzog Hinrich der Löwe mit diesem Tausche nicht zufrieden war, und an der Graf=schaft Anspruch machte; so nahm er den Erzbischof

durch

u) Staph. Hamb. K. G. I, 536.
x) Helm. Chr. Slav. L. I. c. 62.

der chriſtl. Religion in Holſtein ꝛc. 103

durch ſeine Kriegsleute gefangen, und begehrte von ihm, den getroffenen Vergleich zu widerrufen. Als ſich aber derſelbe hiezu nicht verſtehen wollte, ſetzte er ihn in Freiheit y). Nicht lange nachher ſtarb dieſer Adelbero, welcher ſich ſorgfältig der ihm anvertrauten Kirchen angenommen hat. Ihm folgte

18. **Hartwich, ein Probſt zu Bremen.** Von dieſem Erzbiſchof iſt der vorgenannte Vicelin 1149. wieder zum Biſchof in Oldenburg, da dies Bisthum 84 Jahre unbeſetzt geweſen war, verordnet. 1150. Hatte das Erzſtift Hamburg im Jahr 1106 die däniſchen Kirchen verlohren; ſo muſte es 1152. auch die Kirchen in Norwegen einbüßen, indem zu Drontheim ein Erzbisthum errichtet wurde z); dagegen verlegte Herzog Hinrich der löwe das Bisthum von Oldenburg nach Lübeck, und hatte dieſer 1160. Erzbiſchof Hartwich die Ehre in Gegenwart des Herzogs Hinrich des löwen und des Grafen Adolphs von Holſtein die neuerbaute Domkirche in der Stadt Lübeck feierlich einzuweihen a). Auch 1162. dieſer Erzbiſchof gerieth mit dem Herzog Hinrich dem löwen wegen der Grafſchaft Stade in eine Zwiſtigkeit, welche eine Veranlaſſung gab, daß der Herzog die Stadt Bremen erobern und plündern ließ. Dieſer Streit iſt auf dem Reichstage zu Bamberg durch die Vermittelung des Kaiſers beigelegt b). Bald darauf verließ der Erzbiſchof die 1168. Welt. Mit dem Abſterben deſſelben fiel die

land=

---

y) Crantz. Metrop. L. 6. c. 18.
z) Staph. Hamb. K. G. I, 556.
a) Helm. Chr. Slav. L. I. c. 93.
b) ibid. L. II. c. 11.

landschaft Dithmarschen an das Stift Bremen. Dieser Hartwich ist der Erste, welcher sich einen Erzbischof von Bremen genannt hat c).

19. Balduin, ein Probst zu Halberstadt und von Geburt ein Thüringer. Außer der teutschen soll er sechs Sprachen haben reden können. In seinem Betragen bewies er Freigebigkeit und Großmuth d). Von dem Pabst Paschalis empfing er den erzbischöflichen Mantel. Zu seiner Zeit ist der erste Streit zwischen den hamburgischen und bremischen Stiftsherren wegen des Vorzugs und der erzstiftlichen Hoheit entstanden e). Da von diesem Erzbischofe nichts Merkwürdiges in Absicht Holsteins vorgenommen ist; so kann von ihm nur dies angeführet werden, daß er 1178 seinen Lebenslauf beschlossen habe.

20. Siegfried, ein Sohn des Marggrafen Albrechts zu Brandenburg. Nachdem er schon 5 Jahre Bischof zu Brandenburg gewesen war, erwählte man ihn zum Erzbischof des hamburgbremischen Stiftes. Mit den Domherren und Geistlichen in Bremen gerieth er in einen Streit, welcher so weit ging, daß ihn diese bei dem römischen Pabst verklagten. Nachdem dieser Streit beigelegt war, starb der Erzbischof im Jahr 1184 f).

21. Hartwich II. Er war Domprobst zu Bremen und des Herzogs Hinrich des Löwen Secretär. Die Bestätigung erlangte er von dem

c) Lambec. Origin. Hamb. L. I, 21.
d) Crantz. Metrop.
e) Lamb. Orig. Hamb. L. I, 22.
f) Staph. Hamb. K. H. I, 592.

Kaiser Friedrich dem Rothbart, und den Mantel von dem Pabst Lucius III. Die Dithmarscher fielen im Jahr 1188 von diesem Erzbischof unter dem Vorwand ab, daß sie gar zu hart von ihm mitgenommen würden, und begaben sich unter den Schutz des Bischofs zu Schleswig. Aus besonderer Andacht unternahm er eine Reise nach dem gelobten Lande, und brachte unter andern Heiligthümern auch das Schwerdt mit, womit Petrus dem Malchus das Ohr abgehauen hat h). Die abtrünnigen Dithmarschen, welche sich dem Erzstifte entzogen hatten, brachte er wieder, da es der holsteinische Graf Adolph III. genehmigte, zum Gehorsam. i). Er starb im Jahr 1207.

22. Burchard. Nach dem Absterben des Erzbischofs Hartwich entstand zwischen den hamburgischen und bremischen Domherren wegen der Wahl ein Streit. Diese wollten ohne Zuziehung der hamburgischen Stiftsherren den Bischof Woldemar zu Schleswig erwählen. Die Hamburger aber, mit diesem Unternehmen unzufrieden, forderten den Probst in Bremen, Burchard nach Hamburg, und ernannten ihn zum Erzbischof ihres Stifts. Der Kaiser Philipp unterstützte zwar den Woldemar: allein der Pabst übersandte dem Burchard den Mantel, welchen er aber nur eine kurze Zeit gebrauchen konnte, indem er schon 1208 aus der Welt ging k).

23. Ger-

g) Staph. I, 595.
h) ibid. I, 600.
i) ibid. I, 606.
k) ibid. I, 637.

23. **Gerhard I.**, ein gebohrner Graf von der Lippe und Bischof zu Osnabrück. Ob dieser 1211. gleich 1211 von dem Pabst Innocentius III. zum Erzbischof über Hamburg und Bremen bestätiget worden war; so suchte doch Woldemar, welcher noch immer Anspruch auf die Stifter Hamburg und Bremen machte, sich in den Besitz derselben zu setzen. Er eroberte in der Absicht mit Hülfe des Kaisers Otto IV. nicht nur Stade, sondern auch Hamburg. Da aber der König in Dännemark, Woldemar, der Stadt Hamburg zu Hülfe kam, 1215. und sie durch Hunger zwang, sich zu ergeben, erhielt Gerhard endlich den ruhigen Besitz von Hamburg und Bremen. Sein Ende erfolgte auf dem Reichstage zu Frankfurt, da der zehnjährige Sohn 1219. Kaisers Friedrich, Hinrich, 1219 zum römischen König erkläret ward[1]).

24. **Gerhard II.** Er war ein Brudersohn des Vorhergehenden und Probst zu Paderborn. 1222. Im Jahr 1222 stritten sich die hamburgischen und bremischen Domherren abermal über den Vorzug. Dieser Streit ist zuletzt dahin verglichen:

1. daß die erzbischöfliche Würde bei Bremen bleiben sollte;
2. daß der Erzbischof so wie zu Bremen, also auch zu Hamburg, sich seines Amtes bedienen möchte;
3. daß die jenseit der Elbe im Stift Bremen belegenen und der hamburgischen Probstei verwandten Unterthanen nicht nach Bremen, sondern nach Hamburg gehören sollten, doch daß sie

---
1) Staph. I, 645.

der christl. Religion in Holstein ꝛc. 107

sie von dem zu Hamburg angegebenen Spruch nach Bremen an den Erzbischof appelliren könnten;

4. so oft der erzbischöfliche Stuhl erlediget sei, sollten drei Domherren von Hamburg, der Probst, der Dechant und Scholastikus zur Wahl nach Bremen gefordert werden, und mit den bremischen Domherren gleiches Recht genießen;

5. würden sie aber auf ergangene Einladung nicht erscheinen, wären sie ihres Wahlrechts auf dasmal verlustig;

6. der Probst und der Dechant von Hamburg sollten nach dem Probst und Dechant zu Bremen sitzen, der Scholastikus von Hamburg aber die unterste Stelle haben m).

Es starb dieser Erzbischof Gerhard II. 1257. zu Vörde, und fand sein Grab in Bremen, nachdem er 37 Jahre die Würde eines Erzbischofs bekleidet hatte n).

Von der Zeit an, daß die erzbischöfliche Würde von Hamburg nach Bremen versetzt ist, sind zwar die Kirchen in Holstein mit dem Domcapitel in Hamburg in Verbindung geblieben: allein die Geistlichen, welche das Kirchenamt verwalteten, stunden unter dem Dompropst in Hamburg und empfing derselbe nach dem Absterben eines Predigers den vierten Theil der Einkünfte des Dienstes im

Gna-

---

m) Staph. Hamb. K. G. I, 651.
n) ibid. II, 35.

Gnadenjahre, so wie sie einmal bei einer jeden Kirche bestimmt waren. Dies erstreckte sich über alle Kirchen in Holstein, Stormarn und Dithmarschen, welche mit dem hamburgischen Domcapitel in Verbindung stunden °). In dieser Verfassung blieb es bis zur Reformation.

Wie im Jahr 1520 die Irrthümer des Pabstthums durch die Schriften Luthers hier im Lande immer mehr offenbar wurden, änderte sich auch die ganze Kirchenverfassung in Holstein. Die geistliche Gerichtsbarkeit über die Kirchen und über die Lehrer derselben hörte auf, und die weltlichen Regenten, welche bisher die Gewalt und Herrschaft in geistlichen Sachen, und folglich in Hinsicht der Kirchen und der Geistlichen, welche derselben vorstehen, nicht ausgeübet hatten, erlangten durch die Glaubensverbesserung das bischöfliche Recht über die Kirchen ihres Landes. König Christian III. in Dännemark entzog daher als regierender Herzog von Holstein die Aufsicht der Kirchen in Holstein und Stormarn den hamburgischen Dompröbsten, und verordnete solche, welchen gleichfalls der Name Probst beigeleget wurde, daß sie die Aufsicht über die Kirchen und Prediger in seinem Lande haben sollten. Denen, die sich um das Beste ihrer Kirchen verdient gemacht hatten, überließ er das Patronatrecht über dieselben, und in den Städten erhielte es größtentheils der Magistrat, wenn die Kosten dies Recht nicht gehabt hatten.

Diesem Beispiele folgten die Dithmarscher, welche zur Zeit der Reformation noch ihre Freiheit hatten

o) Staph. I, 467.

hatten. Sie verordneten in ihrem Lande Superintendenten, und übergaben denselben die Aufsicht über die Kirchen und über die Prediger derselben. Eben so machten es auch die Grafen von Schauenburg, welche zur Zeit, da die Kirchenverbesserung eingeführet wurde, Besitzer der Herrschaft Pinneberg und der Kirchen, welche zu derselben gehörten, waren.

Zweite Abtheilung.
Von den Bischöfen in Oldenburg und Lübeck.

Die Wenden oder Sclaven, welche den Theil von Holstein, welcher Wagrien heißt, bewohnten, blieben lange in der Finsterniß des Heidenthums, ehe das Licht des Evangelii zu ihnen durchbrang. Kein christlicher Lehrer durfte sich zu einem Volke wagen, welches mit ihren Nachbaren in beständigem Streit und Feindschaft lebte. Obgleich die Sachsen, welche Holstein bewohnten, schon über 100 Jahre einige Erkenntniß von Christo erhalten hatten; so lebten doch die Wenden in ihrem heidnischen Aberglauben, und wusten nichts von der Wahrheit, die sich schon über ganz Teutschland ausgebreitet hatte. Sie blieben ihren väterlichen Sitten getreu, und hielten es für die edelste Beschäftigung, ihre Nachbaren durch Räubereien zu beunruhigen, und gegen ihre Feinde sich barbarisch und grausam zu beweisen. Ein Volk, welches in der Grausamkeit ein Verdienst suchte, konnte unmöglich sich durch Güte und liebreiche Vorstellungen bewogen werden, die rauhen Sitten, welche demselben von den barbarischen Vorfahren angeerbt waren, zu ändern, und solche gänzlich abzulegen. Nur die Gewalt, welcher diese wilde Menschen zu widerstehen nicht Kräfte genug hatten, war im Stande, sie zum Gehorsam und zur Annahme andrer Sitten zu bewegen.

Die Sachsen, welche diesen Sclaven so nahe wohnten, hatten schon lange die Unart und die feindseligen Gesinnungen dieser Barbaren erdulden müssen, und sie wünschten, erträglichere Nachbaren zu haben. Ihre Klagen über ein Volk, welches ihnen so oft die Ruhe und Sicherheit raubte, musten ihre Beherrscher aufmerksam machen, wie sie ihren Unterthanen Schutz und Beistand wider die Gewalt und Macht ihrer Unterdrücker angedeihen lassen möchten. Das Gerücht von der Wildheit der Wenden drang sogar bis zum Kaiserthron, und bewegte die ersten Beherrscher Teutschlands, darauf bedacht zu seyn, diese Wenden oder Sclaven zum Gehorsam zu bringen, und sich solche unterwürfig zu machen. Dies würde ohne Zweifel schon von den karolingischen Kaisern geschehen seyn, wenn sie nicht durch andre wichtige Unternehmungen daran verhindert worden wären.

Otto der Große, dieser mächtige Kaiser, entschloß sich endlich, die Wenden seine Macht fühlen zu lassen, und sie für ihre strafbaren Handlungen ernsthaft zu züchtigen. Nachdem er den König der Dänen, Harald, bezwungen und zum christlichen

lichen Glauben gebracht hatte, rückte er mit seinem Heer gegen die Wenden. Er zeigte sich ihnen als einen mächtigen Sieger, und forderte, da er sie überwunden und sich unterwürfig gemacht hatte, von ihnen, daß sie ihm gewisse Auflagen entrichteten. Ueberdem legte er es ihnen als eine Pflicht auf, sich taufen zu lassen, und den christlichen Glauben zu bekennen. Die Furcht vor einen starken und tapfern Ueberwinder, bewog sie, sich zur Taufe einzustellen p); ob sie aber dieses mit einem willigen Herzen gethan haben, ist wol schwerlich zu glauben. Denn da sie keine Ueberzeugung von der Wahrheit der christlichen Religion hatten; so konnte die Taufe sie unmöglich zu Christen machen, da sie dieselbe mehr gezwungen, als freiwillig hatten annehmen müssen. Genug die Wenden waren nunmehr getaufte Christen, und daher musten sie auch Tempel und Gotteshäuser haben, in welchen ihnen die Lehre von Christo geprediget und verkündiget werden konnte. Damit dies desto besser befördert werden möchte, errichtete der Kaiser in der Hauptstadt Wagriens, welche die Residenz ihrer Fürsten von langer Zeit her gewesen war, und damals Rethre oder auch Stargard hieß, jetzo aber den Namen Oldenburg führet, ein Bisthum. Es hatte der Kaiser die Absicht, dies Bisthum dem magdeburgischen Erzstift einzuverleiben. Weil aber der damalige Erzbischof zu Hamburg, Adaldagus, bei dem Kaiser die Vorstellung that, daß dieses Bisthum seiner Kirche am nächsten gelegen sei, und daher

952.

---

p) Helm. Chr. Slav. L. I. c. 9.

daher demselben unterworfen werden möchte; ließ sich der Kaiser solches gefallen q).

Zu diesem neuen Bisthum gehörte nicht nur ganz Wagrien und Meklenburg, sondern auch die Stadt und das Herzogthum Schleswig. Es war zwar zu Schleswig auch ein Bisthum durch die Vorsorge des Kaisers Otto des Großen aufgerichtet worden, und es hatte der Erzbischof Abaldagus dem kaiserlichen Befehl zufolge schon einen Bischof dazu ausersehen r). Weil aber die Stadt Schleswig, oder wie dieser Ort eigentlich hieß, Heidebo s), den Ueberfällen der Dänen gar zu sehr ausgesetzet war; so hielte man es nicht für rathsam, annoch einen Bischof dahin zu senden t). Der erste Bischof der Stadt Oldenburg in Wagrien wurde also zugleich Bischof über Schleswig, und es erstreckte sich seine Kirchenaufsicht von Schleswig bis an die Gränzen von Pommern. Allein so weitläuftig und ausgebreitet dies Bisthum, wenn man auf die Länder siehet, die es in sich faßte, war; so wenig waren noch in demselben Kirchen, und noch weniger unterrichtete Christen, ob sie gleich die Taufe angenommen und empfangen hatten. Die erste Kirche, welche mit Recht die Mutterkirche aller übrigen Kirchen unter den Wenden in Wagrien genannt werden kann, war die Kirche in Oldenburg, welche

---

q) Staph. Hamb. K. Gesch. I, 304.
r) ibid. I, 283.
s) Noodts Beitr. I, 9. Heidebo, Heideb oder Heidebii.
t) Helm. Chr. Slav. L. I, c. 12.

welche dem Heiligen Johannes dem Täufer zu Ehren erbauet ist u).

Es waren nunmehro freilich die Wagrier, wie auch einige der übrigen Wenden, durch die Gewalt zur Annahme des christlichen Glaubens gezwungen. Sie hatten sich auch, weil es der Kaiser Otto verlangte, taufen lassen. Mit dieser Annahme des Christenthums und mit der Taufe aber hatten sie ihre alten Sitten und Gebräuche nicht abgelegt. Sie besuchten noch, wie zuvor, ihre geheiligten Haine, und fanden sich an den Oertern ein, welche sie ihren Götzen zur Verehrung bestimmt hatten. Hieraus entstunden die öftern Empörungen, welche sie erregten, und bei denen sie sich der Gelegenheit bedienten, das Christenthum zu verleugnen, und sich von der Verpflichtung zu demselben frey zu machen. Selbst unter den Bischöfen, welche in Oldenburg und nachher in Lübeck ihren Sitz hatten, findet man, daß sie mehrentheils heimliche Feinde der Christen waren, und eine jede bequeme Veranlassung wahrnahmen, ihre Wuth und ihre Verfolgung gegen sie an den Tag zu legen.

Die Bischöfe, welche in Oldenburg ihren Aufenthalt und ihren Sitz gehabt haben, sind folgende:

1. **Marco.** Er war Kaiser Otto des Großen Kanzler, und nach dem Berichte der Schriftsteller ein schöner Mann von adelichem Geblüte. 953. Der Kaiser hielte ihn seiner Gelehrsamkeit und

Fröm-

---

u) Staph. I, 293. 296. Helm. l. c.

Frömmigkeit wegen in großem Werth x). In der Beobachtung der Pflichten, die ihm sein Bischofsamt anbefahl, soll er sich unsträflich bewiesen und seine Lehren mit einem rechtschaffenen Wandel geschmückt haben y). Ob aber durch ihn viele Heiden bekehret sind, weiß man nicht. So viel aber ist gewiß, daß er die erste Kirche in Oldenburg hat erbauen lassen. Zu seinem Unterhalt mußte ein jeder Pflug ihm ein Maaß Korn, 40 Risten Flachs und 12 Silberpfennige alle Jahre entrichten z). Sein Tod erfolgte ohngefähr ums Jahr 969.

969.

2. Egward oder Edwad. Der hamburgische Erzbischof Adaldagus verordnete ihn nach dem Absterben des Marco zum Bischof in Oldenburg. Von ihm sollen viele Heiden zum christlichen Glauben gebracht seyn, auch sind von ihm einige Gotteshäuser aufgeführet a). Er starb 985.

985.

3. Wago. Dieser Bischof ist, wie der vorige, von dem Erzbischof Adaldagus eingeweihet. Seine Schwester, in welche ihrer Schönheit wegen sich Mistewoi, der König der Obotriten und Wenden verliebte, ist zwar mit demselben verheirathet, aber auch von ihm wieder verstoßen worden. Dies gab zu vielem Verdruß, den der Bischof erdulden mußte, Anlaß. Denn dieser Mistewoi und sein Sohn Mislaus suchten ihm nicht nur das, was die Wenden ihm jährlich abtragen mußten, zu entziehen, sondern auch seine Güter, Bosau und Gnissau, welche ihm zu seinem Unterhalt bestimmt waren,

---

x) Staph. Hamb. K. G. I. 292.
y) Crantz. Metrop. L. III. c. 29. L. IV. c. 8.
z) J. Peters. Holst. Chr. Helm. L. I. c. 12.
a) Helm. L. I. c. 12.

ren, zu plündern. Sie würden auch den christlichen Glauben schon unter diesem Bischofe verleugnet haben, wenn nicht der Herzog zu Sachsen, Benno, sie im Gehorsam erhalten hätte b). Ihm folgte

4. **Ezico.** Auch dieser ist von dem Erzbischof Adaldagus geweihet. Zu seiner Zeit geschahe 1013. die grausame Verfolgung der Christen in Holstein, welche Mistewoi, der König oder Fürst der Wenden, unternahm, und davon in dem Leben des hamburgischen Erzbischofs Libentius gehandelt ist. Dieser Mistewoi war anfänglich ein Christ, verleugnete aber den christlichen Glauben, und wüthete auf eine unerhörte Art wider alle, die den Namen Christi bekannten. Er soll zuletzt sein schändliches Verfahren bereuet haben, und als ein Christ zu Bardewik gestorben seyn c).

5. **Folkward.** Er trat das Bisthum Oldenburg zu einer Zeit an, da die Wenden alles verheerten, und sich bemüheten, die christliche Lehre unter ihren Landesleuten gänzlich auszurotten. Die Stadt Oldenburg, als der Sitz des Bischofs, empfand den Haß und die Verfolgung der Wenden vorzüglich. Die Priester wurden mit den grausamsten Martern gequälet, und sie mußten unter den Empfindungen der schrecklichsten Schmerzen ihren Geist aufgeben. Sechszig derselben erfuhren alles, was nur die menschliche Bosheit erdenken kann. Man durchschnitte ihnen die Haut auf den Köpfen

kreuz-

---

b) Helm. L. I. c. 13. Crantz. Metr. L. III, c. 38.
c) Helm. Chr. Slav. L. I. c. 16. Staph. Hamb. K. G. 1, 324.

kreuzweise, zog das Fell mit Haut und Haaren herunter, band ihnen die Hände auf den Rücken, und peitschte sie mit Ruthen von einem Orte zum andern, bis sie unter Quaal und Pein niederfielen und ihr Leben endigten ᵈ). Der Bischof flüchtete nach Norwegen, bekehrte die daselbst wohnenden Heiden, und begab sich nachher nach Bremen ᵉ). Sonst soll kurz vor dieser Verfolgung der größte Theil des wendischen Landes die christliche Religion schon angenommen gehabt haben, indem von den 18 Provinzen, in welche das wendische Land getheilet wurde, 15 sich zum christlichen Glauben bekannten, und nur noch 3 dem väterlichen Aberglauben ergeben waren ᶠ).

6. **Regimbert** oder **Rimbert.** Auch dieser führte nur blos den Namen eines Bischofs. Nach seinem Tode folgte

7. **Benno,** ein Domherr in Hamburg. 1017. Der Erzbischof Unwann verordnete ihn zu einem Bischof in Oldenburg. Er soll ein kluger Mann gewesen seyn, welcher seinem Amte mit aller Treue vorstand, und durch seine Predigten, welche er unter den Wenden hielt, viel Gutes gestiftet haben ᵍ). Die Zerstörung der oldenburgischen Kirche und die Verheerungen, welche die Wenden in den letztern Jahren ausgeübet hatten, waren eine Ursache, daß die Einkünfte, welche Kaiser Otto der Große dem Bisthum beigelegt hatte, nicht erfolgten. Der Bischof beschwerte sich hierüber bei dem Herzoge Bernhard.

d) Helm. L. I. c. 16.
e) ibid. c. 17.
f) ibid.
g) Crantz. Metrop. L. IV. c. 1. Helm. l. c.

hard. Die Fürsten der Wenden wurden vorgefordert, und von dem Herzoge dieserwegen befraget. Sie gaben zur Antwort, wie sie ohnedem Auflagen genug abzutragen hätten, und daher lieber ihre Wohnungen verlassen, als sich zu neuen Abgaben verstehen würden. Der Herzog brachte es endlich durch Bitten dahin, daß von jedem Hause, es möchte arm oder reich seyn, zwei Pfennige dem Bischofe gereicht werden sollten. Ueberdem wurden dem Bischof die zwei Dörfer Bosau und Gnissau, welche seine Vorfahren gehabt hatten, mit dem, was sonst in Wagrien zum Stifte gehörte, wieder gegeben h).

Wie in der Folge Kaiser Hinrich II. auf dem Schlosse zu Werben an der Elbe eine Reichsversammlung hielte, um die Gesinnung der Wenden zu erforschen, erschienen alle ihre Fürsten vor dem Kaiser, und gaben ihm die stärksten Versicherungen von ihrer Unterwürfigkeit und von ihren friedlichen Absichten. Bei der Gelegenheit stellte sich auch der Bischof Benno ein, und brachte seine Klagen an. Sie leugneten es keinesweges, daß dieselben gegründet wären, und verpflichteten sich, die Zehnten und alle Abgaben, welche Otto der Grosse verordnet hatte, künftig zu entrichten. Aber dieses war ein betrügliches Versprechen. Denn sobald der Kaiser die Reichsversammlung geendiget hatte, hielten sie nichts von dem, was sie versprochen hatten. Da auch der Herzog Bernhard sie mit harten Auflagen drückte, konnten sie nicht viel geben. Der Bischof mißvergnügt, daß ihm die

h) Helm. c. 18.

nöthige Unterstützung fehlte, begab sich zu dem Bischof Berenward in Hildesheim, welcher ihn mit Freuden aufnahm, und für seinen Unterhalt sorgte. Hier mußte er aber auf eine traurige Weise sein Leben endigen. Denn da er bei feierlicher Einweihung einer Kirche das Geschäfte eines Bischofs verrichtete, ist er von der Menge des andringenden neugierigen Volks erdrückt i).

8. **Reinher oder Meinher.** Dieser ist von dem Erzbischof Libentius II. in Hamburg geweihet, 1022. und, nachdem er 10 Jahre Bischof gewesen war, 1032. starb er 1032.

9. **Abellinus.** Ihm ist die bischöfliche Würde von dem Erzbischof Alebrandt in Hamburg ertheilet k). Zu seiner Zeit lebte ein wendischer Fürst Gottschalk, welcher sich durch seine Aufführung bei der Nachwelt einen besondern Ruhm erworben hat. Er besuchte die Klosterschule zu St. Michaelis in Lüneburg. Hier erfuhr er, daß sein Vater Udo, ein Sohn des Wüterichs Mistewoi, von einem abgefallenen Sachsen ermordet sei l). Sogleich verließ er die Schule und mit derselben den christlichen Glauben, eilte zu seinen Landsleuten, den Wenden, brachte ein Heer von Räubern zusammen, mit welchem er in Holstein einfiel, und an den Christen die schrecklichste Wuth ausübte. Er durchzog Holstein, Stormarn und Dithmarschen, und kein Ort blieb verschont. Nur die beiden festen Plätze, Itzehoe und Bokelnburg, wohin

einige

---

i) Helm. L. I. c. 18.
k) ibid
l) ibid. c. 19.

einige bewaffnete Sachsen mit Weibern, Kindern und dem Vermögen, welches dem Feinde entrissen war, flüchteten, entgingen seiner Raubbegierde.

Als nun eines Tages Gottschalk das Feld mit seiner Rotte nach räuberischer Gewohnheit durchstreifte, und sahe, wie alles von Einwohnern und Gotteshäusern entblößt und öde war, setzte ihn dieser Anblick seiner Grausamkeit in Schrecken. Voll Schauder über sich selbst fasset er den Entschluß, von seinen schändlichen Unternehmungen abzustehen. Indem er sich darauf von seinen Gefährten entfernet, und sich stellet, als wenn er eine List auszuführen im Begriff sei, begegnet ihm unvermuthet ein christlicher Sachse. Dieser, da er einen bewaffneten Mann vor sich siehet, suchet zu entfliehen. Der Fürst rufet ihm zu, stille zu stehen, und versichert, daß er ihm auf keine Weise Schaden zufügen wollte. Der Erschrockne faßte einiges Zutrauen, und blieb stehen. Der Fürst frägt ihn darauf: „wer bist du? und was hast du aus dem Gerüchte vernommen?„ „Ich bin, war die Antwort, „ein armer Mann, von Geburt ein Holsteiner. „Man höret täglich viel Böses, weil Gottschalk, der „Fürst der Wenden, den Unsrigen viel Herzeleid „zufüget, und mit einer unersättlichen Begierde „uns nach dem Leben trachtet. Es wäre wol Zeit, „daß Gott das Unrecht rächte, was wir erlitten „haben.„ „Das sind harte Beschuldigungen,„ erwiederte Gottschalk, „welche du wider den Fürsten der „Wenden vorbringst. Und gewiß, er hat euch viel „Leid zugefüget, da er den Mord seines Vaters auf „eine so ausnehmende Weise gerochen hat. Ich „aber

„aber bin der Mann, von dem du redest, und ich
„wollte deswegen mit dir sprechen. Ich bedaure,
„was ich wider Gott und wider die Christen Böses
„ausgeübet habe, und ich trage ein Verlangen, mich
„mit denen auszusöhnen, welchen ich bisher so viel
„Unrecht zugefüget habe. Höre daher, was ich
„dir sage: gehe zu den Deinen, und zeige ihnen an,
„daß sie treue Leute an einen bestimmten Ort abschi=
„cken möchten, welche mit mir insgeheim über das
„Bündniß und die Friedensbedingungen handeln
„können. Alsdann will ich diese Räuberbande, un=
„ter der ich mich mehr aus Noth als mit gutem
„Willen aufhalte, in ihre Hände liefern.„ Dar=
auf bestimmte er ihm den Ort und die Zeit. Der
Sachse eilte gleich zu der nächsten Besatzung, in
welcher seine Landsleute nicht ohne Furcht sich aufhielten. Er entdeckte den Aeltesten das, was er er=
fahren hatte, und bemühete sich, sie zur Absendung
der Abgeordneten, um die Unterhandlung zu be=
werkstelligen, zu bewegen. Sie wollten aber nicht,
weil sie befürchteten, daß unter diesem Anerbieten
Betrug verborgen sei m).

Dieser Gottschalk, welcher ein solcher Ver=
folger der Christen war, wurde nachher ein desto
eifriger Bekenner des Namens Christi. Denn da
er wieder zum Besitz seiner väterlichen Herrschaft ge=
langte, suchte er unter den Wenden die seligmachen=
de Lehre des Evangelii auszubreiten. Die zerstör=
ten Kirchen richtete er wieder auf. Er ließ neue
erbauen. Hin und wieder stiftete er Klöster. Von
allen Orten ließ er Geistliche, welche das Volk un=
terrichs

---

m) Helm. Chr. Slav. L. I. c. 19.

terrichten mußten, berufen. Wenn die Wenden nicht verstunden, was die Lehrer sagten; so erklärte er es ihnen in ihrer Muttersprache n). So wurde aus einem verfolgenden Saul nachher ein unterrichtender Paulus. Allein seine eigenen Wenden tödteten ihn 1066 den 7. Junius zu Lenzen in der Kirche nebst dem Priester Ebbo, welcher sein Leben vor dem Altar laßen mußte o).

Der Bischof Abellinus starb 1051.   1051.

10. Ezo. Zu seiner Zeit theilte der hamburgische Erzbischof Adelbert das Bisthum Oldenburg in drei Bisthümer. Das eine blieb in Oldenburg. 1058. Das andre wurde nach Meklenburg, und das dritte nach Ratzeburg verlegt. Die Absicht des Erzbischofs ging dahin, durch diese und mehrere Bisthümer, welche er noch zu errichten gedachte, ein Patriarchat mit der hamburgischen Kirche zu verbinden p). Es erlebte aber auch dieser Bischof die schrecklichste Empörung. Denn obgleich durch die Bemühung des wendischen Fürsten Gottschalks, welcher das ganze Land der Wenden zum christlichen Glauben zu bekehren Sorge trug, und selbst das Evangelium seinen Unterthanen verkündigte, fast in allen Gegenden, wo Wenden wohnten, die Lehre

H 5   Chri-

---

n) Crantz. Wandal. L. III. c. 1. Memorabilis ille princeps tanto divinae religionis amplificandae studio exarsit, ut sermonem exhortationis frequenter ad populum in ecclesia ipse faceret: ea scilicet, quae ab Episcopis et presbyteris mystice dicebantur, cupiens Wandalicis verbis reddere planiora explicavit.

o) Helm L. I. c. 22. Staph. I, 434. Lamb. Orig. Hamb. 19.

p) Helm. L. I. c. 22.

Christi angenommen war; so fanden sich doch noch unter den Wenden viele, welchen das Christenthum verhaßt war, um so vielmehr, da ihr Fürst sich als einen so eifrigen Beförderer des christlichen Glaubens bewies. Sie machten daher unter sich eine heimliche Verschwörung, das Christenthum gänzlich auszurotten. Um diese ihre Absicht desto besser erreichen zu können, mußten sie den Beförderer der christlichen Religion, den Fürsten Gottschalk, zuerst 1066. tödten. Nachdem dies zu Lenzen ausgeführet war, wurde die Empörung allgemein. Jedermann kehrte zum Heidenthum zurück, und die Bekenner des christlichen Glaubens konnten sich nichts anders als Marter und Tod versprechen. Holstein, Lauenburg und Meklenburg wurden auf eine grausame Weise verheeret, und die Christen mußten die schrecklichste Pein und Quaal, die man sich nur gedenken kann, erdulden. Zur Beschimpfung und zur Verspottung des Erlösers verstümmelten die Barbaren alle Kreuze, die sie fanden, und trieben mit denselben ihren Muthwillen. Zu Ratzeburg wurde der Abt Ansverus auf dem Wege nach Lübeck, an einem Orte, welcher noch jetzo mit einem Steine bezeichnet ist q), mit einigen Mönchen gesteiniget. Der Bischof zu Meklenburg wurde unerhört gemißhandelt, und endlich, nachdem sein Körper zerstückt worden war, getödtet. Die Gemahlin des Fürsten Gottschalk, eine Prinzessin aus dem königlich dänischen Hause, mußte mit ihrem Frauenzimmer nackend sich fortjagen lassen. Ganz Holstein wurde verwüstet, indem

---

q) Schlöpke Nachr. v. Lauenb. 29. 82. Crantz. Metrop. L. IV. c. 43.

dem die Einwohner theils getödtet, theils aber auch in die Gefangenschaft geführet worden sind r). Sogar die Stadt Schleswig hatte das Unglück, von diesen Barbaren unvermuthet überfallen und zerstöret zu werden s).

Diese grausame Empörung machte dem Bisthum Oldenburg ein Ende. Der christliche Glaube wurde in ganz Wagrien vertilget, und die Sclaven oder Wenden kehrten wieder zu ihren heidnischen Götzen zurück. Denn sie hatten dieselben noch nicht gänzlich verlassen, ob sie gleich dem Scheine nach Christen waren. Wie sie den alten Bischof zu Meklenburg, nachdem sie ihm Hände und Füße abgehackt hatten, tödteten, übergaben sie seinen Körper ihrem Abgott Radigast t). Man siehet hieraus, wie diese Wenden bei ihrem äußerlichen Christenthum die heidnische Abgötterei beibehielten. Auch selbst der holsteinische Abgott Prove ist noch lange nachher von den Wenden und Einwohnern Wagriens göttlich verehret worden. War nun zu Olden-

---

r) Es ist zu vermuthen, daß bei dieser Verfolgung der Christen, oder auch in etwas spätern Zeiten sich das zugetragen habe, was das Gerücht von einem Bischofe, welcher auf einer Wiese nahe bei dem Gute Boosee, welche noch jetzo Bischofswärder heißt, im Anfang der christlichen Religion sein Leben lassen müssen, behauptet. Man zeiget noch den Ort, wo er an einen Pfahl gebunden, mit Honig beschmiert, und von Fliegen und anderm Ungeziefer zu Tode gestochen sei. Zum Andenken dieser Geschichte soll das Gut von Borsee oder Boot und See, nach der Bekehrung vom Heidenthum den Namen Boosee erhalten haben. Noodts Beitr. I, 94.
s) Helm. Chr. Slav. L. I. c. 22—24.
t) ibid. c. 23.

benburg kein Bischof mehr; so sahe man auch in dem ganzen Wagerlande keine Gotteshäuser und keine Priester mehr. Dieser Zustand daurete 84 Jahre von 1066 bis 1150. In der Zeit wurzelte das Heidenthum und der Götzendienst völlig wieder bei den Wenden ein. Nun konnte es, obgleich kurz vorher ein Licht über diese Gegend aufzugehen schien, heißen: „Finsterniß bedeckte das Land und „Dunkel die hier wohnenden Menschen." Doch der Herr ließ endlich nach einer langen Finsterniß das Licht der Wahrheit wieder in dieser Gegend hervorbrechen. Der Mann, welcher die ersten Funken des Lichtes hier wieder anzündete, und sich um die Wohlfahrt der in der Dunkelheit wohnenden Menschen verdient machte, ist würdig, daß sein Leben in der Kirchengeschichte Holsteins weitläuftig beschrieben werde. Es war derselbe der oben angeführte Vicelin. Nachdem das Bisthum Oldenburg 84 Jahre nicht nur von einem Bischofe, sondern auch von Christen entblößt gewesen war, erhielte dieser unermüdete und um das Seelenheil der Menschen eifrig bekümmerte Lehrer die Würde eines Bischofs in Oldenburg. Er war der eilfte Bischof und die Geschichte seines Lebens ist folgende:

11. Vicelin ist zu Qvernhameln, einem Dorfe an der Weser, gebohren. Seine Eltern waren mehr ihres rechtschaffenen Wandels als ihres Standes wegen bekannt. Den Grund der Wissenschaften legte er bei den Stiftsherren an seinem Geburtsorte. Da er aber in den ersten Jahren seines zunehmenden Alters vernachläßiget worden war, weil er seine Eltern frühe verlohren hatte: so waren die Jugendjahre nicht

nicht zum Besten von ihm genutzt. Aus Mitleiden bewogen, nahm ihn eine benachbarte Edelfrau, die Mutter eines gewissen Grafen Conrad zu sich auf ihr Schloß Eberstein, und behielte ihn bei sich. Dies war dem Priester des Schlosses, welcher ihn mit neidischen Augen ansahe, sehr zuwider, und daher nahm er eine jede Gelegenheit wahr, ihn zu entfernen. In der Absicht frug er ihn einst in Gegenwart vieler Personen: „was er auf Schulen ge„lesen hätte?„ „Des Statius Bücher vom Achilles,„ antwortete Vicelin. Darauf versetzte jener: „wo„von handelt denn eigentlich der Statius?„ Wie Vicelin darauf offenherzig gestehen mußte, daß ihm dieses unbekannt sei, ließ der Priester mit Bitterkeit gegen die Anwesenden sich aus: „ich glaubte in „der That, daß dieser Jüngling, da er erst jetzt „aus der Schule gekommen ist, etwas gelernet hätte, „aber ich habe mich sehr geirret, denn er weiß ge„wiß nichts." Durch diese Verachtung beschämt, entfernte sich Vicelin mit Thränen, ohne Abschied zu nehmen, von dem Orte seines Aufenthalts, und begab sich nach Paderborn, woselbst damals die Wissenschaften unter einem berühmten Magister Harthmann vorzüglich blüheten. Hier war er so glücklich, ein Haus- und Tischgenosse dieses Lehrers zu werden, und er ließ sich in den Jahren, welche er hier durchlebte, keine Mühe und keinen Fleiß verdrießen, seine Einsicht und seine Erkenntniß zu erweitern. Seine Wißbegierde wurde durch keine Vergnügungen unterbrochen. Mit den Wissenschaften verband dieser edle Jüngling die Andachtsübungen der Religion. So sehr ihn sein würdiger Lehrer

rer wegen seines außerordentlichen Fleißes liebte; so suchte er ihn doch väterlich zu erinnern, daß er sich durch die gar zu starke Anstrengung seiner Kräfte nicht selbst Schaden thun, sondern bedenken möchte, daß ihm noch Zeit zum lernen übrig bliebe. Allein Vicelin erwiederte, daß er spät angefangen, und daher keine Zeit zu verlieren hätte. Sein ausnehmender Fleiß und sein tugendhaftes Betragen erwarben ihm auch schon frühe eine Belohnung, indem er seinem Lehrer als Gehülfe zugeordnet wurde. Mit Treue und Unverdrossenheit bewies er sich in diesem seinem Amte, und zeigte ein vollkommnes Muster der Lehre und des Wandels u).

Der Ruf seiner Geschicklichkeit und seiner Verdienste brachte ihn von Paderborn nach Bremen, um an diesem Orte als Lehrer einer Schule vorzustehen. Auch hier zeigte er sich ganz als Schulmann. Es war ihm nicht genug, die Pflichten seines Berufes mit dem äußersten Bestreben zu erfüllen, sondern er richtete auch vorzüglich sein Augenmerk darauf, wie er seine Schüler von den Ausschweifungen, welchen sie zum Theil ergeben waren, abhalten, und sie zum Studiren und zur wahren Gottseligkeit ermuntern möchte. Mußte er zwar, weil er oft nicht ohne Strenge die Lasterhaften in Ordnung halten konnte, den Haß und die Feindschaft schlechtgesinnter Menschen erfahren; so konnte er sich doch auch die Gunst und Zuneigung aller Rechtschaffenen versichern. Selbst der damalige Bischof in Bremen, welcher zugleich Erzbischof in Hamburg war, Friedrich, wie nicht weniger die Vornehmsten

u) H:lm. c. 42.

sten und Angesehensten der bremischen Kirche lieb=
ten ihn. Unter den Schülern, welche sich folgsam
bewiesen, und seinen Unterricht mit Nutzen gebrauch=
ten, war einer, Namens Thietmar. In der
Begleitung dieses edlen Jünglings unternahm er
eine Reise nach Frankreich, sich der Anweisung
zweier damals vorzüglich berühmter Lehrer, eines Ru=
dolphs und eines Anshelms zur weitern Aufklärung
in den Wahrheiten der Religion so bedienen. Hier
entschloß er sich, sein Schulamt niederzulegen, eine
strengere Lebensart zu erwählen und sich ganz dem
Dienste Gottes zu widmen.

Nach seiner Zurückkunft aus Frankreich, wurde
sein geliebter Schüler, Thietmar, Stiftsherr bei
der Domkirche in Bremen. Vicelin, dem zwar
gleiche Ehre angetragen wurde, schlug dieselbe mit
dem Vorsatz aus, sich auf einem andern Wege dem
Herrn zum Dienste zu bereiten. Er begab sich dar=
auf nach Magdeburg, und ließ sich von dem Erz=
bischof daselbst zum Priester weihen. Das Gerücht,
wie verfinstert die holsteinische Gegend annoch sei,
und wie wenig die Einwohner dieses Landes den Weg
des Heils und der Wahrheit kannten, bewog ihn,
aus eigenem Triebe zu dem hamburgischen Erzbischof
Adelberon zu gehen, und ihm sein Vorhaben zu
entdecken, daß er wünschte, in dem sclavischen
Lande das Evangelium zu predigen und die Heiden
zu bekehren. Dieses Vorhaben erweckte bei dem
Erzbischof eine nicht geringe Freude. Sogleich über=
trug er ihm die Mission, und bestätigte ihn zu ei=
nem Apostel unter den wendischen Heiden.

Um

1125. Um nun diesen Beruf zu vollführen, ging er in Begleitung zweier Gehülfen, des Rudolphs, eines Stiftsherrn zu Hildesheim, und des Ludolphs, eines Stiftsherrn zu Verden, nach Alt=Lübeck zu dem Könige und Fürsten der Wenden, Hinrich, einem Sohne des Gottschalks, und bat sich von demselben die Erlaubniß aus, seinen Unterthanen das Evangelium zu verkündigen. Dieser nahm ihn und seine Gefährten mit aller Liebe auf, übergab ihnen die einzige Kirche, welche noch unter den Wenden übrig war, nehmlich die zu Alt=Lübeck, und versicherte ihnen, daß sie sich hier am sichersten aufhalten könnten, um das Wort Gottes unter den Heiden bekannt zu machen. Vicelin kehrte darauf mit seinen Gefährten zurück, um eine solche Einrichtung zu machen, daß sie mit Vortheil und glücklichem Erfolg die Bekehrung der Heiden unternehmen könnten. Ehe sie aber ihre Reise wieder nach Lübeck antraten, verbreitete sich die traurige Botschaft, daß Hinrich, der Fürst der Wenden, gestorben, und alles nach seinem Tode voll Unruhe und Zwietracht sei. Dadurch wurde das ganze Vorhaben dieses Lehrers mit einmal vereitelt x).

1127. Doch die Vorsehung, welche ihn zu einem Apostel der Wenden bestimmt und ausersehen hatte, zeigte ihm einen andern Weg, seine Absicht zu erreichen. Denn, da er sich mit dem Erzbischof Adelberon zu Meldorf in Dithmarschen aufhielte, sandten die Einwohner von Faldern ihre Abgeordneten an den Erzbischof und baten sich von demselben einen Geistlichen aus, welcher ihrer Gemeine vorstehen

---

x) Helm. c. 44—46.

hen könnte. Der Erzbischof, welcher diesen Ort für bequem ansahe, weil er an Wagrien, worin die Wenden wohnten, gränzte, sagte zu dem Vicelin: „Wenn du noch den Vorsatz hast, die Sclaven zu bekehren, so reise mit diesen Leuten, und „übernimm das Amt eines Lehrers bei ihrer Kirche; „so hast du hier die beste Gelegenheit, in das Land „der Wenden zu gehen, und deinen Endzweck zu „erfüllen.„ Vicelin nahm dieses Anerbieten willig an. Darauf frug der Erzbischof die Abgeordneten von Faldern: „ob sie diesen geschickten und ver„ständigen Priester haben wollten?„ Als sie sich dazu willig erklärten, übergab er ihnen den Vicelin als ihren künftigen Lehrer, und empfahl ihn einem angesehenen Einwohner in Neumünster, Mancrad, wie auch diesen Abgeordneten zu einer anständigen Begegnung. So erhielte dieser treue Apostel der Wenden den ersten Beruf zum Lehrer im Lande. Gott fügte es, daß, da doch alles, was einen Bezug auf die Religion hatte, damals finster im Lande aussahe, Männer von der Gränze Wagriens kommen mußten, um ihn zu ihrem Lehrer zu berufen. Vergnügt ging Vicelin mit diesen Männern an den Ort, den Gott für ihn ausersehen hatte. Allein er fand eine wüste und öde Gegend, und von dem Christenthum fast nichts mehr, als den bloßen Namen. Man verehrte noch die Hainen und Brunnen, und der Aberglaube, welcher bei ihnen herrschte, war mancherlei y).

Dieser fromme Lehrer ließ sich dadurch nicht abschrecken, sondern er bewies sich vielmehr desto

J   eifrie

---

y) Helm. L. I. c. 47.

eifriger in seinem Berufe. Mit Nachdruck redete er zu einem Volke, welches noch so wenig Begriffe von der christlichen Religion hatte. Er predigte von der Majestät und Größe des allmächtigen Gottes, von der Glückseligkeit der Frommen in jenem Leben, und von der Auferstehung am Ende der Welt, welche allen unausbleiblich und gewiß bevorstünde. Dies waren Lehren, die ihnen unbekannt waren, und die einen tiefen Eindruck auf ihre Herzen hatten, indem sie häufig sich zur Buße einfanden, und den Weg der Sünden und des Verderbens zu verlassen sich bereit zeigten. Das Gerücht von seiner Beredsamkeit und von seinen herrlichen Gaben breitete sich in ganz Nordalbingien aus. Vicelin besuchte die umliegenden Kirchen, sorgete für die Reinigkeit der Lehre, und bemühete sich allen Aberglauben, und alle Gebräuche, welche das Heidenthum noch zurückgelassen hatte, auszurotten. Es fanden sich auch einige vom geistlichen und weltlichen Stande durch den guten Ruf seiner Frömmigkeit bewogen, bei ihm ein, und unter diesen waren die Priester Ludolph, Eppo, Luthmund, Volkward und andre. Mit diesen verband sich Vicelin, im ehelosen Stande zu verbleiben, im Gebet, Fasten und andern gottesdienstlichen Werken sich zu üben, den Kranken und Dürftigen beizustehen, und besonders auf die Bekehrung der Wenden bedacht zu seyn [z]).

1130. Aus dieser Verbindung, welche diese Geistlichen mit einander machten, hat das nachmals bekannte Kloster Neumünster seinen Anfang genommen. Es erhielte den Namen Neumünster zum Unterschied

---

z) Helm. L. I. c. 47.

schied des zu Welna bei Itzehoe gestifteten Münsters oder geistlichen Stifts. Weil dieses die erste und älteste Stiftung in Holstein ist, indem es schon im Anfange des neunten Jahrhunderts von dem Erzbischof Ebbo angelegt wurde; so erhielte dies Kloster, welches Vicelin 300 Jahre nachher anlegte, die Benennung Neues Stift oder Neumünster. Der Erzbischof in Hamburg Adelbero versahe es mit ansehnlichen Vorrechten, schenkte demselben Dörfer, Zehnten und Ländereien a). Der Kaiser Lothar II. erlaubte durch einen Gnadenbrief allen Einwohnern Holsteins diesem Kloster ihre Güter zu vermachen und zu verkaufen, befreite auch die Mönche von allen Anlagen, und daß ihre Güter von aller Ansprache völlig frei seyn sollten b). Der erste Probst und Vorsteher dieses Augustinerklosters ist unser Vicelin gewesen. Er war der Stifter desselben, und verdiente daher auch mit allem Rechte die Ehre, demselben vorzustehen. Unter diesen Umständen vergaß dieser fromme Lehrer niemals die Absicht seines Berufs. Vorzüglich war er darauf bedacht, wie er unter den Wenden die Lehre des Evangelii predigen und ausbreiten möchte. Zu dem Ende reisete er, wie er erfuhr, daß der Fürst der Wenden, Zweetepolch, ein Sohn des Fürsten oder Königs der Wenden, Hinrich, in Lübeck sich aufhielte, und den Christen nicht ungeneigt sei, zu ihm, und erinnerte ihn an die Versicherung, welche ihm ehemals sein Vater gegeben hatte, das Werk der Bekehrung ungehindert unter den Wenden zu vollführen.

a) Staph. I, 536.
b) ib. I, 537.

ren. Dieser Fürst bewilligte gleichfalls das, was sein Vater versprochen hatte, und versicherte dem Vicelin seine Gunst und seine Unterstützung. Darauf sandte er die Priester Ludolph und Volkward nach Lübeck, um daselbst ihren Aufenthalt zu nehmen. Allein der Ueberfall der wendischen Einwohner auf der Insel Rügen war die Ursache, daß die Stadt Lübeck zerstöret wurde. Bald darauf verlohr 1131. auch der Fürst Zweetepolch sein Leben. Es mußten daher diese Priester nicht ohne Lebensgefahr Lübeck verlassen, und wieder nach Neumünster flüchten c).

Als darauf Knut Laward, oder der Fromme genannt, ein Herzog zu Schleswig von dem Kaiser Lothar II. die Belehnung über das wendische Reich, und folglich auch über Wagrien erhielte, und den Titel eines Königes der Wenden annahm, fand Vicelin auch die Zuneigung dieses neuen Regenten der Wenden. Er kam oft nach Neumünster, und bewies dem Vicelin und den übrigen Geistlichen dieses Orts viele Merkmale der Freundschaft. Auch ließ er die Kirche zu Lübeck, welche schon der König der Wenden Hinrich hatte aufbauen lassen, durch den Priester Ludolph aus Neumünster einweihen d). Allein so große Hofnung Vicelin sich machte, durch die Unterstützung dieses Königs der Wenden, mit Nußen das Evangelium in Wagrien verkündigen zu können; so sehr wurde diese Hofnung vereitelt, da dieser Knut, von seinem 1134. Vetter, dem Magnus, meuchelmörderischerweise erwürget wurde e). Diesen Mord zu rächen, bat sich

c) Helm. Chr. Slav. L. I. c. 48.
d) ib. c. 49.   e) ib. c. 50.

sich des Entleibten Bruder, der nachmalige König in Dännemark Erich Hülfe und Beistand von dem Kaiser aus. Lothar II. kam selbst mit einer ansehnlichen Armee in diese Gegend. Inzwischen hatte der König der Wager-Wenden, Pribislav, welcher aus dem Geblüte der wendischen Könige war, nach dem Tode des Knut Laward Besitz von Wagrien genommen. Dieser war ein Feind der christlichen Religion. Grausam und wüthend bewies er sich gegen alle, die den Namen der Christen führten. Daher konnte es nicht fehlen, daß Neumünster, diese neue Stiftung die Wirkungen seiner grausamen Gesinnung erfahren mußte. In allen seiner Herrschaft unterworfenen sclavischen Ländern suchte er den Götzendienst und den schändlichen Aberglauben wieder herzustellen f).

Dies bewog den bekümmerten Vicelin, sich zum Kaiser Lothar II., welcher sich zu Bardewik aufhielte, zu begeben, ihm den traurigen Zustand des Christenthums unter den Wenden vorzustellen, und ihn zu bitten, daß auf einem Berge in Wagrien, welcher sehr bequem zu einer Festung war, dieselbe angelegt werden möchte. Nachdem der Kaiser diesen Ort selbst in Augenschein genommen hatte, gebot er den Nordalbingiern, den Bau der Festung zu befördern. Bei dieser Gelegenheit fanden sich auch die Fürsten der Wenden, Pribislav und Niclot, von welchen jener über Wagrien, dieser aber über Mecklenburg herrschten, bei dem Kaiser ein, um ihm ihre Ehrerbietung zu bezeugen. Mit Mißvergnügen und Betrübniß sahen sie den Bau dieser Festung

---

f) Helm. L. I. c. 52.

stung an, welchen sie nicht nur mit ihren Leuten zu Stande bringen mußten, sondern auch in der Folge sich nichts Gutes davon versprechen konnten. „Wer „ist denn der," sagte daher einer zu dem andern, „der uns dieses Uebel verursachet? Siehest du nicht, erwiederte der andre, auf den Vicelin zeigend, „die„sen kleinen kahlköpfigten Mann bei dem Könige ste„hen? Dieser hat alles dies Unglück über uns ge„bracht." — Der Bau der Festung wurde also zu Stande gebracht. Diese Festung bekam den Namen Siegeberg, woraus der heutige Name Segeberg entstanden ist. An dem Fuße des Berges ließ der Kaiser eine Kirche erbauen, und übergab die Aufsicht derselben dem Vicelin. Dem Pribislav befahl er darauf, bei Verlust der kaiserlichen Gnade, diesem Geistlichen oder dem, welcher seine Stelle vertreten würde, alle Unterstützung widerfahren zu laßen g).

Dies war also die erste Kirche, welche in
1136. Wagrien wieder aufgeführet ist, und damit breitete sich aufs neue die christliche Lehre unter dem verwilderten Volke der Wenden aus. Denn Vicelin sorgete nicht nur dafür, daß Geistliche in Segeberg und bei der Kirche in Lübeck verordnet wurden, sondern auch, daß durch sie das Werk der Bekehrung unter den Sclaven befördert werden möchte. Zu Segeberg legte er nebst der Kirche, welche der Jungfrau Maria und dem Evangelisten Johannes zu Ehren eingeweihet worden war, ein
1137. Kloster an. Die Kirche zu Segeberg beschenkte der Kaiser Lothar mit verschiedenen Ländereien h),

und

---

g) Helm. L. I. c. 53.   h) Staph. I, 539.

und es schien nun der Zeitpunkt gekommen zu seyn, in welchem etwas Erfprießliches zum Heil der Sclaven ausgerichtet werden könnte. Alle diese Erwartungen wurden plötzlich vereitelt, da der Kaiser Lothar den 7. Dec. sein Leben beschloß. Der Tod dieses Kaisers bewirkte in Teutschland und unter den regierenden Fürsten desselben allgemeine Unruhen. Niedersachsen nahm an diesen Unruhen gleichfalls Antheil. Dieser Gelegenheit bediente sich Pribislav, der Fürst der Wenden oder der Wagrier, seine Versicherung, welche er dem Kaiser zur Aufnahme des Christenthums hatte geben müssen, zu verletzen. Mit einem Haufen Räuber ging er von Lübeck aus, zerstörte die Festung Segeberg und die umliegenden Gegenden der Sachsen. Die Kirche oder vielmehr 1139. das Bethaus zu Segeberg, wie auch das Kloster, welches eben aufgeführet war, legte er in die Asche. Einer von den Brüdern, Volker, wurde erstochen, die übrigen retteten sich mit der Flucht. Die in Lübeck verordneten Geistlichen lebten zwar unter dem Schutze des Pribislav, aber in einer nicht geringen Todesgefahr. Sie mußten es ansehen, wie man die gefangenen Christen mit Marter und Banden belegte. Hiezu kam noch eine andre Plage. Race, ein wendischer Fürst aus Pommern überfiel den Pribislav, zerstörte das Schloß und die Stadt Lübeck. Unter diesen Umständen empfand Neumünster auch oft die Unart der Barbaren, und die Wuth des Krieges, welcher auf allen Seiten ausgebrochen war, und diesen Ort zu einer Wüste und Einöde machte, weil die mehresten Einwohner desselben getödtet waren i). Vicelin, gekränkt durch so manche harte Prü-

i) Helm. L. L c. 55.

fungen, brachte seine Zeit im Gebet und im Dienste des Herrn zu, verordnete auch Fasttage und Buß=übungen k).

Nach so vielen Widerwärtigkeiten, welche der gute Vicelin hatte erdulden müssen, und bei welchen er seinen Endzweck, die wendischen Heiden zu bekehren, noch so wenig vollführen konnte, zeigte sich endlich eine glücklichere Aussicht in die Zukunft. Graf Adolph II. aus dem Hause Schauenburg, ein Herr, welcher nicht nur selbst Gott rechtschaffen fürchtete, sondern auch mit Vergnügen alles beitrug, was die Ausbreitung der christlichen Religion beförderte, war nunmehro, da sein Vater Adolph I., welcher von den Herzogen in Sachsen mit Holstein belehnet worden war, nach dem Tode desselben Herr der holsteinischen Lande. Ob er gleich Feinde hatte, die ihm den Besitz von Holstein schwer machten; so war er doch zuletzt so glücklich, über sie zu siegen. Wagrien, wo die Wenden ihren Aufenthalt bisher gehabt hatten, war durch innere Unruhen entvölkert und verheeret. Es war ihm also leicht, sich in den Besitz dieses Landes zu setzen, und die noch übrig gebliebenen Wenden sich unterwürfig zu machen. Damit aber das verheerte Wagrien wieder mit Menschen besetzt werden möchte; so übergab er den Holsteinern oder Sachsen die Gegend bei Segeberg, und zwar von der Trave bis an den Ploener See. Den Westphälingern räumte er Dargun, oder die Gegend, wo nachher das Kloster Arensbök erbauet ist l); den Holländern Eutin und den

Frie-

k) Helm. L. I. c. 56.
l) ib. c. 57—63.

Friesen das Kirchspiel Süsel ein. Die Sclaven oder Wenden mußten nunmehro mit Oldenburg, Lütgenburg und den an der Ostsee gelegenen Theilen des Wagerlandes zufrieden seyn m). Doch blieben die letztern von nun an dem Grafen Adolph von Holstein unterthan und zinsbar. Es hatte also die wendische Regierung in Holstein mit diesem Zeitpunkt ein Ende, obgleich in Mecklenburg und Pommern noch Fürsten blieben.

Diese wichtige Veränderung Holsteins und besonders des Wagerlandes bahnte dem Vicelin den Weg, die Bekehrung der Wenden mit desto größerm Eifer zu besorgen. Durch Vermittelung des Grafen erhielte er die liegenden Gründe wieder, welche Kaiser Lothar II. zum Unterhalt der Geistlichen und zum Bau des Klosters zu Segeberg bestimmt hatte. Indessen verlegte er das Kloster von Segeberg nach 1140. Küßlin, oder wie die Sachsen es nannten, Hoyerstorp, jetzo Högelstorf n). Der Erzbischof Adelbero in Hamburg erklärte auch den um das neumünstersche Kloster so verdienten Vicelin 1142 1143. zum Probsten dieses Klosters, und ernannte ihn zu seinem Rath und zwar vom ersten Range, schenkte ihm auch die an der Elbe gelegene Kirche Bißhorst o) mit aller Gerechtigkeit und Zubehör. In diese Gegend begab sich Vicelin, so oft er wegen

---

m) Helm. L. I. c. 57.

n) ib. c. 58.

o) Die alten Mönchsverse lauten: Ecclesiam *Bishorst* illi subiecit et *Ichorst*, Bishorst cum bannis, bannos cum parochianis. Bishorst ist vermuthlich die Kirche zu Haseldorf, Ichorst aber die Kirche zu Horst.

der Verfolgung der Wenden in Neumünster keinen sichern Aufenthalt wußte p). Mit diesen Wohlthaten verband der Erzbischof noch diese, daß der Probst zu Neumünster unmittelbar unter dem Erzbischof in Hamburg stehen und das Lehn von ihm empfangen sollte q). Die größte Ehre, welche dem Vicelin nachdem er schon so viele Jahre sich in Holstein aufgehalten hatte, widerfuhr, war die, daß er zum Bischof zu Oldenburg von dem Erzbischof
1149. Hartwich in Hamburg ernannt wurde. Da so viele Jahre kein Bischof in Oldenburg gewesen war, weil das Heidenthum in Wagrien völlig wieder eingeführet worden, jetzo aber Graf Adolph II. als ein christlicher Regent die Herrschaft in Wagrien hatte; so hielte der Erzbischof es für die gelegenste Zeit, das so lange wüste gelegene Bisthum wieder aufzurichten, und dem treuen Vicelin als einem so verdienten und unermüdeten Lehrer der Wenden die Bischofswürde mitzutheilen.

Daß Vicelin diese Würde ohne Vorwissen des damaligen Herzogs der Sachsen, Hinrich des Löwen und des Grafen Adolph II. in Holstein übernahm, unterbrach die Freundschaft, welche der Graf, der ihn zuvor als seinen Vater ehrte, mit ihm unterhalten hatte. Die Folge davon war, daß dem neuen Bischof alle Zehnten, welche er hätte genießen können, entzogen wurden. Herzog Hinrich

---

p) Contin. Helm. — ad refervandum perſonas notabiliores et ornamenta eccleſiae, et libros, habuit Eccleſiam Biſthorſt, in palude *Haſeldorp* in aſylum ac refugium, ubi etiam oratorium habebat, ad exorandum auxilium divinum. Dankm. 282. Helm. c. 66.

q) Staph. Hamb. Kirchengeſch. I, 543.

rich der Löwe gerieth auch dieserwegen mit dem Erzbischof zu Hamburg in Uneinigkeit. Wie nun Vicelin sahe, daß er unter solchen Umständen gar zu sehr leiden mußte, und ihm der nöthige Unterhalt mangelte, faßte er den Vorsatz, sich zum Herzoge zu begeben und um Verzeihung zu bitten. Mit der Achtung, welche seinem Amte und seinem Stande gebührte, nahm ihn zwar der Herzog auf, versprach ihm auch, das Geschehene zu vergeben, und ihm seine Gefälle wieder zuzustellen, aber er forderte zugleich, daß er aus seinen Händen die Belehnung empfangen sollte. Doch Vicelin wollte sich, ob man ihn gleich zu überreden suchte, hiezu nicht verstehen, sondern reisete unverrichteter Sache nach Bardewik, woselbst er in eine Krankheit verfiel. Nach einiger Abnahme derselben ließ er sich auf einem Wagen nach Neumünster fahren, konnte aber, weil das zunehmende Alter die Schwachheit vergrößerte, eine lange Zeit die Geschäfte seines Amtes nicht abwarten. Sobald er aber einigermaßen wieder Kräfte erhalten hatte, reisete er nach Bremen, um sich mit dem Erzbischof und den Geistlichen des Stifts über den Antrag des Herzogs zu besprechen. Diese wollten keinesweges in das Verlangen des Herzogs willigen, sondern riethen ihm, mit Geduld die daraus zu besorgende Widerwärtigkeiten zu ertragen, und sich lieber mit den Einkünften des Klosters zu Neumünster begnügen zu lassen, als eine Handlung zu unternehmen, welche ihm als einem Bischofe nicht geziemte. Durch diese Vorstellung ließ sich Vicelin zu seinem größten Nachtheil verleiten, den Antrag des Herzogs zu verachten.

ten. Er empfand aber auch die Wirkung seiner Weigerung zum öftern. Denn sobald er bei dem Herzog anhielte, seiner Kirche den nöthigen Schutz angedeihen zu lassen, war die Antwort: „er sei be„reit dazu, wenn er ihm die gebührende Ehre er„wiesen hätte r).„

Vicelin beobachtete inzwischen die Pflichten seines Amtes mit aller Treue. Er besuchte die Kirchen seiner Parochie, und ob ihm gleich manche Einkünfte entzogen wurden; so unterließ er doch nicht, für das Seelenheil der Menschen zu wachen. Das Bethaus zu Högelstorf, imgleichen die Kirche zu Bornhövd weihete er ein. In Lübeck, welche Stadt der Graf Adolph wieder aufgebauet hatte, besuchte er die Einwohner, und bemühete sich, sie im Glauben zu befestigen. Er ging darauf nach Oldenburg, welches ehemals der Bischofssitz gewesen war. Hier fand er keine Spur des Christenthums mehr. Alles war wieder in die vorige Finsterniß des Heidenthums zurückgekehret. Die Bewohner dieser Gegend kannten keinen andern Gott, als den Abgott Prove, und diesem dienten sie in heidnischer Blindheit. Vicelin bestrebte sich daher, den Barbaren den Weg der Wahrheit, Christum, zu zeigen, und sie zu ermahnen, den Götzendienst fahren und sich taufen zu lassen. Einige ließen sich durch seine Ermahnung erwecken, Christen zu werden, und dem Bischof erlaubte man auf seine eigene Kosten ein Haus zum Gottesdienste aufzuführen.

1150. Es wurde auch ein solches nahe am Wall erbauet, in welchem sich die Christen aus dieser ganzen oldenburgi-

---

r) Helm. Chr. Slav. L. I. c. 69.

burgischen Gegend am Sonntage versammleten s). Vicelin begab sich von hier nach Bosau, welches ihm als Bischof gehörte. Hier war alles wüste und öde, und mußte er sich so lange unter einem Büchenbaum aufhalten, bis einige Hütten zur Wohnung fertig waren. Die Werkzeuge zur Verfertigung des Ackergeräths ließ er theils von Süsel, theils aber auch von Neumünster herüber bringen. Denn es fehlte ihm alle mögliche Unterstüßung, weil Graf Adolph II., welcher sonst der beste Herr war, noch immer dem Bischofe zuwider sich bezeugte. Nicht nur hier in Bosau, sondern auch in der benachbarten Stadt Ploen ließ er Bethäuser aufführen. Jenes wurde dem heiligen Peter 1150 und dieses dem heiligen Nicolaus zu Ehren 1151 aufgeführet t).

Um diese Zeit hielte sich Herzog Hinrich der Löwe in Lübeck auf. Wie dies der Bischof Vicelin erfuhr, begab er sich zu ihm, und bat, wie er oft gethan hatte, um Unterstüßung in seinem Bisthum. Der Herzog versicherte, daß er alles für den Bischof zu thun bereit sei, wenn er ihm die schuldige Ehre leistete. Vicelin antwortete: „ich bin bereit, „um dessentwillen, der sich für uns erniedriget hat, „mich einem deiner Vasallen zum Eigenthum zu ge= „ben, wie vielmehr dir, dem Gott unter den Für= „sten, sowol in Hinsicht der Abkunft, als der Macht, „einen großen Vorzug verliehen hat.„ Nach diesen Worten empfing er die Belehnung des Bisthums durch die Ueberreichung des bischöflichen Stabs aus

der

s) ib. l. c.
t) ib. c. 71.

der Hand des Herzogs. Sogleich ertheilte ihm auch der Herzog die Versicherung, daß er ihn zur Erfüllung seiner Bitten stets geneigt finden würde, und zum Beweis seiner Bereitwilligkeit, ihm gefällig zu seyn, schenkte er ihm fürs erste das Dorf Bosau, mit allem, was dazu gehörte, ersuchte auch den Grafen, diese Schenkung zu genehmigen. Der Graf erklärte darauf, daß er bereit sei, die Absicht seines Lehnsherrn in allen Stücken zu erfüllen, und daß er dem Bischofe die Besitzungen, die ihm der Herzog übertragen hätte, nicht nur gerne lassen wollte, sondern auch aus besondrer Gunst die Hälfte der Zehnten hinzufügte u).

Nun war also dieser würdige Mann endlich zu dem ruhigen Besitze des oldenburgischen Bisthums gelanget. Es war daher von jetzt an seine vornehmste Sorge, wie er die annoch unter den Wenden herrschende Abgötterei gänzlich abschaffen, und die christliche Lehre unter ihnen befördern möchte. Die Vornehmsten unter den Sclaven waren noch zu sehr dem Götzendienst ergeben, und in der Absicht wünschte er, den Abgott Prove, welcher noch häufig besucht wurde, zu zerstören x). So schwer dies hielte, um so nöthiger achtete er es, ihnen eine Erkenntniß von den göttlichen Wahrheiten beizubringen. Um diese Absicht zu erreichen, trug er alle Vorsorge, daß Kirchen, worin die Unwissenden unterrichtet und unterwiesen werden könnten, erbauet würden. Durch seine Bemühung sind nicht allein in Neumünster, Segeberg, Bosau, Olden-

---

u) ib. c. 70.
x) Joh. Peters. Holst. Chr. 149. 150.

Oldenburg, Bornhövt und Ploen Kirchen gestiftet, sondern auch Süsel ʸ), Schlamersdorf, Oldeslo, Sarau und andre Oerter haben ihm es zu verdanken, daß Gotteshäuser daselbst erbauet sind ᶻ).

Das

---

y) Dieses Dorf Süsel, welches ohngefähr 400 Friesen zur Wohnung eingeräumet war, hatten diese neuen Besitzer, um sich wider ihre Nachbaren, die räuberischen Wenden zu schützen, mit einem Wall und Graben versehen. Von diesen waren 300 in ihr Vaterland gereiset, um ihre Sachen daselbst in Ordnung zu bringen, und nur 100 waren in Süsel zurückgeblieben, als 3000 Wenden diesen Ort überfielen, und zur Uebergabe aufforderten. Die Wenden erboten sich, allen Friesen das Leben zu schenken, wenn sie ihnen ihre Waffen auslieferten. Einige der Belagerten waren wirklich schon entschlossen, dies Anerbieten sich gefallen zu lassen, weil sie es für unmöglich hielten, einer solchen überlegenen Macht zu widerstehen. Allein die Herzhaftigkeit und der Heldenmuth ihres Priesters Gerlach munterte sie auf, alles zu wagen, um den Ort wider die Feinde zu vertheidigen. „Meinet ihr, sagte er zu seinen Landsleuten, „daß ihr durch die „Uebergabe euer Leben erhalten werdet, und daß die „Barbaren die Versicherung, die sie euch gegeben haben, zu erfüllen gedenken? Nein, wenn ihr das glaubt, „so betrüget ihr euch. Dem allmächtigen Gott ist es „ein Leichtes, durch Wenige den Sieg zu schenken. „Lasset uns daher mit den Waffen, die sie von uns „fordern, zuvor unser Leben vertheidigen.„ Wie er das gesagt hatte, stellte er sich an die Pforte, fällt mit Muth auf die Feinde, erlegt einige derselben, und ob er gleich ein Auge verlohr, und verwundet wurde, war er doch so glücklich, mit seinen wenigen Landsleuten die Wenden zu vertreiben, und diesen Ort zu beschützen. Helm. Chr. Slav. L. I. c. 64.

z) Es heißt in den lateinischen Versen, in welchen das Leben des Vicelin beschrieben wird:

Alden-

Das herannahende Alter und die vielfältigen Reisen, welche mit manchen Beschwerden begleitet waren, schwächten seinen Körper dermaßen, daß er in eine schwere Krankheit, die ihm sein nahes Ende ankündigte, gerieth. Er wurde mit gichtischen Zufällen so heftig geplaget, daß seine rechte Seite, wie nicht weniger seine Hand und sein Fuß ganz ausgedürret schienen; dazu kam, daß er sieben Tage sprachlos lag. Dieser traurige Zustand erweckte bei allen, die ihn kannten, und seine Verdienste in der Beförderung der göttlichen Wahrheiten zu schätzen wußten, Mitleiden und Theilnehmung. Obgleich die Aerzte ihre Kunst nicht unversucht an diesem verdienstvollen Mann ließen; so konnten sie doch seine Gesundheit nicht völlig herstellen. Drittehalb Jahre brachte er auf dem Krankenlager zu und er konnte während dieser Zeit nicht ohne Beschwerde sitzen noch liegen a). Graf Adolph II. gab dem Vicelin noch kurz vor seinem Absterben einen Beweis der Hochschätzung, da er ihm ein Geschenk von 300 Gehöften oder Hufen machte. Allein nur eine kurze Zeit konnte er diese

1154. Wohlthat genießen, indem der den 12. Dec. 1154 erfolgte Tod seine Lebenstage endigte, da er fünf Jahre und neun Wochen die bischöfliche Würde in Oldenburg bekleidet hatte b).

Die-

Aldenburg, Sarow, Plunen, Bornhoveds, Bosaw,
Cum Slamerstorpe, Sülsen, Wendlins, Todeslo.

a) Helm. Chr. Slav. L. I. c 75.
b) ibid. c. 78.

Dieser Vicelin ist der Mann, der sich keine Mühe verdrießen ließ, in Holstein den heidnischen Aberglauben zu vertilgen und die Erkenntniß des Heils auszubreiten. Nach so vielen Jahren verdient er daher noch immer ein dankbares Andenken. So wie er unermüdet war, die Unwissenden zu unterrichten, und den Menschen die wohlthätige Lehre des Erlösers bekannt zu machen, so war auch sein Wandel ein Muster der Tugend und der Gottseligkeit. Lauter bewies er sich in dem Dienste seines Herrn, aber auch lauter in dem Betragen gegen seine Nebenmenschen. Sein Leben und seine Thaten sind in einigen alten lateinischen Versen abgefaßt c). Daß er nach dem Tode erschienen sei, und Wunder verrichtet habe, gehört ohne Zweifel zu den Mönchsfabeln. Nach denselben soll er zu Segeberg einer Frau in priesterlicher Kleidung sich gezeiget und ihr befohlen haben, einen seiner Freunde anzudeuten, daß man, seine Seele zu erlösen, Almosen an die Armen austheilen möchte. Einer bei Neumünster wohnenden blinden Person habe er, nachdem er ihre Augen berührt und mit der rechten Hand ein Kreuz über dieselbe gemacht hatte, wieder zum Gesichte verholfen d). In dem Kloster Bordesholm, wohin nach der Zeit das Kloster von Neumünster verlegt ist, soll er sich lieblich singend haben hören lassen e). Nach dem Tode des Vice-

c) Staph. Hamb. K. G. I, 626.
d) Helm. c. 78.
e) Crantz. Saxon. X, 36.

lins unterwarf sich Neumünster dem Erzbisthum Hamburg.

12. Gerold. Er war ein Schwabe von guter Abkunft. An des Herzogs Hinrich des Löwen Hofe lebte er als Capellan, war auch Canonicus zu Braunschweig, und hatte die Aufsicht über die Schule daselbst. Wie sich das Gerücht von dem Absterben des Bischofs zu Oldenburg verbreitete, befand sich der Herzog in Italien. Seine Gemahlin aber, die Herzogin, trug diesem Gerold, welcher im Begrif war, ein Mönch im Kloster Ribbagshausen zu werden, das erledigte Bisthum an. Sie stellte ihm vor, wie es besser sei, vielen nützlich zu werden, als sein Leben blos gewissen Andachtsübungen zu widmen f). Gerold ließ sich dadurch überreden und begab sich in Begleitung des Probsten zu Högelstorf, Ludolph, nach Wagrien. Das Volk sowol als die Geistlichkeit zeigten sich mit dem Verlangen der Herzogin zufrieden, und ernannten ihn einstimmig zum Bischof. Es begab sich darauf Gerold zu dem hamburgischen Erzbischof Hartwich, welcher sich damals in Sachsen aufhielte. Seine Ankunft setzte den Erzbischof in Verlegenheit, weil dieser das Bisthum Oldenburg einem andern zugedacht hatte, und daher suchte er seine Wahl, weil sie ohne sein Vorwissen geschehen war, als ungültig zu erkennen g). Dies bewog den Bischof Gerold, sich unmittelbar zum Herzog zu begeben, und zu ihm nach Italien zu gehen. Durch die Vorstellung und Bitte des Herzogs

---

f) Helm. c. 79. Staph. I, 566.
g) Helm. L. I. c. 79. Crantz Wand. L. IV. c. 21.

1038 ließ sich der Pabst, so ungerne er es anfänglich dem hamburgischen Erzbischof zuwider thun wollte, überreden, den Gerold mit großer Feierlichkeit zum Bischof einzusegnen h).

Nachdem dies geschehen, beurlaubte er sich bei dem Herzoge, und eilte in sein Bisthum. Hier fand er nicht die Einkünfte, die er zu seinem Unterhalt gebrauchte. Das Kloster Neumünster, von welchem Vicelin einen großen Theil seiner Einkünfte genossen hatte, stund mit dem Bisthum Oldenburg in keiner Verbindung mehr, da es sich dem hamburgischen Erzstift unterworfen hatte. Nur blos das Dorf Bosau, welches aber schlecht bebauet und bewohnet war, brachte ihm etwas ein. Er sahe sich also genöthiget, seine Zuflucht zu dem Erzbischof zu nehmen, damit er durch die Unterstützung desselben die nöthigen Bedürfnisse erlangen möchte. Diesen traf er zu Stade an. Der Stolz des Prälaten ließ ihn lange warten, ehe er ihn vor sich lassen wollte. Gerold, den dies verdroß, nahm sich selbst die Erlaubniß, ging unangemeldet zu ihm, und stellte ihm seine Nothdurft vor. Durch diese Zusammenkunft bewirkte der Bischof eine völlige Aussöhnung mit demselben i). Darauf wandte er sich zu dem Herzog Hinrich, welcher sich eben damals in Bremen befand. Da dieser ein besondrer Freund des Gerolds war; so ließ er sich durch die Vorstellung und Bitten desselben bewegen, da er von dem Erzbischofe viel Gutes rühmte, seinen Haß und Zorn, welchen er wegen

der

---

h) Helm. c. 79. 80.
i) ibid. c. 82.

der von dem Erzbischofe ihm erwiesenen Unarten gefaßt hatte, einigermaßen fahren zu lassen k).

Bischof Gerold war nunmehro, nachdem er wieder in Wagrien zurückgekommen war, darauf bedacht, wie er seinem Amte Genüge leisten möchte. Die Sclaven, welche dem Aberglauben noch hartnäckig anhingen, zu bekehren, war von jetzt an sein ernstlicher Vorsatz. In der Absicht ging er nach Oldenburg, feierte daselbst das Fest der Erscheinung Jesu Christi und verrichtete den Gottesdienst bei einer sehr strengen Kälte. Dem Gottesdienste wohnten nur wenige Wenden bei. Doch fand sich ein angesehener Mann Pribislav, welcher nicht weit von der Stadt Oldenburg wohnte, ein l). Dieser lud nach geendigtem Gottesdienste den Bischof mit seinen Gefährten zu einem Gastmahl ein, und bewirthete ihn herrlich. Zwei Tage verweilte er bei diesem gastfreien Wirth und begab sich darauf zu einem mächtigen Einwohner dieses Landes, dem Thesmar, welcher ihn ebenfalls zu sich gebeten hatte. Auf dem Wege zu ihm kam er an den Ort und in den Wald, wo die dem Götzen Prove geheiligte Eiche stand. Der innere Platz war von Stacketen, welche mit zwo Portalen versehen waren, eingeschlossen. Der Bischof selbst riß die Bögen von den Portalen ein, und ermunterte seine Gefährten, diese Götzenwohnung zu zernichten. Dies geschahe auch, da man die Stacketen niederbrach, das Holz um die heiligen Bäume zusammenhäufte, und alles durch die

1156.

k) Helm. c. 82.
l) ibid.

die Flamme verzehren ließ. So wurde der wendische Abgott Prove, welcher in dem nahe bey dem adelichen Gute Putlos befindlichen Eichengehölze, Wienborgen genannt, so viele Jahre ein Heiligthum der Wenden gewesen war, durch die Herzhaftigkeit und den Muth des Bischofs Gerold zerstöret. So gefahrvoll dieses Unternehmen war, indem sie gar leicht von den Einwohnern hätten überfallen werden können; so glücklich wurde dasselbe ausgeführet, und der Bischof kam mit seinen Gefährten bei dem Thesmar an, welcher sehr vielen Aufwand machte, ihn prächtig zu bewirthen. Allein hier erblickte man bei aller Freude, welche der freigebige Wende seinen Gästen machen wollte, die Fesseln und Martern, welche man den aus Dännemark gefangenen Christen angelegt hatte. Unter diesen schmachteten auch einige Geistliche, welchen der Bischof weder durch Bitten noch durch Gewalt eine Linderung und eine Befreiung von ihrem Elende verschaffen konnte, in einer langwierigen Gefangenschaft [m]).

An dem darauf folgenden Sonntage versammlete sich eine große Menge der wagrischen Sclaven in Lübeck. Der Bischof hielte eine Rede an sie, in welcher er sie ermahnete, den Götzendienst zu verlassen, den einigen Gott im Himmel zu verehren, sich taufen zu lassen, von der Raubbegierde abzustehen, nicht so grausam mit den Christen umzugehen, und ihres Lebens zu schonen. Nachdem er diese Rede geendiget hatte, fing Pribislav also zu reden, an: „Deine Worte, ehrwürdiger Prälat,

„sind

---

[m]) Helm. c. 83.

„sind Gottes Worte, und haben die Absicht, un-
„ser Wohl zu bewirken. Aber wie können wir die-
„sen Weg betreten, so lange unsre Schicksale so
„traurig sind. Unsre Fürsten sind so strenge gegen
„uns, daß wir bei den schweren Auflagen und bei
„der harten Dienstbarkeit lieber den Tod als das
„Leben wünschen möchten. In diesem Jahre ha-
„ben wir, die wir in diesem kleinen Winkel woh-
„nen, dem Herzoge 1000 Mark und dem Gra-
„fen 100 Mark erlegen müssen, und werden
„täglich bis aufs Blut ausgezogen. Wie sind
„wir denn im Stande Kirchen zu bauen und die
„Taufe anzunehmen, da wir täglich auf die Flucht
„denken müssen. Und wenn nur noch ein Ort wäre,
„wo wir sicher seyn könnten. Daß wir das Meer
„unsicher machen, wenn wir die Dänen und die
„Kaufleute auf demselben berauben, verursachen
„unsre Fürsten„. Der Bischof erwiederte: „Es
„ist kein Wunder, daß unsre Fürsten euch mit
„Härte begegnen. Denn sie glauben, daß sie an
„abgöttischen Menschen und an solchen, die den
„wahren Gott nicht ehren, sich nicht versündigen.
„Werdet Christen und seyd eurem Schöpfer gehor-
„sam. Leben nicht die Sachsen und die übrigen Völ-
„ker, welche sich zum christlichen Glauben bekennen,
„ruhig und zufrieden? Ihr allein aber, weil ihr in
„der Wildheit lebt, seyd jedermanns Beraubung
„ausgesetzt„. „Wohlan,„ antwortete darauf Pribislav: „gefällt es dem Herzog und dir, daß wir
„von dem Grafen eben so geachtet werden; so gebt
„uns nur die Gerechtsame, welche die Sachsen in
„Ansehung ihrer Güter und Einkünfte haben, wir
„wol-

„wollen gleich Christen werden, Kirchen bauen, „und die Zehnten abtragen" a). Man siehet hieraus, wie die harte Begegnung der Regenten des landes, die Sclaven von der Annahme des Christenthums abgeschreckt habe.

Der Bischof, welcher noch immer über Mangel zu klagen Ursache hatte, wandte sich an den Herzog Hinrich den löwen, und stellte ihm seine traurige lage als Bischof vor, und daß ihm die Würde eines Bischofs zur last sei, weil ihm das nöthige Auskommen fehlte. Durch diese Vorstellung bewogen, wirkte der Herzog bey dem Grafen Adolph aus, daß derselbe ihm zu seinem Unterhalt Eutin mit allem, was dazu gehörte, nebst den Dörfern Gottesfelde und Wöbs abtrat. Auch schenkte er ihm ein landgut nahe bei Oldenburg und vereinbarte sich mit ihm wegen der 300 Hufen, die er vormals dem Vicelin gegeben hatte. Gerold erbauete darauf die Stadt Eutin und für sich an diesem Orte eine Wohnung. Das Kloster zu Högelstorf, welches in dem ganzen oldenburgischen Bisthum die einzige Versammlung der Geistlichen war, legte er mit Bewilligung des Herzogs wieder nach Segeberg, an den Ort der ersten Stiftung. Er bemühete sich auch, das Kloster Neumünster, welches sein Vorweser besessen und gestiftet hatte, zu erlangen, aber vergebens. Um aber die Wenden, welche in dem äußersten Winkel Wagriens ihren Aufenthalt hatten, zu bekehren, sandte er einen Priester aus Neumünster, Bruno, nach Oldenburg. Dieser Mann gab sich

alle

a) Helm. c. 83.

alle Mühe, das Amt eines Evangelisten unter den Wenden im Segen zu führen. Er ermunterte die Sclaven zum Bekenntnisse des Christenthums. Ihre Haine rottete er aus und ihre abergläubischen Gebräuche suchte er abzuschaffen. Die Stadt Oldenburg, worin vor Zeiten die bischöfliche Kirche nebst der Wohnung des Bischofs gewesen war, lag noch immer wüste. Von dem Grafen Adolph erhielte er daher zur Anbauung der Stadt eine holsteinische Colonie nach Oldenburg. Gleich darauf, da vor 90 Jahren der Gottesdienst und Tempel an diesem Orte zerstöret war, wurde eine ansehnliche Kirche wieder aufgeführet und solche von 1156. dem Bischofe zur Ehre Johannis des Täufers eingeweihet. Dieser Feier wohnte Graf Adolph II. nebst seiner Gemahlin Mechtild bei. Den Sclaven befahl der Graf zu der Zeit, daß sie ihre Todten auf den Kirchhof beerdigen, auch an den Sonn- und Festtagen sich zur Anhörung des göttlichen Wortes in der Kirche einfinden sollten. Alle abergläubischen Gebräuche, als: das Schwören bei den Bäumen, Quellen und Steinen verbot er ihnen, dagegen befahl er, daß diejenigen, welche eines Verbrechens sich schuldig gemacht hatten, durch die Berührung eines glühenden Eisens ihre Unschuld vor dem Priester zu beweisen verpflichtet seyn sollten °). Es ist freilich zu bewundern, daß diese Probe, da man sonst bei der Einführung des Christenthums den heidnischen Aberglauben zu tilgen suchte, beibehalten ist. Es bestund aber diese Berührung des glühenden Eisens darin, daß der

Be-

o) Helm. c. 83.

Beschuldigte entweder das glühend gemachte Eisen mit bloßer Hand halten, oder mit bloßen Füßen auf glühende Kohlen treten, oder auch solche sich brennend auf den Leib werfen lassen mußte p). Diese böse Gewohnheit ist noch lange nachher, wie alles schon zum christlichen Glauben bekehret war, üblich gewesen.

Die bequeme Lage, wie nicht weniger die täglich zunehmende Bevölkerung der Stadt Lübeck und die gute Befestigung dieses Ortes veranlaßte den Bischof Gerold den Herzog Hinrich zu ersuchen, den bischöflichen Sitz von Oldenburg nach Lübeck zu verlegen. Dem Herzog gefiel dieser Vorschlag, und man bestimmte einen Tag der Zusammenkunft in Lübeck, an welchem man sich der Kirche und des Bisthums wegen berathschlagen wollte. Den Ort, wo die Kirche und die übrigen Gebäude stehen sollten, wies der Herzog an. Er stiftete dabei zwölf Präbenden für die Stiftsherren und die dreizehnte für den Probst. Der Bischof überließ zum Unterhalte der Brüder einige Zehnten, und zum Besten der Präbenden einen Theil von den sclavischen Einkünften. Auch der Graf Adolph bestimmte einige nahe bei Lübeck liegende Dörfer der Kirche zum Gebrauch q). Wie das alles in Ordnung gesetzt war, hatte der Bischof wegen der Zehnten in Wagrien einige Verdrießlichkeiten. Die neuen Bewohner aus Holstein oder die Sachsen, welche nach Vertreibung der Sclaven Wagrien bevölkerten, weigerten sich, ob sie gleich zur Erbauung der Kirchen

1160.

willig

---

p) Helm. c. 83. Bang. not. 189.
q) ibid. c. 89.

willig waren, gewiſſe Zehnten an den Biſchof zu bezahlen, welche ſie an ihren vorigen Wohnörtern nicht gegeben hatten. Der Herzog nahm ſich des Biſchofs an, und beſtund auf die Abtragung der Zehnten. Demohngeachtet gerieth doch die Sage in Stocken r).

Nun war der Biſchof darauf bedacht, daß die neue Domkirche in Lübeck eingeweihet werden möchte. Er erhielte auch die herzogliche Bewilligung dazu, und der Erzbiſchof Hartwich I. in Hamburg, welcher unterweges die Kirche zu Neumünſter, welche bisher unter dem Namen der Kirche zu Faldern bekannt war, jeßo aber den Namen Neumünſter erhielte, öffentlich eingeweihet hatte, fand ſich in Lübeck ein. Es geſchahe darauf in Gegenwart des Herzogs Hinrich des löwen, des Biſchofs Gerold und des Grafen Adolph II. die feierliche Handlung. Die anweſenden Herren beſchenkten die Kirche bey dieſer Gelegenheit mit liegenden Gründen, Einkünften und Zehnten zum Unterhalt der Geiſtlichen. Man bemühete ſich zwar auch, den Erzbiſchof dahin zu bringen, daß er Neumünſter dem lübeckiſchen Bisthum überlaſſen möchte, aber vergeblich s). Auf dieſe Weiſe verlohr die Stadt Oldenburg, wo der Biſchofsſiß zuerſt angelegt war, ihre vornehmſte Zierde, und Lübeck erhielte die Ehre, mit welcher ſie noch bis auf den heutigen Tag pranget.

1162.

Nach dieſer feierlichen Handlung empfand Gerold einige Schwachheit des Körpers und eine

Un-

r) Helm. c. 91.
s) ibid. c. 93.

Unpäßlichkeit, die ihm bisweilen heftige Schmerzen verursachte. Dennoch entschloß er sich, alle Kirchen seines Bisthums zu besuchen. Er war auch so glücklich, dies Geschäfte ungehindert zu vollführen. Als er aber nach Lütgenburg als den letzten Ort kam, empfand er eine solche Abnahme der Kräfte, daß er sich nach Bosau, an welchem Orte zu der Zeit der berühmte Geschichtschreiber Helmold Priester war, bringen ließ. Nachdem er hier viele Tage auf dem Bette hatte zubringen müssen, nahete endlich der letzte Augenblick seiner irdischen Wallfahrt heran, und er starb unter dem Zuspruche vieler Geistlichen, welche aus der Nachbarschaft sich bei ihm eingefunden hatten, und mit der besten Vorbereitung aufs Ewige t). Seinen erblaßten Leichnam führte man nach Lübeck, und setzte ihn in der von ihm gegründeten Johanniskirche bei u).

1164.

Dieser Gerold, welcher der letzte Bischof in Oldenburg und der erste Bischof in Lübeck war, hat einen allgemeinen Ruhm seines Wohlverhaltens und seines exemplarischen Lebens hinterlassen. Er war ein Freund der Bibel, und besaß eine nicht gemeine Erkenntniß derselben. Seinen Wandel begleitete eine lautere und ungeheuchelte Frömmigkeit. Gegen die Geistlichen, denen er vorstund, bewies er eine väterliche Zuneigung und eine zärtliche Freundschaft. In der Beförderung und Ausbreitung der christlichen Lehre und in der Vertilgung des heidnischen Aberglaubens zeigte er sich

---

t) Helm. c. 94.
u) ibid. l. c.

sich unermüdet. Er predigte selbst das Wort Gottes und ermahnete die Heiden mit vieler Treue zur Annahme der großen Wohlthat, welche Gott in seinem Sohne der Welt kund werden lassen. Außer der Kirche zu Oldenburg sind auch die Kirchen zu Süsel, Lütgenburg, Eutin, Ratkau und andre durch seinen Betrieb erbauet. Der Abgott Prove bei Oldenburg, wie auch der Abgott Podaga in Plöen x) zerstörete er, und verursachte dadurch dem heidnischen Aberglauben und Götzendienst einen nicht geringen Abbruch. Zur Zeit dieses Bischofs sollen auch die Adelichen sich in den Besitz der Güter in Wagrien gesetzt, und den Anfang gemacht haben, Kirchen zu erbauen y).

13. Conrad, ein Bruder des Vorigen und Abt zu Ribbagshausen. Herzog Hinrich der Löwe rief die lübeckische Clerisei zusammen, und ernannte diesen Conrad zum Bischof. Dies gefiel zwar dem Erzbischof so wenig als den Lübeckern, doch durfte sich niemand diesem mächtigen Herrn widersetzen. Zu Stade ertheilte ihm der Erzbischof die bischöfliche Weihe. Man giebt ihm zwar das Zeugniß, daß er ein belesener, beredter und freigebiger Mann gewesen sei, dabei aber auch unbeständig, leichtsinnig und stolz sich bewiesen habe. Gegen die Geistlichen, welche ihm untergeordnet waren, ließ er eine ungemeine Härte blicken, und sahe sie nicht als seine Brüder, sondern als seine Knechte an. So sehr war dieser Bischof von seinem Bruder, dem er zwar in der Würde, aber nicht in den guten Eigenschaf-

---

x) Joh. Peters. Holst. Chr. 153. 154.
y) Enewold Ritter Chron. Seuß Beitr. 2, 161.

schaften, die er besaß, folgte, unterschieden. Die guten Erinnerungen, welche ihm der Herzog gab, fruchteten wenig bei ihm, so gar, daß er sich mit dem Erzbischof in Hamburg wider seinen Beförderer und Wohlthäter verband z).

Der fromme und tapfere Graf Adolph II., welcher vieles dazu beigetragen hat, daß die christliche Religion in Holstein und vorzüglich in Wagrien ausgebreitet wurde, büßte sein Leben in einem Treffen wider die Wenden, welche sich empöreten, in Meklenburg ein. Er war ein kluger, gutthätiger und tugendhafter Herr. Die Abgötterei der Wenden suchte er mit allem Bestreben im Lande auszurotten, und versetzte in verschiedene Gegenden Wagriens christliche Einwohner, damit die Sclaven dadurch desto leichter bekehrt werden möchten. Sein Sohn Adolph III. war annoch in einem minderjährigen Alter. Die vielen Unruhen, welche die benachbarten Wenden verursachten, bewogen den Herzog, daß er demselben den Grafen Hinrich von Orlamünde zum Vormund und Schutzherrn verordnete a). Dieser Graf Hinrich von Orlamünde heirathete nachher die Mutter des jungen Grafen. Daß dieser Hinrich kein sonderlicher Freund der Clerisei müsse gewesen seyn, siehet man daraus, daß sie ihn beschuldigte, er hätte weder Gott noch Menschen gefürchtet b). Als nachher der junge Graf Adolph III. zur Regierung Holsteins kam, bewies er sich als einen löblichen und

1164.

gott-

---

z) Helm. Chr. Slav. L. II. c. 1.
a) Helm. L. II. c. 7.
b) ibid. c. 11.

gottseligen Regenten, welcher den Kirchenzustand in Holstein auf alle mögliche Weise zu verbessern sich angelegen seyn ließ. Die Nicolaikirche in Hamburg und sehr viele Kirchen in Holstein sind von ihm gestiftet. Aus besonderer Andacht zog er in das gelobte Land, ließ sich zum Ritter schlagen und drei Nägel zum Denkmal einweihen. Es ist von ihm eine Münze vorhanden, darauf er selbst als ein Pilgrim mit drei Nägeln in der Hand erscheinet c).

Der lübeckische Bischof Conrad gerieth immer mehr, da er sich genauer mit dem Erzbischof Hartwich in Hamburg verband, mit dem Herzog Hinrich dem Löwen in Uneinigkeit. Der Herzog hielte ihm alles vor, was man ihm Schuld gab, die Schimpfreden, welche er wider ihn gebraucht, und die bösen Anschläge, welche er, ihm schädlich zu seyn, gegeben haben sollte. Er forderte endlich von dem Bischofe, damit er sich seiner Treue versichern könnte, den gewöhnlichen Lehnseid. Dazu aber wollte der Bischof sich keinesweges verstehen. Der Herzog entzog ihm darauf alle bischöflichen Einkünfte, und verweigerte ihm den Aufenthalt im Bisthum. Unter diesen Umständen mußte er seine Zuflucht nach Magdeburg nehmen, und bei 1168. dem Bischofe daselbst unterschiedene Jahre verweilen. Dieser Zwist ist endlich durch kaiserliche Vermittelung auf dem Reichstage zu Bamberg beigelegt, und der Bischof erhielte die Erlaubnis, sich wieder in sein Bisthum zu begeben, doch unter der Bedingung, daß er dem Herzog den schuldigen Gehorsam

---

c) Arn. contin. Helm. L. V. c. 1. Bang. Noten.

sam leistete. Der Herzog nahm ihn darauf wieder zu Gnaden an, und er schien durch die Noth, die er erfahren hatte, ganz geändert zu seyn ᵈ). Wie er nach der Zeit den Herzog auf der Reise ins gelobte Land begleitete, beschloß er sein Leben zu Tyrus 1172 im August. In der Zeit, da er den bischöflichen Stuhl in Lübeck besaß, starb der berühmte Schriftsteller Helmold, welcher zu Bosau Priester war, und 1170 aus der Welt ging.

14. Hinrich aus Brüssel, war Abt des Aegidienklosters zu Braunschweig. Da er den Herzog Hinrich den Löwen auf der Reise nach Jerusalem begleitet hatte, und wieder zurückgekommen war, ernannten ihn die lübeckischen Dohmherren zu ihrem Bischof und der Herzog bestätigte die Wahl. Die Einweihung desselben geschahe zu Lübeck von den Bischöfen zu Havelberg, Ratzeburg und Schwerin. Er soll nach dem Zeugnisse der Schriftsteller ein beredter und gelehrter Mann und mit herrlichen Gaben ausgerüstet gewesen seyn. Durch seinen nachdrücklichen und beweglichen Vortrag rührte er seine Zuhörer bis zu Thränen ᵉ). Alle seine Zeitgenossen übertraf er an Gelehrsamkeit. Eine denkwürdige Probe legte er davon ab, wie er noch Abt zu Braunschweig war. Denn da er mit dem Herzog Hinrich dem Löwen zu Constantinopel sich aufhielte, und in Gesellschaft des Herzogs bei dem griechischen Kaiser gespeiset hatte, ward nach der Mittagstafel die Streitfrage: **von dem Ausgange des heiligen Geistes** aufgeworfen. Die

grie=

---

d) Helm. L. II. c. 9. et 11.
e) Arn. cont. Helm. L. I. c. 13.

griechischen Geistlichen führten zum Beweis, daß der heilige Geist nur allein vom Vater und nicht vom Sohne ausgehe, die Worte Christi an: „Wenn der Tröster kommen wird — der vom „Vater ausgehet„. Der Bischof zu Worms und der Abt Conrad antworteten: „Der heilige „Geist gehe nach dem deutlichen Zeugnisse der „Schrift sowol vom Sohne als vom Vater aus„. Dieses wollten die Griechen nicht zugeben. Darauf redete dieser Conrad sie mit Bescheidenheit an, und bewies nicht nur aus den Kirchenlehrern, sondern auch aus der Bibel, indem er sogleich die Texteswort ihnen vorlegte, daß der heilige Geist allerdings vom Vater und Sohn ausgehe, und daß dieser Satz von ihren eigenen Lehrern bestätiget worden sei. Durch die nachdrücklichsten Zeugnisse, die er ihnen vorlegte, überführt, mußten die Griechen ihm wider Willen Beifall geben. Dieser Vorfall erwarb dem Abt Hinrich bei dem Kaiser sowol, als bei den Angesehensten unter den griechischen Geistlichen einen außerordentlichen Ruhm. Ein jeder lobte seine Einsichten und seine ausgebreitete Kenntniß f).

Von diesem Bischofe sind einige Klöster in Lübeck gestiftet, und er unternahm auch gemeinschaftlich mit dem Herzoge den Bau der Domkirche g).

1183. Die Welt verließ er 1183 den 29sten Nov. und nahm den Ruhm eines frommen und rechtschaffenen Mannes mit ins Grab.

15. Con-

---

f) Arn. cont. Helm. L. I. c. 5. Christiani Gesch. der H. S. u H. II. 201.
g) Arn. cont. Helm. L. I. c. 13.

15. **Conrad II.** Dieser war Capellan bei dem Kaiser Friedrich dem Rothbart. Weil die Stadt Lübeck sich kurz vorher dem Kaiser unterworfen hatte; so kam es auch ihm zu, einen Bischof zu ernennen, und seine Wahl fiel auf diesen Conrad. Sobald er die Bestätigung erhalten hatte, begab er sich in sein Bisthum, ohne sich erst einweihen zu lassen. Hier gerieth er mit dem Grafen Adolph III. in einen Zwist, und glaubte von demselben in Hinsicht seiner Gerechtsame gekränkt zu seyn. Dies verdroß ihn, und sogleich nahm er die besten Sachen, ging zu dem hamburgischen Erzbischof, übergab ihm das Bisthum, und entfernte sich h). Man will behaupten, daß er nach der Zeit Bischof zu Hildesheim und endlich zu Würzburg geworden sei, und von seinen Lehnsleuten 1203 ermordet worden i).

16. **Dieterich.** Er war aus Bremen. Die Abwesenheit des Kaisers in Italien verzögerte die Wahl eines neuen Bischofs in Lübeck. Der Erzbischof in Hamburg entbot zwar die Domherren des lübeckischen Stifts nach Hamburg, ließ auch nach der Zeit eine Zusammenkunft in Lübeck anstellen. Da aber an beiden Orten keine Wahl zu Stande kam, traten die Domherren zusammen und ernannten einmüthig den Probsten Dieterich zu Segeberg, einen gottseligen, rechtschaffenen und bescheidenen Mann zum Bischof. Von dem Kaiser Friedrich empfing er die Belehnung und zu Bremen 1184. 1186.

von

---

h) Helm. L. II. c. 6.
i) ibid. Bang. Noten.

von dem Erzbischof die Weihe. Als ihn Graf Adolph III. kurz vor Weyhnachten zu Lübeck mit großen Ehrenbezeugungen einführte, ging er mitten unter dem Gepränge, das ihn von allen Seiten umgab, baarfuß und ohne Schuhe. Damit wollte er dem Beispiele Christi folgen, welcher bei seinem Einzuge zu Jerusalem sich nicht eines prächtigen Pferdes, sondern eines verächtlichen Thieres, eines Esels, bediente k).

Um diese Zeit hielte man es für eine verdienstliche Sache, Kreuzzüge nach dem heiligen Lande vorzunehmen. Der Kaiser und die Herzoge in Teutschland entschlossen sich sehr oft mit großen Beschwerden zur Unternehmung dieser Reise. Auch Graf Adolph III., ein tapferer und gottseliger Herr, der nach den damaligen Zeiten einen solchen Kreuzzug für ein gutes Werk ansahe, ging 1188 mit dem Kaiser Friedrich und 1197 mit dem Kaiser Hinrich VI. nach Asien, und erwarb sich durch seine Tapferkeit und durch seinen Heldenmuth einen großen Namen l). Nach seiner Zurückkunft entstand zwischen ihm und dem Herzog Woldemar, dem nachmaligen Könige in Dännemark, ein Krieg. Dieser fiel für den Grafen so unglücklich aus, daß er von dem Herzoge gefangen genommen und nach Schleswig geführet wurde. Der Herzog setzte über das von ihm eroberte Holstein den Albert von Orlamünde, einen Halbbruder des Grafen Adolph III., zum Statthalter. Da aber die Vornehmsten im Lande mit

1188.

1201.

1204.

---

k) Helm. L. II. c. 13.
l) ibid. Joh. Peterf. Holst. Chr. 168. 178.

mit dieser Regierung mißvergnügt waren, riefen sie den Sohn des Grafen Adolph ins Land, hielten ihn heimlich, bis sie Gelegenheit funden, das dänische Joch abzuschütteln. Dieser Adolph ist der nachher so berühmt gewordene Held Adolph IV., dessen unten gedacht werden wird.

Bischof Dieterich mußte, ob er gleich ein sanftmüthiger und geduldiger Mann war, dennoch vielen Verdruß von dem Erzbischof in Hamburg, mit dem er verwandt war, ausstehen. Dieser ging in seiner Unart so weit, daß er den Bischof in den Bann that, welcher aber von einem päbstlichen Legaten, der aus Dännemark kam, aufgehoben wurde m). Sonst fehlte es ihm bei seiner Demuth, welche er an sich blicken ließ, nicht an Muth und Herzhaftigkeit. Denn da er zugleich Probst zu Keven in der Grafschaft Stade war, begab es sich, daß die Bremer einige von seinen Leuten beraubet hatten. Dem Bischofe, welcher sich eben mit der Messe beschäftigte, wird die Gewaltthätigkeit kund gethan. Sogleich legte er seine priesterliche Kleidung ab, eilte aus der Kirche, verfolgte die Feinde auf eine ganze Meile und nahm das Entwandte den Räubern ab, und gab es den Seinigen wieder. So bewies sich dieser Bischof, der sich sonst so sehr demüthigte, auch in der Gefahr und in der Noth tapfer. Er hinterließ den Ruhm der Wohlthätigkeit, eines uneigennützigen Betragens und der Frömmigkeit. Sein Ende erfolgte 1211. n).

1211.

17. Bart-

---

m) Arn. cont. Helm. L. IV. c. 11.
n) ibid. l. c. L IV. c. 1. L V. c. 1.

17. **Bartholb**, ein Dohmherr in Lübeck. Die Stiftsherren erwählten ihn zum Bischof. Man beschuldiget ihn, daß er mehr Vergnügen gefunden habe, zu bauen, als das Wort Gottes zu predigen. Denn man hielte damals das Predigen für einen Bischof unanständig, indem ihre einzige und Hauptbeschäftigung darin bestund, Kirchen einzuweihen. So wie in der Zeit seiner Regierung das
1216. Kloster zu Preß in Holstein gegründet ist; so sind auf nebst andern die Kirchen zu Blekendorf und Altenkrempe erbauet. Ganz Holstein war bisher der dänischen Herrschaft unterworfen, und wurde von einem Statthalter regieret. Adolph IV., ein Sohn Adolph III., suchte durch die Tapferkeit sein Recht auf Holstein wieder gültig zu machen. Er sammlete sich ein Kriegsheer, vereinigte sich mit benachbarten Fürsten und war entschlossen, sich wieder in den Besitz seines väterlichen Landes zu setzen. Der König Woldemar in Dännemark, welcher ehemals als Herzog von Schleswig seinen Vater gefangen genommen hatte, rückte ihm mit einer großen Macht entgegen. Bei Bornhövt kam es
1227. den 22sten Jul. am Tage der Maria Magdalena zu einem Treffen. Anfänglich schienen die Holsteiner unter der Anführung des Grafen Adolphs zu weichen: allein durch den Muth dieses tapfern Anführers gestärkt, erholten sie sich, und gingen mit erneuerten Kräften auf den Feind los, waren auch so glücklich, einen vollkommnen Sieg zu erlangen. An 4000 Dänen blieben auf dem Platze, eine große Menge gerieth in die Gefangenschaft, und der König Woldemar rettete kaum, nachdem er

ein

ein Auge verlohren hatte, sein Leben. Diese merkwürdige Schlacht hatte wichtige Folgen. Graf Adolph IV. erlangte dadurch den ruhigen Besitz von Holstein und seinen damit verbundenen Erblanden o). Vor diesem Treffen that Graf Adolph das Gelübde, daß, wenn Gott ihm den Sieg verleihen und ihm sein väterliches Erbland wieder verschaffen würde; so wollte er nicht allein in seinem Lande viele Kirchen und Klöster erbauen, sondern auch selbst, wenn seine Söhne die Regierung anzutreten fähig wären, in ein Kloster gehen. Beides hat er auch erfüllet. Von ihm sind in der Folge nicht nur in Holstein und Wagrien Klöster und Kirchen gestiftet, sondern er erwählte auch, ob er gleich ein so tapferer Herr war, das Klosterleben, und begab sich als ein Mönch in den Franciscanerorden p).

Bischof Barthold endigte sein Leben 1230. 1230.

18. Johann I. ein Lübecker und Domdechant in seiner Vaterstadt. Von ihm ist das Kloster Reinfeld, welches Graf Adolph III. gegründet hat, eingeweihet, auch sind die Benedictinermönche des lübeckischen Johannisklosters unter seiner bischöflichen Regierung nach Cißmar in Wagrien versetzt. Der durch das im Jahr 1227 bei Bornhövt gehaltene Treffen berühmte Graf Adolph IV. erinnerte sich jetzo seines vor diesem Treffen gethanen Gelübdes, ins Kloster zu gehen und den geistlichen Stand anzunehmen. Den Degen, welchen er mit so vieler Tapferkeit und den Regentenstab, welchen er mit Ruhm getragen hatte, verwechselte er

---

o) Christiani Gesch. der Herz. Schl. u. H. II, 98.
p) ibid. II, 101. 104.

1238. er mit einer Mönchskappe, und verleugnete alle Ehre und alle Hoheit, welche ihm die Geburt und das Glück schenkten. Zu Hamburg trat er in den Franciscanerorden, und lebte daselbst in dem Marien Magdalenen Kloster, das aus dankbarer Erinnerung des am Marien Magdalenentage erfochtenen Sieges von ihm gestiftet worden. Darauf wanderte er zu Fuß nach Rom, um eine päbstliche Erlaubniß zu holen, weil er als ein Kriegsmann sonst nicht in einen geistlichen Orden treten konnte. Nachdem er von seinen Sünden losgesprochen worden war, weihete ihn der Pabst mit eigener Hand zum Subdiaconus ein. Mit diesem Anfange der geistlichen Würde kehrte er zu Fuß wieder nach Holstein zurück. Der Bischof Johann in Lübeck machte ihn darauf den 20sten Dec. zum

1239. Priester. Nun eilte er nach Bornhövt und hielte an dem Orte, wo er ehemals den Sieg erfochten, aber auch sein Gelübde gethan hatte, die erste Messe. Nachher begab er sich in das von ihm zu Kiel erbauete Franziscanerkloster, und erbettelte als ein Mönch dieses Klosters vor den Thüren seiner ehemaligen Unterthanen, der Bürger in Kiel, die nothdürftigen Lebensmittel. Das war ein seltenes Beispiel der Demuth. Er starb 1261 den 8ten Jul. und ist in der Klosterkirche zu Kiel, wie die Inschrift des vor dem Altar dieser Kirche liegenden Steines ausweiset, begraben q). Von diesem frommen Graf Adolph IV. sind außer andern

Kir-

---

q) Christiani Gesch. der Herz. Schleswig und Holstein II, 115.

Kirchen, die in der Stadt Kiel, zu Neustadt und 1244. zu Neukirchen bei Oldenburg gestiftet.

Der lübeckische Bischof Johann I. ging 1247 1247. mit Tode ab.

19. Albert. Nach dem Absterben des Vorigen erlangte er das lübeckische Bisthum, obgleich einige dafür halten, daß ihm nur die Verwaltung desselben aufgetragen sei. Mit den Söhnen des Grafen Adolph IV. hatte er wegen der Zehnten im Lande Oldenburg einigen Zwist. Es wurde dieser Streit 1249 dahin vermittelt, daß der Kirche von 1249. einer jeden Hufe, sie möchte bebauet seyn oder wüste liegen, vier Himten Waizen gegeben werden sollten r). Der Pabst machte ihn zu einem Legaten in Liefland und Preussen, wie auch in allen heidnischen Nordländern. Er zog auch 1254 als 1254. Erzbischof nach Riga, und erhielte 7 Bischöfe unter sich s).

20. Johann II. von Dieft oder Deeft. Er war aus Brabant und ein Franciscanermönch. Bei dem Grafen Wilhelm von Holland, welcher römischer Kaiser wurde, war er Capellan und Rath. Darauf erwählte man ihn zum Bischof zu Samland in Preussen und auf Verlangen des Kaisers Wilhelm, zu Lübeck. Es sind von ihm unterschiedene Kirchen in Wagrien eingeweihet t). Weil es ihm an dem nöthigen Auskommen mangelte, verließ er sein Bisthum. 1259.

21. Jo-

---

r) Scholtz. Nachr. von der Stadt Heiligenh. 186.
s) Dankw. Landesbeschr. 227.
t) Presbyter Sufel. Chr. Slav. 21.

21. Johann III. von Trelau. Er war Oberaufseher der Domschule und Stiftsherr in Lübeck. Der Erzbischof Hillebold zu Bremen weihete ihn zum Bischof ein. Durch den Bau des Schlosses in Eutin setzte er sich in große Schulden, 1276. und endigte sein Leben 1276.

22. Burchard von Sercken oder Sarcken. Es war derselbe Cantor des Stifts Lübeck, und ein sehr unruhiger und zum Streit und Zank aufgelegter Mann. Mit der Stadt Lübeck gerieth er dermaßen in Uneinigkeit, daß er die Stadt in den Bann that. Dies erbitterte die Bürger so sehr, daß sie den Bischof nebst den Domherren aus der Stadt vertrieben. Sie mußten sich daher in Eutin aufhalten, und hat dies ohne Zweifel die Veranlassung gegeben, daß der Bischof im 1309. Jahr 1309 die Pfarrkirche zu Eutin in eine Collegiatkirche erhob, und an derselben 6 Canonicos und einen Dechanten verordnete, welche das Unterstift des Bisthums Lübeck ausmachen. Zur 1315. Zeit dieses Bischofs brachte im Jahr 1315 ein holsteinischer Edelmann, Hartwig Revantlau, den Grafen Adolph VI. zu Segeberg ums Leben u). Man hält dafür, daß dieser Bischof ein Alter von 120 Jahren erreichet habe. Denn wie er als Bischof erwählet ist, soll er schon 80 Jahre alt gewesen seyn x). Er starb 1317 den 13. März. 1317.

23. Hinrich II. von Bockholt, eines lübeckischen Rathsherrn Sohn. Wie er zum Bischof erwählet wurde, war er Dechant. Die Einwei-

---

u) Noodts Beitr. I, 40.
x) Dankw. Landesbeschr. 217.

weihung desselben geschahe in Abwesenheit des Erzbischofs von den Domherren in Bremen. Der Erzbischof erklärte das, was geschehen war, für nichtig, und forderte den Bischof vor seinen Richterstuhl. Dies gab zu vielen Weitläuftigkeiten Anlaß, bis endlich der Pabst die Sache zum Vortheil des lübeckischen Bischofs entschied und beilegte y). Da auch die Stadt Lübeck unter dem vorigen Bischofe, weil die Bürger ihn und die Domherren aus der Stadt vertrieben hatten, mit dem päbstlichen Bann bestraft waren, welcher zehn Jahre dauerte; so wurde sie unter diesem Bischofe davon befreiet. Der Gottesdienst wurde darauf mit großer Feierlichkeit wieder gehalten z). Das Unangenehmste aber, was diesem Bischof widerfuhr, war dieses, daß man in die Stadt Eutin und den Bischofshof daselbst einfiel, und die bischöflichen Güter beraubte. Die Landleute und Bauren hatte man theils weggeführet, theils mit harten Auflagen belegt, und verschiedene Einkünfte der Kirche entzogen. Dies trug sich zu, da der Bischof Hinrich abwesend war. Dieser Räuberei machte sich insonderheit der Graf in Holstein, Gerhard der Große, in Verbindung mit dem holsteinischen Edelmann, Marquard von Westensee, schuldig. Sobald der Bischof wieder zu Hause kam, griff er, diese Beleidigung zu rächen, zu den geistlichen Waffen, und belegte den Grafen und seinen Gehülfen, den Marquard von Westensee, mit dem Bann. Der Streit wurde dahin verglichen, daß 1324.

---

y) Christiani Gesch. der H. S. u. H. III, 126.
z) ibid. III, 109.

der Graf dem Bischof Hinrich das Patronatrecht der Kirchen zu Lütgenburg und Ploen nebst zwo Präbenden wechselsweise zu Hamburg und zu Lübeck einräumen, den verursachten Schaden ersetzen, und im Dom zu Lübeck mit vierzig Reutern und Landsassen vor dem Bischof auf die Knie fallen, ihm Abbitte thun, und die Belehnung von dem Bischofe bitten und empfangen, auch darüber nach der Gewohnheit seiner Vorfahren den Lehnseid ablegen sollte. Diese harten und zum Theil nicht anständigen Bedingungen erfüllte der Graf auch wirklich a).

Um diese Zeit befahl Pabst Johann XXII. alle Tage dreimal an die Glocken zu schlagen und babei das Ave Maria zu beten. Es geschahe dieses zur Abwendung der Türkengefahr. Es ist diese Gewohnheit bis jetzo beigeblieben, und nennet man dieses die Betglocke. Denen zu seiner Diöces gehörenden Geistlichen verbot er alles wüste und 1338. unordentliche Leben, und verlangte von ihnen, daß sie niemanden von gewissen Sünden ohne bischöfliche Erlaubniß loszählen sollten b). Dies gab die Veranlassung zu dem nachher allgemein überhand genommenen Ablaß, wodurch man für Geld die Verbrecher von den schändlichsten Lastern freisprach.

1341. Der Tod forderte diesen Bischof 1341 den 1sten März von seinem Posten ab.

24. **Johann IV. Muel.** Er war Domherr und Aufseher über die Domschule. Von ihm ist nichts weiter bekannt, als daß er seine Residenz,

---

a) Christiani Gesch. der H. S. u. H. III, 127. u. f.
b) Scholtz. Nachr. v. d. Stadt Heiligenh. 188.

die Stadt Eutin, wider feindliche Ueberfälle in einen guten Vertheidigungsstand setzte. Die Pest machte seinem Leben 1350 den 23sten August ein Ende. Ihm folgte 1350.

25. Bertram Cremon. Auch dieser war Domherr in Lübeck. Auf die Verbesserung des Stifts und auf die Vermehrung der Güter desselben war er mit besondrer Sorgfalt bedacht. Sein Ende erfolgte 1377 den 5ten Januar. 1377.

26. Nicolaus von Meißen, ein Prior in Leipzig. Das Capitel wählte den Dechanten, Johann Kleendienst, zum Bischof. Es ging derselbe auch in der Absicht zum Kaiser nach Böhmen, sich dessen Bestätigung zu erbitten. Da er aber erfuhr, daß der Pabst einen andern mit dem Bisthum versehen hatte, mußte er unverrichteter Sache wieder zurückkehren. Es fand sich also dieser Bischof Nicolaus in Lübeck ein. Wie er aber erfuhr, daß ein Bischof in Lübeck keine Herrschaft über die Stadt hätte, that er freiwillig auf die Ehre des Bisthums Verzicht, und ließ sich zum Bischof zu Meißen bestätigen. Durch seine Vorstellung wirkte er es bei dem Pabst aus, daß derselbe an seiner Statt einen Bischof nach Lübeck setzte. Dieser war

27. Conrad III. von Giesenheim. Er bekleidete bei dem Kaiser Carl IV. die Stelle eines 1379. Secretärs. Bis 1386, da er starb, stund er dem lübeckischen Bisthum vor.

28. Johann V. Kleendienst, Dechant in Lübeck. Schon zweimal hatte er die Hoffnung verfehlet, die bischöfliche Würde zu erlangen. Nach

dem

dem Absterben des Vorigen glückte es ihm endlich, seinen Wunsch erfüllt zu sehen. Doch daurete seine Regierung als Bischof sehr kurz, indem er 1387. schon 1387 seine Würde mit dem Tode niederlegte, und solche einem andern überlassen mußte.

29. **Everhard von Attendorn.** Sein Vater war ein Rathsherr in Lübeck, und er selbst Dechant des Stifts. Seine vornehmste Bemühung ging dahin, den Dienst der Maria in Aufnahme zu bringen c). Allen denen, welche sich hierin eifrig bewiesen, ertheilte er den Ablaß der 1399. Sünden. Er verließ die Welt 1399.

30. **Johann VI. von Dulmen,** ein Domherr und Aufseher der Domschule in Lübeck. Der Pabst ernannte ihn zum Bischof. Bei demselben stand er in besondrer Achtung, und aus dem Grunde trug er ihm auf, zwischen dem Könige in Dännemark und den in Schleswig-Holstein regierenden 1417. Herren einen Frieden zu stiften d). Die erste Procession mit dem Sacrament soll in der Zeit, 1419. da er Bischof gewesen ist, in Holstein gehalten worden seyn e). Er endigte seine Lebenstage im 1420. Jahr 1420.

31. **Johann VII. Scheele,** aus Hannover und Dechant zu Bremen. Nachher erhielte er ein Canonicat in Lübeck, und das ganze Capitel erwählte ihn zum Bischof, welche Wahl der Pabst bestätigte. Als Bischof ließ er sich zum Doctor machen. Er ist mit Recht einer der merkwürdigsten

---

c) Scholtz Nachr. v. d. Stadt Heiligenh. 189.
d) Christiani Gesch. der H. S. u. H. IV, 100.
e) Joh. Peters. Holst. Chr. 114.

sten Bischöfe des lübeckischen Stifts. Der Pabst trug ihm, so wie seinem Vorweser, auf, eine Friedenshandlung zwischen dem Könige in Dännemark und den Herzogen von Schleswig und Grafen von Holstein zu unternehmen, welche er auch durch seine Bemühung zu Stande brachte, aber nicht mit dem glücklichen Erfolge, daß dadurch der Streit völlig beigelegt worden ist f). Auf der in der Kirchengeschichte so berühmten Versammlung zu Basel, in welcher man das Ansehen eines Concilii oder einer allgemeinen Kirchenversammlung über den Pabst setzte, war er bei dem Kaiser Sigismund Secretär. Dieser Kaiser machte ihn auch, wegen der vielen Dienste, die er ihm erwies, zu seinem Geheimen Rath. Eine Belohnung der großen Achtung, welche der Kaiser für diesen Mann hegte, war ferner diese, daß die Grafen von Holstein von ihm die Belehnung über die Grafschaft Holstein empfangen sollten. Es geschahe eine solche Belehnung auch wirklich 1438 den 26. Sept. in der Stadt Ploen, da Herzog Adolph VIII. zu Schleswig von diesem Bischofe feierlich mit der Ueberreichung eines Huts die Lehn empfing g). Dieses Recht, welches dem Bischof zu Lübeck ertheilet worden ist, den Grafen mit der Grafschaft Holstein zu belehnen, bestätigte Kaiser Albert II. noch in demselben Jahre h). Sein Leben endigte er 1439, da er von den Reichsständen an den Kaiser, welcher in Ungarn mit seiner Armee, um

1423.

1431.

1434.

1438.

1439.

wider

---

f) Christ. Gesch. der Herz. S. u. H. IV, 117.
g) Hansens Nachr. v. Ploen 21.
h) Christ. Gesch. der H. S. u. H. IV, 180.

wider die Türken zu streiten, sich befand, geschickt war, und sein Grab fand er in Wien.

32. **Nicolaus II. Sachau**, ein Lübecker, war Dechant der Stiftskirche. Erzbischof Balduin zu Bremen bestätigte ihn. Er wird ein kluger, gottesfürchtiger und wohlthätiger Mann genannt. Von ihm sind in Wagrien bei vielen Kirchen Vicarien gestiftet i). Ob ihm gleich das Erzbisthum in Riga angetragen wurde; so schlug er es doch aus Liebe zu seiner Vaterstadt aus. Er legte seinen Bischofsstab 1449 den 2ten October nieder.

33. **Arnold Westphal**, eines lübeckischen Rathsverwandten Sohn und Dechant des Stifts. Zwischen dem Könige in Dännemark, Christian I., und dem Grafen zu Schauenburg, Otto III., beförderte er 1460, nachdem 1459 mit Adolph VIII. das holsteinische Haus ausgestorben war, einen friedlichen Vergleich. Die Tage seines Lebens endigten sich 1466.

34. **Albert II. von Krummendiek**, ein holsteinischer Edelmann und Domherr zu Lübeck. Christian I., König in Dännemark, empfahl ihn dem Päbste, und wünschte, daß dem lübeckischen Bisthum einer seiner Unterthanen vorgesetzet würde. Diese Vorsorge des Königes erkannte dieser Bischof auch mit vieler Dankbarkeit, indem er in allen Fällen seine Ergebenheit gegen den König an den Tag legte. Mit großen Kosten unternahm er für den König Gesandtschaften nach Frankreich,

Engel-

---

i) Scholtz. Nachr. v. der Stadt Heiligenh. 194.

Engelland und an andre Höfe k). Diese setzten ihn in die größten Schulden. Zu seiner Zeit im Jahr 1474 ist Holstein, welches bisher nur eine Grafschaft gewesen war, auf Verlangen des Königes Christian I. in Dännemark vom Kaiser Friedrich III. in ein Herzogthum erhoben. Für die Geistlichen in dem lübeckischen Stifte ließ dieser Bischof eine Kirchenordnung drucken, in welcher ihnen eine Anweisung gegeben wurde, wie sie die Messen, die Predigten und die Collekten einrichten sollten l). Die Leben seiner Vorfahren, der lübeckischen Bischöfe, hat er schriftlich hinterlassen. Man rühmet seine Freigebigkeit, und daß er sich gegen Arme und Nothleidende wohlthätig bewiesen habe. Der Tod rief ihn 1489 den 2. Oct. ab.

1474.

1477.

1489.

35. **Thomas Grote**, aus Lübeck. Man nannte ihn zum Spott, weil er ein eingezogenes und stilles Leben führte, Hödewinkel. Dies verdroß ihn, daß er 1492 nach Rom ging, und sein Bisthum einem andern überließ.

1492.

36. **Dieterich II. Arends**, ein Hamburger und Dechant zu Hildesheim. Durch den Betrieb des Bischofs Thomas Grote erhielte er von dem Pabste die Würde, dem lübeckischen Stifte vorzustehen. Die Weihe empfing er zu Rom. Dem Herzog von Holstein, und nachmaligen König von Dännemark, Friedrich I., ist von diesem Bischofe auf öffentlichem Markte in der Stadt Kiel 1493 die Belehnung über Holstein ver-

1493.

---

k) Huitfeld Chron. Dan. P. V, 909.
l) Scholtz. Nachr. v. der Stadt Heilligenh. 194.

vermittelſt einer Fahne ertheilet ᵐ). Als der päbſtliche Ablaßkrämer, der Cardinal Raymund, 1503
zu Lübeck eintraf, und ſeinen Einzug in die Stadt
hielte, iſt er demſelben nicht nur mit der ſämmtli-
chen Cleriſei entgegen gegangen, ſondern er hat
auch ſelbſt das Sacrament in der Proceſſion voran-
gehend getragen ⁿ). Sein Ende erfolgte 1506
den 16ten Auguſt in der Stadt Eutin, da er den
Sonntag zuvor den Gottesdienſt in der Kirche zu
Eutin verrichtet hatte, plötzlich.

37. **Wilhelm Weſtphal**, eines lübeckiſchen
Bürgermeiſters Sohn und ein Vetter des Biſchofs
Arnold Weſtphal. Bei dem Stifte bekleidete er
die Würde eines Dechanten, da man ihn erwäh-
lete. Aber nur drei Jahre lebte er als Biſchof,
indem er ſchon 1509 den 31. Dec. aus der Welt
ging.

38. **Johann VIII. von Grimholt**, ein
Lübecker und gleichfalls Dechant. Im Jahr 1516
fand ſich der päbſtliche Botſchafter, Angulus Arcimboldus, welcher in Holſtein und in den benachbarten Gegenden die Vergebung der Sünden
für Geld ankündigte, in Lübeck ein. Luther dagegen erklärte in dem darauf folgenden Jahre den
Ablaß für ſchändlich und unerlaubt, woraus die
heilſame Reformation entſtand. Dieſer Biſchof,
welchem der Biſchof zu Schleswig mit Bewilligung
des Herzogs Friedrich in Holſtein 1517 das Kloſter Reinfeld und der König Chriſtian II. in Dänemark

---

m) Chriſtiani Geſch. der Herz. Sch. u. H. IV, 205.

n) Gottſchalk Kirchring und Gotſch. Müllers Chr.
Lub. 128.

nemark die Gewalt und Macht der Belehnung Holsteins entzog, bezahlte 1523 den 27. Mai die Schuld der Natur.

1523.

39. **Hinrich II. Bockholt**, aus Hamburg, war Domprobst zu Lübeck. Der Reformation, welche in Lübeck und an verschiedenen Orten seines Stifts sich ausbreitete, widersetzte er sich mit allem Eifer. Den Magistrat der Stadt Lübeck, welcher noch papistisch war, brachte er dahin, daß den Bürgern, welche sich nach Oldeslo, den dortigen evangelischen Prediger zu hören, häufig begaben, die Thore verschlossen, und die Fahrt auf der Trave verboten wurde °). Die ersten Bekenner des Evangelii in Lübeck mußten es sich auf Anstiften des Bischofs sogar gefallen lassen, die Stadt zu verlassen, und einige Prediger, die man für verdächtig hielte, sahen sich genöthiget, ihr Amt niederzulegen und gleichfalls aus der Stadt zu weichen. Dennoch konnte er es nicht verhindern, daß das Licht der Wahrheit sich nicht sowol in Lübeck, als auch in Holstein, bei allem Widerstreben desselben, ausbreitete. Peter Christian von Friemersheim, ein aus Deventer vertriebener Prediger, hielte sich zu Oldeslo bei dem ersten evangelischen Pastor daselbst, Peter Petersen, auf. Mit Bewilligung des letztern hielte er bisweilen öffentliche Vorträge auf der Kanzel. Diese hatten einen solchen Eindruck auf die Bürger der Stadt Lübeck, daß sie nicht eher ruheten, als bis sie diesen Friemersheim zu ihrem Pastorn nach Lübeck erhielten.

Er

o) Starck. Lüb. Kirch. Hist. S.

39. Er trat auch wirklich 1526 das Amt des ersten Predigers an der Jacobikirche in Lübeck an, bewies sich in der Beförderung ter reinen Lehre unermüdet und sahe seine Bemühung reichlich gesegnet, da er 1574 den 3. April seinen irdischen Beruf mit dem Tode niederlegte p). — Nun breitete sich das Licht des Evangelii immer weiter aus. Der Magistrat vereinigte sich mit der Bürgerschaft, das Werk der Reformation völlig zu Stande zu bringen. Man ersuchte den D. Johann Bugenhagen zu Wittenberg, nach Lübeck zu kommen, und eine Kirchenverfassung für diese Reichsstadt zu verordnen. Er kam auch und sorgete dafür, daß das Kirchen= und Schulwesen in dieser Stadt auf die beste Weise eingerichtet würde q). Damit hatte das Pabstthum in Lübeck das Ziel erreichet, und die Mönche mußten diesen Ort verlassen.

Dies konnte dem Bischof, welcher seine geistliche Gewalt so sehr geschwächt sahe, nicht anders als schmerzhaft seyn. Er begab sich daher aus Verdruß nach Hamburg und endigte daselbst 1535 sein Leben.

40. Detlev Reventlau, ein holsteinischer Edelmann und Probst zu Reinbeck. Bei den Königen Friedrich I. und Christian III. bekleidete er die Würde eines Kanzlers. Im Jahr 1530 verließen die Nonnen in dem Kloster Reinbeck in seiner Abwesenheit den Ort ihres Aufenthalts, und erwählten die Freiheit. Doch genoß er so lange die Einkünfte von diesem Kloster, bis er 1535 zum ersten

---

p) Starck. Lüb. Kirch. Hist. 6.
q) Ibid. 13.

ersten evangelischen Bischof in Lübeck ernannt worden ist. Hatte er in Holstein die Geschäfte der Kirchenverbesserung mit besorgt; so war er auch sogleich darauf bedacht, in seinem Bisthum nicht nur der evangelischen Lehre einen freien Lauf zu lassen, sondern auch selbst alles beizutragen, wodurch dieselbe befördert werden könnte. Zu dem Ende verordnete er an der Eutinischen Collegiatkirche den ersten evangelisch-lutherischen Prediger Paul Severin. Dieser hatte sich in der Absicht nach Wittenberg begeben, wider Luthern zu streiten, und seine Lehrsätze zu widerlegen. Kaum aber hatte er ihn predigen hören; so wurde er von der Wahrheit überzeugt, und kehrte erleuchtet in sein Vaterland zurück. Diesen Paul Severin empfahl nun Christian III. dem Bischof Detlev Reventlau, und von demselben wurde er für geschickt gehalten, das Werk der Kirchenverbesserung in Eutin, wo noch viele Römisch-Katholische sich aufhielten, auszuführen. Ob es ihm gleich nicht an Widerwärtigkeiten hier fehlte, indem er im Anfange den Haß der Feinde des Evangelii erdulden mußte; so war er doch so glücklich, seine Bemühung mit Segen gekrönt zu sehen r). — Dieser erste evangelische Bischof in Lübeck, welcher sich nur bloß um die zu seinem Stifte gehörende Kirchen bekümmerte, und die Episcopalhoheit der übrigen Kirchen in Wagrien den Regenten desselben überließ, ging schon 1536 1536. mit Tode ab.

Nun nahm also, da das Licht der evangelischen Wahrheit auch in Wagrien hervorbrach, die

r) Lackm. Schles. Holst. Hist. I, 375.

die Oberaufsicht der Bischöfe ein Ende. Die Landesherren eigneten sich auch hier, wie in den übrigen Gegenden Holsteins, das bischöfliche Recht zu. Den Anfang, dieses Recht auszuüben, machte der Herzog Christian mit dem Kloster Cißmar, indem er mit der Einrichtung desselben eine Veränderung vornahm. Da aber die mehresten Kirchen in Wagrien zu dem Kloster Pretz und zu den adelichen Gütern gehörten; so übten sowol das Kloster als auch die Besitzer der Güter das Patronatrecht bei den Kirchen aus. Dies war die Ursache, daß noch nicht sogleich von den Landesherren Aufseher über die Kirchen in Wagrien bestellet werden konnten. Diejenigen Kirchen, welche unmittelbar dem Könige gehörten, und deren Geistliche von dem Landesherrn berufen und bestätiget wurden, erhielten den zu Itzehoe verordneten Generalprobsten zum Aufseher. Daß dieses sogleich, nachdem 1542 die Kirchenordnung auf dem Landtage zu Rendsburg als eine Vorschrift für die Herzogthümer Schleswig und Holstein bestimmt worden war, geschehen sei, ist keinem Zweifel unterworfen.

Der sel. Pastor Geuß zu Krummentejch behauptet in seinem Beitrag zur Kirchengeschichte und Alterthumskunde s), daß die Aufsicht über die wagrischen Kirchen bis 1586 dem Bischof von Lübeck geblieben sei. Allein das Gegentheil wird durch offenbare Zeugnisse bestätiget. Schon 1556 war in den mit dem segebergischen Amte verbundenen Kirchen verordnet, daß die königliche und fürstliche Sabbathsverordnung jährlich abgelesen werden

s) Geuß Beitr. 2, 201.

ben sollte, und 1577 unternahm M. Johann Vorst zu Itzehoe nebst dem königlichen Statthalter, Hinrich Rantzau, welcher zugleich Amtmann in Segeberg war, die Visitation in den Kirchen, welche dem Könige in Wagrien gehörten ᵗ). Es ist daher unstreitig, daß die Landesherren, so wie in Stormarn und Holstein, also auch in Wagrien sich die bischöfliche Gewalt über die Kirchen gleich nach der Reformation angemaßet haben. Die fürstlichen Kirchen in Wagrien standen unter der Aufsicht der in Schleswig sich aufhaltenden Generalpröbste, bis Herzog Friedrich im Jahr 1587 den 21. Febr. dem Superintendenten D. Paul von Eitzen den Auftrag gab, zu Kiel und Oldenburg Pröbste zu verordnen ᵘ). Man findet aber nicht, daß in der Folge wirklich immer fürstliche Pröbste in Wagrien gewesen sind, indem die Generalpröbste die Aufsicht über die Kirchen, welche dem Herzoge von Holstein im Wagerlande gehörten, beobachteten.

Ueber den größten Theil der Kirchen in Wagrien hatten wegen der vielen adelichen Güter die Edelleute das Patronatrecht, und die Landesherren machten ihnen solches auch nicht streitig. Sie erlaubten ihnen sogar in den ersten Zeiten nach der Reformation, nach ihrem Gutdünken Prediger zu berufen, sie auswärts, und wo es ihnen am bequemsten dünkte, ordiniren und von benachbarten Predigern einführen zu lassen. Allein weil aus diesen eigenmächtigen Handlungen manche Unordnungen ihren Ursprung nahmen; so setzten die Landes-

---

t) Scholtz. Nachr. v. der Stadt Heiligenhaven. 213.
u) Munt. diss. hist. theol. 202.

besherren denselben Gränzen. Diese wurden in der 1542 zu Rendsburg auf dem daselbst gehaltenen Landtage angenommenen Kirchenordnung bestimmt. Nach der Zeit vereinbarten sich beide Regenten Holsteins, der König sowol als der Herzog, mit einander, zwei Generalsuperintendenten zu verordnen, welche die Aufsicht auch über die abelichen oder gemeinschaftlichen Kirchen haben, und dahin sehen sollten, daß die landesherrliche Hoheit auf keine Weise verletzet, und die Kirchenordnung in allen Stücken beobachtet würde.

Dritter Abschnitt.

Von dem Zustande der Religion, der Kirchen, der Geistlichen und der Klöster in Holstein vor der Reformation.

Erste Abtheilung.

Von dem Zustande der Religion in Holstein vor der Reformation.

Ehe Anscharius zum Erzbisthum in Hamburg gelangte, war schon einige Erkenntniß des Christenthums in dieser Gegend. Denn, nachdem Kaiser Carl der Große die Sachsen bezwungen, hatte, war seine vornehmste Sorge, wie sie zum christlichen Glauben gebracht werden möchten. Hatte sich der Heerführer der Sachsen, der berühmte Wittekindt, wie auch der in Holstein regierende Fürst Albion taufen lassen; so folgten diesem Beispiele viele Sachsen, welche an der Elbe wohnten. Damit nun ihnen Gelegenheit gegeben würde, einigen Unterricht im Christenthum zu erlangen, sorgete der Kaiser dafür, daß sich Lehrer bei den Sachsen einfanden, welche den Einwohnern die ersten Begriffe von der christlichen Religion beibrächten. Dieses Werk der Bekehrung aber mit desto größerem Vortheil auszuführen, verordnete er an verschiedenen Oertern Bischöfe, welche darauf bedacht seyn sollten, daß die Abgötterei, welche allgemein herrschte, abgeschafft, und an deren Statt die Lehre des Evangelii geprediget und verkündiget würde. Einen solchen Bischof setzte er auch nach Bremen, und übergab seiner Aufsicht die Länder, welche an beiden Seiten der Elbe lagen, folglich auch unser Holstein, oder vielmehr das damalige Nordalbingien. Wenn der Geschichtschreiber Helmold uns eine Abbildung von den Einwohnern dieses Nordalbingiens, nachdem sie zum Christenthum schon bekehret worden waren, machet; so schreibt er: „Nordalbingien wird von drei Völkern, den Stor„maren, Holsteinern und Dithmarschern bewohnt, „welche weder in der Kleidung noch in der Sprache „von einander unterschieden sind. Sie bedienen „sich der Sachsenrechte und bekennen sich zum „Christenthum, ob sie gleich wegen ihrer wilden „Nachbaren (den Wenden) zum Stehlen und

„zum Rauben gewohnt sind. In ihrem Betragen „sind sie gastfrei. Denn nehmen und geben ist „bei den Holsteinern gleich hochgeachtet. Wer bei „ihnen nicht rauben mag, wird für einfältig und „unedel gehalten *).

Diese Einwohner Nordalbingiens sollten nun, da sie das Christenthum angenommen hatten, auch unterrichtet werden. Kaiser Carl der Große, als der mächtige Besieger der Sachsen, wandte alle Sorgfalt an, wie die überwundenen Sachsen zur Erkenntniß der christlichen Religion gelangen möchten. Er verordnete in der Absicht nicht nur Bischöfe, sondern er machte auch die Einrichtung, daß bei allen Bisthümern und Domkirchen gewisse Collegia und Schulen seyn sollten, darinnen geschickte und erfahrne Leute waren, die man Canonicos Regulares oder solche Leute nannte, die nach den vorgeschriebenen Regeln leben und thun mußten. Diesen stiftete er gewisse Einkünfte der Kirche, davon sie leben sollten, welche Präbenden hießen. Hierdurch bekamen die Einwohner Teutschlands Gelegenheit, in ihrem Vaterlande zu studiren, da man sonst in andre Länder, und besonders nach Rom hätte reisen müssen. Denn die Canonicate waren eigentlich dazu bestimmt, daß die Besitzer

―――――――――

x) Helm. Chr. Slav. L. I. c. 47. Tres sunt Nordalbingorum populi, Sturmarii, Holzati, Thetmarzi, nec habitu nec lingua multum discrepantes, tenentes Saxonum jura et Christianum nomen, nisi quod propter Barbarorum viciniam, furtis et latrociniis operam dare consueverint. Hospitalitatis gratiam sectantur. Nam furari et largiri apud Holzatos ostentatio est, qui vero praedari nesciat, hebes et inglorius est.

sitzer derselben sich um die Ausbreitung des Wortes Gottes und um den Unterricht der Jugend bemühen sollten. Daher hieß der, der vorzüglich das Schulwesen besorgen mußte, *Scholasticus* oder **Domscholaster**. Davon ist aber leider in den folgenden Zeiten nur blos der Name übrig geblieben y).

Ein solches Bisthum und eine solche Einrichtung, welche zum Unterrichte nöthig war, wurde auch in Bremen angelegt, und nicht nur die Sachsen, welche jenseit der Elbe wohnten, sondern auch die Nordalbingier wurden diesem Bisthum einverleibet. Der erste Bischof in Bremen, durch den unter den Sachsen einige Erkenntniß von Christo gegründet ist, führte den Namen Willehadus. Er war ein Engelländer, und begab sich aus seinem Vaterlande nach Holland, um daselbst die Heiden zum christlichen Glauben zu bringen. Hier mußte er aber wegen der Verfolgung entfliehen und wandte sich zum Kaiser Carl dem Großen. Dieser verordnete ihn zu einem Apostel der Sachsen und 788 zum Bischof in Bremen, wo er auch 790 den 8. Nov. starb, da er nur 2 Jahre 3 Monate und 26 Tage das Bisthum bekleidete z). Es bewies sich dieser treue Apostel in der Verkündigung des Wortes Gottes und in der Bekehrung der Sachsen unverdrossen. Er reisete selbst von einem Orte zum andern, predigte den Heiden das Evangelium und

---

y) **Heckers Verdienste Kaiser Carl des Großen um die Schulen.**

z) Io. Moller or. in laud. pr. rel. Chr. in Cimb. Doct.

und taufte die Neubekehrten a). Von diesem Bischof ist denn auch in **Meldorf**, nachdem Kaiser Carl der Große im Jahr 789 die Sachsen völlig bezwungen und zum Gehorsam gebracht hatte, der erste Gottesdienst in dem darauf folgenden Jahre eingerichtet, und ein Versammlungsort für die Christen erbauet. Dies war also der Anfang, daß die Lehre Christi in einem Lande, welches mit der tiefsten Finsterniß bedeckt war, geprediget und verkündiget wurde. Es sind demnach nunmehro 1000 Jahre verflossen, da die seligmachende Wahrheit von dem Heil der Welt hier im Lande zuerst kund geworden ist.

790.

Nach der Zeit bauete der Bischof von Bremen, **Willerich**, auf den Grund, welchen sein Vorfahr gelegt hatte. Er fand sich in Meldorf ein, besuchte die Kirche daselbst, erkundigte sich nach ihrer Verfassung, und war um die Wohlfahrt der hier gestifteten Gemeine mit allem Eifer bedacht. Doch hiebei ließ er es nicht bewenden. Er ging weiter in Holstein, und bemühete sich, den Saamen des göttlichen Wortes unter den in Holstein wohnenden Sachsen auszustreuen. Es gelang ihm auch seine Bemühung, daß er außer der Kirche in Meldorf auch die zu Schenefeld aufführen konnte. In diesem Zustande befand sich Holstein, wie Anscharius als der erste Bischof in Hamburg ankam. Von ihm wurde die dritte Kirche

a) Ad. Brem. Hist. eccl. L. I. c. 6. Posthaec missus a Carolo Rege in Saxoniam primus omnium Doctorum maritimas et boreales Saxoniae partes ac Transalbinos populos ad Christianam provocavit fidem.

che in Nordalbingien, nehmlich die zu Heiligenstedt gegründet. Es bestand demnach das ganze Erzbisthum Hamburg im Anfange nur aus 4 eigentlichen Kirchen, der Domkirche in Hamburg, den Kirchen zu Melhdorf, Schenefeld und Heiligenstedt b). Obgleich Anscharius ernstlich bemühet war, die Lehre Jesu den Heiden bekannt zu machen; so wurde er doch theils durch die Verwüstungen, welche die Heiden unternahmen, und dadurch dem Christenthum den größten Schaden verursachten, theils aber auch durch die Reisen, die er nach Dännemark und Schweden vornahm, verhindert, auf die Erbauung neuer Gotteshäuser in Holstein bedacht zu seyn. Unter den nächstfolgenden Erzbischöfen in Hamburg aber haben die mehresten Kirchen, in welchen noch jetzo das Wort des Lebens verkündiget wird, ihr erstes Daseyn erhalten.

In Wagrien, wo die Wenden ihren Aufenthalt hatten, ist erst lange nachher, als schon in Nordalbingien, oder dem eigentlichen Holstein, allenthalben Gotteshäuser waren, an die Erbauung derselben gedacht. Die erste Kirche in Wagrien ist ohngefähr in der Mitte des zehnten Jahrhunderts zu Oldenburg, wo Kaiser Otto der Große ein Bisthum stiftete, erbauet. Allein die Wenden zerstörten nach der Zeit nicht nur die Kirchen, die in ihrem Lande aufgeführet waren, sondern sie rotteten auch alles aus, was nur den christlichen Namen führte. Man sahe lange keine Spur des
Chri=

---

b) Remb. in vita Ansch. c. 19. quatuor baptismales
  habebat ecclesias.

Christenthums in Wagrien, bis Vicelin wieder den Gottesdienst der Christen an einigen Orten anordnete. —

Bei der Einführung der christlichen Religion blieben noch viele Gebräuche aus dem Heidenthum. Denn da das Christenthum durch Zwangsmittel hier ausgebreitet wurde; so glaubten die Heiden, da sie keine wahre Begriffe von der Religion hatten, sie könnten nebst ihren Götzen auch den Gott der Christen anbeten. Besonders hingen die Wenden an ihrem ehemaligen Götzendienst. Bei der geringsten Veranlassung, die ihnen gegeben wurde, sich ihrer Freiheit zu bedienen, waren sie auf die Vertilgung des Christenthums bedacht. So schwer es hielte, sie zu bekehren; so wenig war es ihnen auch ein Ernst, ob sie gleich die christlichen Gebräuche annahmen und sich taufen ließen, Christen zu bleiben. Auch unter den Sachsen, welche nicht so ausgeartet, wie die Wenden waren, hatte die Beförderung des christlichen Glaubens nur einen sehr schwachen Fortgang. Von Anscharius bis auf Vicelin, das ist, in einer Zeit von 300 Jahren, waren die Sachsen noch wenig durch die Annahme der christlichen Lehre gebessert. Denn wie Vicelin zu Neumünster ankam, fand er zwar eine Capelle, aber die Menschen äußerst verfinstert und unwissend. Sie verehrten noch die Oerter, wo sie sich ehemals zum Götzendienste versammlet hatten, und der Aberglaube war bei ihnen so stark eingewurzelt, daß es ihnen ganz unbekannte und neue Lehren waren, welche ihnen Vicelin vortrug. Selbst die Erzbischöfe in Hamburg bekümmerten

sich

sich mehr darum, ihre Diöces zu erweitern, und in den Reichen Dännemark und Schweden Bisthümer zu errichten, als in der Gegend, worin sie sich aufhielten, die Menschen zu bessern, und ihnen die Vortrefflichkeit der Lehre des Erlösers bekannt zu machen. Es ist daher nicht zu bewundern, daß die Bekehrung in diesem Lande so langsam zu Stande gebracht worden ist.

Wie nachher die christliche Religion allgemein angenommen war, breitete man anstatt des heidnischen Aberglaubens ganz unlautre Begriffe von Gott und von dem Dienste, den er fordert, aus. Die Lehrer des Christenthums gründeten ihre Lehren, die sie dem Volke bekannt machten, auf erdichtete **Wunderwerke**, auf die **Verehrung der Heiligen**, von welchen sie so viele Heldenthaten zu rühmen wußten, und auf gewisse Werke, welche man ausüben mußte. Sie suchten die Einfältigen mehr zur Verehrung solcher Personen, die sie für Heilige ausgaben, aufzumuntern, als sie von dem wahren Dienste des lebendigen Gottes und von der durch den Erlöser gestifteten heilbringenden Religion zu unterrichten. Die Einbildung, daß die äußern Werke alles bei einem Christen ausmachten, und das vollkommenste Mittel, die Seligkeit zu bewirken, sei, war allgemein. Daraus entstunden die überhäuften Festtage, die vielen Heiligen, die verdienstlichen Handlungen, die man zur Erwartung einer Belohnung in der Zukunft ausübte. Wie konnte dabei das thätige Christenthum statt finden. Durch gewisse Werke, die der lasterhafteste Mensch, dessen Leben eine Kette von Bosheit,

heit, Betrug und Ungerechtigkeit war, vollbrachte, glaubte er, den Himmel zu erlangen, und hierin wurde er durch diejenigen gestärkt, die Lehrer der Religion waren.

Der Dienst der Heiligen wurde sogleich mit der Gründung des Christenthums als die verdienstlichste Handlung eingeführet. Die ersten Vorsteher unter den Lehrern gaben dazu durch ihr Betragen Anlaß. Anscharius, ob er gleich sonst ein guter und frommer Mann war, bewies eine übertriebene Hochachtung für die Reliquien. Den Kopf des heiligen Sirtus trug er allenthalben bei sich. Er war sein Begleiter und Gefährte sogar auf Reisen. So weit ging der Fanatismus dieses Mannes. Adalbagus brachte eine Menge heiliger Reliquien aus Italien mit sich in sein Erzbisthum. Er verordnete diesen Heiligen Festtage, und wie konnte bei den dabei erdichteten Fabeln dem wahren Christenthum aufgeholfen werden. Mit den Glaubenslehren vermischte man Menschensatzungen, Wunder und den schändlichsten Aberglauben. Der Mariendienst war allgemein eingeführt, und man hielte besondre Wallfahrten nach einigen Kirchen, welche ihrer Heiligthümer wegen, die daselbst aufbewahret wurden, vorzüglich in Ruf stunden. In Dithmarschen waren die Kirchen zu Bokelnburg und Windbergen); in Stormarn Heiligenstedt und in Wagrien Mūchel, wohin, um die daselbst aufbewahrten Marienbilder und Heiligthümer zu verehren, Wallfahrten unternommen sind. Ja einige Sterbende gingen so weit, daß sie um ihrer Seligkeit
desto

c) Hellmanns Süd. Dithm. Kirch. H. 34.

desto versicherter zu seyn, verordneten, daß nach ihrem Tode, Wallfahrten nach solchen Orten, welche ihrer Heiligkeit wegen bekannt und berühmt waren, angestellet werden sollten. So starb 1467 zu Lübeck eine Wittwe, Elsche Erpes, welche ausdrücklich in ihrem Testamente befahl, daß um ihrer Seelen Seligkeit willen ein Mann nach Aachen zur heiligen Jungfrau Maria, ein andrer nach Güstrau zum heiligen Blute, ein andrer nach Ratzeburg und noch ein andrer nach Ploen zu einer heiligen Kapelle wandern sollten d). Wilsnak, ein nicht weit von Havelberg in der Priegnitz liegendes Städtchen, erlangte vor Zeiten wegen dreier Hostien, welche 1383, da die Kirche daselbst durchs Feuer verzehret war, in der Asche blutig und unverzehrt gefunden worden, einen solchen Ruf, daß man aus den entferntesten Gegenden Wallfahrten dahin unternahm e). Noch jetzo genießet der Prediger zu Elmshagen bei Kiel, daher ein gewisses Geld, weil in katholischen Zeiten und vor der Reformation der Geistliche dieses Orts jährlich eine Reise zu dem heiligen Blute nach Wilsnak thun mußte.

Aus einer solchen übertriebenen Verehrung der Heiligen entsprungen für die Kirchen, in welchen man solche Reliquien zu seyn glaubte, und für die Geistlichen, welche mit den heiligen Patronen in einer genauen Bekanntschaft zu stehen, das Volk überredeten, freilich große Vortheile. Es war ein nicht geringes Verdienst, sich zur Erbauung der Kirchen, und zur Vermehrung der Kirchengüter frei=

---

d) Iac. v. Mellen Itiner. Sacra Lub. 92.
e) Io. Alb. Fabric. Memor. Hamb. vol. 6. 47.

freigebig zu beweisen. Fast kein Bemittelter starb, welcher nicht vor seinem Ende zum Besten der Kirche, zu welcher er sich hielte, Stiftungen machte. Man glaubte, daß man die **Fürbitte der Heiligen**, um desto sichern Anspruch an dem Himmel und an der Seligkeit machen zu können, bedürfte. Dieser Fürbitte theilhaftig zu werden, sind die **Seelmessen** verordnet, welche den Mönchen und andern Geistlichen reiche Einkünfte verschaften. Die Gelegenheit zu den Seelmessen gab die Meinung vom Fegfeuer, da man die Menschen überredete, daß die Seele, ehe sie in den Himmel und zu dem Genuß einer vollkommnen und wirklichen Seligkeit gelangte, von den Sünden gereiniget werden müßte. Man lehrte, daß niemand nach dem Tode aus dem Fegfeuer als dem Reinigungsorte errettet werden könnte, als nur der, der der Fürbitte solcher, welche ihrer Frömmigkeit und Tugend wegen einen großen Vorzug im Himmel hatten, theilhaftig würde. Um nun die Einfältigen in diesem Wahn zu stärken, machte man sie glaubend, daß die Verstorbenen nach ihrem Ableben erschienen wären, und die Lebenden gebeten hätten, für ihre Seelen zu bitten und sie der guten Werke der Heiligen theilhaftig zu machen, damit sie aus dem ängstlichen Behältnisse des Fegefeuers errettet würden. Wir sehen solches an dem Vicelin, da die Mönche ausbreiteten, daß er nach seinem Tode einem Weibe erschienen sei, und sie gebeten habe, einem seiner Freunde anzudeuten, daß man Almosen, um seine Seele zu erlösen, austheilen und für ihn beten lassen möchte. Solche Erdichtungen mußten nothwendig

wenig einen starken Eindruck auf die Gemüther der Menschen haben, die von der Frömmigkeit des Wicelins so große Begriffe hatten und sich vorstellten, daß, wenn die Seele eines so tugendhaften Mannes in dem Fegefeuer litte, andre, deren Leben mit manchen Lastern befleckt war, um so viel weniger die verdienstlichen Werke entbehren könnten. Hierzu kam endlich im vierzehnten Jahrhundert der Ablaß, da man den Anfang machte, für Geld die Menschen von Sünden und von den schändlichsten Lastern frei zu sprechen. Es ging mit diesem Ablaß oder mit der Lossprechung von Sünden für gewisse bestimmte Summen Geldes so weit, daß man nicht auf einige Jahre Vergebung verkündigte, sondern man hat Beispiele, daß die Vergebung sich auf 40000 Jahre erstreckt habe f).

Hatten die Bischöfe als die Vorsteher der Clerisei durch solche Erdichtungen, die so offenbar mit dem Worte Gottes streiten, ihre Macht über die Menschen verbreitet; so suchten sie auch mit dieser Macht die weltliche Gewalt zu verbinden. Dies war ihnen nach der Denkungsart der damaligen Zeiten sehr leicht. Denn da der Aberglaube immer mehr stieg und zunahm; so stieg auch die weltliche Herrschaft und das Ansehen der Bischöfe. Diese Herrschaft erreichte den höchsten Grad, da die Bischöfe selbst zu Felde gingen und Anführer ganzer Armeen wurden. Kaiser und Könige unternahmen keinen wichtigen Feldzug, in welchem sie nicht von

Erzbi=

---

f) Pontoppid. Reform. Hist. der dän. Kirche 27.

Erzbischöfen, Bischöfen und andern Angesehenen der Geistlichkeit begleitet wurden. Sahen die Bischöfe sich zu schwach, den Beleidigungen Andrer zu widerstehen; so nahmen sie ihre Zuflucht zum Bann, und wehe dem, den dieser Bannstrahl traf. Ein Gebannter war von aller Gemeinschaft mit Andern ausgeschlossen. Niemand durfte Umgang mit ihm haben und ihn besuchen. Er wurde für unwürdig geachtet, die Wohlthaten der Kirche zu genießen. Wer in einer solchen Verfassung starb, konnte an einem ehrlichen Begräbniß keinesweges Anspruch machen. So war der Zustand der Religion vor der Reformation beschaffen, und man kann daraus wahrnehmen, wie wenig das wahre und thätige Christenthum bei einer solchen Beschaffenheit habe statt finden können.

Zweite Abtheilung.
Von den Kirchen in Holstein vor der Reformation.

Die ersten Kirchen in Holstein sind von Geistlichen erbauet. Es waren dieselben, da die christliche Religion zuerst hier im Lande geprediget wurde, nur hölzerne Gebäude, und daher mehr Capellen als Kirchen. Nach der Zeit und vorzüglich im eilften Jahrhundert fing man an, die Kirchen von gehauenen und auch gebrannten Steinen aufzuführen. Der hamburgische Erzbischof, Bezelin Alebrandt, ließ die Domkirche in Hamburg, welche bisher nur von Holz gewesen war, 1037 von Steinen neu erbauen. Bei den ältesten Kirchen waren Wasserbehältnisse, worin die bekehrten Heiden getauft wurden. Von diesen, welche man Karkspoole nannte, soll das noch gebräuchliche niedersächsische Wort Karspel seinen Namen haben. Zur Zeit, da Ansharius Erzbischof in Hamburg war, hatte er in ganz Nordalbingien nur vier Taufkirchen. Diese Kirchen hatten das Vorrecht, daß in denselben die Sakramente des neuen Testaments verwaltet werden konnten. Die erwachsenen Sachsen erhielten in diesen Kirchen die Taufe, wurden auch in denselben, nachdem sie in die Gemeinschaft der Christen aufgenommen worden waren, zum Abendmahl gelassen. Außer diesen Kirchen gab es auch Kapellen, Bethäuser oder Oratoria. Diese hatten nicht das Recht der Kirchen, sondern nur die Erlaubniß, daß ein Mönch in denselben lesen konnte, aber keine Sakramente austheilen durfte. Ein solches Bethaus oder Oratorium, war das von dem Erzbischof Ebbo zu Rheims gestiftete Welna. Die Todten, begrub man anfänglich nahe bei der Kirche und auch wol in der Kirche. Daher befahl auch Graf Adolph von Holstein den Wenden, nachdem die Kirche zu Oldenburg wieder erbauet war, ihre Todten auf dem Kirchhofe zu beerdigen g).

Die Stifter der Kirchen hielten es für eine ihrer wesentlichsten Pflichten, daß sie, wenn sie ein Gotteshaus zu erbauen, den Vorsatz faßten, solches einem Heiligen widmeten. Mit großen Kosten schaften sie die Reliquien oder die Gebeine desselben an, und ließen sie mit vielem Gepränge

g) Helm. Chr. Slav. L. I. c. 83.

unter dem Hauptaltar der Kirche beisetzen, ja sie achteten es für nothwendig, daß ein Altar mit den Reliquien eines Heiligen versehen seyn müßte, wenn er zum Messelesen und zur Verwaltung des Sakraments gebraucht werden sollte. Dieser Aberglaube hat ohne Zweifel seinen Ursprung von den ersten Christen. Diese hatten insgemein ihre Zusammenkünfte an den Oertern, wo die Leiber ihrer verstorbenen Glaubensgenossen und derer, die in dem Bekenntnisse der Lehre Jesu treu geblieben waren, zur ungezweifelten Hoffnung der künftigen Auferstehung beigesetzt waren h). Damit nun die Oerter, die man zur Versammlung der Christen bestimmt hatte, desto würdiger und geheiligter seyn möchten, hielte man es für erwecklich, daß unter dem Altar ein Heiliger ruhe oder seine Gebeine daselbst verwahret würden. Die Kirche zu Nortorf ist in der Absicht merkwürdig, indem, da im zwölften Jahrhundert die Gebeine des heiligen Martins, welche der Kirche entwandt waren, wieder gekauft werden sollten, solche nach einigen für 14, nach andern für 16 und gar für 20 Mark angeschafft werden mußten i). Dies war nach dem gegenwärtigen Werth des Geldes eine Summe von 112 bis 116 Reichsthaler. Man findet auch noch in Holstein Altäre, auf welchen Denkmäler vom Pabstthum übrig sind. Vorzüglich zeigt sich unter andern Bildern die Maria mit ihrer Krone als die Hauptperson unter allen, weil sie die vornehmste Heilige, und gleichsam die erste Schutzgöttin war k).

Den

h) G. Voigt in Thysinsterologia c. 15.
i) Christiani Geschichte der Herz. Schl. u. Holst. II, 267.
k) Diva tutelaris.

Den Bau einer Kirche zu befördern, war es ein nicht geringer Kunstgriff, daß man denen, die zum Bau derselben etwas beitrugen, oder dieselbe besuchten und beschenkten, auf gewisse Tage, Wochen und Jahre die Vergebung der Sünden oder die Befreiung von der aufgelegten Buße angedeihen ließ. Die hamburgischen Erzbischöfe pflegten insgemein den von ihnen gestifteten Kirchen einen Ablaß von 40 Tagen beizulegen, doch erweiterten sie diesen Ablaß so sehr, daß ein Sünder gar leicht auf die ganze Zeit seines Lebens das Schuldregister tilgen konnte. Der Erzbischof Nicolaus in Bremen ertheilte 1426 dem Kloster zu Bordesholm einen Ablaß auf 40 Tage, doch mit dieser Ausdehnung, daß ein jeder, der nur in der Kirche zu Bordesholm oder an einem dem Kloster zugehörigen Orte den Namen Jesus oder Maria mit Andacht nennen würde, 40 Tage; ein jeder, der sich für einen Altar neigen würde, 40 Tage, ein jeder, der der Messe beiwohnte, die Predigt anhörete, sich für die Bilder der Heiligen neigete, für die Verstorbenen betete, ein Geschäfte zum Nutzen des Klosters vornahm, und dergleichen mehr, jedesmal 40 Tage Vergebung der Sünden erlangte, und dies sollte allemal, so oft es wiederholt würde, eine Vergebung der Sünden auf 40 Tage wirken [1]). So weit trieb man den Aberglauben und erhielte dadurch die Menschen in der tiefsten Unwissenheit. Um aber auch den Gottesdienst, weil man eigentlich die Erbauung des Volks nicht zu befördern wußte, indem man sich um die Aufklärung desselben wenig be-

---

1) Muhl. diss. hist. th. 605.

bekümmerte, desto feierlicher zu machen, hielte man mit großer Solennität Processionen durch gewisse Thüren, die zur Vollbringung dieser damals achtungsvollen Handlungen geöfnet wurden, in die Kirche. Bei der Reformation sind diese Thüren, da sie zu diesem Gebrauche nicht mehr nöthig waren, zugemauret. Die Beweise davon sind noch bei einigen alten Kirchen in Holstein sichtbar.

Die geistliche Gerichtsbarkeit der Gotteshäuser zu schützen und sie zu erweitern, wurden den Geistlichen solche zugeordnet, welche das Ansehen der Kirchen und ihrer Güter vertheidigen und über die Erhaltung derselben wachen mußten. Diese hießen Advokaten oder Schutz- und Schirmvögte der Kirchen [m]). Eine jede Kirche hatte ihren eigenen Advokaten, und erwählte man insgemein dazu die Angesehensten, Vornehmsten und Reichsten im Lande. Bei den holsteinischen Kirchen waren vorzüglich Edelleute von Ansehen Advokaten. Diese waren verpflichtet, die Gerechtsame derselben zu beobachten; dahin zu sehen, daß die Güter der Kirche nicht geraubt würden, und ihre Macht zu gebrauchen, damit sie wider das Unrecht und wider die gewaltthätigen Beleidigungen Andrer Schutz und Sicherheit erlangten. Auch die Klöster hatten ihre Beschützer. Es war dieses eine so geachtete und ausgezeichnete Ehrenstelle, daß Männer, die dazu ernannt waren, sich sehr oft den Zunamen von der Kirche, deren Advokaten oder Beschützer sie waren, beilegen ließen. Ohne Zweifel haben viele Fami-

---

m) Christiani Gesch. der Herz. Schl. und Holst. I, 214. II, 252.

der Religion, der Kirchen ꝛc.

Familien in Holstein ihre Beinamen von dieser Würde, welche ihre Vorfahren ehemals bekleidet haben, erhalten. Denn Barmstedt, Boyenflet, Brokdorf, Gyklau, Itzehude, Krummendiek, Malent, Schlamerstorf, Segeberg, Wesenberg, Westensee, Wilster sind nicht unbekannte Geschlechter in Holstein.

Man hat ein Verzeichniß von den Kirchen, welche im Jahr 1347 zu der hamburgischen Probstei gehörten [n]). Es ist dieses:

In Stormarn.

1. Nienstede.
2. Wedele.
3. Barmstede.
4. Rellinghe.
5. Eppendorpe.
6. Berestede.
7. Ulensiek.
8. Trittowe.
9. Rabolvestede.
10. Stenbeke.
11. Lüttekensee.
12. Haselborpe. *)
13. Asolete.
14. Haselove. *)
15. Horst und Oestermünde.
16. Hale.
17. Langenbroke.
18. Süderove.
19. Nienbroke.
20. Crempe.
21. Borsvlete.
22. Bole.
23. Nienkerken.
24. Wevesvlete.
25. Beynevlete.
26. Elredevlete.
27. Brokdorpe.
28. Wilstria.
29. Crumbik.
30. Hiligenstede.

---

[n]) Staph. Hamb. Kirchengesch. I, 467.

*) Die beiden Kirchen Haselau und Haseldorf gehören nicht zur Probstei Münsterdorf, sondern sie sind als adeliche Kirchen jederzeit einseitig königlich gewesen, und stehen unmittelbar unter dem Generalsuperintendenten.

In Holſtein.

- 31. Etzeho.
- 32. Aſpe.
- 33. Scenevelde.
- 34. Habemerſchen.
- 35. Wetzſtede.
- 36. Gevenſtede.
- 37. Reyendesborg.
- 38. Bovenowe.
- 39. Weſtenſee.
- 40. Blevinghuſen.
- 41. Nordtorpe.
- 42. Kellinghuſen.
- 43. Stilnove.
- 44. Bramſtede.
- 45. Kolbenkerken.
- 46. Elmeshorn.

In Dithmarſchen.

- 47. Ketterſtede.
- 48. Bokelenborg.
- 49. Edelake.
- 50. Brunesbüttel.
- 51. Merne.
- 52. Meldorpe.
- 53. Alverstorpe.
- 54. Hemmingſtede.
- 55. Oldenworden.
- 56. Langenbroke.
- 57. Buſen.
- 58. Weslingburen.
- 59. Nienkerken.
- 60. Hemmer.
- 61. Linden.
- 62. Wetingſtede.
- 63. Henſtede.
- 64. Repferſtede.

Einige von dieſen Kirchen haben in der Folge der Zeit andre Namen erhalten, oder ſie ſind auch an andre Oerter verlegt. Zu den erſtern gehören die Kirchen: Wetzſtede heißt Hohenweſtedt; Blevinghuſen heißt jetzo Flemhude; Stilnove heißt Stellau; Ketterſtede heißt Süderhaſted; Linden heißt Lunden; Repferſtede heißt Nordhaſted. Zu den letztern kann man folgende rechnen: Lüttekenſee iſt nach Eichede, Hale nach Hohenfelde, Langenbrok nach Neuendorf, Bole nach Herzhorn, Elrebevlete nach Sankt Margarethen verlegt.

der Religion, der Kirchen ꝛc.

Es fehlen aber auch in diesem Verzeichnisse verschiedene Kirchen, welche gegenwärtig in Holstein vorhanden sind. Die Ursachen sind diese:

1. Einige Kirchen gehörten den Klöstern in Holstein, als 1) Kiel, 2) Brügge, 3) Fliebek, 4) Breitenberg, 5) Uetersee, 6) Neumünster, 7) Bordesholm.

2. Andre Kirchen mußten dem Domkapitel und dem ganzen Konvent gewisse Gelder jährlich entrichten, und stunden daher mit dem Dompropsten in keiner besondern Verbindung, als: 1) Bargteheide und 2) Sülfeld.

3. Noch andre Kirchen waren im Jahr 1347 nur Kapellen und haben das Parochialrecht erst nachher erhalten, oder sie sind auch nach der Zeit gestiftet und erbauet, als: 1) Heide, 2) Delve, 3) Tellingstedt, 4) Colmar, 5) Quikborn, 6) Seester, 7) Ottensen, 8) Schlichting, 9) Sankt Annen 1501, 10) Woldenhorn 15.., 11) Barlt 1600, 12) Münsterdorf 1600, 13) Michaelis Doene 1610, 14) Glückstadt 1617, 15) Wandsbek 1634, 16) Altona 1650, 17) Wiebberg, 18) Großen-Aspe 173., 19) Hörnerkirche 1752, 20) Nienborf 1769.

Die Kirchen in Wagrien, welche unter der Aufsicht des Bischofs in Lübeck im Jahr 1286 stunden °), waren folgende:

°) Ioan. Mölleri Isag. ad histor. Duc. Sl. et Holst. P: III. 421.

1. Brode.
2. Hilgenhavene.
3. Kerhgvelde.
4. Grobe.
5. Albenborgh.
6. Hofune.
7. Honstene.
8. Linsane.
9. Sconewolde.
10. Grobenisse.
11. Cycimere.
12. Reynevelde.
13. Segeberge.
14. Poretz.
15. Luthkenborgh.
16. Selente.
17. Gykowe.
18. Kercenhagen.
19. Elrebeke.
20. Sconenbergh.
21. Brocowe.
22. Plone.
23. Lybrade.
24. Blekendorp.
25. Bosowe.
26. Nienkerken.
27. Uthin.
28. Melente.
29. Nucheln.
30. Crempe.
31. Nova Crempa.
32. Züseln.
33. Ratacowe.
34. Rensevelde.
35. Corowe.
36. Golessekendorp.
37. Pule.
38. Todeslo.
39. Lescinghe.
40. Bornehovede.
41. Slamersdorp.
42. Insula Segeberge.
43. Peronisdorp.
44. Gnessowe.
45. Sarewe.
46. Cerben.
47. Wesenberge.

Auch von diesen Kirchen in Wagrien haben einige andre Namen erhalten, als: Brode heißt Großenbrode; Kerghvelde heißt Neukirchen; Hofune heißt Hansühn; Linsane heißt Lensahn; Grobenisse heißt Grömbs; Kercenhagen hieß nachher Karstenhagen und jetzo Probsteihagen; Brocowe heißt Barkau; Nova Crempa ist die Stadt Neustadt, welche jünger als das Kirchdorf Crempe ist; Insula Sege=

Segeberg ist Warder; Carben heißt Zarpen. Die Kirche zu Elmshagen hat vermuthlich ehemals zu Ellerbek, einem in diese Kirche jetzt eingepfarrten Dorfe gelegen.

In diesem Verzeichnisse fehlen nur zwei Kirchen, welche gegenwärtig in Wagrien sind, als: Schönkirchen und Arensbök. Schönkirchen ist entweder eine Kapelle gewesen oder auch nachher erbauet. Die Kirche zu Arensbök ist 1328 aufgeführt.

Dritte Abtheilung.
Von den Geistlichen in Holstein vor der Reformation.

Die Geistlichen waren vor der Reformation auch hier, wie in andern Ländern, in vorzüglicher Achtung. Sie waren fast die einzigen Gelehrten, und bei den Regenten bekleideten sie die ansehnlichsten Würden. Die Kanzler und die geheimen Sekretärs, welche die Aufsicht über die Archive hatten, und die Staatsgeschäfte zum Theil mit besorgten, waren insgemein bei den Kaisern, Königen und Fürsten Personen geistlichen Standes p). Urkunden erhielten durch ihre Unterschrift die Gültigkeit. Da sie mit den päbstlichen und römischen Gesetzen mehr bekannt waren, als andre; so wurden sie auch sehr oft zu solchen Geschäften gebraucht, welche nur nach den Gesetzen entschieden werden

---

p) Lamb. rerum hamb. L. II. 75. Christiani Gesch. der Herzogth. Schl. u. Holst. III, 332.

werden mußten. Wichtige Streitigkeiten beizulegen, Vergleiche zu treffen, Anordnungen zu machen, ist ihnen zum öftern aufgetragen. Dies vermehrte in vielem Betracht ihr Ansehen, da sie bei den wichtigsten Unternehmungen nicht entbehret werden konnten.

Die Aufsicht der Schulen und der Unterricht war auch eine Beschäftigung der Personen geistlichen Standes. Anscharius legte nicht nur zu Hamburg, sondern auch zu Welna Schulen an, in welchen solche Knaben, die nachher Lehrer des Volks werden sollten, Unterricht erhielten. Er kaufte nicht nur junge Leute, sondern auch der dänische Prinz Harald schenkte ihm einige Kinder, welche er im Christenthum unterweisen und zum Missionsgeschäfte geschickt machen ließ q). Aus dem Kloster Corvey, worin er selbst ein Lehrer gewesen war, ließ er diejenigen kommen, welche den Unterricht besorgen mußten r). Nach der Zeit sind von dem Erzbischofe Abaldagus diese Schulanstalten erweitert und zu einer größern Vollkommenheit gebracht s). In diesen Schulen wurden die Missionarien unter den Heiden, und die Lehrer, welche das Evangelium verkündigten, gebildet. Nach der Tüchtigkeit, die sie besaßen, sandte man sie in verschiedene Gegenden, andre zu unterrichten. Ihre ganze Gelehrsamkeit faßte die Erkenntniß der lateinischen Sprache, der Kirchenväter und einiger Bücher der heiligen Schrift in sich. Mit dieser Erkenntniß verbanden

---

q) Remb. vita Anschar. c. 7.
r) ibid. c. 14.
s) Ad. Brem. Hist. eccl. L. II. c. 6.

den sie die Geschichten der Heiligen und der erdich: teten Wunderwerke derselben. Durch die Wunder, welche sie den Heiligen beilegten, und die sie vorzüglich zu rühmen und zu erheben wußten, suchten sie die unwissenden Menschen im Irrthum und in der Blindheit zu erhalten, und ihnen die Religion so wunderbar und geheimnißvoll zu machen, daß sie in der That nichts von den Heilswahrheiten der Lehre Jesu kannten, als die fabelhaften Mönchsgeschichten.

Man theilte die Schulen, über welche die Clerisei besonders in den Klöstern die Aufsicht hatte, und bei welchen sie das Lehramt führte, theils in hohe Schulen für die künftigen Geistlichen, theils in geringere und niedrige Schulen, in welchen das Lesen nebst dem Heilsgrunde von den sogenannten Layen gefaßt werden mußte. Das Christenthum, das man in diesen niedrigen Schulen lehrete, bestund 1) in dem Vater Unser, und 2) in dem apostolischen Glaubensbekenntnisse. Diese beiden Stücke, die oft noch dazu in der lateinischen Sprache auswendig gelernet wurden, machten lange Zeit den ganzen Katechismus aus. Es mußten dieselben zum Beweise, daß sie Christen waren, hergesagt werden, entweder, wenn sie Gevatter stunden, oder auch, wenn sie zur Beichte gingen. Aus dem Gesetze, oder aus den zehn Geboten hatte man nur die Hauptsünden oder grobe Verbrechen herausgezogen. Dies war ohne Zweifel in der Absicht geschehen, damit ihr selbsterwählter Gottesdienst keinen Anstoß leiden möchte. Von einigen wurden auch Psalmen dem Gedächtniß anvertrauet. Endlich
kon:

kam in dem dreizehnten Sekulo das *Ave Maria* mit dem Zusatze: Heilige Maria, Mutter Gottes, bitte für uns Sünder nun und in der Todesstunde, hinzu. So blieb es bis auf die Zeit, da Luther den Katechismus, wie er noch jetzo ist, schrieb t).

Die heilige Schrift war in diesen finstern Zeiten ein unbekanntes Buch. Das vornehmste des Gottesdienstes bestund in Messelesen, und der Vortrag des Wortes Gottes war selten. Anstatt der Predigten mußte sich das Volk mit Ablesung der Episteln und Evangelien in lateinischer Sprache begnügen lassen. Kaiser Carl der Große nahm sich zwar die Verbesserung des Kirchenwesens ernstlich an: allein Eginhard, ein Kanzler dieses Kaisers bezeuget, daß er mit aller Mühe nichts weiter ausgerichtet habe, als daß die Mönche an den Oertern, wo er sich aufhielte, gut und fertig haben lesen gelernet u). So traurig war die Verfassung des Lehrstandes, und daher war es nicht zu bewundern, daß der Unterricht, welcher in den Schulen ertheilet wurde, einen so geringen Einfluß auf die Erweiterung der menschlichen Erkenntniß hatte.

Die Geistlichen wurden in Regulares und Seculares unterschieden. Jene waren die Canonici und Mönche, welche nach gewissen Regeln ihr Leben führen mußten. Die Seculares waren die Prediger bei den Kirchen und hießen Plebani.

Diese

---

t) Joh. Christoph Kleffels Lehrart,lder Geistlichkeit in den mittlern Zeiten.

u) Ebendaselbst.

Diese wurden in Rectores, in Capellanen und in Vicarien abgetheilet. Rector der Kirche war der erste Geistliche derselben, und er verrichtete sein Amt an den Altären, welche in der Kirche stunden. War der Altar in einer Capelle; so hieß der Geistliche Capellan: stand er aber an einem Pfeiler in der Kirche, und mußte nur der Geistliche dann und wann Messe lesen; so hieß er Vicarius. Mußte der Geistliche das ganze Jahr bei dem Altar die Messe abwarten; so hieß er Vicarius perpetuus x). Je größer die Gemeine und je angesehener die Stiftungen bei derselben waren, desto zahlreicher waren auch die Vicarii. Es war zu den damaligen Zeiten keine Kirche im Lande, an welcher nicht außer dem Rector einige Vicarien ihr Amt zu verrichten hatten. In den kleinsten waren außer der Pfarrkirche noch immer Capellen, welche von Capellanen besorgt wurden, und bei der Kirche selbst oft viele Vicarien oder Altäre, welche Heiligen gewidmet waren, bei welchen die Vicarii Seelmessen nach Beschaffenheit der Stiftung lesen mußten. Denn das Wesentliche des Gottesdienstes vor der Reformation bestund in Messelesen, da man gewisse Fürbitten für die Verstorbenen an die Mutter Gottes Maria und an die Heiligen nach den Stiftungen, die man gemacht hatte, ergehen ließ. Die Lehre vom Fegefeuer y) war die Veranlas=

---

x) Lamb. rerum hamburg. L. II. 70. n. 7.

y) Wunfried, mit dem Zunamen Bonifacius, ein Engelländer, welcher sich um die Ausbreitung der christlichen Religion in Teutschland, und besonders in Franken, Hessen und Thüringen verdient gemacht hat, und
755.

anlassung, daß das Messelesen die ganze und vornehmste Beschäftigung der Geistlichen war. Man fand fast an einem jeden Pfeiler und in einem jeden Winkel der Kirche einen Altar, welcher den Vicarien zum Gebrauch diente. Man sorgte in diesen abergläubischen Zeiten mehr für die Verstorbenen als für die lebendigen, mehr die Seelen aus dem Fegfeuer zu erretten, als die lebenden Menschen zu unterrichten, dem künftigen Verderben durch einen gottseligen Wandel zu entfliehen.

Vierte Abtheilung.
Von den
Klöstern und geistlichen Stiftungen
vor der Reformation.

Außer den Kirchen und Gotteshäusern, in welchen sich das Volk an den Fest = und Sonntagen versamm=

755 als Erzbischof zu Mainz ums Leben gebracht worden ist, soll in Teutschland zuerst die Lehre vom Fegfeuer, von den Seelmessen und von der Fürbitte für die Verstorbenen auf Anhalten der römischen Päbste ausgebreitet haben. Er lehrte, daß in dem Fegfeuer die Seelen der Verstorbenen ihre Sünde büßen müßten, daß aber durch die Fürbitte der Lebendigen, und durch Gaben, Almosen und Stiftungen für die Kirchen und Geistlichen der Himmel den Abgeschiedenen zu Theil würde. Dankw. Landesbeschr. 262. Mit diesen Meinungen wurde leider die christliche Religion in Holstein gegründet. Denn der erste Stifter des Christenthums, Willehadus hielte sich nach dem Tode des Bonifacius zuerst in der Gegend auf, wo derselbe als ein Märtyrer starb, bis er von den Friesen vertrieben, sich unter den Sachsen einfand, und ohne Zweifel diese Lehren mit der Gründung des Christenthums verbreitete.

sammlete, fehlte es in Holstein auch nicht an Klöstern, in welchen Mönche und Nonnen die Gelübde der Keuschheit, des Gehorsams und der Armuth ablegten. Das Mönchsleben, da man sich in einsame und abgelegene Oerter begab, entstand bei den Verfolgungen der Christen, und nahm im vierten Jahrhundert seinen Anfang. Die gemeinschaftliche Absicht, Gott in der Stille, und von dem Geräusche der Welt entfernet, zu dienen, legte den Grund, Klöster zu erbauen und in denselben beisammen zu leben. Nach der Zeit kamen die verschiedenen Orden auf, in denen solchen, welche sich dem Klosterleben widmeten, gewisse Regeln zu beobachten, vorgeschrieben waren. Aus einem Orden entstanden noch andre, deren Stifter in der Beobachtung gewisser Pflichten noch strenger zu seyn suchten. So stammte der Cartheuserorden im 11ten Jahrhundert ursprünglich von dem Benedictinerorden ab, und machte den Stifter desselben es seinen Ordensbrüdern zur Pflicht, daß sie nichts anders sprechen sollten, als die Worte: gedenke an den Tod, und stets allein seyn und allein speisen mußten.

Der Mönchsstand war auch hier vormals sehr geachtet, und die Angesehenen im Lande vermachten einen Theil ihrer Güter den Klöstern, damit die Mönche Seelmessen für sie oder ihre Vorfahren lesen sollten z). Diese Vermächtnisse sind durch die Bullen der Päbste und durch die Verordnungen

---

z) Muhlii Diff. hist. theol. — Hist. coenob. Bordesholmenf. Nesois Beiträge zur Erläuter. der Civil-, Kirch. und Gel. Hist. der Herz. Schl. u. Holst.

nungen der Erzbischöfe und Bischöfe bestätiget. Wie verdienstvoll man den Mönchsstand hielte, siehet man daraus, da der tapfre und große Held Adolph IV. in Holstein, welcher durch die merkwürdige Schlacht bei Bornhövd sich sein väterliches Land wieder erwarb, in ein Kloster ging, und alle Ehre und Würde seines Standes mit dem verächtlichen und einsamen Mönchsleben vertauschte ª).

Die mehresten Klöster in Holstein waren dem Benedictiner-, und besonders dem Cistercienserorden gewidmet. Der Benedictinerorden soll um das Jahr 534 auf dem Berge Cassino von dem heiligen Benedictus gestiftet seyn. Von diesem Benedictinerorden sind zehn Zweige entstanden. Unter andern errichteten zwei Mönche, Ardingus und Robertus Molis im Jahre 1098 den Cistercienserorden in Burgund. Dieser Orden breitete sich weit in Europa aus, und die mehresten Klöster in Teutschland und in Niedersachsen bekennen sich zu diesem Orden ᵇ).

1. Kloster Neumünster 1130.

1. Das älteste und erste Kloster in Holstein ist zu Neumünster von dem großen Evangelisten Vicelin ohngefähr ums Jahr 1130 oder einige Jahre vorher mit Bewilligung des Erzbischofs Adelbero in Hamburg gestiftet. Der Ort, wo dies Kloster angelegt ist, hieß zuvor von den Sachsen Wippentorp und in der wendischen Sprache Faldera ᶜ). Andre behaupten, daß in dem Theile, welcher Wippendorf genannt worden ist, die Capelle gestanden habe,

a) Christ. Gesch. der Herz. Schl. u. H. II, 262.
b) Camerers Merkwürdigk. der Holst. Geg. I, 172.
c) Bang. in not. ad Helm. 115.

der Religion, der Kirchen ꝛc.

habe, in welcher Vicelin zuerst gelehret hat: in dem andern Theile des Ortes, welcher Faldera geheißen, sei von Vicelin das Kloster erbauet worden. Den Namen Neumünster erhielte es zum Unterschied einer ältern Stiftung zu Welna oder Münsterdorf. Es war dieses Neumünster ein Mönchskloster Augustinerordens. Vicelin war der erste Probst dieses Klosters. Der hamburgische Erzbischof beschenkte diese Stiftung mit ansehnlichen Ländereien und Kaiser Lothar befreiete alles, was diesem Kloster gehörte, von Abgaben, erlaubte auch den Einwohnern Holsteins, demselben ihre Güter zu vermachen. Dadurch erhielte es von Zeit zu Zeit ansehnliche Einkünfte.

Im Jahr 1332 ist es nach Bordesholm verlegt. Die vormals in Holstein berühmten Geschlechter der Pogwischen, der Wolfen und der von der Wischen haben sich durch Geschenke und Wohlthaten um das Kloster zu Bordesholm verdient gemacht. Daher auch sie vorzüglich der guten Werke des Klosters theilhaftig waren, und vor andern die Ehre genossen, Advocaten und Schutzherren desselben zu seyn: Herzog Johann der ältere, der zu Hadersleben residirte und dem das Kloster Bordesholm in der Theilung zufiel, forderte von dem Prälaten des Klosters, Marquard Stammer, Rechnung. Dieser aber raffte die besten Sachen zusammen, und zog heimlich davon. Sobald der Herzog solches erfuhr, ließ er das Kloster, 1565 einnehmen, und erlaubte den Mönchen ohne Vorste-

---

d) Muhl. Hist. coenob. Bordesh. 545.

her lebenslang Unterhalt. Diese aber machten es wie ihr Prior und gingen davon e).

Im Jahr 1566 stiftete der Herzog hier ein Gymnasium, worin verschiedene junge Leute freien Unterhalt empfingen. Da aber dies Gymnasium 1627 in dem kaiserlichen Kriege zerstöret ist, geschahe zwar 1635 eine bessere Einrichtung desselben, indem der Herzog die Anzahl der 16 fürstlichen Alumnen auf 32 erhöhete, allein 1665 sind die Einkünfte dieser Schule zu der Universität Kiel verlegt.

In diesem Kloster zu Bordesholm ist vormals ein künstlicher Altar gewesen, welchen Hans Brüggmann 1521 verfertiget hat, und welcher noch jetzo in der Domkirche zu Schleswig befindlich ist f). Von dem regierenden Herzog Friedrich in Holstein, welcher sich oft zu Bordesholm wegen der Annehmlichkeit des Ortes aufhielte, wird erzählet, daß, da er an einem Tage in der Klosterkirche ganz einsam umhergegangen, und sich und sein fürstliches Haus dem Schutze des Allmächtigen empfohlen habe, hätte ihm eine Stimme zugerufen: „Sei zufrieden, mein „Sohn, aus deinen Landen werden noch einmal „Könige kommen." Darauf hätte er sich vor dem Altar mit Andacht niedergeworfen und gesagt: „Hei„lig, heilig, heilig ist der Herr Zebaoth, alle Land ist „seiner Ehre voll, deiner Güte, o Herr! ist, daß „wir nicht gar aus sind, deine Barmherzigkeit hat „noch kein Ende und deine Treue ist groß g)."

Von

e) Noodts Bordesh. Merkwürd.
f) ib. Muhl. H. coen. Bord. Dankw. Land. B. 191 Noodts Beitr. I, 117.
g) Muhl. Hist. coenob. Bard. 537.

2. Von eben dem Vicelin, welcher Neu- **2. Kloster Segeberg 1134.**
münster gestiftet hat, ist bald nachher 1134 das
Kloster zu Segeberg, welches gleichfalls ein
Mönchskloster des Augustinerordens war, an=
gelegt. Es war dieses das erste Kloster in Wa=
grien. Bei der Stiftung desselben hatte der from=
me Vicelin die Absicht, an diesem Orte Lehrer zu
erziehen, welche die Wenden unterrichten und zum
christlichen Glauben bringen sollten. Allein schon
1139 zerstörte der Fürst der Wenden, Pribislav,
diese Stiftung, da sie kaum zu Stande gekommen
war. Vicelin verlegte daher im folgenden Jahre
das Kloster nach dem an der Trave belegenen Dorfe
Küßlin oder Högelstorf. Bischof Gerold, der
Nachfolger des Vicelins im oldenburgischen Bis=
thum, legte es ohngefehr 1156 wieder nach Sege=
berg. Hier blieb es, bis 1535 der lübeckische Bür=
germeister Marx Meier dasselbe gänzlich in die Asche
legte h).

3. Zu Reinfeld stiftete Graf Adolph III. **3. Kloster Reinfeld 1186.**
in Holstein 1186 für Mönche, welche Cistercien=
serordens waren und aus dem Kloster Loccen in der
Grafschaft Schauenburg genommen sind, ein Klo=
ster, welches von einem Abte regieret wurde. Der
Graf selbst beschenkte dasselbe mit einigen nahe bei
dem Kloster liegenden Ländereien und Dörfern.
Durch die gute Haushaltung der Aebte, von denen
sich einige von Gottes Gnaden schrieben, und
durch die Freigebigkeit der in der Nachbarschaft woh=
nenden Edelleute ist es eines der ansehnlichsten und
reichsten Klöster im Lande geworden. Es besaß
auch

h) Westph. Mon. ined. Tom. IV. 3250.

auch in Pommern, in Meklenburg und im Lauenburgischen ganze Aemter und Städte. Der berühmte Hinrich Rantzau urtheilet daher mit Recht, daß die Aebte des Klosters zu Reinfeld vor Zeiten den Fürsten an Würde und Vorrechten gleich geachtet worden wären i). Bis 1517 war dies Kloster der Oberaufsicht des Bischofs in Lübeck unterworfen. In diesem Jahre aber unterwarf es sich auf Verlangen des Königs in Dännemark, Christian II. und mit Bewilligung des Pabstes dem Bischofe zu Schleswig. Im Jahr 1582 fiel dies Kloster in der Theilung dem Herzog Johann dem jüngern zu. Von demselben sind die Klostergebäude 1600 niebergerissen, und auf der Stelle, wo sie gestanden haben, ist ein Schloß aufgeführet, die Dörfer aber, welche zu demselben gehörten, sind in ein Amt verwandelt k).

4. Kloster Pretz 1216.

4. Die Zeit der Erbauung des Klosters zu Pretz, welches ehemals Marienfeld hieß, und noch jetzo bestehet, ist nicht ganz sicher zu bestimmen. Wahrscheinlich ist es 1216 von dem Grafen Albert von Orlamünde gestiftet, und nachher von Graf Adolph IV. bestätiget. Die Conventualinnen dieses Klosters waren Benedictinerordens. Es war der heiligen Jungfrau Maria und dem heiligen Johannes dem Täufer geweihet. Bischof Barthold zu Lübeck, zu dessen Kirchensprengel es gehörte, schenkte den Nonnen ansehnliche Gerechtsame.

i) Westph. Mon. ined. P I. 107. Reineveldensis coenobii Abbates principibus dignitate et privilegiis olim pares fuere habiti.

k) Hansens Nachricht von den Ploen. Landen 174.

me. Graf Albert von Orlamünde sowol als Graf Adolph IV. bewiesen sich gegen das Kloster wohlthätig. Anfänglich lag es in Preß, 1232 kam es nach Erpesfelde und 1242 mit Genehmigung des Bischofs Johann in Lübeck nach Lutterbeck. Nach der Zeit ist es wieder nach Preß verlegt, wo es noch bis auf diese Zeit befindlich ist.

Zur Zeit der Reformation ist das Kloster Preß zum Wohlstande der holsteinischen adelichen Familien in seiner Verfassung geblieben, und es sind die Gebräuche, welche im Pabstthum beobachtet wurden, zum Theil abgeschaffet. Es stehen jetzo demselben ein Probst, welcher insgemein einer der Angesehensten aus dem holsteinischen Adel ist, und eine Priorin vor. Die Einkünfte genießen 40 Fräulein aus den adelichen Geschlechtern in Holstein, es sei denn, daß eine Fremde von der Landesherrschaft vermöge des ersten Rechts der Bitte ernannt wird [1]).

5. Das adeliche Fräuleinstift zu Itzehoe ist zuerst zu Ivensleth in dem Kirchspiel Borsfleth angelegt und war Cistercienserordens. Nachher kam es näher bei der Kirche zu Borsfleth und 1265 nach Itzehoe. Es war der Jungfrau Maria zur Ehre gestiftet. Auch dieses Kloster, welches dem hamburgischen und nach der Zeit dem bremischen Erzbischof unterworfen war, ist von Zeit zu Zeit mit reichen Stiftungen versehen, welche nicht nur von den Erzbischöfen in Hamburg, sondern auch von den Päbsten bestätiget sind. So viel man aus den

5. Kloster Itzehoe.

―――――
1) Jo. Moll. Isag. ad hist. duc. Sl. et Holl. 380. Christ. Gesch. der Herz. S. u. H. II, 181.

den Nachrichten schließen kann, hat dem Kloster von Anfang her eine Aebtißin vorgestanden, welche sich bisweilen von Gottes Gnaden schrieb.

Bei der Kirchenverbesserung blieb auch dies Kloster eine Stiftung für die Familien der holsteinischen Ritterschaft. Die Gerichtsbarkeit wird von einem Angesehenen aus dem holsteinischen Adel, welcher Vorbitter genannt wird, besorget. Noch jetzo stehet dem Kloster eine Aebtißin vor und 19 Conventualinnen genießen die Einkünfte desselben [m].

6. Kloster Reinbeck 1229.

6. Zu Reinbeck war ein Cistercienser Nonnenkloster, welches vor 1229 und wahrscheinlich von Graf Adolph IV. gegründet ist. Es stand unter dem Erzbischof in Hamburg und in der Folge unter dem Erzbischof in Bremen. Da die Reformation in Holstein einen glücklichen Fortgang hatte, kaufte König Friedrich I. von der Priorin und dem ganzen Convent im Jahr 1529 das Kloster mit allen Gütern, und die Nonnen verließen in dem darauf folgenden Jahre in Abwesenheit ihres Probsten, Detlev Reventlau, welcher nachmals Bischof in Lübeck geworden ist, das Kloster. Es ist dasselbe darauf in ein Amt verwandelt [n].

7. Kloster Uetersen 1235.

7. Das Kloster Uetersen soll 1235 von einem Edelmann, Hinrich von Barmstede gestiftet seyn. Die Nonnen waren Cistercienserordens. Der Stifter versetzte 12 Nonnen aus dem Kloster Reinbeck dahin, und vermachte die Hälfte seiner Güter dieser

[m] Noodts Beit. I, 663. Staph. Hamb. K. G. I. 467. 507. 612. Christ. Gesch. d. H. S. u. H. II, 187.
[n] Noodts Beit. I, 565. Christ. Gesch. der Herz. S. u. H. II, 196.

dieser Stiftung. Seine Nachkommen sowol als auch die regierenden Grafen in Holstein haben daſſelbe mit anſehnlichen Einkünften bereichert. Der Erzbiſchof in Bremen hatte die Oberaufſicht über das Kloſter und die Kaiſer Maximilian II. und Rudolph II. haben es in der Folge in ihren und des Reichs beſondern Schutz genommen. — Nach der Reformation blieb auch dieſes Kloſter eine Stiftung für den einheimiſchen Adel. Es ſtehen demſelben ein Probſt und eine Priorin vor, und 15 Fräulein halten ſich gewöhnlich in demſelben auf º).

8. Das Kloſter zu Cismar iſt 1237 von Graf Adolph IV. für Benedictinermönche angelegt, und ſind 1247 die Mönche aus dem Johannisklofter in Lübeck mit Bewilligung des Pabſtes, des Erzbiſchofs in Hamburg, des Biſchofs in Lübeck und des Grafen Johann von Holſtein dahin verſetzt, weil ſie ſich einer gar zu freien Lebensart in dem lübeckiſchen Johannisklofter ſchuldig gemacht hatten. Der Biſchof zu Lübeck hatte die Oberaufſicht. Zur Zeit der Kirchenverbeſſerung veränderte der königliche Prinz Chriſtian 1527 die Verfaſſung dieſes Kloſters. Wie nachher Herzog Adolph im Jahr 1544 dies Kloſter mit den dazu gehörigen Ländereien in der Theilung erhielte, verwandelte er daſſelbe in ein Amt. Noch 1546 lebte ein Abt des Kloſters p).

8. Kloſter Cismar 1237.

9. Das

---

o) Moodts. Beitr. I, 583 Chriſt. Geſch. d. Hrz. S. u. H. III, 363. Camerer Nachr. v. Schl. und Holſt. 173.

p) Dän. Bibl. 8. St. 158. Dankw. Landesbeſch. 213. Chriſt. Geſch. d. Hrz. S. u. H. II. 196.

9. Kloster zu Kiel 1240.

9. Das Kloster in Kiel ist von dem Grafen Adolph IV. 1240 erbauet, und die Mönche waren Franciscaner. Der Stifter selbst lebte in diesem Kloster als ein Mönch in der größten Dürftigkeit. Vor den Thüren seiner eigenen Unterthanen bettelte er Speisen und Gaben. Es trug sich daher an einem Tage zu, daß er eine Kanne mit Milch, welche ihm als ein Almosen geschenkt war, mit der Hand hielte, wie seine beiden Söhne, die regierenden Grafen in Begleitung ihrer Bedienten und mit einem ansehnlichen Gefolge in eben derselben Straße daher ritten und ihm begegneten. Dieser Anblick erweckte in ihm die Entschließung die Milch, so gut, wie er konnte, zu verbergen. Als er sich aber anders besann, schüttete er sie gar über den Kopf und sprach: „armes Fleisch, du schämest „dich, die Milch in der Kanne zu tragen. Damit „du aber desto mehr beschämet werden mögest, tra„ge sie auf dem Haupte. Denn die Schrift sagt „ja: wir sind Gott und den Menschen zum Schau„spiel." Er ist auch in der Kirche dieses Klosters, da er 1261 den 8ten Jul. die Welt verließ, begraben q).

König Friedrich I. in Dännemark befahl 1530 den Mönchen, sich ferner aller gottesdienstlichen Handlungen zu enthalten, und dem Magistrat zu Kiel ein Verzeichniß von ihren Kleinodien und Gütern zu überliefern, schenkte auch das Kloster der Stadt r).

10. Das

q) Alb. Crantz Saxon.
r) Behse von der Stadt Kiel 156.

10. Das Kloster Arensbök sollte erst ein Nonnenkloster werden, ist aber 1397 für die Carthäusermönche gestiftet. Ein gewisser Domherr in Hamburg und Lübeck, Jacob Krumbeck legte den Grund zu dieser Stiftung, indem er 1387 in seinem Testamente seine Güter zur Errichtung eines Nonnenklosters in Arensbök vermachte. Es kam auch dieses Stift mit Bewilligung Herzogs Gerhard VI. und seiner beiden Brüder wirklich zu Stande, allein für Cartheusermönche, welche aus den Klöstern zu Erfurt, Eisenach und Hildesheim genommen wurden. Das Kloster gehörte zum Bisthum Lübeck. — Herzog Johann der jüngere, dem das Kloster nebst den Ländereien zufiel, ließ 1584 das Kloster niederbrechen, und auf der Stelle ein Schloß aufführen. Die Dörfer, welche demselben gehörten, sind in ein Amt verwandelt, welches noch jetzo den Namen Arensbök führet s).

Es sind demnach außer einigen andern Klöstern, als zu Ploen, Meldorf, Oldenburg, Cremp, Lunden, Marne ꝛc., welche aber unbedeutend waren, 10 Klöster bis auf die Zeit der Reformation in Holstein berühmt und in Ansehen gewesen, nehmlich 6 Mönchs- und 4 Nonnenklöster, wovon noch die drei vornehmen Fräuleinstifte zu Itzehoe, Pretz und Uetersen bestehen. So wie die Meinung, in der Einsamkeit und an abgesonderten Oertern desto besser Gott dienen zu können, die Veranlassung war, das Klosterleben zu erwählen, so bestand nach der Zeit die vornehmste Beschäftigung derer, die in den Klöstern sich aufhielten, darin,
daß

---

s) Hansens Nachr. von den Ploen. Landen. 66.

10. Kloster Arensbök 1397.

daß sie Seelmessen für die Verstorbenen hielten und ihre Heiligen um die Befreiung derselben aus dem Fegefeuer anfleheten. Ihre Gönner und solche, welche sich durch Wohlthaten und milde Gaben um ihr Kloster verdient gemacht hatten, machten sie ihrer guten Werke theilhaftig t), und dies vermehrte bei manchen Vorfällen ihre Einkünfte. Die Klöster zu Reinfeld und Eismar hatten Aebte und dem Kloster zu Itzehoe stund eine Aebtissin vor. Die übrigen Klöster hatten Pröbste zu Vorstehern. Nach der Zeit verwandelte man die Benennung Probst in Prior, wie man solches zu Neumünster und Segeberg wahrnimmt. Mit denen, welche in diesen Klöstern unterrichtet waren, sind vor der Kirchenverbesserung größtentheils die Lehrämter im Lande besetzt.

So wie in Dännemark die Bettelorden zur Zeit der Reformation aufgehoben sind; so geschahe solches auch in Holstein. König Friedrich I. ließ gleich mit dem Anfange der Kirchenverbesserung das Franciscanerkloster in Kiel eingehen, und untersagte den Mönchen ferner zu betteln. Die Augustiner- und Benedictinerklöster, welche viele Landgüter in Holstein besaßen, und ihre eigenen Einkünfte hatten, blieben noch einige Jahre in ihrer Verfassung, bis sie in der Folge der Zeit von den Landesherren entweder gänzlich aufgehoben worden oder secularisirt sind.

Zu den Zeiten, da der fromme Aberglaube noch in unserm Vaterlande die Menschen verleitete: in gewissen äußerlichen Werken und in der Verehrung

---

t) Mahl. Hist. coen. Bordesh.

rung solcher Personen, die man durch die Benennung heilig über andre erhob, sich Verdienste zu erwerben, richtete man Verbindungen auf, die den Endzweck hatten, Regeln des Wohlthuns und der Frömmigkeit zu beobachten. Man machte es sich zur Pflicht, brüderlich einander beizustehen, und in Krankheiten und bei der Annäherung des Todes die nöthige Hülfe zu erweisen. Diese Verbindungen nannte man Brüderschaften, und vorzüglich Kalande u). Zu welcher Zeit die Kalandbrüderschaften aufgekommen sind, läßt sich nicht mit Gewißheit bestimmen. Es scheint aber, daß sie hier im Lande schon im zwölften Jahrhundert bekannt gewesen, und im dreizehnten Jahrhundert allgemein eingeführet sind. Diese Verbindungen, die einige Personen unter sich machten, oder diese Kalande erwählten sich Heilige zu Patronen. Einer der wichtigsten Kalande war der zu Münsterdorf, wo der Erzbischof von Rheims, Ebba, da es noch Welma hieß, 825, ein Bethaus einrichtete. Die Veranlassung zu diesem Kaland gab eine Erscheinung, welche Graf Hinrich I. von Holstein gehabt haben soll. Nach dem Tode desselben ließ seine Witwe, Heilwig mit ihren beiden Söhnen im Jahr 1305 daselbst eine Kapelle erbauen, und beschenkte dieselbe mit einer Hufe Landes bei dem Dorfe Münsterdorf für die Seelenruhe ihres verstorbenen Gemahls x). Aus die-

u) Schöttgen vom alten und neuen Pommerland. II. 179. Christ. Geschichte der Herzogth. Schlesw. und Holst. II, 198. III. 372. L. 357.
x) Muhl. de reform. Rel. in Cimbr. 166. Christ. Gesch. der Herz. S. u. H. III, 373.

diesem Kaland, welcher bald nach der Stiftung sehr zunahm, und die regierenden Grafen in Holstein auch Herzöge zu Mitgliedern hatte, entstund nach der Reformation 1544 eine Synode oder geistliches Consistorium, welches noch jetzo sich zu Itzehoe versammlet, und aus den Predigern, die zu der Münsterdorfischen Probstei gehören, bestehet. Eben solche Kalande, welche Personen vom geistlichen und weltlichen Stande ausmachten, waren fast in allen Städten und sogar in einigen Kirchdörfern. Die merkwürdigsten sind die zu Kiel y), Rendsburg, Plöen, Segeberg und Meldorf z).

Da die Reformation in Holstein den Anfang nahm und der Uberglaube nebst dem Dienste der Heiligen aufhörte, fiel auch das Ansehn der Kalande und aller Brüderschaften, die ihren Ursprung aus dem Pabsthum hatten. Die übriggebliebenen Brüder erkauften, so gut sie konnten, ihre Güter und Häuser, und damit hatten die Verbindungen dieser Art ein Ende. Einige Edelleute bedienten sich dieser Gelegenheit und erhandelten die ihnen nahe gelegenen Hufen und erweiterten dadurch ihre Höfe und Güter, die sie besaßen. Andere Kalande wurden in geistliche Consistorien verwandelt. In den Städten sind hin und wieder aus den Brüderschaften, die die Einwohner in päbstlichen Zeiten mit einander aufgerichtet haben, die noch bestehende Todten- und Feuergilden entstanden zz).

y) Christ Gesch. der Herz. S. u. H. 375.
z) Helm. Sax. Dithm. K. H. 99.
zz) Scholtz Nachr. von der Stadt Heiligenh. 166.

Drit-

Dritter Theil.

Von
der Beschaffenheit der Religion
in Holstein
von Anfang der Kirchenverbesserung
bis auf die gegenwärtige Zeit.

Erster Abschnitt.
Von der
Kirchenverbesserung in Holstein.

Die Gelegenheit, daß in den Ländern, in welchen die Irrthümer des Pabstes bisher allgemein angenommen waren, solche abgeschaft wurden, und die reine Lehre des Evangelii sich ausbreitete, gab der Ablaßhandel, da man die Vergebung der Sünden für Geld verkaufte. Der römische Pabst Leo X. hatte nicht allein durch seine wollüstige Lebensart, sondern auch durch den kostbaren Bau der Peterskirche zu Rom sehr viel Geld verbracht. Damit nun die päbstliche Kasse wieder bereichert werden möchte, sahe man kein Mittel dazu geschickter als den Ablaß, und weil man in Teutschland, wo Aberglaube und Einfalt überall herrschte, das mehreste Geld dafür hoffen konnte; so entschloß
sich

sich der Pabst, hier öffentlich den Ablaß verkündigen zu lassen. Der Erzbischof von Mainz und Magdeburg, Albert von Brandenburg bekam in der Absicht den Auftrag vom Pabst, und zugleich die Erlaubniß, einen Theil davon für sich zu behalten. Dies Anerbieten wurde mit Freuden von ihm angenommen, und er schlug, weil der päbstliche Ablaßkrämer Johann Angelus Arcimboldus den Handel in Norden für wichtiger als in Teutschland hielte, einen gewissen Dominicanermönch, Johann Tetzel, welcher Prior zu Grosglogau in Schlesien war, zum Untercommissär in Sachsen vor, dies Geschäfte auszuführen. Dieser zog in Sachsen und in andere Gegenden Teutschlands mit seiner Ablaßbulle herum. So oft er in eine Stadt kam, und seinen Einzug in dieselbe hielte, trug er die in Sammet und Gold gebundene Bulle vorher, ließ sich von Geistlichen und Weltlichen mit Fahnen und Lichtern begleiten. Die Glocken wurden geläutet, die Orgeln geschlagen, und mitten in der Kirche richtete man ein grosses Kreuz auf, woran die Fahne des Pabstes hing. Darauf verkündigte der Ablaßkrämer die große Wohlthat und das Heil, welches den Einwohnern des Orts zu Theil werden könnte a).

Diese Feierlichkeit brachte aus allen Gegenden die einfältigen und unwissenden Menschen zusammen. Noch mehr aber ließen sie sich herbeilocken, da er ihnen die Versicherung ertheilte, daß alle Sünden ohne Unterschied vergeben würden,
wenn

a) W. E. Tentzels histor. Bericht von der Reformation Lutheri.

wenn nur ein gewisses Geld dafür bezahlet worden. Er trieb sein schändliches Gewerbe gar so weit, daß er auch für solche Sünden, welche noch künftig begangen werden könnten und sollten, Ablaß versprach. Ein solches Unternehmen mußte nothwendig bei aufgeklärten und frommen Seelen den grössten Abscheu verursachen. Dennoch durfte es niemand wagen, öffentlich demselben sich zu widersetzen, weil ein jeder sich für die Macht des Pabstes, welcher diesen Ablaßkrämer bevollmächtiget hatte, fürchtete. Zu der Zeit lebte zu Wittenberg Martin Luther als ein öffentlicher Lehrer. Bei demselben fanden sich einige mit den erhandelten Ablaßbriefen des Tetzels ein, und behaupteten: sie hätten weiter nicht nöthig ihre Sünden zu bereuen und Buße zu thun, weil sie eine völlige Vergebung der Sünden durch Tetzel erhalten hätten. Weil nun der fromme Luther solche Verächter nicht zur Beichte annehmen wollte, sondern vielmehr sie als unwürdig erkannte, weil die Vergebung der Sünden nicht anders bewirket werden könnte, als durch wahre Reue, und durch den Glauben an Christum, beklagten sie sich bei Tetzel über Luther.

Dieser Tetzel erklärte darauf den Luther für einen Ketzer, verfluchte ihn und ließ an verschiedenen Orten Scheiterhaufen aufrichten, damit anzuzeigen, was für eine Strafe auf ihn warten würde. Allein Luther ließ sich dadurch keinesweges abschrecken. Er predigte nicht nur wider dieses gottlose Verfahren, sondern schrieb auch an verschiedene Bischöfe, und auch sogar an den Churfürsten von Mainz, und stellte ihm die Schändlichkeit des durch den Tetzel verbreiteten Ablaſſes vor, und wie der Name Gottes dadurch geläſtert, und das Volk verführet würde. Darauf ließ er 1517 den 31ſten Oct. 95 Sätze wider den Ablaß an die Schloßkirche zu Wittenberg anſchlagen und diſputirte darüber. Dieſe Sätze kamen nach Rom, und in kurzer Zeit in die ganze Chriſtenheit. Dadurch wurden Vielen die Augen geöfnet, daß ſie einſahen und erkannten, wie ſie ſich durch die Lehren und Irrthümer des Pabſtes verleiten laſſen. Der Pabſt verlangte darauf, daß Luther ſich zur Verantwortung in Rom einfinden ſollte, ließ ſich aber durch die Vorſtellung der Univerſität Wittenberg und des Churfürſten von Sachſen bewegen, daß er ſich zu einer Unterredung mit dem Kardinal Cajetanus zu Augspurg einfand. Luther kam auch wirklich 1518 im October nach Augspurg, ſtellete ſich nach erlangtem ſichern Geleite dem Cardinal dar. Allein, da dieſer nichts weiter verlangte, als einen Widerruf, und von keiner Unterredung etwas wiſſen wollte, mußte Luther auf Anrathen ſeiner Freunde Augspurg verlaſſen b).

Es trat nunmehro dieſer von Gott erweckte Mann auf, wider die Lehren des Pabſtes, welche ſo offenbar mit dem klaren Ausspruch des Wortes Gottes ſtritten, ſchriftliche Zeugniſſe abzulegen, und dadurch den Grund zu der Glaubensverbeſſerung, welche ſich nicht allein in den teutſchen Provinzen, ſondern auch in Norden ausbreitete, zu legen. Obgleich der Pabſt an den Churfürſten von Sachſen, und an andre Fürſten und Biſchöfe ſchrieb,

---

b) Unpart. Kirchenhiſt. II. 139.

schrieb, daß ihm Luther ausgeliefert werden möchte; so konnte er doch seinen Endzweck nicht erreichen. Dieser fand sich vielmehr 1521 unter dem Geleite des Kaisers zu Worms ein, und stellete sich den 17ten Apr. dem Kaiser und den versammleten Reichsfürsten zur Verantwortung dar. Auch hier verlangte man bloß den Widerruf, und weil Luther eine Widerlegung dessen, was er gelehrt hatte, aus Gottes Wort von seinen Widersachern verlangte, aber vergebens; so wurde er von dem Kaiser in die Reichsacht erkläret. Doch dies konnte ihm im geringsten nicht schaden, weil ihn Gott wider seine Feinde, die ihn auf allen Seiten verfolgten, mächtig und wunderbar beschützte. Endlich ist im Jahr 1530 den 25 Jul. auf dem Reichstage zu Augspurg das Glaubensbekenntniß oder ein Auszug der reinen Lehre des Evangelii nach dem Worte Gottes dem Kaiser und den versammleten Ständen übergeben, wodurch die evangelische Lehre einen öffentlichen Sieg erhielte, indem die Papisten wider dieselbe nichts Gründliches einwenden konnten c). Diese Confession enthält 28 Artikel, von welchen die ersten 21 die Lehre, und die letztern 7 die Misbräuche in sich fassen.

Obgleich Tetzel mit seinem Ablaßkram sich hier in Holstein nicht eingefunden hat; so kam doch ein päbstlicher Botschafter Johann Angelus Arcimboldus 1516 und folglich in demselben Jahre, in welchem Tetzel seinen Ablaß verkündigte, nach Lübeck und in diese Gegend. Dieser Arcimboldus war von dem Pabst für einen Theil Teutschlands und

für

---

c) Unparth. Kirchenhist. II. 167.

für die nordischen Länder bestimmt. Seine Untercommissarien, unter welchen Johann Tezel einer war, schickte er in alle Gegenden, wohin er selbst nicht kommen konnte. Er sammlete sich große Schätze, und ließ, anstatt, daß andere ihre Reisekasten mit Eisen beschlagen lassen, dieselben mit Gold und Silber belegen d). Er verkündigte allen, die sich an ihn wandten, den vollkommensten Ablaß der Sünden. Er gab ihnen in seinem Ablaßbriefe die Versicherung, daß sie in diejenige Reinheit und Unschuld wieder hergestellet werden sollten, in welcher sie bei ihrer Taufe waren. Diese Gnade sollte bis in die Todesstunde dauren, da ihnen die Pforte der Hölle verschlossen, und die Thüre des Lebens offen stehen sollte. An allen Messen, Fürbitten, Fasten, Almosen, Wallfahrten und guten Werken, die in der Kirche geschähen und geschehen würden, sollten sie Theil haben e). In Dännemark erwarb er sich einen großen Reichthum, aber König Christian II. setzte seinen Bruder Antonellus Arcimboldus, der aus Schweden nach Dännemark zurückkehrte, 1519 ins Gefängniß f), und ließ das von ihm erworbene Ablaßgeld ihm abnehmen g). Dadurch wurde der Pabst Leo X. bewogen, selbst an den König zu schreiben, und ihn zu ermahnen, seinen Abgesandten nicht nur

---

d) Rapps Nachlese von den Urkunden zur Reformationsgeschichte. 3 Th.
e) Pontopp. Reform. Hist. der dän. K. 110.
f) Holbergs dän. Reichsh. II. 57.
g) Es soll die Summe des eingesammleten Geldes in 20000 Ducaten bestanden haben. Pont. Ref. Hist. in Dänn. 117.

nur loszulassen, sondern auch die genommenen Schätze wieder zurückzugeben. Dieser Johann Angelus Arcimboldus hat in den holsteinischen Landen den Einwohnern Ablaßbriefe ertheilet und ihnen die völlige Vergebung der Sünden, wenn sie auch Mord und Todschlag beträfen, verkündiget. Er nannte sich Pröbst zu Arcisate, Referendarius Apostolicus, wie auch in den Cöllnischen, Trierschen, Salzburgischen, von Besançon, bremischen und upsalischen Provinzen, imgleichen an die Städte und Diöcesen Cambry, Dornick, Terouenn, Arras, Camin und Meißen zur Einbringung des vollkommenen Ablasses zur St. Petrikirche in Rom, Nuncius und Commissarius von dem Allerheiligsten in Christo Vater und Herrn, Herrn Leo dem X. Pabst sonderlich abgesandt. In Dithmarschen suchte er 5 Prediger aus und ordnete sie zu Untercommissarien, gab auch einem Mordbrenner, weil er reichlich zum Bau der Petrikirche beigetragen hatte, einen Ablaßbrief, vermöge dessen er ihm eine vollkommne Vergebung der Sünden in der Todesstunde mittheilte, auch seine Eltern und verstorbene Freunde aller Messen, Gottesdienste, Fasten, Almosen, Fürbitten und aller andern geistlichen Güter, welche in der heiligen allgemein streitenden Kirche geschehen oder künftig geschehen würden, theilhaftig machte h).

So wie nun in Sachsen das Licht des Evangelii aufging, und durch die Bemühung des großen und eifrigen Luthers so viele Gegenden erleuchtete, daß die Menschen, die bisher in der Finsterniß

h) Hellm. Sub. Dithm. Kirch. Hist. 38.

niß und im Irrthum durch die Verführung des Pabstes und seiner Commissarien gewandelt hatten, zur Erkenntniß der Wahrheit geleitet worden waren; so breitete sich auch hier in Holstein das lautre Licht des Lebens aus. Unterschiedene Männer, welche von Wittenberg kamen, und Zeugen dessen gewesen waren, was sich mit Tetzel und mit seinem Ablaßkram zugetragen hatte, auch die Schriften des seligen Luthers wider diesen Tetzel kannten, verkündigten die seligmachende Lehre von der Rechtfertigung durch den Glauben und zeigten den Tand und Aberglauben, worin die Menschen aus Irrthum und Unwissenheit so lange gesteckt hatten. Unter andern war ein holsteinischer Edelmann, Benedict von Ahlefeld, Besitzer des adelichen Gutes Geltingen und nachmaliger Probst zu Pretz einer der ersten, welcher, nachdem er von der Academie Wittenberg zurückgekommen war, die Lehre Luthers von der Gerechtigkeit des Glaubens bekannt machte.[i])

In Dithmarschen war M. Nicolaus Boie, welcher selbst ein Schüler des frommen Luthers gewesen war und die Wahrheiten des Glaubens aus dem Munde dieses Mannes gehöret hatte, der erste Lehrer und Prediger in Meldorf. Dieser rechtschaffene Mann wünschte seine Zuhörer auch von den Lehren, von denen er selbst überzeuget war, zu überführen. Er predigte daher nicht nur das Wort Gottes, ob er sich gleich dadurch viele Feinde machte, mit aller Lauterkeit, sondern er brachte auch den treuen Zeugen der Wahrheit Hinrich von

---

i) Lackm. orat. de mer. ord. eq. Cimb. in rem Chr. 28.

von Zütphen k), welcher in Bremen öffentlich lehrte, nach Dithmarschen, um durch seinen erwecklichen und rührenden Vortrag viele Seelen zur Annahme des evangelischen Glaubens zu gewinnen, und ihnen die Thorheit der päbstlichen Fabeln und Legenden lebhaft vorzustellen. Mit Nachdruck redete dieser Mann Gottes und sein Vortrag hatte einen großen Eindruck auf die Gemüther der Menschen. Allein die Mönche, die sich in Meldorf aufhielten, sahen die Gefahr, welche durch den Beifall, den dieser Hinrich von Zütphen sich erwarb, über ihrem Haupte schwebte. Sie brachten daher einige Regenten des Landes auf ihre Seite, versammleten heimlich und in der Nacht einige hundert Menschen, welchen sie Getränke gaben, um sie aufzumuntern und kamen in das Haus des Pastors Boie, wo sich Hinrich von Zütphen aufhielte. Hier bewiesen sie sich wüthend und als Unmenschen, indem sie alles im Hause zerschlugen, den M. Nicol. Boie aus dem Bette rissen, ihn nackend hinausstießen, und im Kothe umkehrten. Darauf nahmen sie Hinrich von Zütphen, schlugen ihn, banden ihm die Hände auf den Rücken, und führten ihn in der größten Kälte barfuß und im bloßen Hembe mit sich fort bis nach Heide. Am 11ten Dec. des Morgens um 8 Uhr hielten sie auf dem Markte zu Heide einen Rath, wie sie ihn umbrächten. Endlich fiel der Schluß dahin aus, indem die Mönche den gemeinen Haufen durch Getränke immer mehr erhitzten, daß er als ein Ketzer und Verführer verbrannt

k) Hellm. Süd. Dithm. Kirch. Hist. 42. Lackm. Schl. Holst. Hist. I. 286.

brannt werden sollte. Ein mit Geld erkaufter Voigt mußte ihm dies Urtheil sprechen: "Disse Bösewicht heft geprediget wedder de Moder Godes, un wedder den christlicken Gloven. Ut welcker Orsacke ick en verordele, von wegen mines gnädigen Bischopes von Bremen tom Füre„. Der Verurtheilte antwortete: "Das habe ich nicht gethan. Doch Herr dein Wille geschehe„. Darauf betete er für seine Feinde: "Vater, vergieb ihnen, denn sie wissen nicht, was sie thun. Dein Name ist allein heilig, himmlischer Vater „. Nun stieß man ihn, nachdem man zuvor allen Muthwillen an ihm ausgeübt hatte, ins Feuer, band ihn an eine Leiter, und da das Feuer nicht brennen wollte, schlug man ihm mit einem Hammer so lange auf die Brust, bis er todt war. Unter allen diesen Martern betete er sein Glaubensbekenntniß. Wie dieses einer der Anwesenden sahe, schlug er ihm ins Gesicht, daß Nase und Mund zu bluten anfing, und sagte: "Erst mußt du brennen, darna magst du lesen, wat du wulst.„ Dem todten Körper hackten sie Hände und Füße ab und verbrannten ihn darnach im Feuer. So mußte dieser fromme Mann um der Lehre Jesu willen 1524 ben 11ten Dec. den grausamsten Martertod erdulden [1]).

Das traurige Schicksal dieses Märtyrers machte keinesweges den rechtschaffenen Bekenner des Namens Jesu, M. Nicolaus Boie muthlos und zaghaft, vielmehr bemühete er sich, um so
eifri-

---

[1]) Hellm Süder Dithm. K. H. 54. Muhlii vita Henr. Zütphaniensis.

eifriger seine Zuhörer in der Wahrheit zu befestigen, und das schändliche Verfahren der Feinde des Evangelii und ihre Betrügereien zu entdecken. Es gelang ihm auch, seine Absicht zu erreichen, indem die ganze Landschaft Ditmarschen, nachdem man das Betragen der Mönche, welches sie gegen einen unschuldigen Mann, den Hinrich von Zütphen bewiesen hatten, verabscheuete, den Entschluß faßte, alle Mönche aus dem Lande zu vertreiben, das Evangelium anzunehmen und der Ausbreitung desselben freien und ungehinderten Lauf zu lassen. Dies geschahe auch wirklich. Die Regenten des Landes vereinigten sich mit dem Pastor M. Nicolaus Boie, und beförderten alles, was das Beste und die Wohlfahrt der Kirche bewirken konnte. Der verdiente Pastor Boie wurde zum Superintendenten und Aufseher über die Kirchen des Landes verordnet. So wie aber M. Nicolaus Boie sich um die Ausbreitung der heilsamen Lehre des Evangelii in Süderdithmarschen vorzüglich verdient gemacht hat; so ist nicht weniger ein andrer Nicolaus Boie, welcher der erste evangelische Lehrer zu Weslingburen war, in Norderdithmarschen der Bote des Friedens gewesen m). Beide fromme Männer, welche aus einem Geschlechte abstammen, haben ihrer Verdienste wegen bei der Nachwelt sich mit Recht einen bleibenden Ruhm erworben.

Wie nun in Dithmarschen das Evangelium sich immer mehr ausbreitete; so fing es auch an, in den übrigen Gegenden Holsteins zu wachsen und allent-

---

m) Fehse Nachr. von den evang. Luth. Predigern in Nord. Dith. 23.

allenthalben Beifall zu finden. Es traten an allen Orten im Lande Männer auf, die ungescheut die Irrthümer des Pabstes bekannten, und sich alle Mühe gaben, das Wort Gottes, welches so lange verdunkelt gewesen und durch menschliche Erdichtungen geschändet worden war, wieder lauter und ohne Verfälschung zu predigen. Nicht durch die Befehle der Landesherren, sondern durch Privatunternehmungen ist der erste Grund gelegt, daß die Kirchenverbesserung sich in ganz Holstein verbreitete. In Oldeslo fand sich ein aus Deventer vertriebener Prediger, Peter Christian von Friemersheim ein, welcher vereinigt mit dem ersten evangelischen Pastor zu Oldeslo, Peter Petersen, welchen König Friedrich I. 1524 dahin setzte, hier öffentlich ein Zeugniß von der Wahrheit des Glaubens ablegte. Obgleich die lübeckischen Kaufleute, welche damals einen starken Handel auf der Trave hatten, und dadurch Gelegenheit erhielten, diesen Friemersheim kennen zu lernen, nicht ruheten, bis sie ihn 1526 zum Pastor an ihre Jacobikirche erlangten [n].); so bezeigte sich doch der verdiente Petersen um so viel sorgfältiger, in seiner Gemeine das Wort des Lebens mit Nachdruck und Eifer zu verkündigen. Zu Oldenburg in Wagrien trat gleichfalls ein Lehrer auf, welcher mit Beifall öffentlich predigte und seine Zuhörer auf die gesunde Weide des Heils führte. Er unterrichtete nicht nur das Volk durch seinen nachdrücklichen Vortrag, sondern er theilete auch das Abendmahl unter beiderlei Gestalt aus. Allein der Bischof in Lübeck,

Hin-

---

[n]) Starck. lübeck. Kirchenhist. 272.

Hinrich Bockholt widersetzte sich dem kühnen Unternehmen dieses Mannes, und ruhete nicht eher, als bis er ihn vertrieben hatte o). Doch sein Nachfolger im Amte, der wegen seiner holsteinischen Chronik berühmte Johann Petersen bauete auf den Grund, den sein Vorgänger gelegt hatte und er fand auch an dem Prinzen Christian wider alle Verfolgung seiner Feinde einen mächtigen Beschützer. In Wilster und Crempe lehrten zuerst das Evangelium Johann Sina, Joachim Fischbek, Johann Anthoni und Joachim Francke, Männer, die ihren Beruf mit aller Treue ausrichteten; in Rendsburg D. Peter Mellitius und in Itzehoe Johann Amandi von Campen p).

Die Herrschaft Pinneberg hatte zu der Zeit, da die Kirchenverbesserung in Holstein unternommen ist, ihren eigenen Herrn. Der Besitzer derselben Graf Otto V., welcher zugleich die Grafschaft Schauenburg in Hessen besaß, ließ sich zwar die Reformation gefallen. Es scheint aber nicht, daß er selbst, da er von 1531 bis 1536 Bischof zu Hildesheim war, dieselbe befördert habe. In der Grafschaft Schauenburg kam erst 1563 q) durch die von diesem Grafen angeordnete Visitation die Reformation völlig zu Stande und daher ist zu vermuthen, daß um diese Zeit in der Herrschaft Pinneberg, welche zwar ohne Zuthun des regierenden Herrn die lutherische Lehre angenommen hatte, die für das

Her-

o) Heldvad. Sylva Chron. Mar. Balth. P. 2. 81.
p) Muhl. Ref Rel. in Cimbr. 45.
q) Paulus Nachr. von den Hessen-Schaumb. Superint. 72.

Herzogthum Meklenburg verfaßte Kirchenordnung, welche 1552 herausgekommen ist, eingeführet sei r). Diese Kirchenordnung ist von einigen meklenburgischen Gottesgelehrten abgefasset, von Melanchthon übersehen, 1552 zu Wittenberg gedruckt. Der Sohn des vorgedachten Grafen Otto V., Graf Ernst, ließ für seine Graf= und Herrschaften 1614 eine besondre Kirchenordnung durch die beiden Theologen, Middelbach und Bernhardi, aufsetzen, und ist dieselbe unter dem Titel: „Kir„chen=Ordnung unsrer von Gottes Gnaden, „Ernst, Grafen zu Holstein=Schauenburg, „wie es mit Lehr und Ceremonien in unsern „Grafschaften und Landen hinfüro mit göttli„cher Hülfe gehalten werden soll," drucken s).

Nirgends fand die evangelische Lehre hier im Lande größern Widerstand, als in den Klöstern, weil die Mönche und Nonnen ungerne sich bequemen wollten, ihre Einkünfte zu verlieren und ihre Gebräuche zu ändern. Daher denn auch die Glaubensverbesserung an diesen Oertern später, als an den übrigen unternommen werden konnte. Schon 1527 war die lutherische Lehre fast in den mehresten Kirchen des Landes eingeführet, aber erst 1541 und in den folgenden Jahren konnte sie in den Klosterkirchen eingeführet werden. Der erste lutherische Prediger in Uetersen, Balthasar Schröder, von dem eine zahlreiche Menge von Predigern in Holstein abstammet, ist zwar 1541 von dem Könige Christian III. in Dännemark selbst gegen die

---

r) Arnck. Tractat von der Confirmat. 99.
s) Cronhelm histor. Ber. von der Kirch. Ref. 30.

die Proteſtation des Grafen von Pinneberg zu Ueterſen als Prediger eingeführet ᵗ), aber wieder vertrieben, und von gedachtem König Chriſtian nach Segeberg geſetzt. Bei dem Kloſter Pretz war Paul Lanies einer der erſten Lehrer des Evangelii, aber er mußte vielen Verdruß und viele Verfolgung von den katholiſchen Mönchen und andern erdulden. Zu Itzehoe fand ſich ſchon 1525 ein öffentlicher Bekenner und Lehrer der Wahrheit ein, nehmlich Johann Amandi von Campen, obgleich ſein Mitgehülfe, M. Johann de Campis, ein Anhänger des Melchior Hofmanns war, und deswegen 1529 nach dem zu Flensburg gehaltenen Geſpräch des Landes verwieſen wurde. Allein hatten gleich die Bürger der Stadt Itzehoe das Evangelium angenommen; ſo fand es doch bei den Kloſternonnen zu Itzehoe eben ſo wenig, wie zu Ueterſen und zu Pretz Beyfall.

Die Einkünfte der Klöſter, welche bei der Reformation eingingen, der Stiftungen und der Kalandsbrüderſchaften, welche nicht heimlich entwandt und von den Geiſtlichen unter der Hand verkauft waren, ſind vom Könige Chriſtian III. zum Unterhalt der Kirchen und zur Erbauung der Schulen und Armenhäuſer verwandt ᵘ). Allen Mönchen wurde zu betteln verboten, und ihnen unter-

---

t) Muhl. Ref. Rel. in Cimbr.

u) In der Kirchenordnung der Herzogt. Schl. u. Holſt. heißt es S. 152. „Tho underholdinge der Kerckendener, yn den Steden verordenen wy de Güder, de vet hertho by en geweſen unde von oldinges gehört hebven. Unde wo ſe darenne nich genoch hebben,

untersagt, ferner keine geistliche Handlungen, als Predigen und Beichte hören, weiter zu verrichten. Denen, die alt, schwach und abgelebt waren, auch sich der evangelischen Lehre nicht widersetzten, erlaubte der König bis an ihr Ende den nöthigen Unterhalt und einen Aufenthalt im Lande ˣ).

Zweiter Abschnitt.
Von den Aufsehern über die Kirchen in Holstein nach der Reformation.

Da der gottselige König Friedrich I. in Dännemark nebst seinem glorwürdigsten Prinzen Christian die Wahrheit liebten, und ihre Ausbreitung recht eifrig beförderten; so war auch ihre vornehmste Sorge dahin gerichtet, wie in dem ihrer Herrschaft unterworfenen Herzogthum Holstein das Evangelium rein und unverfälscht verkündiget werden möchte. Es konnte zwar Friedrich I., weil er

---

„ben, noch sick daran entholden können, willen wy
„von andern Kercken Gödern dartho vorordnen, dat
„se scholen genoch hebben, wan wy von dem Bischop
„angelanget werden.
ˣ) Ferner: „de Bedel-Mönneke scholen na disser Tidt
„yn unsen Förstendömen nich geduldet werden, dat se
„bedelen ghen, Predigen edder Bicht hören — doch
„late wy yn den Klöstern bliven de oldt unde kranck,
„ock nörgen tho denstlick syn, de scholen der gesödet
„werden, umme Godes willen, doch also dat se de
„Kappe afleggen, das Evangelion nicht bespotten, unde
„de Lüde hemlick nicht verführen.„

er zu der Zeit, da das Licht der evangelischen Wahrheit hervorbrach, in langwierige Kriege verwickelt war, sich nicht so nachdrücklich um die Kirchenverbesserung hier im Lande bekümmern. Inzwischen schützte er doch die evangelischen Prediger, wenn die päbstliche Geistlichkeit wider sie klagte, und sie als Störer der öffentlichen Ruhe und als Ketzer aus dem Lande verwiesen wissen wollte. Er erlaubte sogar allen seinen Unterthanen die Gewissensfreiheit, und gab den Lehrern einen Schutzbrief, daß sie ungehindert Gottes Wort und das Evangelium predigen könnten. In seinen Königreichen und Fürstenthümern ließ er 1524 den 7. Aug. befehlen, daß niemand um der Religion, päbstischer oder lutherischer, einem andern an Leib, Ehre und zeitlichen Gütern Gefahr und Unheil zufügen sollte, sondern ein jeder sich in seiner Religion also verhalten, wie er es gegen Gott, den Allmächtigen, mit reinem Gewissen gedächte zu verantworten, auch die evangelische Lehre in seinem Lande dem Volke vorzuhalten, und dasselbe zu ermahnen, des Pabstes Greuel und Abgötterei zu verlassen y). Allen Mönchen und Nonnen gab er die Freiheit, sich aus den Klöstern zu begeben, und den ehelichen Stand zu erwählen. Solche Gesinnungen, welche der Landesherr seinen Unterthanen bekannt machte, beförderten die Ausbreitung der Reformation nicht wenig, und man sahe da, wo sonst päbstliche Geistliche gewesen waren, evangelische Prediger. In den Städten sowol, als

---

y) Heinr. Walth. Schl. K. Hist. 167. 168. Muhl. Ref. Rel. in Cimb. 37.

als auf dem Lande, bemerkte man mit Erstaunen, wie allgemein das Verlangen der Menschen war, sich von dem päbstlichen Joche zu befreien, und das lautre Wort Gottes, so wie es Luther und die von Wittenberg kommenden Schüler desselben lehrten, anzunehmen.

Vorzüglich bestrebte sich der fromme Prinz Christian, welcher sich zu Hadersleben aufhielte, und die Regierung der Fürstenthümer Schleswig und Holstein verwaltete, unterschiedene lutherische Prediger zu berufen, welche die Gemeinen, denen sie vorgesetzt worden waren, von den Mißbräuchen reinigen möchten. Wie er 1521, in dem achtzehnten Jahre seines Alters, auf dem Reichstage zu Worms war [z]), und selbst ein Augenzeuge der Standhaftigkeit des heldenmüthigen Luthers wurde, hörte er einen Franciscanermönch in Gegenwart des Kaisers und unterschiedener Fürsten wider die Ketzer predigen, und sahe, wie er mit lächerlichen Geberden seinen Vortrag begleitete. Als er nun nach der Predigt auf die Knie fiel, sein Gebet zu verrichten, hing der Strick, den er um den Leib hatte, durch ein Loch von dem Predigtstuhl herunter. Sogleich machte der Prinz, welcher darunter stand, einen Knoten in den Strick, daß der Mönch um Hülfe rufen mußte, als er wieder aufstehen wollte. Dieser gab darüber eine harte Klage bei dem Kaiser ein. Weil es aber eine fürstliche Person war, von welcher dem Mönch dieser Possen geschehen, blieb es ungeahndet, nur sagte

der

---

z) Hemelmanns Oldenb. Chron.

über die Kirchen in Holstein ꝛc.

der Kaiser zu dem Prinzen: "er würde mit der Zeit wol ein Feind der Mönche werden."

Schon als Prinz sorgete dieser Herr mit allem Eifer für die Ausbreitung der lutherischen Lehre in den Herzogthümern Schleswig und Holstein. Sein gottseliger Herr Vater hatte demselben sowol als seinem Bruder, dem nachmaligen Herzog Adolph in Holstein, einen Lehrer aus Meißen, Johann von Wehrden a), verordnet, welcher 1551 als der zweite evangelische Prediger in Bovenau gestorben ist, wie denn auch der erste Lehrer des Evangelii in Bovenau, M. Johann Jüngling b), welcher 1539 die Welt verließ, einige Jahre Hofprediger zu Gottorp war. Bei dem Prinzen Johann, welcher unter den Herzögen der ältere genannt wird, ist M. Herrmann Bonnus, der nachmalige erste Superintendent in Lübeck, Informator gewesen c).

Ob nun gleich der Kronprinz Christian sich alle Mühe gab, eine Verbesserung des kirchlichen Zustandes in den Herzogthümern zu bewirken; so konnte er doch seine Absicht nicht so vollkommen erreichen, wie er wünschte, weil ihn die Kriegsunruhen

a) Krafts zweihund. jähr. Jub. Feier 151. Dieser Johann von Wehrden, welcher bei dem Herzoge und nachmaligem Könige Friedrich I. in Dännemark in großer Gnade stand, war 10 Jahre Informator bei den Prinzen und Prinzessinnen.
b) Krafts zweih. jähr. Jub. Feier 151. M. Joh. Jüngling ist 1466 zu Cassel in Hessen gebohren. Nachdem er Hofprediger zu Gottorp, darauf Prediger zu Klemhude gewesen war, kam er nach Bovenau.
c) Starck lüb. Kirch. Hist. 21.

Q

hen hinderten. Desto größer aber war seine Sorgfalt, das evangelische Kirchenwesen auch hier im Lande in eine gute Verfassung zu setzen, da er nach vielen traurigen und widrigen Begebenheiten endlich zu einem ruhigen Besitze des Königreichs Dännemark und der Herzogthümer gelangte. Weil bisher das Werk der Reformation in Holstein größtentheils durch Privatbemühungen zu Stande gekommen war; so konnte es nicht fehlen, daß Unordnung herrschte, und Uebereinstimmung in der Lehre und in den Kirchengebräuchen mangelte. Um nun diesem Unwesen abzuhelfen, und eine allgemeine Uebereinstimmung einzuführen, berief er im Jahr 1537 den berühmten und erleuchteten Gottesgelehrten, D. Johann Bugenhagen, von Wittenberg, daß er mit Zuziehung und Unterstützung andrer geschickten Lehrer eine Kirchenordnung für das Königreich Dännemark und die Herzogthümer nach Maaßgabe der augspurgischen Confession und der lutherischen Glaubensbekenntnisse, verfertigte d). Diese Kirchenordnung, welche von Luthern und den wittenbergischen Gottesgelehrten gebilliget war, ist in lateinischer Sprache gedruckt. Von derselben kam 1542 eine niedersächsische Uebersetzung heraus, und ist dieselbe auf dem Landtage zu Rendsburg für ein Schleswig-Holsteinisches Kirchengesetz angenommen, und zu Magdeburg ans Licht getreten. Sie führet den Titel: Christlyke Kercken-Ordeninge, de yn den Förstendehmen Schleswick Holsten schal gehol-

---

d) I. Moll. Isag. ad hist. Chers. Cimbr. P. III. 90.

geholden werde e). Sie handelt erstlich von der lehre, fürs andre von den Schulen, drittens von den Ceremonien, viertens von der Armenpflege, fünftens von den Aufsehern der Geistlichen, und sechstens von den Büchern, die ein Prediger und Lehrer gebrauchen sollte. In der Vorrede dieser Kirchenordnung heißt es unter andern: „dat unse „Erflande yn der geftliken Religions-Sake nicht „so jämmerlik mögen bliven yn verderfliker Un- „ordnung."

So nöthig diese kirchliche Einrichtung im Lande war; so nöthig war es auch, daß eine Aufsicht über die Kirchen und Prediger verordnet würde. Weil die Kirchen in dem größten Theile Holsteins vor der Reformation unter dem Dompropsten in Hamburg gestanden hatten; so wurde auch vom Könige dem, welchem die Kirchen in Holstein zuerst anvertrauet und zur Aufsicht übergeben wurden, der Name Probst oder Preveft beigelegt. Denn da im dreizehnten Jahrhundert die hamburgischen Erzbischöfe ihren Wohnsitz von Hamburg nach Bremen verlegten, und sich nicht weiter um die zum hamburgischen Kirchensprengel (Bisthum) gehörigen Kirchen in Holstein bekümmerten; so erlangten die Dompröbste in Hamburg die Aufsicht über die mehresten Kirchen des hamburgischen Bisthums f). Als aber nach der Reformation die

Q 2   landes-

---

e) Mahl. Ref. Rel. in Cimbr. 61. Lackm. hist. ord. eccl. — Diese Kirchenordnung ist 1542 zu Magdeburg durch Hans Walther in 4, 1557 zu Hamburg, 1565 zu Frankfurt, 1596 zu Erfurt, 1601 und 1602 zu Schleswig gedruckt.

f) Schlesw. Holstein. Anzeige 1778. 69.

landesherren sich das bischöfliche Recht über die in ihrem Lande liegenden Kirchen zueigneten, hörte auch ihre Herrschaft über die Kirchen auf, und das Einkommen, welches sie zuvor von denselben genossen hatten, fiel weg. Um aber die geistlichen Geschäfte bei den Kirchen zu besorgen und sie gehörig zu beobachten, verordnete der König als Bischof einen unter den Geistlichen zum Aufseher, und legte ihm die Benennung Probst, welche der vorige Aufseher der Kirchen in Holstein gehabt hatte, bei g).

Nachdem auf Befehl König Christian III. 1526 durch die beiden Vornehmen von Adel, Johann Rantzau, den berühmten Feldherrn, und Detlev Reventlau, den nachmaligen Bischof in Lübeck, wie nicht weniger mit Beihülfe der Gottesgelehrten, des D. Johann Bugenhagen von Wittenberg, des D. Eberhard Weidensee, Pastors zu Halberstadt, des M. Johann Vandalus aus Goslar, des Gerhard Schlewarts, Pastors zu Flensburg, und des Herrmann Tost, Past. zu Husum, alles bei den Kirchen in den beiden Herzogthümern Schleswig und Holstein in Ordnung gebracht worden war, dachte der König vornehmlich darauf, einen geistlichen Aufseher über die Kirchen des Landes zu verordnen. Es verzog sich dieses aber bis 1541. Denn in diesem Jahre bestimmte der König Christian III. den Pastoren zu Itzehoe, Johann Anthoni, zum ersten Probsten über die holsteinischen Kirchen. Ihm wurde anbefohlen, die Prediger einzuweihen, die Kirchen zu besuchen,

und

---

g) Schlesw. Holstein. Anzeige 1773. 69.

und nach Vorschrift der Kirchenordnung auf die Kirchen und auf die Lehrer derselben ein wachsames Auge zu haben.

Gleich nach der Reformation hielte es schwer, so viele geschickte und gelehrte Männer zu erhalten, welche die nöthigen Fähigkeiten besaßen, das Volk zu unterrichten, und die Glaubenslehren mit Nutzen zu verkündigen. Man mußte daher Ungelehrte und solche, welche sich eines frommen und gottseligen Wandels befleißigten, erwählen, um bei den Kirchen das Lehramt zu führen. Man berief sogar Handwerksleute, welche ihrer Frömmigkeit und ihrer Tugenden wegen in einem guten Rufe stunden. So war zu Tellingstedt, in Norder-Dithmarschen, Andreas Hennings, ein Zimmermann, Diaconus [h]). Selbst die landesherrlichen Synodalschlüsse und die Schleswig-Holsteinische Kirchenordnung verstatteten es, da ein Mangel an solchen Personen war, welche zum Lehramt sich vorbereitet hatten, daß die Predigten aus teutschen Postillen hergelesen werden konnten.

Als König Christian III. in Dännemark 1544 sich mit seinen beiden Brüdern, Herzog Johann dem ältern und Herzog Adolph in dem Besitz der Herzogthümer Schleswig-Holstein theilte [i]), erhielten der Herzog Adolph, wie auch sein Bruder Johann, einige Städte und Aemter im Herzogthum Holstein. Der letztere starb 1580 den 2ten Oct. ohne Erben: allein Herzog Adolph stiftete das nachher berühmte Haus Holstein-Gottorp, welches

---

[h]) Fehse Nachr. v. den. Pred. in Norderdithm. 733.
[i]) Lackm. Schlesw. Holst. Hist. I, 420.

ches noch jetzo in den Nachkommen auf dem kaiserlich-russischen und königlich-schwedischen Throne, wie auch in dem bischöflich-eutinischen Hause blühet. Von diesem Herzog Adolph ist im Jahr 1549 ein Generalprobst, und im Jahr 1563 ein Generalsuperintendent über die fürstlichen Lande in den beiden Herzogthümern Schleswig und Holstein ernannt. In dem königlichen Antheil von Holstein blieb der Pastor zu Itzehoe verschiedene Jahre der einzigste Probst und Aufseher der holsteinischen Kirchen, bis in der Folge mehrere Pröbste zu Rendsburg und Segeberg verordnet sind.

Die Kirchen, bei welchen die Klöster und die adelichen Güter in Holstein das Patronatrecht hatten, stunden unter gemeinschaftlicher Episcopalhoheit der beiden regierenden Herren in Holstein, des Königs in Dännemark, und des Herzogs von Holstein. Damit nun auch diese Kirchen, welche zu keiner Probstei gehörten, sondern hin und wieder im Lande zerstreuet lagen, visitirt werden möchten, entschlossen sich beide regierende Landesherren die Aufsicht derselben ihren Generalsuperintendenten anzuvertrauen, und ihnen anzubefehlen, solche alle Jahre wechselsweise zu besuchen. Es ließen demnach im Jahr 1636 den 29. Oct. König Christian IV. in Dännemark, und Herzog Friedrich, als regierende Herzoge in Holstein, den Prälaten und der Ritterschaft andeuten, daß im Jahr 1637 die erste allgemeine Visitation in den adelichen Kirchen gehalten werden sollte. Es unternahmen auch die beiden Generalsuperintendenten, der königliche, D. Stephan Cloß, und

und der fürstliche, M. Jacob Fabricius, darauf die erste Visitation in den den beiden Landesherren in Gemeinschaft zustehenden Kirchen, und statteten von dem Zustande derselben ihren Bericht ab. Es wurde auch beschlossen, daß alle Jahre wechselsweise diese Visitation unternommen werden sollte, welches auch, so lange die gemeinschaftliche Regierung bestanden hat und daurete, beobachtet worden ist.

Die Kirchen in Dithmarschen stunden vor der Reformation, wie die Kirchen in Holstein und Stormarn unter dem Domprobsten in Hamburg. Wie aber die evangelische Lehre in dieser Provinz eingeführt worden war, ernannten die Einwohner des Landes vier Superintendenten, unter welche die Aufsicht der Kirchen vertheilet war. Diese Einrichtung erhielte sich bis 1559, da die drei regierenden Herren in Holstein durch die Macht der Waffen Dithmarschen eroberten und drei Superintendenten verordneten. Wie aber Herzog Johann der Aeltere starb, und sein Antheil den andern beiden regierenden Herren zufiel, wurden zwei Pröbste, ein königlicher und ein fürstlicher, über die Landschaft Dithmarschen gesetzt, und in dieser Verfassung ist es bis jetzt geblieben. Die Herrschaft Pinneberg, welche dem Grafen von Schauenburg gehörte, hatte ihre eigenen Pröbste nach der Reformation. Eben so verordnete auch der Graf Rantzau, wie 1650 ein Theil der Herrschaft Pinneberg in eine Grafschaft erhoben wurde, bei den zu der Grafschaft gehörigen Kirchen einen besondern Probsten.

In dem ganzen Herzogthum Holstein, wozu die vier Provinzen, Dithmarschen, Holstein an sich selbst, Stormarn und Wagrien, wie auch die Grafschaft Ranzau, die Herrschaft Pinneberg, die Stadt Altona und die Herrschaft Herzhorn gehören, waren bis 1784 zwei Generalsuperintendenten, ein königlicher und ein fürstlicher, jetzo ist nur ein königlicher Generalsuperintendent. Bis 1760 waren zwei Superintendenten, ein fürstlich-ploenischer und ein bischöflich-lübeck-eutinischer, jetzo, nachdem das Herzogthum Ploen den übrigen Ländern des Königes einverleibet worden, ist nur ein bischöflich eutinischer Superintendent. Außer diesen stehen die Prediger des Landes unter der Aufsicht von 8 Pröbsten. Der königliche Generalsuperintendent hat seinen Aufenthalt seit 1693 in Rendsburg, und stehet das ganze Herzogthum Schleswig gleichfalls unter seiner Inspection. In Holstein hat derselbe 6 Probsteien unter sich. Die königlichen Pröbste in Altona und in der Grafschaft Ranzau, wie auch der Garnison- und Schloßprediger zu Glückstadt, sind keinem Generalsuperintendenten unterworfen. Der fürstliche Generalsuperintendent hielte sich ehemals zu Gottorp, darauf in Kiel, und zuletzt in Neumünster auf. Seiner Aufsicht waren die Kirchen in dem fürstlichen Holstein und die Probstei Norder-Dithmarschen anvertrauet, welche jetzo zur königlichen Generalsuperintendentur gehören. Der Bischof zu Lübeck, dessen Residenz die Stadt Eutin in Holstein, oder vielmehr in Wagrien ist, hat über die seiner Episcopalhoheit unterworfenen Kirchen

einen

einen eigenen Superintendenten verordnet. Die ehemals gemeinschaftlichen Kirchen, welche unter beider regierenden Landesherren Hoheit stunden, waren der Aufsicht beider Generalsuperintendenten übergeben.

Die Consistoria in Holstein k) sind von dreierlei Art. Das Oberconsistorium bestehet aus dem Statthalter, dem Kanzler, Vicekanzler und andern Räthen des Obergerichts, dem Generalsuperintendenten und einem oder mehrern geistlichen Räthen. Es ist dasselbe 1648 zu Glückstadt eingerichtet. Die Unterconsistoria bestehen aus dem Amtmann, der den Vorsitz hat, dem Probsten und einigen Predigern, die Beisitzer sind, und dem Amtsverwalter, der gewöhnlich Secretär ist. Das rendsburgische Consistorium unterscheidet sich dadurch von den übrigen, daß in demselben kein weltlicher Beamter sitzt, sondern der Generalsuperintendent hat den Vorsitz, und ein Prediger verwaltet das Actuariat l). Einigen Städten ist ein eigenes Stadtconsistorium zugestanden. Das Landoberconsistorium oder Generalconsistorium bestehet aus denen, die im Landgerichte sitzen. Es wird solches gleich nach dem Landgerichte gehalten. Hierher gehören die Ehe- und Kirchensachen, welche in den ehemals gemeinschaftlichen Kirchen sich zutragen, bei welchen die Klöster und die Besitzer der adelichen Güter das Patronatrecht haben. Alle diese Gerichte haben in Kirchensachen,

---

k) Cronhelms histor. Bericht von den Gerichten in Holstein

l) Matthiä Kirchenverfassung 271.

sachen, wie auch in Ansehung der Prediger und Schullehrer lehre und leben, den Ausspruch m).

Das bischöfliche Recht über die Kirchen in Holstein kommt theils dem Könige als Herzog von Holstein, theils dem Bischofe in Lübeck zu. Das Patronatrecht wird 1) von dem Könige, 2) von dem Bischofe in Lübeck, 3) von den Klöstern in Holstein, 4) von den Besitzern der adelichen Güter, 5) von dem Magistrat in den Städten, und 6) von der Gemeine selbst, oder ihren Vorstehern, ausgeübet. Einige Kirchen werden unmittelbar von dem Summo Episcopo besetzt. Da hingegen bei andern Kirchen 3 Kandidaten und auch wol 4 auf die Wahl gestellet werden, davon der, welcher erwählet worden, von dem Generalsuperintendenten, oder auch von einem Probsten ordinirt und eingeführet wird. Das Episcopalrecht und was mit demselben in Verbindung stehet, wird in Holstein durch die Kirchenvisitatoren besorget. Der Generalsuperintendent ist der Generalkirchenvisitator. In den Aemtern sind der Amtmann und der Probst Specialvisitatores. In so ferne haben sie die Aufsicht über alle Kirchensachen, über die Kirchengüter, und über die Schul- und Armenanstalten. Ihnen liegt es ob, dahin zu sehen, daß die Episcopalhoheit des Königes nicht gekränket werde. Die Specialvisitationen werden von dem Amtmann und dem Probsten in einer jeden Probstei alle 2 oder auch alle 3 Jahre verrichtet. Die Generalvisitation geschieht von dem Generalsuperintendenten allein alle 3 Jahre. In den ehemals ge-

mein=

---

m) Matthiä Kirchenverfassung 273.

meinschaftlichen Kirchen wurde vormals alle Jahre von den beiden Generalsuperintendenten, dem königlichen und fürstlichen, abwechselnd die Visitation gehalten n).

Der königliche Generalsuperintendent zu Rendsburg hat unter seiner Aufsicht:

1. Die Probstei Rendsburg. Diese Probstei ist ohne Zweifel bald nach der zu Münsterdorf errichtet. Denn Volquard Jonas hat sich schon 1574 als Probst unterschrieben. Zu dieser Probstei gehören die Prediger in der Stadt Rendsburg, zu Jevenstedt, Hohenwestedt, Nortorf, Schenefeld, Kellinghusen und Hademarsch. —

8 Kirchen und 15 Prediger.

2. Die Probstei Segeberg. Diese Probstei war dem Probsten zu Münsterdorf bis 1684 untergeordnet, da M. Georg Hinrich Burchardus zum ersten Probst eingesetzet ist. Sie hat unter sich die Prediger in der Stadt Segeberg, in der Stadt Oldeslo, in der Stadt Heiligenhaven, in der Stadt Lütgenburg, zu Bramstadt, Kaltenkirchen, Letzen, Bornhövt, Pronstorf, Warder, Großenbrode und Wandsbeck. —

12 Kirchen und 17 Prediger.

3. Die Probstei Münsterdorf. Diese hat ihren Ursprung von einem Kaland. König Christian III. hob 1544 die Kalandbrüderschaft auf, und ordnete dafür das münsterdorfische Consistorium, ertheilte auch demselben ein besondres Siegel

n) Matthiä Kirchenverfassung in den Herz. Schl. und Holst. 16.

gel und ansehnliche Privilegien °). Dies Consistorium ist bis 1627 zu Münsterdorf gehalten. Da aber in diesem Jahre bei der Belagerung des Schlosses Breitenburg, das Versammlungshaus zu Münsterdorf abbrannte, versammlete sich das Consistorium zu Itzehoe, wo noch jetzo die Pastores Assessores sind, und alle zwei Jahre ein Generalconsistorium ist, bei welchem ein Synodus und eine Synodalpredigt gehalten wird p). Zu dieser Probstei gehören die Prediger in der Stadt Itzehoe, in der Stadt Crempe, in der Stadt Wilster, in der Stadt Glückstadt, zu Breitenberg, Münsterdorf, Neuenbrok, Hohenfelde, Horst, Neuendorf, Colmar, Süderau, Borsfleth, Neukirchen, Heiligenstadt, Bohenfleth, Wefelfleth, Brokdorf, St. Margarethen, Krummenteich, Aspe, Haselau und Haselborf *). — 23 Kirchen und 43 Prediger.

4. Die Probstei Ploen. Die zu dieser Probstei gehörigen Kirchen hatten vormals einen eigenen Landesherrn, welcher in Ploen seine Residenz hatte, und die Aufsicht der Kirchen seines Herzogthums durch seinen Superintendenten beobachten ließ. Wie der letzte Herzog Friedrich Carl 1761 starb, ernannte der König den Pastoren an der Stadtkirche in Ploen zum Probsten. Folgende Prediger gehören zu dieser Probstei: die Prediger in der Stadt Ploen, zu Arensbök, Reinfeld, Curau, Gleschendorf, Ratkau, Gnissau, Süsel, Zarpen und Wesenberg. — 11 Kirchen und 12 Prediger.

5. Die

o) Cronhelms geistliche Gerichte 37.
p) Schlesw. Holst. Anz. 1775. 28. St.
*) Siehe Anm. *) S. 199.

5. Die Probstei Meldorf. Diese Probstei hat ihren Ursprung von einem Kaland, welcher im dreizehnten Jahrhundert von 12 dithmarsischen Predigern gehalten wurde. Solche versammleten sich den ersten Tag eines jeden Monats an einem bestimmten Orte und besprachen sich wegen der Angelegenheiten ihrer gestifteten Brüderschaft mit einander. Bald nach der Reformation 1533 ist dieser Kaland in eine Zusammenkunft der Geistlichen des Landes verwandelt, und nach der Eroberung Dithmarschens 1559 entstand daraus das Consistorialgericht zu Meldorf q). Es gehören dazu die Prediger in Meldorf, Albersdorf, Barlt, Brunsbüttel, Burg, Ebbelak, Hemmingstedt, Marne, Michaelis Donne, Nordhastedt, Süderhastedt, Windbergen und Oldenwörden. — 13 Kirchen und 21 Prediger.

6. Die ehemals Fürstlich = Gottorpischen Kirchen. Zu denselben gehören die Prediger in den Städten Kiel, Oldenburg und Neustadt, ferner zu Schönkirchen, Bordesholm, Brügge, Flintbek, Neumünster, Großen=Aspe, Grube, Gröms, Trittau, Eichede, Bargstedt, Rahlstedt, Steinbek, Siek und Barchteheide. —

19 Kirchen und 27 Prediger.

7. Die ehemals Fürstl. Gottorpische Probstei Norderdithmarschen. Zu derselben werden gerechnet: die Prediger zu Weslingburen, Lunden, Heide, Tellingstedt, Weddingstedt, Delve, Henstedt, Schlichting, St. Annen, Neukirchen, Hemme und Büsum. — 12 Kirchen u. 22 Prediger.

8. Die

---

q) Cronheims geistliche Gerichte 37.

8. Die ehemals gemeinschaftlichen Kirchen zu Pretz, Schönberg, Probsteierhagen, Elmshagen, Barkau, Bovenau, Westensee, Flemhude, Schönwold, Sensane, Gykau, Selent, Bletensdorf, Hansüen, Lebrade, Neukirchen, Hohenstein, Altenkrempe, Rüchel, Sarau, Schlamersdorf, Woldenhorn, Sülfeld und Stellau. —

25 Kirchen und 27 Prediger.

Der Probst in der Stadt Altona, dem die Kirchen der ehemaligen Herrschaft Pinneberg zur Aufsicht übergeben sind, stehet nicht unter dem königlichen Generalsuperintendenten in Rendsburg. Der erste Probst in der Stadt Altona war Georg Richardi, welcher 1696 die Probstei erhielte. Zu dieser Probstei gehören:

die Stadt Altona, Ottensen, Meuenstedten, Rellingen, Uetersee, Quikborn, Seester, Herzhorn, Wedel und Niendorf. —

11 Kirchen und 17 Prediger.

Der Probst der Grafschaft Rantzau, welche 1650 von dem Kaiser Ferdinand III. zu einer Reichsgrafschaft erhoben ist, und nach dem ersten Grafen, welcher ein holsteinischer Edelmann war und Christian Rantzau hieß, den Namen Rantzau erhalten hat, besorget die Kirchen zu

Elmshorn, Barmstedt und Hörnerkirche. —

3 Kirchen und 7 Prediger.

Der bischöflich-lübeck-eutinische Superintendent hat die Aufsicht über die Stadtkirche in

Eutin

Eutin und über die Landkirchen zu Bosau, Neukirchen, Malente und Rensfelt. —

6 Kirchen und 7 Prediger.

In dem ganzen Herzogthum Holstein sind also gegenwärtig 143 Kirchen, und stehen an denselben im Amte 215 Prediger.

Im ganzen Lande ist die evangelisch-lutherische Kirche die herrschende. Fremden Religionsverwandten wird aber an keinem Orte desselben die geringste Beleidigung des Glaubens wegen zugefüget. Es ist einem jeden erlaubt, im Lande sich aufzuhalten, ja sogar adeliche Güter anzukaufen. Ueberhaupt weiß man in keinem Lande wol weniger als in diesem von Haß und Verfolgung gegen solche, die einen andern Glauben bekennen und andrer Meinungen sind: Nicht ihre Glaubensgesinnung, sondern ihr Betragen nur allein kann ihrem Aufenthalt in dieser Gegend Verdruß verursachen. Daher fordert der Landesherr, wie billig, von allen fremden Religionsverwandten, die sich hier niederlassen und ihren Aufenthalt im Lande zu haben wünschen, daß sie sich 1) zum Gehorsam gegen die königlichen Gesetze verpflichten; 2) alles Lästerns und aller Beschimpfungen andrer Religionspartheien und vornemlich der Landesreligion enthalten; 3) nicht gelüsten lassen, ihre Grundsätze und Meinungen zu verbreiten oder Proselyten zu machen, noch 4) außer den Orten, wo ihnen freie Religionsübung verstattet ist, die dahin gehörigen Handlungen zu unternehnehmen und die gesetzten Gränzen der ihnen erlaubten Religionsfreiheit zu überschreiten ʳ).

Die fremden Religionsverwandten, die sich gegenwärtig im Herzogthum Holstein aufhalten und Duldung genießen, sind Reformirte, Römischkatholische, Armenianer, Mennonisten, Griechen und Juden. In Altona, Glückstadt und Rendsburg ist es allen diesen Religionsverwandten verstattet, sich niederzulassen und ihre Religion üben zu dürfen ˢ). In der Stadt Altona haben die Reformirten, Römischkatholischen, Mennonisten und Armenianer ihre eigenen Prediger und Lehrer und die Juden ihren Ober-Rabbi. In Glückstadt ist ein reformirter und katholischer Prediger. In Kiel hält sich ein russischer Geistlicher auf, welcher den griechischen Gottesdienst in einer Kapelle auf dem Schlosse verrichtet. Die Juden wohnen in Altona, Glückstadt, Rendsburg, Elmshorn, Wandsbeck und Moislingen ᵗ). In Kiel und Ploen werden nur einige geduldet. Den Reformirten und Römischkatholischen stehet es frei, sich auf den Kirchhöfen der Lutheraner, und wenn sie es verlangen, auch in der Kirche beerdigen zu lassen. Sie können auf die Art, wie die lutherischen Einwohner, wenn sie es fordern, und mit eben den Gebräuchen, nemlich unter dem Geläute der Glocken und mit dem Gesange der Schule zur Ruhestätte gebracht werden ᵘ).

Erste

---

r) Matthiä Kirchenverfass. in den Herz. Schlesw. und Holst. 283.
s) ibid. 292.
t) ibid. 315.   u) ibid. 308.

Erste Abtheilung.

Von den königlichen Generalsuperintendenten in Holstein.

Sogleich nach der Kirchenverbesserung sind zwar keine Aufseher über die Kirchen in Holstein verordnet, weil sowol Friedrich I. als Christian III. durch die Kriegsunruhen verhindert wurden, darauf bedacht zu seyn. Wie aber der letztere zu einem ruhigen Besitz der Krone Dännemark und der Herzogthümer Schleswig und Holstein gelanget war, richtete er sein vornehmstes Bestreben dahin, wie die Aufsicht der Kirchen in beiden Herzogthümern Schleswig und Holstein geschickten und tüchtigen Männern anvertrauet werden möchte. Zu dem Ende verordnete er 1541 in Holstein einen Generalprobsten, dem die Sorge für das Beste der Kirchen aufgetragen wurde. Es sind von der Zeit an folgende Männer Oberaufseher der königlichen Kirchen in Holstein gewesen:

1. **Johann Anthoni.** Es war derselbe von 1524 bis 1540 Prediger zu Crempe, erhielte darauf das Pastorat zu Itzehoe und gleich nachher die erste Aufsicht über die königlichen Kirchen mit der Benennung eines Probsten. Er verließ die Welt 1557 den 7. Jun. x).

2. **Johann Bulichius.** Nachdem er von 1550 Pastor zu Wörden und von 1553 zu Büsum

---

x) Schlesw. Holst. Anz. 1775. 502.

sum in Dithmarschen gewesen war, erhielte er 1557 das Pastorat zu Itzehoe und die Aufsicht als Probst über die holsteinischen Kirchen. Er lebte aber nur zwei Jahre als Probst, indem er 1559 den 4. Jun. seine irdische Wallfahrt endigte y).

3. M. Johann Vorst. Seine Vaterstadt war Antwerpen, wo er 1529 gebohren ist. Von 1551 bekleidete er das Amt eines Predigers zu Norden in Ostfriesland. Eine Streitigkeit brachte ihn 1554 um sein Amt, aber auch noch in demselben Jahre zum Pastorat und zur Probstei nach Hedersleben und 1559 nach Itzehoe. Mit Bewilligung des Königs zog er 1566 nach Antwerpen, den evangelischen Gottesdienst daselbst einzurichten, kam aber wegen der Verfolgung des Herzogs von Alba zurück und starb 1599 den 13. April z).

4. Matthias Clodius. Er war von 1595 Diaconus bei der Nicolaikirche in Kiel. Hier empfing er 1601 den Beruf als Pastor und Probst nach Itzehoe. Bis 1623 den 16. Oct., da ihn der Tod abforderte, stand er diesem Amte mit Treue und Rechtschaffenheit vor a).

5. M. Detlev Meier. Es ist derselbe 1582 zu Flensburg gebohren. Im Jahr 1614 trug man ihm das Conrectorat zu Hedersleben auf, und 1623 kam er als Probst und Pastor nach Itzehoe. Die traurige Streitigkeit, welche er mit seinem

---

y) Schlesw. Holst. Anz. 1778. 72.
z) Schlesw. Holst. Anz. 1778. 95. Andr. Reershem. Ostfriesl. Prediger Denkm. 271.
a) Westph. Mon. ined. III, 557.

nem Collegen, dem damaligen Diaconus zu Itzehoe, Martin Coronneus, über die Beschaffenheit der Höllenfahrt Christi führte, raubte ihm Amt und Würde. Denn er wurde 1632 den 3. August seines Dienstes entsetzet. Der Erzbischof von Bremen berief ihn 1633 nach Vorde und 1637 erhielte er das Pastorat zu Aurich in Ostfriesland, an welchem Orte er 1653 im September seine lebenstage beschloß b). Er war der letzte Probst, welcher eine Generalaufsicht über einige Kirchen, außer der Probstei zu Itzehoe, in Holstein hatte. Nach ihm wurde der erste königliche Generalsuperintendent über die sämtlichen Kirchen in Schleswig-Holstein verordnet. Es war derselbe:

6. D. Stephan Cloß. Lippstadt in Westphalen ist der Ort, wo er 1606 den 13. Sept. den Anfang des Lebens machte. Er studirte zu Rostock, wie ihm 1630 das Archidiaconat an der Jacobikirche daselbst aufgetragen wurde. Hierzu kam 1632 die theologische Profession. Drei Jahre nachher nahm er die Würde eines Doctors in der Gottesgelahrheit an. Wie darauf König Christian IV. einen geschickten Generalsuperintendenten suchte, empfahl der damalige Kanzler und geheime Rath, Detlef von Reventlau diesen Doctor Cloß. Er trat auch wirklich das Amt eines königlichen Generalsuperintendenten in den beiden Herzogthümern Schleswig und Holstein 1636 an, und hatte seinen Aufenthalt zu Flensburg, woselbst ihm 1639 das Pastorat an der Nicolaikirche und die Probstei

R 2   bei

―――――

b) Reersh. Ostfriesl. Pred. Denkm. 112.

beigeleget wurde. Durch seine Vorstellung ist im Jahr 1647 die formula concordiae im Herzogthum Holstein eingeführet. König Friedrich III. ernannte ihn 1667 zum Kirchenrath und Canonicus in Schleswig, hatte auch eine solche Zuneigung zu ihm, daß er ihn zum Hofprediger nach Copenhagen mit Beibehaltung seiner übrigen Bedienungen berief. Er hatte auch schon von seiner Gemeine Abschied genommen, und war im Begriff zu Schiffe zu gehen, als ihn unvermuthet eine Krankheit überfiel, die ihn 1668 den 13. Mai der Welt entriß c).

7. M. Johann Hudemann. Dieser rechtschaffene Lehrer war eines Predigers zu Wesselsfleth in Holstein Sohn. Den Anfang des Lebens machte er 1606 den 12. Oct. Nachdem er von 1629 ein Nachfolger seines Vaters im Pastorat zu Wesselsfleth gewesen war, kam er 1645 als Pastor nach Creinpe. Seine Verdienste verschaften ihm 1652 die Probsteien Münsterdorf und Segeberg, und 1653 die Probstei in Pinneberg. Im Jahr 1659 widerfuhr ihm die Ehre, daß er zum Oberkircheninspector über den Militärstand in Holstein ernannt wurde, und nach dem Absterben des ersten Generalsuperintendenten der Herzogthümer, des Doct. Cloß, erhielte er die Superintendentur über Holstein mit der Würde eines Kirchenraths. Hierzu kam 1673 die Aufsicht über Schleswig, so, daß er Generalsuperintendent beider Herzogthümer wurde.

Diese

---

c) Henn. Witten. cent. Mem. Theol. ren. XII. p. Schlesw. Holst. Anz. 1756. 86. 1778. 738.

Diese Bedienung legte er mit dem Tode, welcher sich 1678 den 27. März bei ihm einstellte, nieder d).

8. D. Christian von Stöcken. Er erblickte zu Rendsburg 1633 den 15. Aug. das Licht der Welt. Wie er von 1656 das Amt eines Predigers zu Trittau in Holstein bekleidet hatte, berief ihn der zu Eutin residirende Bischof von Lübeck 1666 zum Hofprediger und Superintendenten. Hier ließ er sich 1674 auf der Universität Kiel die Würde und den Titel eines Doctors der Gottesgelahrheit beilegen, und 1677 ernannten ihn Se. Maj. der König in Dännemark zum Probsten und Pastoren in der Stadt Rendsburg, wobei er den Charakter eines Vice-Generalsuperintendenten erhielte. Als aber bald darauf M. Johann Hudemann die Welt verließ, folgte er demselben als wirklicher Generalsuperintendent und erhielte auch zugleich die Probstei Segeberg. Mit dieser wurde 1680 die Probstei Flensburg, und bald darauf die zu Pinneberg verbunden. Alle diese Ehrenämter, welche sonst verschiedene Männer bekleideten, hat er bis an sein Ende 1684 den 4. Sept. mit Ruhm verwaltet e). Sein Katechismus, die vernünftige lautere Milch ist viele Jahre in den holsteinischen Schulen gebraucht worden, und 1681 edirte er ein holsteinisches Gesangbuch.

9. M. Herrmann Erdmann. Zu Neuenkirchen im Herzogthum Bremen, woselbst sein Vater Prediger war, ist er 1631 den 9. Sept. gebohren.

---

d) Schlesw. Holst. Anz. 1778. 148.
e) ibid. 1778. 774.

ren. Anfänglich war er bei der verwittweten Gräfin von Königsmark Cabinetsprediger, darauf von 1660 Prediger zu Neuenfeld; von 1675 zu Hannover an der Georgenkirche; von 1677 zu Stade an der Wilhadikirche und von 1678 bei der verwittweten Königin in Dännemark, Sophia Amalia, Oberhofprediger. Nach dem Absterben des Doctor von Stöcken ernannte ihn der König zum Generalsuperintendenten in Holstein. Sein Ende war unerwartet. Denn da er am 19. Sonnt. nach Trinit. 1687 vor dem Könige Christian V. zu Glückstadt geprediget hatte, reisete er am Montage, den 5. Oct. nach Itzehoe, um sich mit dem königlichen Statthalter, dem Grafen Detlev Rantzau von Breitenburg zu unterreden. Wie er bei demselben im Zimmer steht, und mit ihm spricht, fällt er plötzlich nieder, verliert die Besinnung und Sprache, und wird in diesem Zustande nach des Probst Hoiers Hause gebracht f).

10. D. Just Valentin Stemann. Seine Geburt erfolgte 1629 den 27. Jun. zu Copenhagen, an welchem Orte sein Vater Prediger an der teutschen Kirche war. Die erste Beförderung erhielte er nach Helsingör in Seeland an die teutsche Kirche als Prediger. Wie aber 1659 die Schweden Helsingör eroberten, mußte er nach Copenhagen flüchten. Dies bewog ihn, sich nach Rostock zu begeben, und daselbst den Titel eines Licentiaten in der Gottesgelahrheit anzunehmen. Er kam in dem darauf folgenden Jahre wieder zurück, und beobachtete das Amt, das ihm anvertrauet war, mit aller Treue und

---

f) Jöchers Gel. Lexicon. — Moll. Cimb. Litt. II, 186.

und mit einem besondern Eifer, wodurch er sich zwar Feinde, die ihm die Gnade des Königs zu entziehen, alle Gelegenheit versuchten, zuzog. Allein Christian V., von seiner Rechtschaffenheit überzeugt, trug ihm, nachdem er sich 1687 zum Doctor der Theologie in Copenhagen hatte machen lassen, 1688 die Oberaufsicht in geistlichen Sachen über die holsteinischen Kirchen auf, und ertheilte ihm die Würde eines Kirchenraths. Nur eine kurze Zeit stand er in diesem Posten. Denn schon im Jahr 1689 den 20. Mai ging er, welches besonders merkwürdig ist, an eben dem Tage und in eben der Stunde, da er vor einem Jahre in Glückstadt angekommen war, aus der Welt g).

11. D. Josua Schwarz. Dieser, seiner vielen Streitigkeiten wegen merkwürdige Gottesgelehrte, ist zu Waldau in Pommern, an welchem Orte sein Vater Prediger war, 1632 den 7ten März gebohren. Nachdem er das Merkwürdigste in Holland, Engelland und Frankreich besehen, auch in Straßburg einige Jahre zugebracht hatte, kam er in sein Vaterland zurück. Eine Predigt, die er hielte, und worin er die Lehrsätze der Reformirten widerlegte, nöthigte ihn, sein Vaterland zu verlassen und nach Danzig zu flüchten. Man verlangte ihn zwar von den Danzigern ausgeliefert: allein diese weigerten sich, solches zu thun. Er ging darauf nach Stockholm und die verwittwete Königin in Schweden, Hedwig Eleonora, ernannte ihn mit Bewilligung der Stände 1668 auf der zu Lunden neu errichteten Academie zum Professor der

Theo=

---

g) Jöchers Gel. Lexicon. — Moll. Cimb. Litt. II, 866.

Theologie und zum teutschen Prediger, woselbst er auch 1672 den 3ten Sept. der erste Doctor der Gottesgelehrheit wurde. Eine beständige Uneinigkeit, welche zwischen ihm und den übrigen Lehrern dieser Universität obwaltete, machte ihm den Aufenthalt zu Lunden unangenehm. Vornehmlich gerieth er mit dem berühmten Samuel Puffendorf, welcher ein öffentlicher Lehrer zu Lunden war, in einen heftigen Streit, der zwar durch richterlichen Ausspruch beigeleget wurde: allein eine Predigt, worin er seine Zuneigung gegen den König in Dännemark, Christian V. und gegen das dänische Haus zu offenbar an den Tag geleget hatte, nöthigte ihn, Lunden zu verlassen, und in der Kleidung einer Magd seine Rettung in Copenhagen zu suchen. Dies geschahe 1676, und 1680 ernannte ihn der König zum Hofprediger. Sein gar zu heftiges Betragen gegen die Reformirten bewog den König, ihn nach dem Tode des Generalsuperint. Doct. von Stöcken 1684 zum Generalsuperint. im Herzogthum Schleswig zu verordnen, und 1689 auch in Holstein ihm die Oberaufsicht anzuvertrauen. Da in dieser Zeit der König den fürstlichen Antheil von Schleßwig-Holstein in Besitz genommen hatte, wurde ihm auch die Aufsicht über die in diesem Lande befindlichen Kirchen mit der Würde eines Kirchenraths übertragen. Im Jahr 1693 verordnete König Christian V., daß der königl. Generalsuperint. der Herzogthümer Schleswig und Holstein in der Festung Rendsburg in einem für ihn in der Neustadt bestimmten Hause wohnen sollte. Dies bezog darauf Doct. Schwarz, und so wie ihm 1690

die

die Probstei zu Rendsburg beigelegt war; so erhielte er 1694 auch die zu Flensburg.

Bei diesen wichtigen Aemtern, welche ihm durch die Gnade des Königs mitgetheilet waren, fehlte es ihm nicht an manchen Streitigkeiten und an vielfältigem Verdruß. Besonders hatte er an den beiden fürstlichen Generalsuperint. dem Casp. Herrm. Sandhagen und dem D. Hinrich Muhlius zwei Gegner. Jenen beschuldigte er des Chiliasmus und mit diesem stritte er über die Seligkeit der Gläubigen in diesem leben. Da er 1709 den 6ten Jan. zu Rendsburg starb, machte er allem Streit durch den Tod eine Ende h).

12. Lic. Theodor Dassau. Dieser Gottesgelehrte ist zu Hamburg 1648 den 27sten Febr. an das Tageslicht getreten. Sein Vater, welcher Prediger an der Petrikirche in Hamburg war, sandte ihn erstlich nach Giesen, darauf nach Wittenberg. An diesem letztern Orte wurde er 1676 Adjunct der philosophischen Facultät und 1678 Professor der Dichtkunst. Von Wittenberg berief ihn der regierende Herzog von Holstein, nachdem er zuvor Licentiat der Theologie geworden war, zum Professor der Gottesgelahrheit und der morgenländischen Sprachen, wie auch zum Hauptprediger an die Nicolaikirche in Kiel. Von hier kam er 1709 als königlicher Generalsuperint. der Herzogthümer Schleswig und Holstein nach Rendsburg. Mit der Uebernahme dieses wichtigen Amtes übernahm er auch zugleich die Fortsetzung des Streites mit dem

---

h) Jöch. Gel. Lexic. — Moll Cimb. Litt. II. 819—828. Samml. v. Alten u. Neuen Theol. 1728. 551.

dem fürstlichen Generalsuperint. D. Muhlius, welchen sein Vorweser, D. Schwarz angefangen hatte. Im Jahr 1713 erhielte er die Inspection über die fürstlichen Kirchen im Herzogthum Schleswig. Sein Ende erfolgte 1721 den 5ten Jan. [i]).

13. **D. Thomas Clausen.** Er ist zu Flensburg 1677 den 29sten Apr. gebohren. Da er von 1704 College und von 1709 Conrector in seiner Vaterstadt gewesen war, erlangte er 1712 den Beruf als Hofprediger nach Copenhagen. Hier ließ er sich 1714 die Würde eines Doctors in der Theologie ertheilen. Darauf ernannte ihn der König Friedrich IV. zum Generalsuperintendenten der Herzogthümer Schleswig und Holstein, zum Probsten in Gottorp und Rendsburg und 1722 zum Probsten in Eiderstädt. Diese Bedienungen verwaltete er nur wenige Jahre, indem er schon 1724 den 23sten Apr. die Welt verließ [k]).

14. **Andreas Hoyer.** Eines Predigers Sohn zu Carlum im Herzogthum Schleswig, wo er 1654 den 16ten Mai in die Welt trat. An seinem Geburtstage 1680 erwählte ihn die Gemeine zu St. Johannis in Flensburg zum Diaconus und 1685 zum Hauptprediger. Im Jahr 1709 ernannte ihn König Friedrich IV. zum Probsten in Flensburg und 1724 zum Consistorialrath und Generalsuperintendenten der Herzogthümer Schleswig und Holstein, wie auch zum Probsten zu Rendsburg, Gottorp, Eyderstädt, Husum und Schwabstedt,

---

[i]) Moll. Cimb. Litt. I, 127 — 131. Hamb. Staats= u. Gel. Lexicon.
[k]) Jöch. Gel. Lexicon. Moll. Cimb. Litt. I, 97.

stebt, welche Aemter er bis an seinen Sterbetag, welcher der 10te Jul. 1728 war, verwaltete [l]).

15. M. Johann George Conradi. Zu Riga in Liefland erblickte er 1679 den 27sten Febr. das Licht der Welt. Im Jahr 1703 wurde er schwedischer Feldprediger, darauf 1710 bei der teutschen Gemeine zu Stockholm als Pastor erwählet und 1720 Hofprediger in Copenhagen. Nach dem Tode des Generalsuperint. Andreas Hoyer folgte er demselben 1729 in allen Aemtern, welche derselbe bekleidet hatte, und verwaltete solche mit vieler Treue bis an den Schluß seiner irdischen Wallfahrt, welcher 1747 den 7ten Sept. erfolgte [m]).

16. D. Jeremias Friedrich Reuß. Er trat zu Hornheim im Herzogthum Würtemberg 1700 den 8ten Dec. in die Welt. Als Repetent des hochfürstlichen theologischen Seminariums zu Tübingen berief ihn König Christian VI. in Dänemark 1732 zum Hofprediger und zum Professor der Theologie nach Copenhagen. Hier nahm er 1742 die Doctorwürde in der Gottesgelahrheit an. Nachdem die Generalsuperintendentur in Schleswig-Holstein erlediget worden war, wurde ihm solche aufgetragen, welche er aber 1757 niederlegte, da ihn der Herzog zu Würtemberg zum Kanzler und ersten Professor der Theologie zu Tübingen, wie auch zum würtembergischen Rath und Abt zu Lork ernannte. Diese wichtigen Bedienungen

[l]) Ol. H Mollers Hist. Nachr. von der Kirche zu Joh. in Flensb. Moll. Cimb. L. I, 255.
[m]) Beitr. zu den Act. hist. eccl. I, 153.

gen bekleidete er mit aller Rechtschaffenheit bis 1777 den 6ten März, da er sein Leben endigte n).

17. D. **Adam Struensee.** Dieser verehrungswürdige und noch durch die Gnade Gottes lebende Oberaufseher und Generalsuperintendent der schleswig-holsteinischen Kirchen ist im Jahr 1708 den 8ten Sept. zu Neuruppin gebohren. Schon 1730 im zwei und zwanzigsten Jahre seines Alters wurde er bei der Gräfin von Wurmbrandt, vermählten Gräfin von Sayn und Witgenstein zu Berlenburg Hofdiaconus. Im folgenden Jahre berief ihn der König von Preußen Friedrich Wilhelm zum Pastor auf dem Neumarkt vor Halle, und gleich darauf das Kirchencollegium zu St. Moritz in Halle zum ersten Prediger an der dasigen Kirche. Im Jahr 1739 folgte er dem sel. Freilinghausen als Pastor an der Ulrichskirche in Halle. Nach der Zeit wurde ihm eine theologische Professur in Halle ertheilet. Im Jahr 1757 berief ihn der König in Dännemark, Friedrich V. zum Probst und Consistorialrath nach Altona. Diesem Rufe folgte er auch, und trat sein Amt zu Altona, nachdem die theologische Facultät zu Halle ihm vor seinem Abschiede die Doctorswürde beigeleget hatte, den 17. Sonntag nach Trinit. an. Nach dem Abzuge des Doct. Reuß nach Tübingen erhielte er das wichtige Amt eines königl. Generalsuperintendenten der beiden Herzogthümer Schleswig und Holstein und den Titel eines Oberkonsistorialraths.

---

n) Dän. Bibl. VI. 690. Mosers Lexicon der jetztleb. Theol. in Teutschl. II, 877. Strodtm. Gesch. jetztleb. Gel.

In diesem Amte feierte er im Jahr 1780 den 17ten Sept., gesegnet vom Herrn, sein Jubelfest, da er das funfzigste Jahr als Lehrer der wohlthätigen Religion Jesu vollendet hatte. Schon damals waren seiner Oberaufsicht 325 Gemeinden und 403 Prediger anvertrauet. Zu diesen kamen 1784 die Kirchen und Prediger in Holstein, welche ehemals unter der Inspection des fürstlichen Generalsuperintendenten gestanden haben. Noch bis jetzo, da dieser würdige und hochstverdiente Gottesgelehrte schon 60 Jahre im Lehramte zurückgeleget, und über 30 Jahre den erhabenen und angesehenen Posten eines schleswig-holsteinischen Generalsuperintendenten bekleidet hat, stehet er diesem Amte mit vieler Munterkeit und mit der größten Wachsamkeit und Treue vor °). Diesem meinem verehrungswürdigen Vorgesetzten wünsche ich ferner Kräfte, Gesundheit und ein dauerhaftes Wohlergehen.

Zweite Abtheilung.
Von den
ehemals fürstlichen
Generalsuperintendenten
in Holstein.

Der erste Herzog in Holstein, Adolph, ein Sohn des Königs Friedrich I. in Dännemark, trat 1544 die Regierung der ihm zugetheilten Länder an. Wie er nach der Zeit Gottorp im Herzogthum Schles-

°) Act. hist. eccl. n. temp. VIII, 316.

Schleswig zu seiner Residenz erwählte, verordnete er auch seinen ersten Hofprediger zum ersten Generalprobsten über die Kirchen, welche unter seiner Hoheit stunden. Dieser erste Hofprediger und Generalprobst war:

1. **Volquard Jonas.** Er war ein Eiderstäter. Im Jahr 1549 ernannte ihn sein Landesherr zum Generalprobst. Herzog Adolph bewies eine solche Liebe gegen ihn, daß er niemanden zu einer geistlichen Bedienung ohne seinen Rath und ohne seine Einwilligung beförderte. Dies Zutrauen mißbrauchte dieser fromme und uneigennützige Mann keinesweges, sondern er war vielmehr in Bekümmerniß, daß er seinem Amte nicht mit gehöriger Aufmerksamkeit und Treue genug thäte. Daher er nicht eher ruhete, als bis er auf wiederholtes Bitten die Erlaubniß erhielte, sein Hofpredigeramt und die Oberaufsicht über die Kirchen in Schleswig und Holstein niederlegen zu dürfen. Dies geschahe 1562, da er denn das Pastorat in Gardingen übernahm, 1570 aber als Probst und Pastor nach Rendsburg zog. Wie Herzog Adolph starb, verwaltete er bei der Wittwe desselben, Christina, welche sich in Kiel aufhielte, das Hofpredigeramt. Muthmaßlich erfolgte sein Ende 1519 p).

2. **D. Paul von Eitzen.** Dieser berühmte Mann ist 1521 den 25sten Jan. zu Hamburg aus einem ansehnlichen Geschlechte entsprossen. Sein Vater Meno von Eitzen war Rathsherr der Stadt Ham-

---

p) Moll. Cimb. Litt. I, 283. Krafts zweih. jähr. Jub. F. 23. Muhl. Ref. Rel. in Cimb.

Hamburg. Zu Wittenberg war er ein Schüler des großen Luthers und des verdienten Philipp Melanchthons. Von 1544 bis 1548 stand er als Rector des Gymnasii zu Cölln an der Spree, und als Professor der Beredsamkeit zu Rostock. Darauf berief man ihn in seine Vaterstadt zum Pastoren und lector secundarius am Dom, und 1555 zum Superintendenten der Stadt Hamburg. In dem folgenden Jahre reisete er nach Wittenberg und ließ sich unter dem Vorsitz des D. Georg Major zum Doctor der Theologie ernennen. Als Superintendent in Hamburg hat er verschiedenen Versammlungen, die man der Religion wegen in Teutschland und in Niedersachsen hielte, beigewohnet. Seine Verdienste, die allgemein bekannt waren, bewogen den Herzog Adolph, ihn im Jahr 1562 zum Oberhofprediger und Generalsuperintendenten nach Schleswig zu berufen. Diesem seinem Amte hat er im Segen vorgestanden, und sich die Wohlfahrt der Kirchen in den Herzogthümern Schleswig und Holstein ernstlich angelegen seyn lassen. Allen Irrthümern und schwärmerischen Lehrsätzen war er feind, und bemühete sich sorgfältig, daß dieselben im Lande nicht überhand nehmen möchten. Weil er sich mit allen Kräften widersetzte, daß das Concordienbuch in Schleswig und Holstein eingeführet würde, verursachte er sich manchen Haß und Widerwillen bei den Theologen, welche die Einführung desselben mit dem äußersten Bestreben zu befördern suchten. Das herannahende Alter und die Abnahme der Kräfte nöthigten ihn, seine Bedienung 1593 niederzulegen, und bis an sein Ende, welches 1598

den

den 25sten Febr. erfolgte, in Ruhe und ohne Geschäfte zu leben q).

3. M. Jacob Fabricius der ältere. Hat sich ein Lehrer um die Kirchen Holsteins verdient gemacht; so ist es gewiß dieser unvergleichliche und liebenswürdige Gottesgelehrte, welcher zu Tondern im Herzogthum Schleswig 1560 den 30sten Jan. in die Welt trat. Ehe er die Academie besuchte, hielte man ihn schon geschickt genug, das Amt eines Rectors in seiner Vaterstadt zu verwalten. Allein er schlug diesen Antrag aus, ging nach Helmstädt, und gerieth bey seiner Zurückkunft in die Bekanntschaft mit dem Generalsuperintendenten D. von Eißen. Dies gab eine Gelegenheit zu seiner nachmaligen Beförderung am fürstlichen Hofe. Denn da er von 1586 das Diaconat in Tondern verwaltet hatte, kam er 1588 auf Anrathen des D. Paul von Eißen als Hofprediger nach Gottorp, und Herzog Johann Adolph ernannte ihn 1591 zum Probsten. Als aber 1593 der bisherige Generalsuperintendent D. von Eißen Schwachheit und Alters halber sein Amt nicht länger verwalten konnte, erhielte er diese Bedienung mit der Benennung eines Generalprobsten. Er folgte auch nach dem Absterben des D. Paul von Eißen demselben in allen Aemtern, die er bekleidet hatte, doch behielte er nur blos den Titel eines Generalprobsten. Wie treu und unermüdet er in der Beobachtung der ihm aufgetragenen Pflichten war, und wie sorgfältig er für die

Er

q) Arn. Greve Memor. Eitzen. — Moll. Cimb. Litt. III, 227 — 236. Dän. Bibl. IV. 179.

Erhaltung der reinen Lehre wachte, zeigen die vielfältigen Bemühungen, womit er sich beschäftiget hat. Allein diese Treue und diese Sorgfalt, die reine Lehre zu erhalten, erweckten ihm viele Feinde bei Hofe, welche den Herzog Johann Adolph verleitet hatten, den Lehrsätzen der Reformirten beizupflichten. Wie nun ein reformirter Student in der Schloßkirche zu Gottorp im Weihnachtsfest 1609 die Worte Phil. 2, 9. Darum hat ihn auch Gott erhöhet ꝛc. so erkläret hatte, daß am folgenden Sonntage M. Jacob Fabricius eine öffentliche Widerlegung dieser Predigt zu thun sich genöthiget sahe, nahm der Herzog diese Handlung so übel auf, daß er ihm 1610 den 2ten Jan. sogleich seinen Abschied gab.

Es fehlte diesem treuen Lehrer nicht an anderweitigen Beförderungen. Unter diesen aber erwählte er den Ruf als Pastor nach Hamburg an die Jacobikirche. Zu Gottorp hingegen folgte ihm:

4. D. Philipp Cäsar als Hofprediger und Generalpropst. Dieser war zu Cassel gebohren und der reformirten Lehre zugethan. Kaum hatte er die Auffsicht über die Kirchen in den Herzogthümern erhalten; so war auch sein ganzes Bestreben dahin gerichtet, solche Anordnungen zu machen, welche der reformirten Kirche zum Vortheil gereichten. Die Glaubensbekenntnisse, welche bisher im Lande den Predigern zur Beobachtung vorgelegt waren, wurden zum Theil abgeschaft und nur solche beibehalten, in welchen die Lehren eines Calvins und Zwingels ohne Tadel blieben. Gebräuche,

welche in der lutherischen Kirche allgemein ange=
nommen waren, mußten unterlaſſen werden, und
hin und wieder ſuchte er ſolche Lehrer anzubringen,
welche offenbare Anhänger der reformirten Kirche
waren. Mit ſolchen Neuerungen beſchäftiget rei=
ſete er 1615 nach Marburg, und nahm daſelbſt
auf der reformirten Academie den Grad eines Doc=
tors der Theologie an. Allein im folgenden Jahre
1616 endigte der regierende Herzog Johann Adolph
ſein Leben, und nun mußte er ohne Verzug mit
allen ſeinen Anhängern und Freunden das Land
räumen. Er ging darauf nach Bremen, und
wurde reformirter Prediger an der Anſchariuskir=
che. Einige Streitigkeiten, in welche er verwi=
ckelt wurde, nöthigten ihn, auch dieſen Poſten zu
verlaſſen, und ob er gleich 1628 als Paſtor an
die Martinskirche in Bremen befördert wurde,
verließ er 1630 auch dieſe Stelle, und nahm zu
Cölln öffentlich die römiſchkatholiſche Lehre an. So
wenig war dieſer Mann, welcher als ein reformir=
ter Lehrer einige Zeit Aufſeher der Kirchen in den
Herzogthümern Schleswig und Holſtein geweſen iſt,
ſeinem eigenen Glauben getreu.

5. M. Jacob Fabricius der ältere. So
bald Herzog Johann Adolph ſeine Regierung mit
dem Tode niedergeleget hatte, mußte dieſer treue
und fromme Fabricius auf ſehnliches Verlangen
der herzoglichen Fr. Wittwe ſein Paſtorat in Ham=
burg verlaſſen, und ſeine vorige Bedienungen wie=
der antreten. Dies verurſachte eine allgemeine
Freude, und ein jeder war froh, daß dieſer recht=
ſchaffene Lehrer ſo glücklich über die Verfolgungen
ſeiner

seiner Feinde gesieget hatte. Mit besto größerm Eifer nahm er sich der Wohlfahrt der ihm anvertrauten Gemeine an, und er war unermüdet, die Ehre Gottes und das Seelenheil der Einwohner des Landes zu befördern. Sein ganzer Wandel war ein Muster der Tugend und der Gottseligkeit. Täglich verrichtete er sein Gebet auf den Knien zu Gott. Die Prediger, welche seiner Aufsicht anvertrauet waren, liebte er als ein zärtlicher Vater, und sie konnten ihm ihr Anliegen sicher entdecken, weil sie von ihm den besten Rath und Trost erwarten konnten. Er begegnete ihnen mit einer Gesinnung, die sie vollkommen überzeugte, wie vielen Antheil er an ihrem Wohl nahm. Daher er sich auch eine unbegränzte Liebe und Zuneigung bei allen erwarb.

Sein Herzog Friedrich schätzte ihn seiner ungeheuchelten Frömmigkeit und seiner Amtstreue wegen außerordentlich. Er gab ihm 1622 seinen Sohn zum Amtsgehülfen und 1636 ernannte er ihn zum Generalsuperintendenten. Wie er das 63ste Jahr des Alters erreichte, überfiel ihn eine schwere Krankheit, so, daß auch die Aerzte die Hofnung der Genesung aufgaben. In diesem Zustande wendete er sich mit einem eifrigen Gebete zu Gott, und flehete nach dem Beispiel des Hiskias um die Verlängerung seines Lebens. Nach diesem Gebete wurde sein Herz nicht nur mit einer außerordentlichen Freude überschüttet, sondern er schien auch aus dem Munde Gottes die Worte zu vernehmen: „es sollte ihm sein Leben noch auf 15 Jahre verlän„gert werden„. Dieser merkwürdige Vorfall veranlaßte ihn zu dem Gelübde, daß er, wenn der Herr ihn noch so lange leben ließ, diese Wohlthat in einer öffentlichen Schrift beschreiben und zum Preise seines Gottes rühmen wollte. Solches ist auch erfüllet, denn da er 15 Jahre nicht nur erlebet, sondern auch überlebet hatte, gab er unter der Aufschrift:

„Eines christlichen alten abgelebten Predigers „wahrhafter Bericht wegen eines sonderbaren „Werkes und Wohlthat, so Gott der Herr an „ihm gethan, aus erheischender Gewissensruhe „und geschehenem Gelübde

1640 heraus, worin er Gottes Wohlthaten rühmte und ihm dankte. In eben demselben Jahre den 5ten Nov. forderte ihn Gott von der Welt ab ⁵). Es ist merkwürdig, daß alle seine 6 Söhne nicht nur zu Rostock und zwar die 4 ältesten zugleich an einem Tage, und die beiden jüngsten ebenfalls an einem Tage den Magistergrad angenommen haben, sondern auch alle 6 Prediger geworden sind.

6. M. Jacob Fabricius der jüngere. Er war der älteste Sohn des Vorhergehenden, und trat 1589 in die Welt. Nachdem er von 1614 Pastor zu Lunden, von 1615 zugleich Probst in Norderdithmarschen, und von 1617 Hofprediger bei der zu Husum residirenden verwittweten Herzogin Augusta gewesen war, kam er als Hofprediger und Generalprobst 1622 nach Gottorp, um seinem Vater in den Geschäften beizustehen. Im Jahr 1636 erhielte er nebst seinem Vater die Würde eines Generalsuperintendenten. Er folgte auch demse=

---

s) Krafts zweihundertjähr. Jub. Feier. 366.

selben 1640 in allen geistlichen Bedienungen und Aemtern, verließ solche aber schon 1645 den 24sten Apr. mit dem Nachruhm, daß er ein würdiger Nachfolger seines Vaters gewesen, und sich als ein Muster der Liebe, der Sanftmuth und der Leutseligkeit bewiesen habe s).

7. D. Johann Reinboth. Er ist zu Altenburg in Meißen 1609 den 14ten Febr. gebohren. Sr. Majest. König Christian IV. berief ihn 1636 zum Pastor an die Nicolaikirche und zum Probst in Flensburg, wozu 1639 die Probstei Hedersleben kam. Die Gnade dieses Monarchen war vorzüglich groß gegen ihn, und eben daher wünschte er ihn nach Dännemark, indem er ihm 1643 das Pastorat und die theologische Profession zu Sora übertrug. Allein diese Gnade verbat er sich, und empfing dagegen nach zwei Jahren von dem regierenden Herzog in Holstein Friedrich die wichtigen Aemter eines Oberhofpredigers, Generalsuperintendenten, und Probsten zu Husum und Gottorp. Ehe er aber diese Aemter antrat, ließ er sich zu Rostock den Doctorhut aufsetzen. Die dabei gehaltene Disputation verursachte ihm in der Folge manche Streitigkeit, in die er durch die Vorwürfe, die ihm einige Gelehrte seiner Rechtgläubigkeit wegen machten, verwickelt ist. Er starb im Jahr 1673 den 27. Jul. t).

8. D. Sebastian Niemann. Die Reichsstadt Lübeck, in der er 1625 den 2ten Apr. des Le-

---

s) Krafts zweihundertjähr. Jub. Feier. 294.
t) Moll. Cimb. Litt. II. 691 — 697. Witten. memor. Theol. 1780. Uhsens Leb. der Kirch. L. 880.

bens Anfang machte, ist seine Vaterstadt. Zu Jena lehrte er anfänglich von 1654 als außerordentlicher Professor in der Theologie, nahm darauf die Doctorwürde an, und wurde 1657 ordentlicher Professor, auch 1666 Pastor und Superintendent in Jena. Im Jahr 1674 berief ihn Herzog Christian Albrecht zum Generalsuperint. und Oberhofprediger, wie auch zum Probsten zu Gottorp, Nordstrand und Trittau. Diese Aemter hat er mit vieler Treue, aber auch nicht ohne manchen Verdruß, weil die berühmte Bontignon ihre fanatischen Irrthümer hin und wieder im Herzogthum Schleswig auszubreiten suchte, auch ihre feindselige Gesinnung gegen das Lehramt vielfältig zu erkennen gab, verwaltet. Seine Lebenstage endigten sich 1684 den 6ten März u).

9. Caspar Herrmann Sandhagen. Zu Berchtolshusen in Westphalen, wo sein Urältervater der erste evangelische Prediger, sein Eltervater und sein Großvater desselben Nachfolger im Amte gewesen waren, und sein Vater einen Schuldienst bekleidete, erblickte er 1639 den 22sten Oct. zuerst das Licht der Welt. Das Rectorat in Bielefeld war seine erste Bedienung, welche er 1665 antrat. Von hier erhielte er 1672 den Ruf als Superintendent nach Lüneburg. Herzog Christian Albrecht ernannte ihn darauf nach dem Absterben des D. Niemanns zum Generalsuperintendenten und Oberhofprediger. Weil aber der König von Dännemark den fürstlichen Antheil des Herzogthums Schleswig in Besitz genommen hatte,

u) Uhs. Leben der Kirch. L. 815. Münt. in decade I. der Lüb., welche auswärts bef.

te, sahe er sich gezwungen, bis 1688 in Lüneburg zu bleiben. Als im Jahr 1689 der Friede in Holstein hergestellet war, begab er sich nach Gottorp, und trat die ihm aufgetragenen Aemter an. Mit dem königl. Generalsuperintendenten D. Josua Schwarz, welcher ihn des Chiliasmus beschuldigte, gerieth er in eine unangenehme und verdrießliche Streitigkeit. Er ließ auch, da ihn eine tödtliche Krankheit auf der Visitation in Holstein überfiel, kurz vor seinem Abschied aus der Welt die theologische Facultät in Kiel vor sein Bette kommen, und bekannte, daß, da er von dem dänischen Generalsuperintenten in Schleswig-Holstein, D. Josua Schwarz des Chiliasmus beschuldiget worden, ihm sehr unrecht geschehen sei. Worauf er dann nach vorher abgelegtem Glaubensbekenntniß mit folgenden Worten schloß: „Ich glaube eine gnädige „Vergebung der Sünden, Auferstehung des Flei„sches und nach dem Tode ein ewiges leben„. Sein Ende erfolgte 1697 den 17ten Jun. zu Kiel, wohin er sich hatte bringen lassen x).

10. D. Hinrich Muhlius ist zu Bremen 1666 den 7ten März geboren. Von 1691 war er Professor der griechischen und hebräischen Sprache, wie auch der Dichtkunst und der Homiletik zu Kiel, darauf 1695 Professor der Theologie und Schulinspector der schleswig-holsteinischen Schulen fürstlichen Antheils. Zwei Jahre nachher erhielte er das Pastorat an der Nicolaikirche in Kiel, und

1698

---

x) Moll. Cimb. Litt. II. 751 — 759. I. H. v. Seelen Jubilaeum Schabbel. — Sammlung von alten und neuen theol. Schriften. 1727. 793.

1698 berief ihn Herzog Friedrich zum Oberhofprediger, Generalsuperintendenten und Probsten nach Gottorp. Nachdem er diese angesehenen Ehrenstellen erlanget hatte, ließ er sich 1699 den 3ten Oct. zu Kiel die Doctorwürde in der Gottesgelahrheit ertheilen. Im Jahr 1706 bekam er die Ephorie der Academie zu Kiel, und wurde mit dem geheimen Rathspräsidenten, Magnus Wedderkop beständiger Visitator derselben. Wie aber 1712 der geheime Rathspräsident Wedderkop in Ungnade fiel, kehrte er nach Kiel zurück, und bekleidete auf dieser Academie nicht allein das Amt des ersten Professors der Theologie, sondern auch eines Prokanzlers. Da er seinen Vorweser, den fürstlichen Generalsuperint. Sandhagen wider die Beschuldigungen des königl. Generalsuperint. D. Josua Schwarz vertheidigte, gab dies eine Veranlassung, daß er nicht nur mit demselben, sondern auch mit seinem Nachfolger, dem lic. Theodor Dassau in weitläuftige und verdrießliche Zwistigkeiten gerieth. Das Andenken der übergebenen Augspurgischen Confession erneuerte er 1730 mit einer feierlichen Rede. Er beschloß sein Leben 1733 den 7ten Dec. y).

11. Georg Hinrich Reimarus. Seine Geburt erfolgte 1688 zu Heide in Norderdithmarschen, woselbst sein Vater, Samuel Reimarus, Prediger war. Der regierende Herzog in Holstein Carl Friedrich berief ihn im Jahr 1739 zum Hofprediger. Mit diesem Herrn ging er darauf nach Wien, Breslau, Petersburg und Moscau. Nach

---

y) Moll. Cimb. Litt. II. 561. Hamb. Ber. 1738. 628. Fehse Nachr. von der Stadt Kiel. 118.

Nach dem Absterben des D. Muhlius ernannte ihn sein Herr zum Generalsuperintendenten und Vicepräsidenten im Oberconsistorio. Diese Aemter bekleidete er aber nur eine kurze Zeit, indem er schon 1735 den 12ten Apr. seinen Geist aufgab z).

12. **Anton Caspar Engel.** Heiligenhaven, eine kleine Stadt im äußersten Winkel von Wagrien, ist der Ort, wo er 1675 den 6ten Apr. den Anfang des Lebens machte. Sein Vater Joachim Engel war daselbst Diaconus. Nachdem er von 1703 in der Stadt Oldenburg Diaconus, Archidiaconus und Pastor gewesen war, erhob ihn der regierende Herzog, Carl Friedrich, 1736 zum Generalsuperintendenten und machte ihn zum Vicepräsidenten im Oberconsistorio, auch 1738 zum Ordensabt. Der Tod machte 1748 den 19ten Dec. seinem Leben ein Ende a).

13. **D. Gustav Christoph Hoßmann.** Er ist ein Sohn des Consistorialis und Predigers an der Stadtkirche zu Celle, M. Sigismund Hoßmann, und 1695 den 16ten May in die Welt getreten. Im Jahr 1721 kam er als Diaconus nach Gottorp; 1722 als Prediger nach Woldenhorn in Holstein und 1729 als Diaconus an die Nicolaikirche nach Kiel. Wie er darauf 1730 außerordentlicher Professor der Theologie und Doctor der heil. Schrift geworden war, ernannte ihn sein Landesherr zum Cabinetsprediger und Informator bei dem damaligen Erbprinzen, Carl Peter Ulrich,

---

z) Hamb. Ber. 1715. 270.
a) Beitr. zu den Act. hist. eccl. II. 408.

dem nachmaligen rußischen Kaiser Peter III. Im Jahr 1733 wurde er nicht nur ordentlicher Professor der Theologie und Archidiaconus in Kiel, sondern auch wirklicher Oberconsistorial- und Kirchenrath, darauf 1734 Hofprediger, 1749 Generalsuperintendent und 1750 erster Professor der Theologie. Er legte diese Aemter nieder, da ihn der Tod 1766 den 10ten Jul. der Zeitlichkeit entriß b).

14. **Friedrich Franz Haßelmann.** Dieser liebenswürdige Lehrer trat zu Oldenburg in Wagrien, an welchem Orte sein Vater, Zacharias Haßelmann, Prediger war, 1713 den 5ten März in die Welt. Schon 1736, da er das 23ste Jahr seines Alters erreichet hatte, erhielte er den Beruf als Prediger nach Neumünster. Hier lebte er 19 Jahre als Diaconus und gelangte 1755 zum Pastorat. Darauf erhielte er 1763 die Würde eines Probsten und 1764 eines Consistorialraths. Nach dem Absterben des D. Hoßmanns wurde er 1766 Großfürstl. Generalsuperintendent in Holstein. Durch sein rechtschaffenes Betragen und durch seinen liebreichen Umgang erwarb er sich eine allgemeine Hochachtung. Es verursachte daher sein Tod, welchen 1784 den 23sten Nov. ein Schlagfluß beförderte, bei allen, welche ihn zu kennen und hochzuschätzen das Glück gehabt haben, eine wahre Betrübniß c).

Drit-

b) Act. Hist. eccl. II, 925. — Nachr. von niedersächs. ber. Leuten und Famil. I, 115.
c) Nova Acta Hist. eccl. VII. 1118. Act. hist. eccl. n. temp. XI. 810.

Dritte Abtheilung.
Von den
holsteinischen Superintendenten des Bischofs zu Lübeck.

Die Stadt Eutin in Wagrien ist die Residenz des Bischofs in Lübeck. Dieser Ort ist im zwölften Jahrhundert dem ersten lübeckischen Bischof Gerold von dem regierenden Grafen in Holstein Adolph II. durch die Vermittelung des Herzogs Hinrich des Löwen überlassen und dem Bisthum Lübeck einverleibet. Schon vor der Reformation hielten sich die Bischöfe hier zum öftern auf, und nach der Kirchenverbesserung ist es der beständige Wohnsitz derselben gewesen. Eberhard von Holle, welcher auch Bischof zu Werden war, übergab die Aufsicht der Kirchen, welche in Wagrien ihm als Bischof gehörten, dem Superintendenten in Werden, M. Thomas Mauer, und nachher dem Pastor zu St. Michaelis in Lüneburg, M. Friedrich Dedekind. Eben so verordneten die beiden ersten Bischöfe aus dem fürstlichen Hause Schleswig-Holstein, welche zugleich Erzbischöfe in Bremen waren, ihre Superintendenten zu Aufsehern der bischöflichen Kirchen in Wagrien. Wie aber Herzog Hans Eutin zu seinem Aufenthalt erwählte, war er auch darauf bedacht, seinen Kirchen einen eigenen Superintendenten vorzusetzen, und sind von der Zeit an folgende bischöfliche Superintendenten in Eutin gewesen:

1. D. Daniel Janus. Es ist derselbe zu Prag in Böhmen 1606 den 7ten Jul. gebohren.

Nachdem er verschiedene Academien besucht und auf denselben Beweise seiner Gelehrsamkeit abgelegt hatte, hielte man ihn für würdig, den Grad eines Doctors in der Gottesgelahrheit zu erhalten. Bischof Hans erwählte ihn zu seinem Hofprediger und ernannte ihn 1648 zum ersten Superintendenten der Kirchen, welche zu dem Unterstift Eutin gehören. Von hier ging er 1656 als Kirchenrath und Superintendent nach Güstrau in Meklenburg, woselbst er 1669 den 17ten Dec. das Ende seiner irdischen Wallfahrt erreichte d).

2. D. Christian von Stöcken. Er war von 1666 bis 1677 Superintendent in Eutin und erhielte nach der Zeit die königl. Generalsuperintendentur, wie oben bemerkt ist.

3. D. Johann Wilhelm Petersen. Dieser seiner besondern Meinungen wegen vom 1000jährigen Reiche, von den Offenbarungen und andern Lehrsätzen bekannte Mann ist zu Osnabrük 1649 den 1sten Jun. in die Welt getreten. Anfänglich war er Professor zu Rostock. Man berief ihn darauf zum Prediger an die Aegidienkirche nach Hannover und 1678 ernannte ihn Bischof August Friedrich zu seinem Hofprediger und Superintendenten in Eutin. Hier ließ er sich 1686 auf der Academie Rostock die Doctorwürde in der Theologie beilegen, und nahm 1688 den Ruf als Superintendent nach Lüneburg an. Hatte er schon in Holstein Merkmale seiner besondern Meinungen geäußert; so ging er in Lüneburg noch weiter, und trug

---

d) Fr. Thomae cat. biogr. pers. de eccl. Güstr. bene mer. 12. Moll. Cimb. L. II, 399.

trug solche auf öffentlicher Kanzel vor. Dies konnte vielen seiner Zuhörer nicht anders als anstößig seyn. Daher mußte er auf churfürstl. hannoverischen Befehl sich vor dem Consistorio zu Celle seiner Lehre wegen, und weil er die Offenbarung einer gewissen Fräulein Rosamunda Juliana von der Asseburg für göttlich ausgab, zur Verantwortung einfinden. Da er aber in seiner Meinung beharrte, und sich durch keine Vorstellungen überzeugen lassen wollte, hielte man ihn für unwürdig, ferner Superintendent in Lüneburg zu seyn. Unterstützt von einigen Freunden kaufte er sich darauf das Gut Niederbobeleben im Herzogthum Magdeburg, und bemühete sich, durch Schriften seine Lehrsätze zu vertheidigen, bis ihn der Tod 1727 den 31. März abforderte und zur Ruhe brachte e).

4. M. Christian Specht. Seine Geburt erfolgte 1647 zu Göttingen. Von Wunstorf, an welchem Orte er zuerst Prediger war, kam er 1675 nach Hannover an die Kreuzkirche. Die Empfehlung des D. Petersen hatte die Wirkung, daß ihn der Bischof im Jahr 1689 zum Hofprediger, Consistorialrath und Superintendenten nach Eutin berief. Nach einigen Jahren ging er als Oberhofprediger nach Wolfenbüttel, und erhielte die Abtei Ribbagshausen. Zu Wolfenbüttel verließ er 1706 den 8. Aug. die Welt f).

5. Jo-

e) s. das von ihm selbst verfertigte Leben. Moll. Cimb. Litt. II, 639.
f) Universallexicon 38. Th. 1260. Schmersals Nachr. v. jüngstverst. Gelehrten II, 292.

5. **Johann Daniel Bütemeister.** Zu Sudershausen, wo sein Vater Heizo Bütemeister das Amt eines Predigers verwaltete, ist er 1661 den 23. Mai an das Tageslicht getreten. Seine erste Beförderung geschahe 1691, da er auf dem Berge vor Razeburg als Prediger eingeführet wurde. Nur zwei Jahre bekleidete er diese Stelle, indem ihn 1693 der Bischof zu Lübeck, August Friedrich, zum Hofprediger, Consistorialrath und Superintendenten seines Bisthums ernannte. Sein unsträflicher Wandel und seine gewissenhafte Amtsführung hatten ihm eine allgemeine Hochachtung und Liebe erworben. Diese waren auch außerhalb Eutin nicht unbekannt geblieben, und bewogen Se. Churfürstl. Durchl. zu Braunschweig und Lüneburg ihn zum Generalsuperintendenten des Fürstenthums Göttingen, zum Professor der Theologie bei dem Pädagogio und zum Hauptprediger zu St. Johannis in Göttingen zu berufen. Diese wichtigen Aemter legte er 1721 den 23. Dec. mit dem Tode nieder g).

6. **M. David Ebersbach**, aus Lauban in der Lausitz. Nachdem er zu Gottorp am fürstl. Hofe einige Zeit Mittwochsprediger gewesen war, kam er 1702 als Prediger nach Boel, und 1707 nach Satrup im Herzogthum Schleswig. Nachdem Abzuge des Superintendenten Bütemeisters nach Göttingen, berief ihn der Bischof Christian August 1709 zum Hofprediger und Superintendenten. Er starb 1726 den 28. Jan.

7. Joa=

---

g) M. Chr. Münden Leichenpr. auf denselben 1722. Moll. Cimb. Litt. II, 131.

7. **Joachim Küsterbek.** Er ist 1647 geboren. Im Jahr 1679 kam er als Prediger nach Malente, und 1693 als Hauptprediger an die Stadtkirche in Eutin. Ihm wurde 1726 die Würde eines Superintendenten des Bisthums Eutin beigelegt, welche er bis 1729 den 22. Febr., da er sein Leben beschloß, bekleidete.

8. **Hinrich Balemann.** Sein Vater Albert Balemann war Prediger zu Kirchwerder, und ist er daselbst 1692 den 29. Sept. geboren. Bei dem eutinischen Prinzen Carl war er von 1725 Reiseprediger, und nach seiner Zurückkunft von 1728 in Eutin Hofprediger. Bischof Adolph Friedrich machte ihn 1732 zum Kirchen- und Consistorialrath, 1734 zum Superintendenten, und 1736 zum Hauptprediger an der Stadtkirche in Eutin. Sein Ende erfolgte 1761 den 7ten November [h].

9. **Melchior Hinrich Wolf** aus Eutin. Er war von 1755 bischöfl. eutinischer Hofprediger, darauf von 1762 Consistorialrath, und von 1772 Superintendent und Hauptprediger in Eutin. Er endigte die Tage seiner Wallfahrt 1786 den 28sten November.

10. **Jacob Leonhard Vogel** aus Lübeck, war von 1762 Diaconus in Eutin, von 1770 Pastor zu Bosau, und von 1787 verwaltet er das Amt eines Superintendenten und Pastors an der Stadtkirche in Eutin.

---

[h] Nachr. von niedersächsischen berühmten Leuten und Familien I, 165.

Dritter Abschnitt.

Von den merkwürdigsten Begebenheiten in der Kirchengeschichte Holsteins von der Reformation bis auf die gegenwärtige Zeit.

Kaum hatte das Licht des Evangelii die ersten Strahlen über diese Gegenden ausgebreitet; so zeigten sich selbst unter den ersten Lehrern Holsteins solche, welche durch Irrthümer die Wahrheit des Glaubens zu verdunkeln suchten. Der merkwürdigste unter diesen war ohne Zweifel Melchior Hofmann. Dieser hatte schon unterschiedene Provinzen von Teutschland durchirret, auch in Holland, Schweden und Liefland den Samen seiner ketzerischen Meinungen auszustreuen gesucht. Er kam darauf nach Wittenberg, mußte aber, da er merkte, wie seine Lehrsätze bei Luthern und andern Gottesgelehrten keinen Beifall finden konnten, diesen Ort verlassen. Niedersachsen und besonders Hamburg war der Ort, welchen er nunmehro zu seinem Aufenthalt bestimmte. Hier hatte er das Glück, sich die Gunst und Gnade des Königes Friedrich I. in Dännemark zu verschaffen. 1527. Denn von demselben erhielte er 1527 die offenstehende Predigerstelle in der Stadt Kiel i). Seine erste Sorge, nachdem er ein öffentliches Lehramt erhal-

---

i) Cypreus schreibt: daß Hofmann vom König Friedrich I. von Magdeburg nach Kiel berufen sei.

erhalten hatte, ging dahin, eine eigene Buchdruckerei anzulegen, damit er desto ungestörter seine fanatischen Irrthümer, vorzüglich in der Lehre vom Abendmahl und vom jüngsten Gerichte ans Licht bringen könnte k). Luther selbst schrieb nach Kiel und warnete für die Irrlehren dieses Mannes.

Durch diese Umstände bewogen, entschloß sich König Friedrich I. zu Flensburg eine Unterredung zwischen diesem Hofmann und einigen unverdächtigen Lehrern halten zu lassen. Dieser Unterredung, welche 1529 den 5. April im grauen Kloster zu Flensburg geschahe, wohnte der Kronprinz Christian nebst dem Kanzler Detlev Reventlau, dem Amtmann und Hofmeister Johann Ranzau und Detlev Pogwisch bei. Die Gottesgelehrten, gegen welche sich Hofmann erklären sollte, waren D. Johann Bugenhagen, welcher von Wittenberg zu dieser Handlung berufen war, D. Johann Aepin, Stephan Kempe, und M. Theophilus aus Hamburg; Nicolaus Boie, Pastor zu Weslingburen in Norder-Dithmarschen, und Hermann Tost, Pastor zu Husum. Als Anhänger Hofmanns waren Johann von Campe, Prediger zu Itzehoe, und Jacob Hagge, aus Danzig, zugegen l). Der wichtigste Artikel, weswegen Hofmann befragt wurde, war die vorgetragene Lehre von der allein geistlichen und nicht wesentlichen Gegenwart des Leibes Christi im Abendmahl aus der heil. Schrift zu beweisen. Der königliche Prinz Christian befahl

im

---

k) Krafts Holst. zweihundertjähr. Jub. Feier 105.
l) Krafts zweihundertjähr. Jub. Feier 108.

T

im Namen seines Herrn Vaters, des Königs, die Sache nicht mit Schelt- und Schmähworten, sondern mit Wahrheit göttlicher Schrift auszurichten, damit niemand Ursache hätte, sich über Gewalt und Unrecht zu beschweren m). Der Erfolg dieser Unterredung bestund darin, daß Melchior Hofmann, da er sich nicht weisen lassen wollte, mit seinen Anhängern das Land räumen mußte. Es soll derselbe, da er von 1533 zu Straßburg 10 Jahre im Gefängniß gesessen hatte, daselbst 1543 gestorben seyn n).

Wie darauf Christian III. nach dem im Jahr 1533 den 10. April zu Gottorp erfolgten Absterben Friedrich I. die dänische Krone erhielte, ob er gleich erst 1536 Besitz von der Residenz Copenhagen nehmen konnte, trachtete er mit allem Ernste darnach, die evangelische Lehre in seinen Reichen und Fürstenthümern zu befestigen, und eine allgemeine Vorschrift zu verordnen, nach welcher sich die Prediger und öffentlichen Lehrer im Lande zu verhalten hätten. Zu dem Ende wurde 1537 D. Johann Bugenhagen von Wittenberg nach Copenhagen verschrieben. Dieser, da er den 12. Aug. den König und die Königin gekrönet hatte, reformirte das ganze Reich, bestellte tüchtige Lehrer an Kirchen und Schulen, gab auch, mit Beihülfe und Unterstützung einiger Gottesgelehrten in Dännemark, und mit Genehmigung Luthers und der übrigen wittenbergischen Lehrer, eine Kirchenordnung in lateinischer Sprache unter dem Titel heraus:

1534.

1537.

---

m) Pontoppid. Ref. der dän. K. 101.
n) L. Alerdi Res Nordalbing.

aus: Ordinatio ecclesiastica Regnorum Daniae et Norwegiae et Ducatum Slesvicensis, Holsatiae etc. Diese Kirchenordnung ist nach der Zeit auf königlichen Befehl in die niedersächsische Sprache übersetzt und zu einem allgemeinen Kirchengesetz in den Herzogthümern angenommen.

Als im Jahr 1537 den 15ten Februar die protestantischen Stände eine Zusammenkunft zu Schmalkalden in der Grafschaft Henneberg hielten nn), um ein Vertheidigungsbündniß wider die Römischkatholischen aufzurichten, und einige Artikel, unter andern den von der Gewalt und Obrigkeit des Pabstes zu entwerfen, wurde auch der König Christian III. eingeladen, welcher seinen Kanzler, Karl von Utenhof, dazu abordnete. Der König selbst aber reisete in dem darauf folgenden Jahre mit seiner Gemahlin nach Braunschweig, 1538. und schloß am Dienstag nach Jubica mit den protestantischen Fürsten ein Bündniß, vermöge dessen er sich verpflichtete, wenn es die Noth erforderte, den evangelischen Glauben zu vertheidigen. Dieser Bund, welchen der König eigenhändig unterschrieb, sollte 9 Jahre in Kraft bleiben und fest gehalten werden o).

Damit die in Dännemark von Bugenhagen entworfene Kirchenordnung auch in den Herzogthümern Schleswig und Holstein allen zur Beobachtung vorgeschrieben werden könnte, ließ der König 1542 zu Rendsburg einen Landtag ausschreiben. 1542.

---

nn) Holbergs Reichshist. II, 370. Lackm. hist. ord. eccles.
o) Lackm. Schlesw. Holst. Hist. I, 393.

Auf demselben wurde von den Anwesenden beschlossen und festgesetzt, daß die Kirchenordnung, welche in Dännemark eingeführet war, auch von nun an in den Herzogthümern allgemein gelten sollte. Es wurde auch dieselbe nach der Beschaffenheit und Einrichtung des Landes mit einigen Artikeln, besonders was die Pröbste und die Kirchhöfe betraf, vermehret. Die Landstände bewilligten diesen Schluß und der König bestätigte ihn p). Es ist auch dieselbe in der niedersächsischen Sprache noch in demselben Jahre, da der Landtag zu Rendsburg gehalten ist, unter dem Titel: „Christlike Kercken-Ordeninge, de yn den Förstendömen Schleswik-Holsten schal geholden werden," ans Licht getreten q).

Bisher hatte König Christian die Regierung der Herzogthümer Schleswig und Holstein allein verwaltet. Es waren aber jetzt die beiden Brüder desselben, Herzog Johann und Herzog Adolph, zu den Jahren heran gewachsen, daß sie die Herrschaft ihrer Länder übernehmen konnten. Dieses 1544. zu bewerkstelligen, geschahe eine solche Theilung unter diesen drei Brüdern, daß sie nicht nur im Herzogthum Schleswig, sondern auch im Herzogthum Holstein unterschiedene Aemter und Städte erhielten. Mit dem Besitze des Landes erlangte ein jeder zugleich die bischöfliche Gewalt über die Kirchen und über die Geistlichen, welche in dem ihm zugefallenen Antheil des Landes befindlich waren. Von dieser Zeit an waren also in dem Herzogthum

Hol-

---

p) Pontopp. Ref. H. der dän. K. 376.
q) Lackm. hist. prd. eccl.

Holstein brei regierende Landesherren. Herzog Johann, mit dem Beinamen der Aeltere, zum Unterschied des nachmaligen Stifters der sonderburgischen und ploenischen Linie der schleswig-holsteinischen Herzoge, Johann des Jüngern, starb 1580 den 2. Oct. ohne Erben, und seine nachgelassenen Länder theilten der König und der Herzog Adolph so, daß nachher zwei Regenten die Herrschaft über das Herzogthum Holstein behielten, und daher ist die königliche und herzogliche Regierung in Holstein entstanden.

Kaiser Carl V. ließ, um unter den Ständen des römischen Reichs Friede zu stiften, eine Vereinigungsschrift entwerfen, welche das Interim heißt, und die nur eine Zeitlang, oder so lange gelten sollte, bis eine allgemeine Kirchenversammlung gehalten würde, in welcher eine Einigkeit in der Lehre getroffen werden könnte. Nach dieser Schrift sollten sich Protestirende und Papisten richten. Dies Interim bestund aus 26 Artikeln, welche dem Pabstthum vorzüglich günstig waren. Auf dem Reichstage zu Augsburg wurde diese Schrift 1548 den 15ten Mai öffentlich verlesen, 1548. und unter harter Bedrohung den Protestanten zu beobachten aufgedrungen r). Allein die Protestanten wollten sich diesem Befehle nicht unterwerfen, obgleich Philipp Melanchthon, solches zu thun, nicht ungeneigt schien, indem er dies und andre Dinge, die er, um Frieden zu stiften, unter die Adiaphora rechnete, anzunehmen, für nicht unerlaubt hielte. Diesem widersetzten sich aber die angese-

r) Starck. lüb. Kirch. Hist. 98.

gesehensten Gottesgelehrten in Ober- und Niedersachsen, und behaupteten, daß die Evangelischen weder in das Verlangen des Kaisers willigen, noch sich dem Interim unterwerfen könnten.

Bei einer so ungleichen Denkungsart der protestantischen Lehrer konnte es nicht fehlen, daß manche Verwirrungen in der Kirche selbst entstehen mußten. Vorzüglich fing man an über die Lehre von der Taufe und vom Abendmahl ganz ungleiche Meinungen zu hegen. Dies bewog die drei in Holstein regierenden Herren, einen öffentlichen Befehl bekannt zu machen, daß in dem Fürstenthum keine Wiedertäufer und Sacramentirer geduldet und aufgenommen werden sollten s), damit durch solche die Gemeinen nicht verwirret und verführet werden möchten. Auch ist in diesem Jahre auf dem den 5. Febr. 1555 zu Augsburg gehaltenen Reichstage ein völliger Religionsfriede für die Protestanten geschlossen, und ihnen eine freie und sichre Religionsübung auf ewig zugestanden. Bisher hatten die weltlichen Fürsten und Regenten, da die Hierarchie des Pabstes sich über alle Länder erstreckte, keine Gewalt und Herrschaft in geistlichen Sachen ausgeübt. Nun aber erhielten sie durch diesen Religionsfrieden eine vollkommene Gerichtsbarkeit im Geistlichen, und errichteten in der Absicht die Consistoria oder geistlichen Gerichte t). Dieser Religionsfriede ist

den

---

s) Sachm. Schlesw. Holst. Hist. I, 458. Muhl. Ref. Rel in Cimbr. 152.

t) Reinking de regim. secul. et eccl. L, III. claſ. 1. c. 10.

den 25. Sept. durch einen Reichsabschied zu Augsburg öffentlich bekannt gemacht, und wurde in demselben den augsburgischen Confessionsverwandten die Religionsfreiheit versichert, und den Besitzern die eingezogenen geistlichen Güter zugesprochen u). Hiemit hörte die Gerichtsbarkeit der Geistlichen in den Ländern der Protestanten gänzlich auf.

Der hamburgische Superintendent, M. Joachim Westphal, gerieth über die Lehre vom Abendmahl mit Johann Calvin, welcher sich bisher zu Luthers Lehre gehalten, nunmehro aber sich dem Bekenntniß Zwingels gleichstimmig bewies, in einen Streit. Sogar der berühmte Melanchthon, welcher sonst ein so treuer Gehülfe unsers lieben und eifrigen Luthers war, schien nicht ungeneigt, auf die Seite Calvins zu treten. Um so vielmehr suchte der rechtschaffene Superintendent Westphal die reine Lehre vom Abendmahl nach dem Sinne seines Lehrers, des großen Luthers, zu vertheidigen. An diesem Streite nahmen auch die Prediger in einem Theile Holsteins, nehmlich in Dithmarschen, Antheil. Sie verfaßten ein eigenes Glaubensbekenntniß von der Lehre des Abendmahls, unterschrieben es einmüthig, und es ist dieses Bekenntniß von dem Superintendenten Westphal in Hamburg andern Confessionen beigedruckt x). Herzog Adolph ließ 1557 den 2. Aug. ein Mandat ergehen, worin er allen Unterthanen anzei-

1556.

1557.

---

u) Beitrag zu der allgemeinen Jubelfeier der evangel. L. 1755 den 25. Sept.

x) Hellm. Süd. D. K.H. 69. Starck. lüb. K. H. 134. Lackm. Schlesw. Holst. Hist. I, 475.

anzeigen ließ, daß im Lande eine Kirchenvisitation gehalten werden sollte, um eine Untersuchung in Absicht auf der Prediger Lehre und Leben anzustellen y).

Das Jahr 1559 ist in der Geschichte Holsteins mit Recht merkwürdig, weil in demselben die Provinz Dithmarschen bezwungen wurde, und dadurch unter die Herrschaft der Regenten der Holsteinischen Lande kam. Hatten die ehemaligen Besitzer Holsteins, die Grafen aus dem Hause Schauenburg, sich oft vergeblich bemühet, das Land Dithmarschen mit dem übrigen Holstein zu vereinigen; so ließ sich König Christian I. vermöge der ihm angeerbten Ansprüche vom Kaiser Friedrich III. mit dieser Provinz belehnen. Allein bei dem allen behaupteten die Dithmarschen noch immer das Recht der Freiheit, und obgleich König Johann in Dännemark einen Feldzug in der Absicht unternahm, dieses Land zu erobern; so mußte er doch 1500 den 17. Febr. einen wichtigen Verlust empfinden, indem seine Armee geschlagen wurde und eine außerordentliche Anzahl der holsteinischen Edelleute, welche diesem Feldzuge beiwohnten, das Leben einbüßte. Christian III. empfing zwar nebst seinem Bruder, dem Herzog Adolph 1548 von dem Kaiser Carl V. die Belehnung über dies Land. Dennoch konnte dieser friedfertige Monarch sich zu keinem Feldzug gegen die Dithmarschen entschließen, ob ihn gleich Herzog Adolph oft dazu zu bewegen suchte z). Sein Absterben gab dem Herzoge die Gelegenheit, vereinigt mit den übrigen regierenden Herren Holsteins ein

Volk

---

y) Dän. Bibl. IV. 182.
z) Holbergs dän. Reichshist. II. 422.

Volk zu bezwingen, das so lange seine Freiheit behauptet und sich wider die Ansprüche Andrer durch Tapferkeit beschützet hatte. König Christian III., dieser gottselige Regent, verließ 1559 den 1. Jan. das Irdische. Mit Recht konnte dieser Monarch ein Muster der Frömmigkeit genannt werden. Kein Tag ging vorbei, da er nicht kniend sein Gebet verrichtete, die Bibel sich vorlegen und geistliche Lieder singen ließ [a]). Er versäumte an keinem Orte, wo er sich aufhielte, den öffentlichen Gottesdienst, und hielte es nicht für eine Schande, mit den schlechtesten Bauren zum Abendmahl zu gehen [b]). Zum Wahlspruch hatte er sich die Worte erwählet: „Mein Trost zu Gott allein, sonst andern kein„ [c]).

Sogleich nach dem tödlichen Hintritte dieses tugendhaften Regenten der dänischen Staaten unternahm der Nachfolger desselben Friedrich II., in Verbindung mit den Herzogen Johann dem Aeltern und Adolph einen Heerzug in die Provinz Dithmarschen und eroberten dieselbe durch die Macht der Waffen. Nach dieser glücklichen Eroberung, wodurch Dithmarschen wieder mit den übrigen Provinzen Holsteins vereiniget wurde, mußten die überwundenen Dithmarschen in einem Kreise niederknien. Die Fürsten und Herren hielten in der Mitte. Die Reuter umschlossen diesen ganzen Kreis der Knienden. Dies setzte die Ueberwundenen in eine nicht geringe Furcht und Schrecken, weil sie glaubten, es geschähe dieses in keiner andern Absicht, als ihnen al-

T 5 len,

a) Pontopp. Ref. Hist. der dän. K. 65.
b) L. Alardi res Nordalb. P. I. 1895.
c) Pontopp. Ref. Hist. der dän. K. 72.

len, da sie sich bisher so widerspenstig bewiesen hatten, das leben zu nehmen. Daher ein Prediger unter ihnen in lateinischer Sprache zu einem andern die Worte sagte: „man würde sie gewiß zur Schlachtbank „führen, und wie das Vieh tödten.„ Diese Worte hörte der berühmte und gelehrte Hinrich Ranzau, welcher mit den übrigen Herren sich im Kreise befand. Er gab daher in eben der Sprache die Antwort: „Sie wären es freilich werth, daß man so „gegen sie verführe: allein ihre Ueberwinder wür„den nie die gegebene Treue brechen.„ d)

Die vornehmste Sorge der Eroberer Dithmarschens bestund nun darin, den Zustand der Kirchen des landes in eine gute Verfassung zu setzen. Den Predigern, welche bisher das Lehramt geführet und Tüchtigkeit dazu hatten, wurde die Erlaubniß ertheilet, solches auch künftig zu führen. Weil aber einige Kirchen verheert und zum Gottesdienst unbrauchbar gemacht worden waren, so befahlen die landesherren, daß die Prediger unter freiem Himmel den Gottesdienst halten sollten, bis die Dithmarschen ihre Kirchen und Kirchenhäuser auf ihre eigene Kosten würden erbauet haben. Die Prediger des landes nebst den drei landvögten mußten sich in Rendsburg einfinden. Alle drei regierende Herren hatten drei Räthe und drei Hofprediger e) beat

d) Lactm. Schl. Holst. Hist. L. 530.

e) König Friedrich II. hatte den geheimen Rath und Amtmann zu Steinburg, Claus Ranzau, und den Hofprediger Johann Severbrant; Herzog Johann der Aeltere, den Ritter Jwe Reventlau und den Hofprediger Georg Boetius; Herzog Adolph den Amtmann zu Cismar, Joachim Ranzau und den Hofprediger Wolquard Jonas dazu verordnet.

beordert, daß sie die Prediger examiniren, alle die Kirchen betreffende Bücher nachsehen, und solche Verfügungen in geistlichen Sachen treffen mußten, als zum Wohl des Landes ersprießlich war. Dadurch ist der unter dem 10. Decemb. 1559 sogenannte erste rendsburgische Abschied zu Stande gebracht, und darnach das Dithmarsische Kirchenwesen eingerichtet f). Die schleswig holsteinische Kirchenordnung wurde von nun an auch in Dithmarschen eingeführet, und ein jeder regierender Herr setzte in dem ihm zugefallenen Antheil einen Superintendenten, welcher für das Beste der Kirchen in dem ihm anvertrauten Landestheil sorgen, und die Aufsicht über die Prediger und Schulbedienten haben sollte. Anstatt der vier Superintendenten, welche in dem freien Dithmarschen die Aufsicht der Kirchen gehabt hatten, sind also nach der Eroberung des Landes drei verordnet. Wie aber Herzog Johann der Aeltere 1580 ohne Leibeserben zu hinterlassen, aus der Welt ging, ist das ihm zugehörige Land in zwei Theile getheilet, und von der Zeit an haben zwei Pröbste, ein königlicher und ein fürstlicher die Inspection über die Kirchen in der Landschaft Dithmarschen beobachtet.

Ein gewisser Johann Knipmark, welcher sich in der Gegend von Krempe aufhielte, suchte in der Lehre vom Abendmahl verschiedene Irrthümer auszubreiten. Er hatte auch Gelegenheit gefunden, sich hin und wieder im Lande Anhänger zu verschaffen. Damit nun durch ihn oder seine Anhänger die Einig-

---

f) Cronhelms hist. Bericht von der Kirchenreformat. 23. Muhl. Ref. Rel. in Cimbr. 174.

Einigkeit in der Lehre und im Glauben nicht gestöret werden möchte, ließ König Friedrich II. sogleich nach dem Antritte seiner Regierung die nachdrücklichsten und ernstlichsten Befehle wider solche ergehen, die in der Lehre vom Abendmahl Neuerungen vornehmen würden g). Diese Befehle waren um so nöthiger, da in diesen Zeiten in allen Gegenden und Provinzen Teutschlands sich solche einfanden, welche ihre besondre Meinungen von der Beschaffenheit dieses Sacraments Andern aufzubringen sich Mühe gaben. So sehr daher Friedrich II. wünschte, daß die Lehre vom Abendmahl in seinen Reichen und Fürstenthümern lauter und rein möchte beibehalten werden; so ernstlich suchte er alles zu entfernen, was zur Verführung Anlaß geben konnte.

1561. Zu Naumburg nahm den 20. Jan. 1561 die Berathschlagung der evangelischen Fürsten und Stände des teutschen Reichs ihren Anfang, in welcher das Ansehn der augsburgischen Confession durch eine wiederholte Unterschrift bekräftiget, auch zugleich überleget werden sollte, wie man sich in Hinsicht der Kirchenversammlung, welche Pabst Paul III. zu Trident, um die Religionsstreitigkeiten beizulegen, hatte ausschreiben lassen, zu verhalten hätte. Man fand die Unterschrift der ungeänderten augsburgischen Confession, so wie sie dem Kaiser Carl V. übergeben war, um so nöthiger, weil Melanchthon ohne Vorbewußt Luthers und der protestantischen Stände 1540 bei einer neuen Auflage unterschiedene Veränderungen den Zwinglianern zu Gefallen hatte einfließen lassen. Daher sie auch die veränderte Con-

---

g) Muhl. Ref. Rel. in Cimbr. 114.

Confession genannt, und von den Reformirten angenommen wird. Auf diesem Convent wurde die ungeänderte aufs neue unterschrieben und dem Kaiser Ferdinand übergeben. Was auf der Kirchenversammlung zu Tribent, welche schon 1545 den Anfang nahm, beschlossen war, wurde für nichtig erkannt, und man hielte es allgemein für billig, daß ein freies Concilium, welches in Teutschland gehalten und nicht vom Pabst ausgeschrieben werden müßte, zu verordnen sei. Zu dieser Zusammenkunft zu Naumburg sandten nicht nur König Friedrich II., sondern auch Herzog Adolph Abgeordnete, welche mit den gegenwärtigen Ständen das Beste der evangelischen Kirche besorgten h).

Diese Zusammenkunft, welche zu Naumburg gehalten war, veranlaßte im Monat Julius einen Convent zu Lüneburg. Auf demselben versammleten sich einige niedersächsische Gottesgelehrte, welche zur Erhaltung der reinen Lehre ein eigenes Bekenntniß aufsetzten. Dieses Bekenntniß unterschrieben funfzehn Theologen, unter welchen auch der hamburgische Superintendent D. Paul von Eitzen, welcher nachher Generalsuperintendent in Holstein geworden ist, war i). Nicht nur König Friedrich II. sondern auch seine beiden Brüder, Herzog Johann der Aeltere und Herzog Adolph ließen in dem darauf folgenden Jahre diese lüneburgische Confession in Holstein publiciren und sie als eine Vorschrift des Verhaltens bei den sich allenthalben einschleichenden Irr-

---

h) Hünnii Historie des Convents zu Naumburg.
i) Ioan. Moll. L[s]ag. ad h[is]tor. Duc. Slesv. et Holsat. P. III. 179.

Irrthümern bekannt machen k). — Pabst Pius IV. ließ um diese Zeit durch seine Gesandten den König in Dännemark Friedrich II. zu der tridentinischen Versammlung einladen. Allein den Gesandten, welche sich in Lübeck aufhielten, und eine Erlaubniß erwarteten, nach Copenhagen zu kommen, ertheilte der König diese unangenehme Antwort: „daß sein Herr Vater und Er niemals etwas mit „dem Pabste zu schaffen gehabt, und man daher „das Anliegen der römischen Gesandten weder in „Dännemark noch Holstein zu wissen verlange, auch „ihnen die Erlaubniß, nach Dännemark zu kom„men, nicht gestatten könne„ l).

Auf dem in die Stadt Oldeslo eingepfarrten adelichen Gute Fresenburg starb 1561 der Stifter der sogenannten Mennoniten oder Mennonisten, Menno Simon. Er war 1505 zu Wilmarsen, einem Flecken in Friesland, von papistischen Eltern gebohren. Anfänglich war er Prediger an seinem Geburtsorte, verließ aber sein Amt und die papistische Lehre, verwarf die Kindertaufe und suchte sich Anhänger zu verschaffen. Es ist zu bewundern, daß dieser Stammvater der wiedertäuferischen Secte sich in einem Lande, in welchem 1555 die ernstlichen Befehle, daß keine Wiedertäufer sollten aufgenommen und geduldet werden, habe aufhalten können. Es kann vielleicht seyn, daß er auf der Reise von

Wil-

---

k) Starck. Lüb. K. Hist. 162 — 167. Baumgartens Erläuterung der symbolischen Bücher 267. Dän. Bibl. VII 171.

l) Lackm. Schl. Holst. Hist. I. 535. 544. Heldvader. Sylva chronol, circ, Balth. II, 166.

Wismar, wo er sich sonst aufgehalten hatte, nach Hamburg, in dieser Gegend von einer Krankheit überfallen und gestorben sei.

Im Jahr 1564 erhielte Holstein durch die 1564 Theilung, welche König Friedrich II. mit seinem Bruder, Herzog Johann dem Jüngern unternahm, einen neuen Regenten. Denn dieser Herzog Johann der Jüngere empfing in Holstein zu seinem Eigenthum die Stadt Ploen nebst dem Kloster Arensbök, und 1580 bei dem Absterben Herzog Johann des Aeltern das Kloster Reinfeld, welche von ihm in Aemter verwandelt sind. Die Stadt Ploen erwählte er zu seiner Residenz und stiftete das herzoglich-holstein-ploenische Haus m). Mit dem Antritt der Regierung übernahm er auch das bischöfliche Recht über die in diesem Theile von Holstein liegenden Kirchen. Er verordnete über dieselben einen eigenen Aufseher. Die besondre Regierung dieser holstein-ploenischen Lande daurete bis ins Jahr 1761, da der letzte Herzog Friedrich Carl starb, und sein Land dem Könige überließ.

Die Religionsstreitigkeiten, welche in der evangelischen Kirche manche Verwirrungen verursachten, schienen fast in allen Provinzen Teutschlands zuzunehmen. Dies bewog einige der angesehensten Gottesgelehrten, alles anzuwenden, daß unter den protestantischen Ständen Teutschlands eine Uebereinstimmung in der Lehre und in dem Bekenntnisse des Glaubens befördert werden möchte. Niemand bewies sich hierin eifriger und wirksamer, als der Probst und Kanzler zu Tübingen, D. Jacob Andreä

m) Lackm. Schl. Holst. Hist, I, 553.

drea. Er reisete selbst nach verschiedenen Oertern, kam auch sogar nach Niedersachsen, um sich mit den Theologen daselbst zu bereden n), konnte aber
1569. seine Absicht nicht nach Wunsch erreichen. Es nahm sich daher der Churfürst von Sachsen, August, der Sache ernstlich an, und ließ nicht nur zwölf von seinen Theologen, sondern auch sechs auswärtige
1576. sich 1576 im Junius zu Torgau versammlen, welche eine Schrift abfassen mußten, worin die reine evangelische Lehre enthalten war, und in welcher alle Lehrsätze derer, welche man für heimliche Calvinisten hielte, verworfen wurden. Diese Schrift sandte der Churfürst an unterschiedene evangelische Fürsten und Stände des Reichs, unter andern auch an die drei regierenden Herzoge zu Schleswig-Holstein, Johann den Aeltern, Adolph und Johann den Jüngern, mit dem Begehren, daß sie dies Werk an ihrem Theil gemeinschaftlich befördern helfen möchten o).

Herzog Adolph ließ darauf im Sept. 1576 seine Theologen und Prediger, an der Zahl 72 zusammen fordern, mit dem Befehl, daß sie über das ihnen zugesandte torgauische Buch ihre Meinung abfassen sollten. Hierauf verfertigte D. Paul von Eitzen, als der Vornehmste unter ihnen: „das „Bedenken der Superintendenten und Predi„ger in Holstein auf die schwäbische Unions„schrift." Es wurde auch dies Bedenken von den sämtlich versammleten Geistlichen den 21. Sept. unterschrieben, und der Herzog übersandte das im Namen

n) Starck. Lüb. Kirch. Hist. 258. Dän. Bibliothek 4. St. 221.
o) Dän. Bibl. IV, 224.

Namen seiner Theologen aufgesetzte Bedenken den 3. December an den Churfürsten von Sachsen p). Auch die Theologen des Herzogs Johann des Aeltern mußten sich im October dieses Jahres versammlen, und ihr Bedenken von dem torgauischen Buche schriftlich abfassen. Es erhielte die Aufschrift: „Bedenken der Superintendenten und Predi„ger göttlichen Worts in dem Lande Holstein „unter Herzogen Johannsen dem Aeltern ge„sessen, über die schwäbische Unionsschrift." In diesem Bedenken sind vier Ursachen angeführet, warum man das torgauische Buch nicht annehmen könnte. Es wurde dieses Bedenken gleichfalls dem Churfürsten von Sachsen zugesandt q). Herzog Johann, der Jüngere zu Ploen und Sonderburg erklärte in einem Schreiben vom 18. November an den Churfürsten, daß er geneigt und willig sei, dem Begehren des Churfürsten sich gemäß zu bezeigen, indem er die ihm zugesandte Schrift den prophetischen und apostolischen Schriften, wie auch den Symbolis der christlichen Kirche und folglich dem Worte Gottes übereinstimmend befunden habe r).

Nachdem der Churfürst von Sachsen, August, die unterschiedenen Urtheile und Meinungen der evangelischen Stände und Reichsfürsten erhalten hatte, ließ er sechs Theologen sich in dem Kloster Bergen bei Magdeburg versammlen, und trug ihnen auf, das torgauische Buch durchzusehen und

1577.

zu

p) Dän. Bibliothek IV. 226. 232.
q) ibid. 238.
r) ibid. 239.

U

zu verbessern, darauf eine Schrift aufzusetzen, welche von allen evangelischen Lehrern unterschrieben werden sollte. Es kam auch diese Schrift, welche insgemein die *Formula concordiae* heißt, im Mai dieses Jahres zu Stande, und ist von 8000 Theologen, Kirchen- und Schullehrern unterzeichnet s). Die Churfürsten zu Sachsen und Brandenburg gaben den drei Herzogen zu Schleswig-Holstein den 28. Junius davon Nachricht. Sie thaten dabei den Vorschlag, daß, dafern sie noch einige Bedenklichkeit haben möchten, dies verbesserte Buch anzunehmen, ihre allerseits Theologen zu Prenzlau oder an einem andern gelegenern Orte zusammen kommen und sich näher gegen einander erklären könnten t). Den 5. September übersandten sie darauf die verbesserte *Formulam concordiae* selbst, und baten, daß die Lehrer in den Kirchen und in den Schulen beider Herzogthümer Schleswig und Holstein dazu angehalten werden möchten, solche zu unterschreiben u). Dieses churfürstliche Schreiben beantwortete Herzog Johann der Aeltere den 4. October. Er verspricht, daß er die Sache mit Fleiß erwägen, und so viel möglich befördern helfen wolle, auch der begehrten Unterschrift halber sich mit den beiden andern Herzogen, und dem königlichen Statthalter, der hiezu gezogen werden müßte, bereden wollte x). Zu dem Ende schrieb er den 8. October an den Herzog Adolph, ersucht ihn um die Meinung seiner Theologen,

---

s) Unpartheiische Kirchenhistorie II, 169.
t) Dänische Bibliothek 4. St. 248.
u) ibid. 250.
x) ibid. 251.

logen, und bittet, den Herzog Johann den Jüngern von der Sache zu benachrichtigen y).

Die Prediger Herzog Johann des Aeltern setzten darauf ein abermaliges Bedenken, welches den 28. October unterzeichnet ist, auf, worin sie auch die verbesserte Formulam concordiae anzunehmen sich weigerten z). Noch weniger wollte sich der fürstliche Generalsuperintendent D. Paul von Eitzen zur Annahme des Concordienbuchs, weil er ein überaus großer Freund des Melanchthons war, dagegen dem Jacob Andreä nicht gewogen schien, auf keine Weise bequemen. Er suchte nicht nur den Herzog Adolph zu bewegen, daß er dies Bekenntnißbuch nicht in seinen Landen einführte, sondern er schrieb auch dieser Sache wegen an Friedrich II. König in Dännemark a).

Im Jahr 1579 vom 25sten Nov. bis den 14ten Dec. versammleten sich die vornehmsten Theologen und Prediger des Herzog Adolphs aus den Herzogthümern Schleswig und Holstein in der Stadt Schleswig, und zeigten die Ursachen an, warum sie die *Formulam concordiae* oder das bergische Buch nicht annehmen könnten b). Die Schrift, welche in dieser Absicht den 13ten Dec. unterschrieben wurde, hatte folgenden Titel: „Bedenken „der Superintendenten und Prediger göttli„chen Worts unter Herzog Adolph gesessen „auf das bergische Concordienbuch." Die Ursachen, warum die Subscription des bergischen Buches

1579.

---

y) Dänische Bibliothek 4. St. 252. 346.
z) ibid. 355.
a) Lackm. Schl. Holst. Hist. I. 637.
b) Zehse Nachr. v. den Pred. in Nörd. Dith. 73. 114.

Buches abgeschlagen werden mußte, waren hergenommen aus dem Befehle Christi: „Hütet euch vor „den falschen Propheten, die in Schafskleidern zu „euch kommen ꝛc." und aus dem Befehle des heiligen Geistes: „Glaubet nicht einem jeglichen Gei„ste, sondern prüfet die Geister, ob sie von Gott „sind ᶜ)."

Der damalige Pastor zu Kiel, M. Martin Coronaeus widersetzte sich nebst andern mit Heftigkeit der Annahme des Concordienbuchs. Daher ihn auch die hamburgischen Prediger, wie er sich in der Stadt Hamburg aufhielte, vor sich forderten, und von ihm die Gründe und Ursachen wissen wollten, warum er sich der Unterschrift desselben so sehr widersetzte. Allein er vertheidigte sein Verfahren mit einer solchen Geschicklichkeit, daß sie ihm nichts anhaben konnten ᵈ). Weil dieser Martin Coronaeus am zweiten Pfingsttage in öffentlicher Predigt anführte, daß es unbillig sei, daß die Städte Hamburg, Lübeck, Lüneburg und Braunschweig das Concordienbuch unterschrieben hätten; so beschwerte sich der Superintendent in Lübeck, M. Andreas Pouchenius bei dem Magistrat in Kiel in einem Schreiben über sein heftiges Betragen, und über die Schmähungen, mit welchen er die Lehrer der von ihm genannten Städte belegt hätte, und verlangte einen öffentlichen Widerruf dessen, was er vor der Gemeine gesagt hatte ᵉ). Bei diesen Beschuldigungen, welche Pouchenius dem Coronaeus vor=

---

c) Dän. Biblioth. 8. St. 373. 420.
d) ib. 421. Jöchers Gel. Lexicon I. 209.
e) Dän. Bibl. 8. St. 422.

vorwarf, führte der Letztere wider seinen Gegner an: „Is erdichtet und erlogen. Ene offentlike ja „düvelsche Calumnie. Dat is en untheologisch Art; „mit solken calumniis un Schelmstücken gahn se „schwanger, un menen, if se dat nich f).

Es hatte D. Paul von Eitzen schon im Jahr 1574, ehe an das Torgauische Buch und noch weniger an die formula concordiae gedacht wurde, eine gewisse Eidesformel g) aufgesetzt, vermöge welcher alle, die in Holstein zu geistlichen Aemtern gelangen wollten, auf die augsburgische Confession, deren Apologie, die schmalkaldischen Artikel und Luthers Catechismus gewiesen wurden, und führte solche in den seiner Aufsicht anvertraueten Kirchen ein. Ohne Zweifel hatte er damit allen Schwärmern und denen, welche durch Irrlehren die Wahrheit zu verfälschen suchten, die Gelegenheit benehmen wollen, in den Herzogthümern zum Predigtamt zu gelangen, aber auch sich selbst einen Haß bei andern Gottesgelehrten zugezogen. Der lübeckische Superintendent, M. Andreas Pouchenius nennet dieses Eides wegen den Paul von Eitzen aus Spott Holsatiae Chymicum und warnet die benachbarten Prediger Holsteins, diesen Predigereid anzu-

---

f) Dän. Bibl. 8. St. 423.

g) Krafts Huf. K. Hist. 388. — 391. Es irret daher Past. Stark in seiner lübeck. Kirch. Hist. S. 377. wenn er behauptet, daß Paul von Eitzen diese Eidesformel aus Ehrgeiz, weil er nicht nebst andern Gottesgelehrten auf den Convent nach Torgau berufen worden, aufgesetzt habe, da doch dieselbe 2 Jahre vorher, ehe der Convent zu Torgau gehalten ist, schon hier eingeführet war.

nehmen und zu unterschreiben h). — Sowol D. Jacob Andreä als andre Theologen gaben sich alle Mühe, den holsteinischen Generalsup. D. Paul von Eitzen zur Unterschrift des Concordienbuchs zu bewegen, aber ohne Erfolg i): dagegen bestrebte sich 1580. der Landgraf Wilhelm zu Hessen, nicht allein den Herzog Adolph in Holstein, sondern auch den König Friedrich II. in Dännemark zu überreden, daß sie sich nicht zur Annahme desselben verleiten lassen möchten k).

Es ist demnach das zu Bergen abgefaßte Concordienbuch von denen in Holstein damals regierenden Herzogen nicht angenommen. Obgleich Herzog Johann der Jüngere zu Ploen sich zur Annahme desselben geneigt erklärte; so weiß man doch nicht, daß es in seinem Lande eingeführet sei. Auch in dem Stifte Eutin, welches der lübeckische Bischof, Eberhard Holle besaß, haben die Prediger die Formulam concordiae nicht unterschrieben, da sie doch von den Predigern im Stifte Werben, welches Bisthum eben dieser Bischof bekleidete unterzeichnet ist l). König Friedrich II., an welchen der Churfürst August von Sachsen 1580 ein in Sammet gebundenes und mit Gold beschlagenes Exemplar schickte m), soll auf dem Kloster zu Antwortschon in Seeland solches ins Feuer geworfen haben n). Er ließ auch 1580 den 24. Jul. ein scharfes

h) Starck. Lüb. Kirch. Hist. 378. 523.
i) Lackm. Schl. Holst. Hist. I. 641.
k) ib. I. 644. Dän. Bibliothek 8 St. 338.
l) Lackm. Schl. H. H. I. 627 (N. g.).
m) Holb Dän. Reichs Hist. II. 530.
n) Lackm. I. 638.

ses Edict ergehen, daß bei Leibesstrafe dieses Buch nicht in Dännemark eingeführet werden sollte `nn`).

Im Jahr 1583 hielte D. Paul von Eißen die erste Kirchenvisitation in Norderdithmarschen °). Drei Jahre nachher den 1sten October 1586 verließ der Stifter des fürstlich gottorpischen Hauses, Herzog Adolph, die Welt. Es war derselbe ein sanftmüthiger und leutseliger Herr. Wie er, nachdem er dem König in Spanien Philipp II. unter dem Herzog von Alba in den Niederlanden gedienet hatte, zu Husum ankam, hielte der Pastor Bokelmann zu Husum mit diesen Worten die Danksagung: „wir danken billig dem allerhöch„sten Gott, der unsern gnädigsten Landesfür„sten mit guter Gesundheit wieder anhero ver„holfen, aber, wem hat er gedienet? dem „Teufel und seiner Mutter." Als darauf der Herzog, welcher selbst in der Kirche zugegen gewesen war, bei der Tafel zu ihm sagte: „Vater, es „gab stark Bier in der Kirche," antwortete der Prediger: „Gnädiger Fürst und Herr, ich „kann nicht anders als nach Gottes Wort „und meinem Gewissen reden." Darauf der leutselige Herzog nichts weiter sagte: „Nun, nun „bleibt auch dabei." Daher ist in den nachfolgenden Zeiten das Sprüchwort im Lande geblieben: Es ist nicht mehr als zu Herzog Adolphs Zeiten °°). Diesem Herzog Adolph folgte sein ältester Sohn, Herzog Friedrich zwar in der Regierung, aber auch

---

nn) Holb. Dän. R. H. II. 530.

o) Lackm. Schl. H. H. I. 673.

oo) Krafts Husum zweih. jähr. Jub. F. 129.

schon 1587 den 15ten Jun. im Tode. In der kurzen Zeit der Regierung dieses Herrn kam 1587 den 21sten Febr. ein fürstl. Befehl heraus, wie es mit der Visitation der Kirchen und mit der Anordnung der Pröbste in den herzoglichen Landen gehalten werden sollte p). — Ein Prediger zu Grube in Wagrien, Johann Stricker, dessen Nachkommen noch gegenwärtig in Holstein blühen, hatte sich durch seine Strafpredigten und durch eine Schrift, welche er: „de düdsche Schlömer oder den teutschen „Schlemmer nannte," den Haß und die Verfolgung einiger Edelleute zugezogen. Sie faßten daher den Vorsatz, ihn zu erschießen und ums Leben zu bringen. Sie würden auch diesen grausamen Vorsatz wirklich ausgeführet haben, wenn er nicht, da er von einem Freunde gewarnet war, heimlich und nur blos mit einem Stock in der Hand nach Lübeck geflüchtet wäre, wo er das Glück hatte, als Prediger an die Burgkirche berufen zu werden, und mit diesen Worten seine Antrittspredigt anfing: „Godt heft mi errettet tho Grove ut dem Pohl, „un gesettet tho Lübeck up desen Stohl. q).

Der löbliche König Friedrich II., welcher mit Recht ein Vater des Vaterlandes und ein Beförderer der Künste und Wissenschaften gewesen war, endigte 1588 den 4ten April am Grünendonnerstage zu Antwortschon in Seeland sein ruhmvolles Leben. Aus Dankbarkeit für so manche von diesem Monarchen genossene Wohlthaten ließ der berühm-

---

p) Kirch. Verordn. II. 56. Muhl. Ref. Rel. in Cimb. 202.
q) Starck. Lüb. Kirch. Hist. 398.

rühmte und gelehrte schleswig-holsteinische Statthalter, Hinrich Rantzau, diesem seinem Könige und Herrn zum immerwährenden Andenken eine Säule ohnweit Itzehoe und eine Capelle nebst einem Obelisc ohnfern Segeberg aufrichten r). So wie dem König Friedrich sein Sohn Christian, welcher unter den Königen in Dännemark der vierte heißt, da er kaum das eilfte Jahr des Lebens zurückgeleget hatte, in der Beherrschung der Reiche und Fürstenthümer folgte; so erhielte Herzog Friedrich seinen Bruder Philipp zum Nachfolger in dem fürstlichen Antheil der Herzogthümer Schleswig-Holstein. — Ein holsteinischer Edelmann, welcher Besitzer des Gutes Boosee war, Friedrich Brokdorf, hatte 1580 auf dem Landtage zu Odensee einen Edelmann, Gerhard Rantzau erstochen. Es geschahe zur Aussöhnung dieser Mordthat nach der in den Herzogthümern Schleswig und Holstein gebräuchlichen Gewohnheit in der Stadt Kiel von 36 Anverwandten und Freunden des Mörders, nehmlich von 12 Männern, von 12 Ehefrauen und von 12 Jungfrauen, welche sämmtlich vom holsteinischen Adel waren, eine Abbitte an die Verwandten und nächsten Freunde des Entleibten, wobei 1000 Mk. an das Armenhaus in Kiel erlegt wurden. Es war dieses ehemals ein hergebrachter Gebrauch der Fürstenthümer, daß der Mord und Todtschlag durch eine solche Abbitte wieder ausgesöhnet werden konnte. Allein die Landesherren verboten nach der Zeit alle Ausforderungen und Duelle,

auch

─────────
r) Nachm. Schl. Holst. Hist. I, 698. Noodts Beitr. I. 87.

auch die darüber eigenmächtig geschlossene und gemachte Verträge in der Landgerichtsordnung s),

1590. Herzog Philipp befahl 1590, daß die von D. Paul von Eißen zur Erläuterung und Beibehaltung der gesunden Lehre von der Gnadenwahl und vom Abendmahl ans Licht gestellte Schrift überall in seinen Landen eingeführt und bei den Kirchen angeschaft werden sollte t). Es mußte aber dieser Herzog noch in demselben Jahre den 18ten Oct. mit dem Tode die Regierung niederlegen und solche seinem jüngern Bruder, dem Herzog Johann Adolph, welcher Erzbischof zu Bremen und Bischof zu Lübeck war, überlassen. Dieser Herr war in Cassel bei seiner Mutter Bruder, dem Landgrafen Wilhelm in Hessen erzogen, und hier hatte er eine Neigung zu den Lehrsätzen der reformirten Kirche geschöpft. Es konnte daher nicht fehlen, daß diejenigen, welche ihn, da er zum Besitze seiner Erblande gelangte, begleiteten, und Bekenner der reformirten Lehre waren, diese Neigung immer mehr in ihm zu befestigen suchten. In den erstern Jahren seiner Regierung äußerte er zwar die Gesinnung, eine Veränderung in der Religion und in den äußerlichen Kirchengebräuchen zu unternehmen, nicht so deutlich, als in den letztern Jahren seines Lebens. Denn sobald er die Herrschaft seiner Länder antrat, zeigte er sich als einen für das Wohl der evangelischen Kirche und für die Ausbreitung der reinen Lehre eifernden Fürsten. Er war auf alles, was den geistlichen Wohlstand des Landes befördern konnte,

s) P. IV. Tit. 25. Noodts Beitr. I, 91.
t) Lackm. Schl. Holst. Hist. II. 55.

te, aufmerksam, und ließ die heilsamsten Verordnungen bekannt machen. Damit der Unterricht des Volks desto besser bewirket werden möchte, mußte vermöge eines im Jahr 1591 den 21sten Sept. 1591. erlassenen Befehls, des D. Paul von Eitzen Postille bei allen Kirchen im Lande eingeführet werden u). Der bisherige Hofprediger, M. Jacob Fabricius, ein treuer und wachsamer Lehrer wurde zum Oberpropsten verordnet, nachdem der sehr verdiente D. Paul von Eitzen hohen Alters wegen in Ruhe gesetzt war x). Die Bußtage, welche anfänglich von 1589 den 17. 18. und 19., nachher aber den 2. 3. und 4. Febr. in den Fürstenthümern gefeiert 1595. worden waren, wurden, damit sie mit größerer Andacht und mit mehrerem Nutzen beobachtet würden, auf den Mittwochen, Donnerstag und Freitag vor dem Sonntage Rogate verlegt y). Die Bibel, welche M. David Wolder, Prediger in Hamburg, unter dem Titel: Biblia sacra graece, latine et ger- 1597, manice opera Davidis Wolderi, in vsum Ecclesiarum Germanicarum praesertim earum, quae sunt in ditionibus illustrissimorum Ducum Hollsatiae — herausgab, mußte für alle Kirchen in den Herzogthümern Schleswig und Holstein angekaufet werden z). Da aber in dem neuen Testamente des Bezae Uebersetzung mit dessen Irrthümern beibehalten waren; so widersetzten sich einige Prediger im Lande dieser Einführung und zu Heide in Dithmarschen hielten die Prediger in dieser Absicht einen be-

son=

1593.

u) Lackm. Schl. Holst. Hist. II. 70.
x) ib. II. 80.
y) ib. II. 109.
z) ib. II. 129.

sondern Synodus a). — Der Hofprediger und Oberprobst Fabricius mußte eine Generalvisitation in allen Kirchen halten, in welcher die Zuhörer aus den Hauptstücken der christlichen Lehre befragt und zu einem rechtschaffenen Lebenswandel ermahnet wurden. Auch ließ der Herzog in Norderdithmarschen bekannt machen, daß kein Prediger ohne Einstimmung des Superintendenten zu bestellen und daß die Predigerdienste ohne Gunst und Affecten besetzt werden sollten b). Damit auch die Sonn- und Festtage so gefeiert würden, wie es Christen geziemet; so kam dieserhalb eine besondere Verordnung ans licht c).

Die in niedersächsischer Sprache 1542 gedruckte Kirchenordnung war nicht so allgemein, wie sie billig seyn sollte. Um nun solche allen Geistlichen im Lande zur Vorschrift zu überliefern, ließ der Herzog sie aufs neue drucken, und den Predigern mittheilen d). 1601. Er verordnete auch, wie die Prediger zu berufen, und wie sie sich bei ihrer Ordination zu verpflichten hätten e). In Norderdithmarschen wurde von dem Herzoge die Einrichtung getroffen, daß der Landvogt drei Prediger des Landes zum Superintendenten oder Probsten vorschlagen sollte. Aus diesen wollte der Herzog einen erwählen, welcher Macht haben sollte die berufenen Prediger zu examiniren, zu ordiniren und einzuführen, und daß die Kirchspielleute bei allen Kirchen die 1606.

a) Lackm. Schl. H. H. II. 134.
b) ib. II. 130.
c) ib. II. 142.
d) ib. IV. Anh. 57. 58.
e) Kirchh. Verordn. II. 57.

die Freiheit haben sollten, die Prediger und Kirchenbediente zu erwählen und zu bestellen f). Diese und andre löbliche und auf das Wohl des Landes abzielende Verordnungen ließ Herzog Johann Adolph bekannt machen. Man siehet daraus, wie sehr er um die Wohlfahrt seiner Unterthanen bekümmert gewesen sei, und wie er sich, die wahre Frömmigkeit zu befördern, habe angelegen seyn lassen.

War dieser Herr selbst fromm und ein Beförderer der Gottseligkeit, so war er auch ein Freund der Wissenschaften und gelehrter Männer. Unter den Gelehrten, welche am fürstlichen Hofe einen Zutritt hatten, fanden sich auch solche ein, welche die Gunst ihres Herrn mißbrauchten, und durch ihr Ansehen diesen Herrn verleiteten, Neuerungen in den Kirchengesetzen und Ordnungen, welche bisher im Lande beobachtet waren, vorzunehmen. Der Anfang wurde dadurch gemacht, daß 1607 den 4ten Jan. ein fürstlicher Befehl erging, nach welchem die Eidesformel, die den Geistlichen bei der Ordination sonst vorgeleget worden war, nunmehro gänzlich abgeschaft seyn sollte. An deren statt mußten die angehenden Prediger sich zur Beobachtung einer Vorschrift verpflichten, in welcher die schmalkaldischen Artikel, beide Catechismi des sel. Luthers ausgelassen, und die Lehrsätze des Calvins, Zwingels und Beza mit Stillschweigen übergangen waren g). Diesem Befehle folgte 1609 den 11ten

1607.

1609.

---

f) Kirchh. Verordn. VI. 28.
g) Lackm. Schl. H. H. II. 238. 244. Neocor. Dithmars. Gesch. ad a. 1607. Kirchh. Verordn. II. 60.

11ten April ein andrer, nach welchem allen Predigern bei Vermeidung schwerer Ungnade und unausbleiblicher Strafe angedeutet wurde, in ihren öffentlichen Vorträgen sich aller Urtheile über die in Streit gezogenen Glaubensartikel zu enthalten [h]). Diese und andere Befehle, welche durch die am fürstlichen Hofe sich aufhaltende Reformirten bewirket worden waren, erweckten bei den Lehrern im Lande manche Sorgen und Bekümmerniß. Denn man konnte leicht urtheilen, wohin die Absicht dieser und andrer Verordnungen zielte. Es sollte dadurch der Weg gebahnet werden, den Lehrsätzen der Reformirten unvermerkt im Lande einen Eingang zu verschaffen. Vorzüglich schien der am holsteingottorpischen Hofe wohl gelittene Johann von Münster sehr vielen Antheil an diesen Neuerungen zu haben. In der Absicht auch der berühmte Doct. Leonhard Hutter, Professor zu Wittenberg, in seiner gründlichen Widerlegung etlicher calvinischer politischen Rathschläge unter andern von der damaligen Verfassung des fürstlich gottorpischen Hofes sich dieses Ausdrucks bedienet: „daß einige Politici „und vorzüglich der Johann von Münster den from„men Herzog von Holstein bereden wollten, daß „über die zwinglische oder calvinische Lehre im heili„gen römischen Reiche keine öffentliche Erkenntniß „ergangen, und daher den frommen Herzog so „schändlich betrogen, da doch gewiß, daß kein „Schuster, kein Schneider, ja kein Bauer in „ganz Holstein und Dithmarschen, der anders „seine

---

[h]) Lackm. Schl. H. Hist. II. 273. 276.

„seine 5 Sinnen hat, so tölpisch immer seyn „kann ꝛc. ¹).

Niemand war den Reformirten mehr im Wege, ihre Absichten auszuführen, als der Hofprediger und Generalprobst M. Jacob Fabricius. Dieser würdige Lehrer bestrebte sich nach äußersten Kräften, die Pflichten seines Amtes zu erfüllen, und er ließ sich keine Mühe und Sorge verdrießen, für die Erhaltung der Lehre, so wie sie bisher im Lande angenommen und bekannt war, mit aller Treue zu wachen. Um so viel ernstlicher war man darauf bedacht, ihn wegzuschaffen, damit man eine völlige Freiheit erlangte, Veränderungen in den Verfassungen der Kirche zu unternehmen. Die Gelegenheit und die Veranlassung, diesen redlichen Lehrer zu entfernen und ihn von seiner Bedienung abzusetzen, mußte eine Predigt, welche ein reformirter Student in der Schloßkirche zu Gottorp im Weihnachtsfest 1609 über den Text Phil. 2, 9. hielte, geben. In derselben hatte er solche Lehren vorgetragen, welche mit dem Bekenntnisse der evangelisch-lutherischen Kirche stritten. Da an dem darauf folgenden Sonntage nach dem Christfeste der Hofprediger und Oberprobst M. Jacob Fabricius über das ordentliche Evangelium predigte, prüfete er den kurz vorher gehaltenen Vortrag des Studenten und bestrafte denselben öffentlich. Nun war der erste Geistliche ein Uebertreter des Befehls, welchen der Herzog in diesem Jahre publiciren lassen, nach welchem die Geistlichen sich aller Urtheile über die streitigen Glaubenslehren enthalten sollten, geworden.
Dies

1) Lackm. Schl. Holst. Hist. II. 279.

Dies wünschte man, und nun suchte man den Herzog wider ihn aufzubringen, und denselben zu ermuntern, diesen verhaßten Lehrer bei dieser guten Gelegenheit zu entfernen. Solches geschahe auch, und seine Feinde waren froh, wie er den 2ten Jan. 1610 seine Entlassung erhielte, und seine Aemter, die er so viele Jahre mit einer unverdrossenen Rechtschaffenheit verwaltet hatte, niederlegen mußte k).

Bei diesen Verwirrungen, welche in den fürstlichen Landen in Hinsicht der kirchlichen Verfassung vorging, bewies König Christian IV. in Dännemark, nachdem er 1598 das ein und zwanzigste Jahr seines Alters erreichet hatte, und damals die Regierung seiner Länder und Reiche selbst übernahm l), alle Sorgfalt, damit in dem Herzogthum Holstein die evangelische Lehre, so wie sie von seinen höchstlöblichen Vorfahren erhalten und beschützet war, unverfälscht bleiben möchte. Zu dem Ende ließ er es nicht an weisen und heilsamen Gesetzen und Verordnungen mangeln. In seinem ganzen Reiche und in dem seiner Herrschaft unterworfenen Ländern befahl er 1604, daß niemand seine Kinder Studirens halber den Jesuiten zum Unterrichte zuschicken sollte m), und in Holstein verordnete er besonders 1608, wie die Bettage künftig mit rechter Andacht und in wahrer Gottesfurcht gefeiert werden müßten n). Dieser Gott ehrende Mo-

---

k) Ludw. Schl. Holst. H. II. 274. Krafts Hus. zweih. jähr. Jub. F. 378.
l) Holb. Dän. Reichshist. II. 605.
m) Heinr. Walthers Schl. Holst. K. Hist. I. 224.
n) Kirchh. Verord. III. 304.

Monarch bewies sich als einen gnädigen Regenten, der seine Unterthanen, obgleich die Zeit seiner Regierung durch die langwierigen Kriege traurig war, liebte, und ihr leibliches und geistliches Wohl zu befördern sich äußerst angelegen seyn ließ. Für die Bewahrung des Glaubens wachte er mit allem Eifer und das Beste der Kirchen und Schulen zu bewirken, zeigte er eine recht königliche Vorsorge.

Der um diese Zeit in der Herrschaft Pinneberg regierende Graf Ernst von Schauenburg war vorzüglich bemühet, Altona, welches damals ein Flecken war, in bessere Aufnahme zu bringen. Um dies zu bewirken, ertheilte er den fremden Religionsverwandten, als Katholiken, Reformirten, Mennonisten und Juden, welche von seinen Vorfahren die Erlaubniß erhalten hatten, hier zu wohnen, mehrere Freiheiten. Die Reformirten erhielten 1601 durch die Fürsprache des Grafen Ernst von Mansfeld die freie und öffentliche Uebung ihres Glaubens in Altona °). Die ersten Stifter dieser Gemeine waren Niederländer und Pfälzer. Die Katholiken hatten gleichfalls schon in dieser Zeit ihre Religionsübung in Altona, denn 1606 hatte der römisch-katholische Prediger, Hinrich Neverus, ein Jesuite, mit D. Philipp Nicolai, Pastor an der Catharinenkirche in Hamburg eine Streitsache p). Den Mennonisten, welche von Menno Simon ihren Namen haben, erlaubte Graf Ernst gleichfalls, ihren Gottesdienst zu halten

o) Schmidts Beschr. der Stadt Altona 200.
p) ibid. 199.

ten q). Die portugiesischen Juden erlangten von diesem Grafen 1611 den 31sten May die Erlaubniß, ein Stück Land ohnweit Altona zu kaufen, und einen Begräbnißplatz für ihre Glaubensgenossen daselbst anzulegen r). Allen diesen Religionsverwandten sind die von den Grafen geschenkte Freiheiten von den nachmaligen Königen in Dännemark als Beschützern der Stadt Altona bestätiget, und sie bedienen sich derselben noch bis auf die gegenwärtige Zeit.

Hatte der regierende Herzog zu Schleswig-Holstein, Johann Adolph, seinen bisherigen Hofprediger und Oberprobst M. Jacob Fabricius seiner Dienste entlassen; so ernannte er an dessen Stelle den M. Philipp Cäsar aus Cassel, welcher sich öffentlich zur reformirten Religion bekannte, zum 1610. Hofprediger und Generalprobst. Dieser durch die Hülfe einiger fürstlichen Räthe, besonders des Johann von Wovern unterstützet, ließ sogleich den 13ten März den geänderten Predigereid, davon er ohne Zweifel selbst der Verfasser war s), allenthalben im Lande einführen t). Bei dem bordesholmischen Gymnasium, welches damals die Pflanzschule war, in welcher die jungen Gelehrten zubereitet wurden, mußte der evangelisch-lutherische 1611. Rector, M. Enoch Svantenius sein Amt niederlegen u), und zwei Reformirte Paul Friese und M. Adam Cäsar, ein Bruder des Generalprobsten

q) Schmidts Beschr. der Stadt Altona. 208.
r) ibid. 198.
s) Lackm. Schl. Holst. Hist. II. 244.
t) ibid. II. 275.
u) ibid II. 290. 294.

sten kamen wieder als Lehrer bei diesem Gymnasium an ˣ). Auf herzoglichen Befehl vom April 1613 mußte der Exorcismus bei denen, die sich darüber beschwerten, weggelassen werden ʸ). — In demselben Jahre kamen Gesandten von dem Herzog Wilhelm von Baiern, welche im Namen ihres Herrn von dem Herzoge Johann Adolph die Gebeine des zu Bordesholm beerdigten Vicelins nebst dem daselbst befindlichen Altar, welcher von dem berühmten Bildhauer, Hans Brüggmann, überaus künstlich verfertiget war ᶻ), begehrten. Da aber der Herzog zu keiner Abgötterei oder sündlichen Verehrung dieser Gebeine, wie bei den Katholiken zu geschehen pfleget, Anlaß geben wollte, befahl er, die Gebeine heimlich auszugraben, und sie an einen unbekannten Ort bringen zu lassen, auch das diesem vormaligen holsteinischen Apostel in diesem Kloster gewidmete Epitaphium wegzunehmen ᵃ). Da sich auch ein gewisser Prediger an der Petrikirche in Lübeck, Caspar Holsten, in einer Schrift, welche er 16 hochwichtige und in diesen letzten Zeiten richtig zu erklären nothwendige Fragen nannte, einiger Freiheiten wider das hochfürstl. schleswig-holsteinische Haus bedient hatte; so beschwerte sich der Herzog dieserwegen bei dem Magistrat in Lübeck. Es mußte demnach dieser Caspar Holsten durch eine schriftliche Erklärung zu erkennen geben, daß er

1613.

1614

gar

---

x) Lackm. Schl. Holst. Hist. II 291.
y) Dän. Bibl. 6 St. 10. Krafts zweihundertjähr. Jubelfeier 579.
z) Moobis Bordesh. Merkw. 43. 49.
a) ibid. 52.

gar nicht die Absicht gehabt hätte, mit seiner Schrift eine Obrigkeit zu beleidigen ᵃᵃ).

1615. Der den 17ten Aug. 1615 zum Doctor der Gottesgelahrheit zu Marburg erhobene gottorpische Hofprediger, Philipp Cäsar, suchte nun mit Beistand seiner Freunde und Gönner die reformirte Religion ohne Bedenken im Lande einzuführen. Um diese seine Absicht mit desto besserm Fortgang zu erreichen, bemühete er sich, den an der Domkirche zu Schleswig stehenden Hauptprediger, D. Christian Sleidanus, welcher von einigen Lästerern beschuldiget wurde, daß er sich der calvinischen Lehre verdächtig gemacht hätte, auf seine Seite zu bringen. Allein der rechtschaffene Sleidanus ließ sich keineswegs durch die ihm gelegten Fallstricke verleiten. Er vertheidigte sich vielmehr schriftlich wider die gegen ihn ausgestreuten Beschuldigungen, und zeigte, daß er in der Lehre sowol als in dem Bekenntnisse lauter und unverfälscht sei ᵇ). Inzwischen gab Philipp Cäsar verschiedene von Zwingels und andrer Theologen, welche sich offenbar zur reformirten Religion bekannten, Schriften heraus, und widmete solche dem Herzog Johann Adolph ᶜ). Dies verursachte im ganzen Lande eine Bekümmerniß, indem man befürchtete, daß er durch den Beistand seiner mächtigen Freunde und Beförderer am fürstlichen Hofe das ganze Kirchenwesen ändern, und eine völlige Reformation im Lande durchsetzen

---

aa) Starcks Lübeck. Kirchenhist. 586.
b) Kraft zweih. jähr. Jubelfeier 598 — 621.
c) Lackm. Schl. Holst. Hist. II. 351. 354. Kraft Jubelfeier. 379 — 381.

setzen würde. Selbst König Christian IV. ließ zur Bewahrung der Lauterkeit des Glaubens in dem königl. Antheil des Herzogthums Holstein die 25 Artikel, welche sein gottseliger Herr Vater, König Friedrich II. 1569 zur Erhaltung der reinen Lehre in seinen Reichen hatte bekannt machen lassen, wieder auflegen, und empfahl die Beobachtung derselben allen seinen Unterthanen nicht nur in Dännemark, sondern auch vorzüglich in den Fürstenthümern d).

War durch den Betrieb des fürstl. gottorpischen Hofpredigers und Generalprobstens, D. Philipp Caesar und seiner Anhänger eine nicht geringe Verwirrung in Ansehung der Lehre und des Glaubens in dem fürstl. Antheil Holsteins entstanden; so erreichte dieselbe durch den frühzeitigen Tod des regierenden Herzogs Johann Adolphs, welcher den 31sten März 1616 erfolgte, unvermuthet und 1616. plötzlich ein Ende. Mit dem Tode dieses Herrn, welcher mit Recht den Ruhm der Frömmigkeit und eines Gönners der Gelehrten hinterließ, ob er gleich den Reformirten und ihren Lehrsätzen ungemein gewogen war e), ging eine große und wichtige Veränderung vor. Die hinterbliebene Gemahlin desselben, Augusta, welche eine leibliche Schwester des regierenden Königs in Dännemark, Christian IV. war, und als eine fromme und gottselige Dame nicht ohne Misvergnügen und Kummer die Veränderungen, die in dem Religionswesen unternom-

X 3   men

---

d) Lackm. II, 351. 355. Heldvad. Sylva Chronol. circ. Balt. II. 293.
e) Lackm. Schl. Holst. Hist. II. 357.

men waren, wahrgenommen hatte, war sogleich nach dem tödtlicher Hintritt ihres Gemahls darauf bedacht, daß alles in den vorigen Stand gesetzt werden möchte. Der Hofprediger und Generalprobst, D. Philipp Cäsar, welcher sich zuletzt gar zur römisch-katholischen Religion bekannte, und in derselben gestorben ist [f]), erhielte nebst seinen Anhängern den Abschied [g]); dagegen wurde der so treu verdiente ehemalige Hofprediger und Generalprobst, M. Jacob Fabricius von Hamburg, an welchem Orte er das Pastorat an der Nicolaikirche bekleidete, zurückberufen. Die verwittwete Herzogin bediente sich, weil ihr ältester Hr. Sohn, Herzog Friedrich, welchem nach dem Absterben des regierenden Herrn die holsteinischen Lande zufielen, in Frankreich sich aufhielte, und dahero abwesend war, des Raths und der Unterstützung des Erzbischofs in Bremen und Bischofs in Lübeck, Johann Friedrichs, eines jüngern Bruders des verstorbenen Herzogs Johann Adolphs. Durch den Beistand desselben besorgte die fromme Herzogin die Angelegenheiten des Landes und das Beste der Unterthanen bis zur Ankunft ihres Herrn Sohns [h]).

Sobald Herzog Friedrich von dem Ableben seines Herrn Vaters benachrichtiget worden war, eilte er zurück, und kam, nachdem ihm der römische Kaiser den 16ten Jul. veniam aetatis ertheilet hatte [i]), im August glücklich zu Gottorp an. Seine

f) Lackm. Schl. Holst. Hist. II, 388.
g) ibid. II. 377.
h) ibid. II. 376.
i) ibid. II. 378.

ne erste Bemühung war dahin gerichtet, alles anzuwenden, damit die Veränderungen, welche in Hinsicht der Religion im lande vorgenommen waren, wieder abgeschaffet würden. Es bestätigte daher dieser Herzog die Entlassung des D. Philipp Cäsars und gab ihn ungesäumt den Abschied ᵏ) Seinen ehemaligen lieben Lehrer, den rechtschaffenen und verdienten M. Jacob Fabricius berief er wieder nach Gottorp, und trug ihm gnädigst auf, dahin zu sehen, daß die Glaubenslehren in den schleswig-holsteinischen Kirchen lauter vorgetragen und auf die Nachkommen erhalten, auch die Kirchengebräuche nach der in den Herzogthümern eingeführten Kirchenordnung ohne Neuerung beobachtet werden möchten ˡ). Diesem Befehle suchte dieser würdige Lehrer, nachdem er sein Amt wieder übernommen hatte, gewissenhaft nachzukommen. Den alten Predigereid, welcher seit einigen Jahren abgeschaffet war, ließ er von allen lebenden Predigern unterschreiben ᵐ), die Kirchen besuchte er, um den Zustand und die Beschaffenheit derselben näher kennen zu lernen, und sein ganzes Bestreben zielte vorzüglich darauf ab, alles zu veranstalten, damit das Wort Gottes rein und lauter vorgetragen werden möchte. Diese Absicht des treuen Fabricius wurde nicht wenig unterstützt. Da der regierende Herzog Friedrich den 26sten Febr. 1617 1617. allgemein verordnen ließ, daß die Prediger in ihren Vorträgen sich alles dessen enthalten, was nicht

zur

---

k) Lackm. Schl. Holst. Hist. II. 379.
l) ibid. II. 380. Krafts zweyt. jähr. Jubelfeier 386.
m) Kraft 387.

zur Erbauung und zum Unterrichte der Zuhörer diente, im Gegentheil mit allem Fleiße sich bemühen sollten, das Wort Gottes, so wie es dem christlichen Glauben gemäß sei, zu verkündigen n).

Wie nach hundert Jahren in allen lutherischen Ländern das erste Reformationsfest gefeiert und das Andenken der Kirchenverbesserung mit Dankbarkeit erneuert wurde, geschahe solches auch den 31sten Oct. als am Freitage sowol in den königl. als in den fürstlichen Kirchen des Herzogthums Holstein o), obgleich dieses Jubelfest zu feiern, nicht auf ausdrücklichen landesherrlichen Befehl verordnet war p). Der fürstliche gottorpische Oberprobst ersuchte aus eigener Bewegung die Prediger, welche seiner Aufsicht anvertrauet waren, ihren Gemeinen den elenden Zustand unter dem Joche des Pabstthums, und die besondre Wohlthat, welche durch die heilsame Reformation dem ganzen Lande widerfahren sei, lebhaft vorzustellen, um dadurch die Zuhörer zur Dankbarkeit gegen Gott zu ermuntern. Es waren auch die Prediger sowol im königl. als fürstl. Holstein bereit und willig, dies Jubelfest, welches von den benachbarten Städten Hamburg und Lübeck mit großen Solennitäten gefeiert wurde q), zum Andenken der durch Luthern wieder hergestellten reinen Lehre zu halten, wie solches einige Predigten, welche damals gedruckt sind, bezeugen. Weil auch von 1613 bis

1616

n) Lackm. II 435.
o) ibid II. 423.
p) ibid. II. 440.
q) ibid. II. 424.

1616, in welchen Jahren Philipp Cäsar die Aufsicht über die holsteinischen Kirchen gehabt hatte, keine Buß- und Bettage ausgeschrieben worden waren; so hielte sich M. Jacob Fabricius um so mehr verpflichtet, Sorge zu tragen, daß die jährlichen Bußtage in gehöriger Ordnung gefeiert und über die Texte in lateinischer Sprache eine ausführliche und erbauliche Erklärung gedruckt würde ').

Beide regierende Landesherren, König Christian IV. sowol als Herzog Friedrich suchten durch heilsame Gesetze für das Wohl der Kirchen und für die Erhaltung des Glaubens und der Lehre mit allem Eifer sich sorgfältig zu beweisen. Der König verordnete, daß keiner zum Predigtamt befördert 1621. werden sollte, der nicht das 25ste Jahr erreichet hätte, und ein glaubwürdiges Zeugniß seines unsträflich geführten Lebens und Wandels vorzeigen könnte '). — Dem alten verdienten Generalprobsten, M. Jacob Fabricius wurde von dem Herzog sein Sohn gleiches Namens zum Gehülfen 1622. als Hofprediger und Generalprobst zugeordnet '). Im Jahr 1623 den 29sten März befahlen beide 1623, Landesregenten, daß alle Mittwochen im ganzen Lande eine öffentliche Betstunde gehalten werden sollte "), und den 14. Dec. ließen dieselben eine Verordnung bekannt machen, wie der Gottesdienst anständig und christlich einzurichten und zu halten sei ˣ). Den 3ten Jul. wurde ein königl. Befehl

---

r) Krafts zweih. jähr. Jubelfeier. 413.
s) Heinr. Walth. Schl. Kirchenh. 224. Kraft 419.
t) Lackm. II. 534.
u) Kirchh. Verordn. VI. 59.
x) ibid. I. 30.

in Absicht der ordentlichen Feier der Bußtage publicirt y). Der Landschaft Norderdithmarschen ließ Herzog Friedrich den 30sten Dec. 1624 anzeigen, wie und auf welche Weise es mit dem Patronatrecht künftig gehalten werden sollte z), und den 7ten Dec. 1625 befahl derselbe, wie mit dem Examen, mit der Wahl und mit der Bestallung der Prediger in Norderdithmarschen zu verfahren sei a). Alle diese löblichen Befehle hatten die Absicht die Feier des öffentlichen Gottesdienstes zu verbessern, und die Gemeinen im Lande mit tüchtigen und würdigen Lehrern, durch welche das Seelenheil der Einwohner befördert werden könnte, zu versehen.

Hatten die Bewohner Holsteins bisher nebst der Vorsorge für ihr geistliches Wohl die edlen Früchte des Friedens in Ruhe und Sicherheit genossen; so breitete sich jetzo das Schrecken des Krieges, so, wie über ganz Teutschland, also auch über diese Gegend aus. Die Veranlassung dazu gab die im Jahr 1620 den 8ten Nov. auf dem weißen Berge vor Prag für den zum Könige in Böhmen erwählten Churfürsten Friedrich von der Pfalz übel ausgefallene Schlacht. Dieser Herr, dessen Gemahlin eine Tochter des Königs in England, Jacob des ersten und eine Schwestertochter des Königs in Dännemark Christian IV. war, nahm nach diesem unglücklichen Treffen seine Zuflucht zu seinen Verwandten. Er fand sich so gar mit seiner Gemahlin 1621 den 28sten Febr. hier

---

y) Heimr. Wal:h. 2.
z) Kirchh Verordn. VI. 43.
a) ibid. VI. 43. 46.

hier in Holstein zu Segeberg ein, woselbst die der evangelischen Religion zugethane Fürsten des niedersächsischen Kreises nebst den Gesandten der Könige von England und von Schweden, wie auch des Churfürsten von Brandenburg und der Republik Holland versammlet waren b). Man berathschlagte an diesem Orte, wie man in Niedersachsen sich in einen Vertheidigungsstand setzen möchte, damit diese Lande wider die Macht des Kaisers Ferdinand II., welcher nach jener Schlacht bei Prag mit seiner Armee in Teutschland eingedrungen war, beschützet würden. Nach vielen vergeblichen Bemühungen, den Kaiser zu bewegen, daß er seine Völker vom teutschen Boden abziehen ließ, breiteten sich dieselben vielmehr immer weiter aus, und bedroheten die angränzenden Fürstenthümer Niedersachsens mit Krieg und Verheerung. Dies bewog den König Christian IV. in Dännemark, um die evangelische Religion und die Stände derselben wider die feindliche Gewalt zu beschützen, das Amt eines Kreisobersten in Niedersachsen zu übernehmen, und sich seiner ihm von Gott verliehenen Macht zur Vertheidigung derer, die sich zur augspurgischen Confession bekannten, zu bedienen. So muthig und herzhaft dieser König auch in der größten Gefahr sich bewies; so wenig begünstigte das Glück seine Tapferkeit. Der kaiserliche General, Graf Tilly, dem der König den 27sten Aug. 1626 eine Schlacht bei Lutter am Barenberge lieferte, und in diesem Treffen auf eine ausnehmende Weise seinen

1625.

1626,

---

b) Lackm. Schl. Holst. Hist. II, 486.

nen Muth zeigte, behielte die Oberhand c), und drang darauf immer weiter. Die Römisch-Katholischen und sogar der Pabst selbst d), ermunterten den Kaiser, diese Gelegenheit zu nutzen, und keinen Vergleich und Frieden einzugehen, weil sie glaubten, daß nun die beste Zeit sei, die katholische Lehre in den protestantischen Ländern Teutschlands wieder einzuführen.

1627. Die Tillysche Armee ging endlich über die Elbe und Wallenstein, oder der sogenannte Herzog von Friedland kam von der andern Seite und überschwemmten das Herzogthum Holstein mit ihren Völkern. Es wurde daher den 28. Apr. verordnet, daß in allen Städten, Flecken und Dörfern des Morgens um 10 Uhr täglich eine Betstunde gehalten, und alle Mittwochen ein Fast-, Buß- und Bettag gefeiert werden sollte e). Obgleich der Churfürst von Sachsen sich alle Mühe gab, den Kaiser zum Frieden zu bringen; so konnte er doch seine Absicht nicht erreichen, sondern der kaiserliche General ging vielmehr mit seinen unterhabenden Völkern immer weiter ins Holsteinische, und drang sogar durch Schleswig bis nach Jütland. Herzog Friedrich fand sich in Person bei den Anführern der kaiserlichen Truppen, dem Grafen von Tilly und dem Herzoge von Friedland ein, konnte aber nichts weiter ausrichten, als daß ihm die Verheißung einiger Sicherheit in Betracht seines Antheils von Holstein ertheilet wurde f). Die kaiserlichen Völker bewiesen sich im

gan-

---

c) Holbergs dän. Reichshist. II. 746. d) ibid. 750.
e) Lackm. Schlesw. Holst. Hist. III, 142.
f) ibid. III. 177. 184.

ganzen Lande als wahre Feinde. Sie verheerten und verwüsteten alles, was ihnen vorkam, und auch die fürstlichen Einwohner konnten ihrer Wuth nicht entgehen. Die Klosterschule zu Bordesholm wurde zerstöret und die Kirche den Pferden zu einem Stall eingeräumet g). Das Kalandhaus in Münsterdorf wurde verbrannt und verwüstet. Der Pastor zu Borsfleth, M. Hartwig Lange, der Pastor zu Bovenau, Johann Birkenbusch und andre Prediger im Lande sahen sich genöthiget, um nicht von den Soldaten ermordet zu werden, heimlich zu entfliehen und ihre Gemeinen zu verlassen. Zu Bovenau mußte der Organist, Johann Jüngling, welcher zu Wittenberg ein Hausgenosse des großen Luthers einige Jahre gewesen war, im 105ten Jahre seines Alters auf eine erschreckliche Weise sein Leben lassen. Denn da er von den Croaten gezwungen wurde, auf der Orgel zu spielen, und aus Eifer für seinen ehemaligen Lehrer das trostreiche Lied erwählte: 'Eine veste Burg ist unser Gott 2c., rissen ihn diese Unmenschen von seinem Sitze, schleppten ihn bei den Haaren durch die Kirche und ermordeten ihn mit ihren Säbeln vor dem Altar h). Fast in allen Gegenden Holsteins hinterließen diese Wüteriche Spuren und Merkmale ihrer Unmenschlichkeit und ihrer grausamen und tyrannischen Aufführung.

Zwei Jahre daurete dies Elend und diese schreckende Plage des Krieges, welchen die Bewoh-

---

g) Moodts Bordesholm. Merkwürdigkeit. 29. Lackm. Schl. Holst. Hist. III. 184.
h) Krafts zweih. jähr. Jubelfeier 150.

wohner dieses Herzogthums in beständiger Gefahr des Lebens erdulden mußten, und wobei sie ihrer Güter und ihres Vermögens beraubet wurden. Endlich kam es nach vielen vergeblichen Bemühungen 1629. soweit, daß zu Lübeck den 22sten May 1629 zwischen dem Kaiser Ferdinand II. und dem Könige Christian IV. in Dännemark bei einer Zusammenkunft des kaiserlichen und königlichen Gesandten der erwünschte Friede zur allgemeinen Freude des ganzen Landes geschlossen wurde i). Kurz vorher den 6sten März erging ein kaiserlicher Befehl, daß alle Erz= und Bisthümer, Klöster und geistlichen Güter, welche vor dem Passauischen Vertrag dem Pabstthum entzogen waren, demselben wieder eingeräumt werden sollten. Dieser Befehl kam auch an die in Holstein regierenden Herzoge k). Allein er gelangte nicht zur Wirklichkeit, sondern es blieb in dem Stande, worin es einmal war, und diese Einrichtung ist auch nachher 1648 in dem zu Osnabrück geschlossenem Frieden bestätiget. Ist es ein Glück, wenn nach so manchen Verheerungen und Verwüstungen, welche das Kriegsfeuer verursachet, ein erquickender Friede gestiftet, und dadurch einem Lande die Ruhe wieder geschenket wird; so ist es auch billig, daß diese unschätzbare Wohlthat mit Dankbarkeit erkannt werde. Auch hier suchte man für das nach einem so traurigen Kriege erlangte Kleinod des Friedens dem Allerhöchsten öffentlich Dank zu sagen. In dem königl. Holstein wurden auf

---

i) Holbergs dän. Reichshist. II. 758. Lackm. III. 342. 371. Starck Lübeck Kirchenhist. 771.

k) Hansen Nachricht von den Holst. Plorn. L. 230.

auf obrigkeitlichen Befehl 3 Tage vom 27sten bis zum 29sten Aug. bestimmt, daß an denselben in allen Kirchen Dank- und Friedenspredigten gehalten werden sollten [l]). In dem fürstlichen Holstein schrieb der Generalprobst M. Jacob Fabricius die Texte zu dieser öffentlichen Feier, welche am Mittewochen, Donnerstag und Freitag nach dem ersten Advent geschahe, aus [m]). Eben dieser M. Jacob Fabricius berief auf hohen Befehl einen Synodus der Geistlichen im November nach Heide in Dithmarschen, um die Beschaffenheit der Kirchen zu untersuchen, und das Beste derselben zu besorgen [n]). Der König, dessen Augenmerk besonders auf das Wohl seiner Unterthanen gerichtet war, und der nichts mehr wünschte, als daß Lehre und Leben bei denselben übereinstimmen möchte, ließ den 27. März bekannt machen, wie wider die Unbußfertigen verfahren werden sollte, wie man das Wort Gottes und die Sacramente zu gebrauchen, wie die Frömmigkeit zu befördern, dagegen das ärgerliche Betragen derer, welche das Lehramt führten, abzuschaffen sei [o]).

Da durch die Unruhen, welche der Krieg verursachet, manche Unordnungen entstehen; so konnte es nicht fehlen, daß auch in der Kirchenverfassung Holsteins nicht manche Unordnungen entstanden seyn sollten. Diese abzuändern, ließ Herzog Friedrich dem gesammten geistlichen Ministerium 1630.

---

l) Lackm. Schlesw. Holst. Hist. III, 407.
m) ibid. III, 410.
n) ibid. III, 412. 421. Kirchh. Verordn. V, 58.
o) Kirchh. Verordn.

rium in den beiden Herzogthümern andeuten, wie innerhalb 4 Wochen ein schriftlicher Aufsatz eingeschickt werden sollte, damit man nach Beschaffenheit desselben eine Verbesserung des Kirchenwesens zur zeitlichen und ewigen Wohlfahrt der Zuhörer einrichten könnte P). Der König Christian IV. war auch darauf bedacht, die neu angelegte Stadt Glückstadt in Aufnahme zu bringen. Er bestätigte in der Absicht nicht nur den Juden, welche hier wohnen und sich niederlassen würden, ihre Privilegien, sondern er erlaubte ihnen auch überdem, eine Synagoge einzurichten, hebräische Bücher zu drucken, und alle Rechte der Religion, des Glaubens und des Gewissens zu genießen q).

1631. Nicht weniger erhielten die niederländischen Mennonisten, welche aus ihrem Vaterlande hatten weichen müssen, an diesem Orte eine völlige Religionsfreiheit und den Schutz des Königes r). In Süderdithmarschen mußte der dortige Probst, Doct. Clüver, auf königlichen Befehl eine Verbesserung in Hinsicht der Kirchendisciplin besorgen s). — Es beklagte sich auch ein Prediger in Meldorf, M. Joachim Rachel, bei dem Superintendenten in Lübeck, D. Nicolaus Hunnius, über die Widerspenstigkeit seiner Zuhörer und über die Unordnungen, welche in der ihm anvertrauten Gemeine überhand genommen, und wie augenscheinlich die Gefahr sei, wenn nicht bei Zeiten dienliche Mittel gebraucht

p) Lackm. Schlesw. Holst. Hist. III, 491.
q) ibid. III, 495. 504.
r) ibid. IV, 121.
s) ibid. IV, 132.

gebraucht würden, diesen Unordnungen abzuhelfen t). — Ein andrer Prediger zu Schlamerstorf u), einer gemeinschaftlichen Kirche in Wagrien, Detlev Dreier, suchte gleichfalls bei dem D. Hunnius und dem lübeckischen Ministerium, da ihm von den Einwohnern eines Dorfes die Gebühren verweigert wurden, auf 5 Fragen Unterricht. Beiden ertheilte der Superintendent D. Hunnius eine Pastoralinstruction, wie sie sich zu verhalten hätten, und was sie in diesen Fällen nach der Klugheit beobachten müßten.

Zu Itzehoe entstand zwischen dem Probsten 1632; und Hauptprediger M. Detlev Meier, und dem Diaconus Martin Coronäus, ein Streit über die Höllenfahrt Christi. Der Probst predigte über den 16ten Psalm, und behauptete, daß die Niederfahrt Christi zur Höllen in der Angst bestanden habe, die er im Garten und am Kreuz gefühlet. Sein College widersprach ihm öffentlich, und wandte sich selbst mit einer Klage an den König Christian IV., welcher sich damals in Glückstadt aufhielte. Der Probst wurde nach Glückstadt gefordert, um sich den 13. Aug. 1632 vor einer Commission zu verantworten. Da er aber ausblieb, und sich dem Befehl ungehorsam bewies, sprach ihm die Commission das Urtheil, daß er seiner Würde entsetzt seyn sollte. Als er den Ernst sahe, widerrief er zwar öffentlich, mußte aber dennoch

---

t) Lackm. Schlesw. Holst. Hist. V, 133. Starck. Lüb. K. Hist. 782
u) Starck. Lüb. K. Hist. c. l.

noch sein Amt niederlegen. Der König empfahl ihn darauf dem Erzbischof von Bremen, welcher für seine Beförderung sorgte. Sein Ende erreichte er 1653 im Sept. zu Aurich in Ostfriesland als Pastor x). Martin Coronäus verlor gleichfalls seinen Dienst, kam aber als Prediger nach Krummendiek. Ein gleiches Schicksal hatten zwei Prediger in Eutin, Valentin Breitenherts und der Diaconus Hinrich Hamer. Diese ärgerten durch die Streitigkeiten, welche sie über die Beschaffenheit von der Höllenfahrt Christi erregten, die Gemeine, bei welcher sie das Lehramt führten, und da sie sich weder durch Güte noch Schärfe bessern lassen wollten, erhielten sie beide ihren Abschied y).

1633. Dem alten und verdienten Generalprobst, M. Jacob Fabricius, wurde ein Kirchencommissarius beigefüget, welcher bei den Visitationen im Lande darnach sehen mußte, daß die Kirchenordnung und die landesherrlichen Befehle beobachtet würden z). — Auf königlichen Befehl vom 26. Sept. mußte bei allen Kirchen des Probsten in Meldorf D. Clüvers Erklärung oder Auslegung der Offenbarung Johannis, welche 5 Rthlr. kostete, angeschafft werden a). — Ein gewisser M.

1634. Jacob Engelbrecht, welcher zu Stralsund geboren war, und alle diejenigen für Ketzer hielte, welche sich lutherisch nannten, fand sich zu Lübeck ein, und

---

x) Reersh. Ostfriesl. Predigerdenkm. 112.
y) Lackm. Schlesw. Holst. Hist. IV, 334.
z) ibid. 333.
a) ibid. 335.

und verursachte an diesem Orte einige Unruhen. Er gab sich den besondern Titel: Directorem scholarum Dithmars. partis borealis, und ist daher zu vermuthen, daß er in Dithmarschen ein Schulamt müsse bekleidet haben. Durch die Bemühung des lübeckischen Ministeriums wurde er dahin gebracht, daß er seine irrigen Meinungen verließ, und sich verpflichtete, in dem Bekenntnisse der evangelisch-lutherischen Lehre beständig zu beharren b).

So sehr beide Herren und Regenten Holsteins um die Wohlfahrt der Einwohner des Landes bekümmert waren; so ernstlich wünschten dieselben, daß eine wahre Frömmigkeit und eine ungeheuchelte Gottesfurcht allgemein befördert werden möchte. Davon zeuget die gemeinschaftliche Verordnung, welche den 12. Junius bekannt gemacht wurde. Vermöge derselben sollte in den Städten und Klöstern vom 16. Jul. an wöchentlich, und in den Landkirchen monatlich, am Mittwochen ein Bettag gefeiret werden. An diesem zum Dienste des Höchsten gewidmeten Tage sollten alle Einwohner sich mit Andacht in dem Gotteshause einfinden, ihn um Abwendung aller Strafen anflehen, und ihn bitten, daß er die schleswig-holsteinischen Länder mit seinem Segen bedecken und vor aller Kriegsgefahr, womit die benachbarten Gegenden in Teutschland heimgesuchet wurden, gnädigst bewahren wolle c).

Die fürstliche Landesschule zu Bordesholm war durch den kaiserlichen Krieg fast gänzlich 1635.

---

b) Starck. Lüb. Kirch. Hist. 802.
c) Lackm. Schlesw. Holst. Hist. IV, 415.

zerstöret, indem Lehrer und Lernende wegen der Grausamkeit, womit die Soldaten diesen Ort heimgesucht hatten, sich von demselben entfernen mußten. Um nun diese Schule wieder aufzurichten, und sie in den Stand zu setzen, daß junge Leute sich hier vorbereiten könnten, mit Nutzen die Academie zu besuchen, mußte der Kirchencommissarius, Johann Adolph Becker, nicht nur den 7. Aug. mit einer in teutscher Sprache gehaltenen Rede diese Schule feierlichst einweihen, sondern der Herzog bewies sich auch zur Aufnahme derselben so gnädig, daß er unterschiedene Stiftungen anordnete, wodurch junge Leute nicht blos auf dieser Schule einen freien Unterhalt genossen, sondern auch noch drei Jahre auf des Herzogs Kosten ihre gelehrte Bemühungen zu Helmstädt und Rostock fortsetzen konnten d).

Zu Rendsburg wurde unter dem Vorsitz des königlichen Raths und Amtmanns zu Rendsburg, Christian Pentz, ein Synodus der Geistlichen gehalten, auf welchem die Irrthümer des Pastors zu Hedersleben im Herzogthum Schleswig, Peter Sinknechts, welcher sich einiger fanatischen Lehrsätze schuldig gemacht hatte, untersucht wurden. Die Folge dieser Untersuchung war, daß obgedachter Sinknecht sein Amt niederlegte, ehe ihm der Befehl dazu von der Obrigkeit gegeben worden war e). — Der regierende Bischof Hans zu Lübeck ließ im Jahr 1635 eine eigene Kirchen- und Policeiordnung in dem Unterstifte Eutin und in den

---

d) Lackm. Schlesw. Holst. Hist. IV, 577. 583.
e) Starck. lüb. Kirch. Hist. 818. 1007.

ben bei diesem Unterstifte eingepfarrten Kirchen bekannt machen f).

Damit auch eine desto bessere Aufsicht über die Kirchen des Landes beobachtet werden möchte, und diejenigen Kirchen, welche unter gemeinschaftlicher Hoheit stunden, so wie andre visitirt werden könnten, gefiel es beiden hohen Regenten, zwei Generalsuperintendenten zu verordnen, welchen 1636. in den Herzogthümern die Inspection aller Kirchen und Schulen, wie auch derer, die das Lehramt bei denselben bekleideten, anvertrauet wurde. Der König berief zu dem Ende den berühmten D. Stephan Cloß, welcher bisher Professor der Gottesgelahrheit und Archidiaconus an der Johanneskirche in Rostock gewesen war, auf Anrathen des Kanzlers und Geheimenraths Detlev Reventlau zu diesem wichtigen Amte, und ernannte ihn zum ersten Generalsuperintendenten in dem königlichen Antheil von Schleswig-Holstein. Herzog Friedrich erwählte seinen Generalprobsten, den um das Wohl der holsteinischen Kirchen so verdienten M. Jacob Fabricius, zum ersten Aufseher und Generalsuperintendenten in seinem Lande. Ueberdem ließen beide Landesherren eine Klosterordnung für die im Lande befindlichen Klöster bekannt machen g). Den Prälaten und der Ritterschaft wurde darauf den 29. Oct. angezeiget h), daß in dem folgenden Jahre die erste gemeinschaftliche Kirchenvisitation in den Kirchen, welche unter gemeinschaftli-

cher

---

f) I. Moll. Isag. ad hist. Duc. Slesv. et Holst. 420.
g) Lackm. Schlesw. Holst. Hist. V, 188.
h) Kirch. Verordn. VII, 81.

cher Hoheit stunden, gehalten werden sollte i). Diese Visitation geschahe auch wirklich im Jahr 1637.

1637. Nach dieser ersten gehaltenen Generalvisitation der Kirchen, bei welchen die Klöster und die adelichen Güter das Patronatrecht ausüben, sandten beide Generalsuperintendenten ihre Berichte ein, und zeigten in denselben die Mängel an, welche sie hin und wieder gefunden hatten, und wie solche zu verbessern wären. Diesen Mängeln abzuhelfen und die Mißbräuche zu heben, verordneten beide Landesherren ein **Generalconsistorium**, in welchem beide Generalsuperintendenten nebst einigen adelichen, gelehrten und geistlichen Räthen Sitz und Stimme haben, und für welches alle Ehesachen, die Uebertretung der Kirchenordnung, die Lehre und das Leben der Prediger, welche unter gemeinschaftlicher Hoheit stunden, gebracht werden sollten k). In der Absicht mußten Prälaten und Ritterschaft ein beglaubtes Verzeichniß solcher Kirchen einschicken, bei welchen ihnen das Patronatrecht zukam l). Dem Generalsuperintendenten D. Cloß wurde den 26. Oct. ein Rescript in Hinsicht der Prediger, der Zeit, des Gottesdienstes, des Kirchengebets, der Geschwängerten und der Censur der Schriften ertheilet m). In dem darauf 1638. folgenden Jahre den 5. Jun. verordnete der König, daß in den Aemtern alle drei Jahre von dem königlichen

---

i) Laekm. hift. ord. eccl. 143.
k) Landger. Ordn. P. IV. Tit. XXV. Lackm. V, 131.
l) Lackm. V, 33.
m) ibid. V, 227.

lich Generalsuperintendenten die Kirchenvisitation gehalten und unternommen werden sollte ⁿ).

Der durch Alter und Schwachheit unvermögend gewordene fürstliche Generalsuperintendent, M. Jacob Fabricius, welcher so viele Jahre mit besondrer Treue und Diensteifer für das Wohl der Kirchen in den Herzogthümern gesorgt hatte, machte denen unter seiner Aufsicht stehenden Geistlichen bekannt, wie er seine Amtsgeschäfte und Verrichtungen bei den ihm anvertrauten Kirchen nicht weiter unternehmen würde, sondern solche für die Zukunft seinem Sohne, dem jüngern M. Jacob Fabricius, welcher ihm bereits im Jahr 1622 zum Mitgehülfen gegeben war, überließ ᵒ). Er nahm darauf von den ihm untergeordneten Predigern einen recht väterlichen, beweglichen und rührenden Abschied.

Das Jahr 1639 war für Holstein ein trauriges Jahr, indem durch die Pest, welche sich im ganzen Lande ausbreitete, eine große Anzahl Menschen hingerafft wurde ᵖ). Dies bewog den gottseligen König Christian IV., außer den verordneten Bettagen, noch 3 besondre Buß- und Bettage auf den 5ten, 6ten und 7ten März ausschreiben zu lassen ᑫ). — Alle Prediger, welche zu einer Probstei gehörten, mußten laut eines königlichen Befehls sich zweimal im Jahr bei dem Pröbsten einfinden, und unter dem Vorsitz desselben über ei-

1639.

---

n) Lackm. V, 419.
o) ibid. V, 417.
p) ibid. V, 438.
q) ibid. VI, 30.

nen gewissen theologischen Satz, welcher von dem Probsten bekannt gemacht wurde, eine Unterredung anstellen r). Wie lange dieser Befehl in den folgenden Jahren beobachtet ist, kann nicht mit Gewißheit bestimmt werden. — Der fürstliche Generalsuperintendent, M. Jacob Fabricius, ließ auf Anordnung seines Herrn die drei Hauptbekenntnisse der Kirche, wie solche schon im Jahr 1602 ausgefertiget waren, wieder ans Licht treten und öffentlich drucken s). — Der Prälat und Probst des Klosters Pretz, Otto von Buchwald, beschwerte sich, daß ihm, da seine Vorfahren seit mehr als 50 Jahren das Recht ausgeübt hatten, mit den zur Probstei gehörigen Predigern die streitigen Ehesachen der klösterlichen Unterthanen zu entscheiden, dies Recht entzogen worden sei, da man eine solche Ehesache bei dem gemeinschaftlichen Consistorialgericht angenommen hatte t). — Da die nach der 1640. Predigt verlesenen Kirchengebete in den Kirchen des Landes unterschieden und nicht übereinstimmend waren; so wurde von nun an verordnet, daß in allen Kirchen des ganzen Herzogthums einerlei Formular des Kirchengebets beobachtet werden sollte u).

Der seiner besondern Verdienste und Treue wegen ehrwürdige Greis, M. Jacob Fabricius, welcher über 40 Jahre die Aufsicht über die Kirchen in den Herzogthümern Schleswig-Holstein gehabt,

r) Lackm. VI, 31. Kirchh. Verordn. IV, 20.
s) Lackm. VI. 33. 37.
t) ibid. V, 515.
u) Kirchh. Verordn. III, 110.

habe, und sein Alter bis auf 80 Jahre gebracht hatte, verließ den 5. Nov. dieses Jahres das Zeitliche. Zum Andenken der Wohlthaten, welche ihm Gott erzeiget hatte, daß ihm auf sein Gebet sein Leben verlängert war, setzte er eine Denkschrift auf, welche er kurz vor seinem Ableben zum Preise der väterlichen Güte seines Erhalters drucken ließ ˣ).

Durch das Absterben des letzten Grafen aus dem holstein-schauenburgischen Hause, Otto VI., welches den 15. Nov. ohne Erben erfolgte, fiel die ganze Herrschaft Pinneberg nebst Altona an die beiden regierenden Herren des Herzogthums Holstein, und ist dadurch dieser Theil Landes, welcher vom Jahr 1281 unter der Herrschaft einer von den alten Grafen in Holstein und Schauenburg abstammenden Linie gestanden hatte, wieder mit dem übrigen Holstein vereiniget. Denn Gerhard II., ein Sohn Gerhard I., und ein Enkel des wegen der Schlacht bei Bornhövt berühmten Adolph IV., empfing nach dem 1281 erfolgten Absterben seines Vaters, Gerhard I., nebst Schauenburg die Herrschaft Pinneberg zu seinem Antheil, dagegen sein jüngerer Bruder, Hinrich I., Rendsburg, Itzehoe und Wilster erhielte, und in Rendsburg residirte ʸ). Nach dem Absterben des letztern Grafen von der pinnebergischen Linie nahm König Christian IV. sogleich mit dem in Holstein regierenden Herzog Friedrich, nach einer mit der Mutter des verstorbenen Grafen getroffenen Vereinbarung, Besitz

---

x) Krafts zweihundertjähr. Jub. Feier 416.
y) Hübners Gen. Tab. I, 213.

1641. fiß von dem Lande z). Der König, welchem in der Theilung Altona zufiel, war auf die Aufnahme und auf die Verbesserung dieses Orts bedacht. Den fremden Religionsverwandten, welche sich schon unter den Grafen zu Altona aufgehalten hatten, wurden die Freiheiten, welche ihnen vormals ertheilet waren, bestätiget. Den Reformirten erlaubte der König den 29. Mai die freie Uebung ihrer Religion, wie sie solche unter den Grafen genossen hatten a). Die Mennonisten erhielten gleichfalls durch die Gnade des Monarchen eine völlige Freiheit in der Religion b). Die Privilegien der Juden sind den 1. August bestätiget, und erlangten sie eben die Rechte, welche ihnen von den vormaligen Grafen von Schauenburg-Pinneberg mitgetheilet waren c).

In den Aemtern des Herzogthums mußte auf königlichen Befehl eine Generalvisitation gehalten werden d), und unter dem 31. Dec. wurde eine Verordnung publicirt, wie mit denen zu verfahren sei, welche sich weigerten, öffentliche Kirchenbuße zu thun e). — Der fürstliche Generalsuperintendent, M. Jacob Fabricius der jüngere, hatte bei seiner Generalvisitation, welche er in den gemeinschaftlichen Kirchen hielte, so viele Misbräuche bemerket, besonders aber wahrgenommen, wie die

Bau-

z) Lackm. VI, 276. Noodts Beitr. I, 470.
a) Schmidts Beschr. von Altona 201. Act. hist. eccl. XI, 834
b) Schmidts Beschr. von Altona.
c) ibid. 194.
d) Lackm. VI, 521.
e) ibid. VI, 527. Kirch. Verordn. I, 90.

Zauberei und das Wahrsagen unter den Landleuten noch so allgemein sei, und die Menschen zu den lasterhaftesten Handlungen verleitete. Er stattete daher von dieser gehaltenen Visitation seinen Bericht ab, und zeigte, welche Mängel er bei einer jeden gemeinschaftlichen Kirche in Holstein gefunden hätte f). — Der Herzog ließ darauf verordnen, wie Zauberei und solche, welche Andre der Zauberei beschuldigten, bestraft werden müßten g), auch wurde zugleich von demselben befohlen, daß bei der Taufe eines Kindes nicht mehr denn drei Gevattern zugelassen werden sollten h). — In der bischöflichen Residenzstadt Eutin brach am Ascher-Mittewochen eine so erschreckliche Feuersbrunst aus, daß innerhalb 3 Stunden 76 Gebäude in die Asche gelegt wurden. Zum Andenken dieser traurigen Begebenheit, und den Allerhöchsten um die gnädige Beschützung der Stadt und Abwendung aller Feuersgefahr anzuflehen, befahl der Bischof Hans, daß an dem jetzt benannten Mittewochen jährlich in der Litanei die Worte „Für Feuer- und Wassersnoth behüt uns „lieber Herre Gott,„ dreimal langsam sollten abgesungen werden i).

1642.

Zu Glückstadt hielte sich ein gewisser Isaac Föckler, welcher ehemals zu Durlach Superintendent gewesen war, einige Jahre auf. Dieser gab eine mit photinianischen Irrthümern behaftete Schrift

f) Lackm. VI, 529.
g) Kirch. Verordn. VI, 52.
h) Lackm. VI, 523.
i) ibid. VII, 275.

Schrift, welche er Sophronismus nannte, öffentlich heraus, und eignete solche dem Könige in Dännemark Christian IV. zu. Wider diese Schrift, welche eine Veranlassung, Andre zu Irrthümern zu verleiten, werden konnte, meldete sich der königliche Generalsuperintendent, D. Cloß, und stellte Sr. Königlichen Majestät die darin enthaltenen Irrthümer vor, rieth aber auch, wann sich Föckler bessern, seine Abwege erkennen und seine Irrthümer widerrufen würde, ihn zu begnadigen. Allein der König erklärte, daß er in seinen Landen niemand dulden wollte, welcher socinianische Lehrsätze hegte, und daß die Welt groß genug sei, wohin er sich begeben könnte k). — Da auch in der Cremper und Wilster-Marsch verschiedene Wiedertäufer und Mennonisten sich eingeschlichen hatten und heimliche Conventikeln hielten; so würde ihnen unter dem 27. September befohlen, innerhalb vier Wochen das steinburgische Amt zu verlassen l).

1643. So sehr Teutschland noch immer die Kriegsnoth empfand, indem die schwedischen Völker nach dem unglücklichen Todesfall des Königs Gustav Adolph mit den Kaiserlichen stritten; so nachdrücklich bemühete sich König Christian IV. in Dännemark einen allgemeinen Religionsfrieden im teutschen Reiche zu stiften. Es war auch wirklich schon ein Tag zur Zusammenkunft in Osnabrück bestimmt, und man glaubte mit Sicherheit, daß Schweden diesen Frieden annehmen würde, da es sich zur Friedensunterhandlung geneigt finden ließ. Allein wider

k) Lackm. VII. 273. Dän. Bibl. 8. St. 493. 497.
l) Kirchh. Ver. I. 87.

ber alle Erwartung, und ganz unvermuthet fielen die Schweden den 11. December in Holstein ein, und zernichteten durch dies Unternehmen alle Gedanken zum Frieden. Sie bewiesen sich an allen Orten, wo sie hinkamen, feindselig, indem sie durch Rauben und Plündern alles verheerten, und sogar der Gotteshäuser nicht schonten, wie solches der damalige Prediger zu Siek, M. Detlev Rudolphi in einem Schreiben an den Probsten Paul Sperling bezeuget. So unerwartet dieser Einfall dem Könige Christian IV. in Dännemark war; so wenig ließ er dabei seinen Muth sinken. Er machte sogleich die nöthigsten Anstalten, sein Land wider seine Feinde zu beschützen und ihnen zu widerstehen. Weil aber Dännemark seit unterschiedenen Jahren keinen Krieg gehabt hatte, und die Schweden viele Jahre her in den Waffen geübt waren, und sich durch Feldzüge abgehärtet hatten; so konnte ihr Eindringen in Holstein, da es wider alles Denken geschahe, nicht verhindert werden. Doch der an Muth unüberwindliche Christian ließ sich durch nichts abschrecken. Er brachte nicht nur selbst in der größten Eile eine Armee zusammen, sondern auch die Kaiserlichen kamen ihm unter dem General Gallas zu Hülfe m). Diese Feindseligkeit, wodurch Holstein abermals das traurige Schicksal des Krieges empfand, erreichte erst 1645 ein erwünschtes Ende, 1645. da den 13. August zu Bremsebroe der Friede geschlossen und dadurch die Ruhe des Landes wieder hergestellet wurde n).

Uni=

m) Holbergs dän. Reichshist. II. 874.
n) ibid. II. 894.

Unterdessen konnte es nicht fehlen, daß bei so unruhigen und kummervollen Zeiten manche Unordnungen entstanden, welche der König nach erlangtem Frieden zu heben, sich alle Mühe gab. Er sorgte, da die Unterthanen die Früchte des Friedens wieder genossen, und von der traurigen Last, fremde Völker zu unterhalten, befreiet waren, wie ihr Wohlstand sowol im Leiblichen als im Geistlichen 1646. befördert werden möchte. Den 22. Febr. 1646 verordnete er, daß die Bußtage künftig mit den fürstlichen zugleich nach dem Sonntage Rogate gefeiret werden sollten, damit die Devotion zu gleicher Zeit im ganzen Lande statt fände o). — Zu Rendsburg mußte unter dem Vorsitz des Generalsuperintendenten ein Synodus gehalten werden p), auf welchem einige Anordnungen, die auf die Verbesserung des Kirchenwesens abzielten, und einen Bezug hatten, gemacht wurden. Es wurde insonderheit beschlossen 1) wie den eingeschlichenen Secten zu steuren, 2) wie Lehrer und Zuhörer zu einem rechtschaffenen Wandel zu ermuntern und 3) wie künftig die Confirmation der Kinder öffentlich zu verrichten sei. Obgleich diese löbliche Handlung, da die heranwachsende Jugend ein feierliches Bekenntniß ihres Glaubens vor der versammleten Gemeine ableget, gleich nach der Reformation durch die Kirchenordnung festgesetzet war; so hatte sie doch durch die Kriegszufälle und andre Umstände, nicht allemal der Vorschrift gemäß beobachtet werden können. Um so nöthiger war es, daß sie allgemein erneuret wurde.

Weil

o) Kirch. Ver. I. 83. p) ibid. I. 34.

Weil auch durch den Krieg die Schulen an vielen Orten gelitten hatten, und in Unordnung gerathen waren, ertheilte ein von dem Kronprinzen Friedrich an den Grafen Pentz unter dem 7. August 1647 erlassenes Schreiben den Befehl, wie die Schulen in dem Amte Steinburg und in der Landschaft Süderdithmarschen wieder in einen bessern Stand gesetzt werden sollten q), und wie die Pröbste solche alle Jahre zu visitiren und einen Bericht von der Beschaffenheit derselben abzustatten hätten r). — Dem königlichen Generalsuperintendenten wurde befohlen, dahin zu sehen, daß kein Candidat zum Predigtamt gelassen werden möchte, welcher nicht einen Religionseid auf die augsburgische Confession, auf die schmalkaldischen Artikel und auf die Formulam concordiae abgelegt, wie nicht weniger den Eid der Treue und des Gehorsams geleistet hätte s). Die *Formulam concordiae*, welche bisher nicht unter die Bekenntnißbücher dieses Herzogthums aufgenommen war, ist auf Veranlassung des königlichen Generalsuperintendenten D. Cloß eingeführet und als ein Bekenntnißbuch in dem königlichen Holstein von nun an angenommen t). Den 21. October befahl der Kronprinz Friedrich, wie in der Landschaft Süderdithmarschen die Visitation gehalten und wie bei Consistorialsachen verfahren werden sollte u).

König

q) Lackm. hist. ord. eccl. 185. Kirchh. Verordn. I. 37.
r) Kirchh. Verordn. I. 57.
s) ibid. I. 39. 49.
t) Lackm. I. 652. Holb. dän. Reichshist. III. 725.
u) Kirchh. Verordn. I. 22.

König Christian IV. welcher 60 Jahre das Regiment geführet und für die Wohlfahrt seiner Reiche und Fürstenthümer mit vielem Eifer in dieser Zeit gewacht hatte, verließ 1648 den 28. Februar das Jrdische. Ob er gleich in den Kriegen, welche er führte und zur Beschützung der evangelischen Religion übernahm, nicht glücklich war; so regierte er doch sein Land mit einer bewundernswürdigen Klugheit und mit einer recht väterlichen Sorgfalt. Für die Erhaltung des Glaubens stritte er mit einer vorzüglichen Herzhaftigkeit und mit Eifer, und gegen seine Unterthanen bewies er sich gütig, aber auch gerecht. Er war selbst im Gerichte zugegen, und zeigte bei einem jeden Vorfall und bei einer jeden Gelegenheit, wie groß seine Sorge war, daß Recht und Gerechtigkeit beobachtet würden. Nicht nur war er ein Freund und Liebhaber der Gelehrsamkeit, sondern auch wirklich ein gelehrter Herr. Mit allen Eigenschaften und Tugenden, welche zu einem klugen und frommen Regenten erfordert werden, war er begabt. So wie er für den Glauben, den er bekannte, mit Tapferkeit stritt; so bewies er auch die größte Vorsorge, daß in seinen Reichen und Ländern die Wahrheit des Glaubens unverfälscht erhalten werden möchte [x]).

Gleich nach dem Antritt der Regierung des Königs Friedrich III. in Dännemark wurde ein Theil der Herrschaft Pinneberg in eine Reichsgrafschaft unter dem Namen Rantzau erhoben. Der königliche Minister und Statthalter in den Herzogthümern, Christian Rantzau, vertauschte einige Güter

---

[x]) Holb. Dän. Reichshist. II. 924.

Güter mit dem Theile der Herrschaft Pinneberg, welcher dem Herzoge von Holstein nach dem Absterben des letzten Grafen von Schauenburg in der Theilung mit dem Könige zugefallen war y). Kaiser Ferdinand III., an welchen Christian Ranhau als Abgesandter geschickt war, um die Lehn wegen Holstein im Namen des Königes und des Herzogs zu empfangen, ertheilte darauf dem neuen Besitzer dieses Landes das Recht eines Reichsgrafen, und 1650. mit diesem Rechte erhielte er zugleich die bischöfliche Hoheit über die in dieser Grafschaft befindlichen Kirchen Elmshorn und Barmstedt.

König Friedrich III. verordnete den 9. März, daß in allen Kirchen eine Gleichheit in dem Gottesdienste und in den Ceremonien künftig beobachtet werden sollte y). Auch wurde ein Dankfest gefeiert, daß nunmehro der allgemeine Religionsfriede zu Stande gekommen war z). — Der Herzog ließ den 20. August vermöge einer Verordnung anzeigen, wie es mit den Schulen gehalten, und wie die Kinder in der Erkenntniß der christlichen Lehre unterwiesen werden sollten a) — Den Diaconis in der Probstei Münsterdorf ertheilte der König das Recht, 1652. Beichte zu sitzen, Kinder zu taufen und Kranke zum Tode zu bereiten, welches ihnen von einigen Pastoren streitig gemacht worden war, durch einen eigenen Ausspruch b). Durch ein Rescript vom 1655.

19.

---

y) Kirchh. Verordn. I. 40.
z) ibid. III. 33.
a) ibid. I. 96.
b) ibid. I. 71.

19. Jul. wurde dem königlichen Generalsuperintendenten angedeutet, niemanden zum Predigtamt zu lassen, welcher nicht im Examen geschickt befunden worden, und wenigstens drei Jahre sich auf der Academie aufgehalten und das 24. und 25ste Jahr seines Alters zurückgeleget hätte c). — Auch erging an denselben eine Vorschrift, wie es mit der Predigerwahl in Süderdithmarschen künftig zu halten sei d). Die Reformirten in Glückstadt erlangten durch die Gnade des Königs die Freiheit, ihre Leichen unter dem Geläute der Glocken und mit dem Gesange der Schulknaben zu beerdigen e).

1657. An dem Kriege, welcher im Jahr 1657 zwischen Dännemark und Schweden ausbrach, mußte auch Holstein Antheil nehmen. Denn die Schweden fielen in dasselbe ein, verheerten die Stadt Itzehoe, daß nur zwölf Häuser stehen blieben, und auch die Kirche gerieth in Brand, welche 1661 den 29. März von dem Probsten M. Andreas Hoyer wieder eingeweihet ist f). Auf Vorstellung und
1659. Bitte des französischen Ambassadeurs Hugo Terlon erlaubte der König den Römischkatholischen in Altona die Religionsfreiheit unter der Bedingung, daß sie ihren Gottesdienst in der Stille und ohne Processionen, wie sie sonst in der katholischen Kirche gebräuchlich sind, halten dürften g).

Im

c) Kirchh. Verordn. I. 67.
d) Corp. Constit. II. 783.
e) Kirchh. Verordn. I. 108.
f) Holb. dänische Reichshistorie III. 260. L Moll. Usg. ad Hist. Duc. Slesv. et Holsat. P. IV. 521.
g) Kirchh. Verordn. IV. 85. Holb. dän. R. Hist. III. 301.

Im Jahr 1659 den 10. August endigte der regierende Herzog in Holstein Friedrich in der Vestung Tönning, wohin er bei den Kriegsunruhen, welche sein Land erduldete, seine Zuflucht genommen hatte, sein Leben. Dieser Herzog hat unter allen Herzogen Holsteins nicht nur am längsten regieret, indem er 41 Jahre das Regiment führte, sondern er stand auch bei dem Kaiser und andern Monarchen in großer Achtung. Die genaue Verbindung dieses Herzogs mit der Krone Schweden, da der kriegerische König Carl Gustav seine Tochter Hedwig Eleonore zur Gemahlin hatte, gab die Gelegenheit und Veranlassung zu der Uneinigkeit, welche nach dem tödtlichen Hintritt dieses Herzogs zwischen dem königlich dänischen und herzoglich holsteinischen Hofe obgewaltet hat. Sonst kann demselben der Ruhm eines klugen und frommen Regenten, der seine Unterthanen liebte, und um ihr Wohl bekümmert war, nicht abgesprochen werden. Durch heilsame Verordnungen suchte er das Glück seiner Unterthanen und den Flor der Kirchen zu befördern.

Weil die um diese Zeit in Glückstadt sich aufhaltenden katholischen Geistlichen außerhalb Glückstadt Religionsübungen unternahmen, wurde ihnen solches ernstlich verboten h). — Zu Sams, einer Kirche, welche jetzo zum Herzogthum Lauenburg gehöret, vormals aber unter fürstlich holsteinischer Episcopalhoheit stand, war ein Prediger, Gottfried Friedborn. Dieser unternahm eigenmächtig manche Neuerungen, zeigte auch in seinem Betragen, daß er einen Hang zu schwärmerischen Lehrsätzen hatte.

1661.

1662.

h) Kirchh. Verordn. IV. 85.

hatte. Nach seinem eigenen Gefallen schafte er den Exorcismus, welcher in seiner Gemeine bei der Taufe sonst gebräuchlich gewesen war, ab. Einem solchen eigenmächtigen und unerlaubten Unternehmen widersetzte sich, wie billig, der fürstliche Probst, Paul Sperling, dadurch aber zog sich dieser den Haß und die Verfolgung des Predigers zu. Doch, da derselbe sich keinesweges wollte bessern und zu andern Gesinnungen bringen lassen, sondern sogar in seinem unvernünftigen Eifer so weit ging, daß er mit dem Bannstrahl um sich warf, fand der Landesherr für nöthig, ihn seines Amtes zu entsetzen i). — König Friedrich III. ließ den 9. März für die Herrschaft Pinneberg eine besondre Kirchenconstitution bekannt machen k). — Der fürstliche Generalsuperintendent, D. Johann Reinboth, gerieth mit dem Professor der Gottesgelahrheit zu Strasburg, D. Johann Conrad Dennhauer, in einen Streit. Es beschuldigte nemlich D. Dennhauer den holsteinischen Generalsuperintendenten socinianischer Lehrsätze, und besonders beschwerte er sich in einer Schrift, die er wider ihn herausgab, daß er leugne, daß der heilige Geist vom Sohne ausgehe l). Wider diese Beschuldigungen vertheidigte sich D. Reinboth und zeigte, daß es eine unchristliche Beschuldigung sei, von ihm zu glauben, daß er es mit den Socinianern halte m).

1663.

Der

i) Starck. Lübeck. Kirchenhistorie. Dänische Bibliothek, 6. St. 23.
k) Cronh. hist. Ber. von Ger. 30.
l) Walchs Religionsstr. I. 175.
m) I. Moll. Cimbr. Litt. II. eiusd. Isag. ad hist. Duc. P. II. 19.

Der fürstliche Bibliothekar zu Gottorp, Adam 1665. Olearius, gab auf Anordnung der Kircheninspectoren das sogenannte schleswig-holsteinische Kirchenbuch heraus. Denn da bisher die Prediger im Lande kein ordentliches Kirchenritual gehabt hatten, so wurde dieses bei allen fürstlichen und gemeinschaftlichen Kirchen im Herzogthum Holstein eingeführet. Es ist dasselbe auch noch bis auf die gegenwärtige Zeit das gewöhnliche Kirchenritual, welches bei einer jeden Kirche angetroffen wird. Anstatt der lateinischen Ritualen, Breviarien und Meßbücher, welche in den päbstlichen Zeiten im Gebrauche waren, schaften sich die Prediger in den ersten Zeiten nach der Reformation solche Kirchenagenden an, welche in den benachbarten Städten und Ländern bei dem öffentlichen Gottesdienste eingeführet waren. Die plattteutsche Sprache war so, wie in ganz Niedersachsen, also auch in Holstein bei den gottesdienstlichen Handlungen gewöhnlich. In dieser Sprache predigte man, und es wurde im ganzen Lande keine andre geredet. Die Kirchenordnung, welche 1542 für ein Kirchengesetz angenommen ist, war die Vorschrift für die Prediger, wie der öffentliche Gottesdienst verwaltet werden müßte. Nachher gab ein Prediger in Flensburg, M. Paul Walther, ein Kirchenritual unter dem Titel: Manuale ecclesiasticum, edder Kerken-Hand-Bökschen 1635 zu Flensburg gedruckt, heraus n). Dieses war in den beiden Herzogthümern das gewöhnliche Kirchenritual. So

lange

---

n) Cronh. hist. Ber. von den Ger. 19. Dänische Bibliothel, 6. St. 20.

lange dasselbe im Gebrauch war, blieb auch die plattteutsche oder niedersächsische Sprache. Als aber Adam Olearius das schleswig-holsteinische Kirchenbuch in hochteutscher Sprache herausgab, verschwand die niedersächsische Sprache bei dem öffentlichen Gottesdienste immer mehr, und die obersächsische trat an ihre Stelle º).

Auf Befehl des Herzogs Christian Albrechts, geschahe 1665 den 5. October die feierliche Einweihung der in der Stadt Kiel errichteten Academie. Schon 1640 hatte der durchlauchtige Herzog Friedrich bei dem Kaiser Ferdinand III. um die Erlaubniß, eine Academie in seinem Lande zu errichten, angehalten: allein die Kriegsunruhen hatten ihn verhindert, den Vorsatz, die Academie zu stiften, in seinem Leben zu vollführen. Sein Sohn und Nachfolger in der Regierung, Herzog Christian Albrecht, führte demnach das Werk aus und erwählte die Stadt Kiel zur Aufrichtung einer hohen Schule P). Der Herzog ließ auch den 1669. 23. Junius 1669 in seinen Landen eine Verordnung bekannt machen, vermöge welcher die Landeskinder zwei Jahre in Kiel zu studiren verpflichtet seyn sollten, wenn sie an einer Beförderung Anspruch zu machen gedächten q). — Von dem Könige Friedrich III empfing der Generalsuperintendent M. Johann Hudemann den 21. December den Befehl, einzuberichten, wie viele Kirchen sich im

---

o) Dän. Bibl. 6. St. 79.

p) Jehse Nachr. von der Stadt Kiel 227.

q) Kirch. Verordn. VI. 56.

im Herzogthum Holstein befänden, welche dem Könige gehörten, und wer das Patronatrecht bei einer jeden Kirche ausübte r).

Dem Regierer der Schicksale gefiel es, den löblichen König Friedrich III., welcher nach dem Muster seiner frommen Vorfahren das Regiment geführet und durch seine Sanftmuth und Liebe, womit er die Herzen seiner Unterthanen gewann, sich und seinen Nachfolgern die Souverainität und Erbgerechtigkeit, welche ihm von den Ständen in Dännemark 1660 im October übertragen worden war, zuwege gebracht hatte, den 19ten Februar 1670, durch den Tod der Welt zu entreißen. Sein würdiger Nachfolger in der Regierung, König Christian V., befahl den 5ten März dem holsteinischen Generalsuperintendenten, M. Johann Hudemann, daß von allen Pröbsten und Predigern in Holstein, nach einem vorgeschriebenen Formular, ein eidlicher Revers eingesandt werden sollte s). Ein solcher Revers wird noch in den gegenwärtigen Zeiten von den erwählten und berufenen Predigern unterschrieben. Wie sehr dieser liebenswürdige König Christian V. sich die Wohlfahrt seiner Unterthanen und die Bewahrung des Glaubens habe angelegen seyn lassen, können die Verfügungen, welche von demselben gemacht sind, beweisen. Im Jahr 1675 den 16ten Januar, verordnete derselbe, daß der Generalsuperintendent das gewöhnliche Tentamen, die Pröbste aber die Ordination der Candidaten

1670.

1675.

---

r) Kirchh. Verordn. I. 1.

s) ibid. I. 69.

ten verrichten sollten ᵗ). Den Jesuiten, welche sich an den Oertern, wo die Katholiken zu wohnen die Erlaubniß hatten, sich aufhielten, wurde den 13ten März 1676 verboten, solche, welche sich zur evangelischen Kirche bekannten, zu verführen oder evangelischer Eltern Kinder in Unterricht zu nehmen und schädliche Schriften auszustreuen ᵘ). — Allen denen, welche zu den Beförderungen etwas beitragen konnten, wurde den 20sten März ernstlich untersagt, keine Geschenke für geistliche und andre Bedienungen zu nehmen ˣ). — Den Katholiken, welche in der Stadt Altona wohnten, ertheilte der König auf Empfehlung des Bischofs zu Münster das Vorrecht, daß ihre Kirche nebst dem Kirchhofe, die Immunität, wie andre geistliche Gebäude im Lande genießen durften ʸ). Den 22sten October ließ der König eine Verordnung in Hinsicht des Patronatrechts in Süderdithmarschen publiciren ᶻ).

Im Jahr 1680 den 9ten Januar erhielte der Generalsuperintendent, D. Christian von Stöcken den Auftrag, dahin zu sehen, daß in Absicht der Kleidertracht der Prediger der Anstand und die Ordnung beobachtet würde ᵃ). Auch wurde von dem Grafen Detlev Rantzau in der ihm gehörigen

---

t) Kirchh. Verordn. I. 61.
u) ibid. IV. 86.
x) ibid. II. 88.
y) Matthiä Kirchenverfassung 318.
z) Corp. constit II. 784.
a) Kirchh. Verordn. III. 112.

rigen Graffschaft den 7ten August verordnet, wie die Sonn- und Festtage mit Andacht und gehöriger Ehrerbietung gefeiert werden sollten b). Der Bischof zu Lübeck, August Friedrich, ließ in den zum Unterstift Eutin gehörigen Kirchen, die öffentliche Confirmation der Kinder einführen und zugleich bekannt machen, daß niemand weder zum Tische des Herrn, noch zum Gevatterstand gelassen werden sollte, der nicht öffentlich confirmirt worden c). In dem folgenden Jahre befahl der König, daß 1681. kein Prediger ohne Erlaubniß Probepredigten halten, oder geistliche Schriften ohne Censur des Generalsuperintendenten drucken lassen sollte d). Auch fand der König für gut, ein eigenes Kriegsconsistorium errichten zu lassen, welches aber bald nachher wieder einging e). Der Generalsuperintendent, D. Christian von Stöcken, gab ein Gesangbuch heraus; und bestimmte solches zum Gebrauch für die holsteinischen Kirchen. Daher er es auch holsteinisches Gesangbuch nannte. Ein Unbekannter machte demselben in einer Schrift wegen der Veränderung, die mit den alten Liedern vorgenommen war, einige Vorwürfe, und tadelte ihn, daß er unbillig die Gesänge verdienter Männer beurtheilet habe f).

---

b) Kirchh. Verordn. V. 95.

c) Arnck. von der Confirm. der Catech. 116.

d) Kirchh. Verordn. I. 61. 76.

e) ibid.

f) Schlesw. Holst. Anz. 1765. 208.

In der Nachbarschaft Holsteins richtete die schreckliche Plage der Pest eine große Verwüstung an, indem viele Menschen dadurch hingerafft wurden. Dies setzte die Einwohner des Herzogthums in eine nicht geringe Furcht, daß auch dieselbe sich hier einfinden möchte. Auf königl. Befehl wurde daher im ganzen Lande ein besondrer Fast- und Bußtag ausgeschrieben und alle Einwohner wurden ermahnet, Gott zu bitten, daß er diese schreckende und traurige Seuche in Gnaden abwenden und das Land damit verschonen möchte g). — In den fürstlich holsteinischen Kirchen entstand wegen der Confirmation der Kinder einige Unruhe, indem sich solche fanden, welche diese Handlung für ein aus dem Pabstthum zurückgebliebenes Werk ansahen und solche abgeschaft wissen wollten. Der Herzog Christian Albrecht ließ daher einen Synodus der Prediger ausschreiben, um dieser Sache wegen sich mit einander zu bereden, und eine solche Einrichtung zu treffen, daß in allen Kirchen die Confirmation der Kinder eingeführet würde h). In der Absicht ist auch bei den Visitationen, welche in den folgenden Jahren in den fürstlichen Kirchen gehalten worden, darauf gesehen, ob die Confirmation und das Catechismusexamen nach dem Inhalt der Kirchenordnung beobachtet werde. — Der allgemeine Bußtag war bisher den 5ten Freitag nach Ostern gefeiret worden. Diese Einrichtung hob der König auf, und verordnete, daß er in diesem Jahre zum

1686.

---

g) Kirchh. Verord. III. 37.

h) Arnck. von der Confirm. der Cat. 241. Lackm. Hist. ord. eccl. 187.

zum letztenmal am 5ten, künftig aber am 4ten Freitage nach Ostern feierlich im Lande gehalten werden sollte ⁱ). Diese Verordnung ist in den Jahren 1689 und 1694 wiederholt und noch bis auf den heutigen Tag wird der Freitag nach Jubilate als ein allgemeiner Bußtag im ganzen Lande gefeiret. Damit auch die Tage des Herrn der christlichen Ordnung gemäß heilig gehalten würden, befahl der König, daß aller Handel und Wandel, wie nicht weniger die Handarbeit in den Städten und auf den Dörfern in dem Herzogthum Holstein und in der Herrschaft Pinneberg an Sonn- und Feiertagen bei Strafe verboten seyn sollten ᵏ). Ferner ließ der König verordnen, daß ein jeder berufener Prediger vor der Ordination einen Eid, daß er nicht durch unrechtmäßige Mittel und Wege das Predigtamt erlangt hätte, abzulegen verbunden sei ˡ).

1689.

1690.

Es hatten sich hin und wieder in Niedersachsen und zum Theil auch in Holstein einige schwärmerische Irrthümer ausgebreitet. Der Eutinische Superintendent und Hofprediger D. Johann Wilhelm Petersen, welcher 1688 nach Lüneburg als Superintendent ging, hatte schon, wie er noch hier im Lande sich aufhielte, besondre Meinungen, vorzüglich von den Offenbarungen und vom 1000 jährigen Reiche geäußert. Er hatte auch einige Anhänger, und es zeigten sich an verschiedenen Orten Personen, welche ihre Neigung zum Fangtismus

i) Kirch. V. I. 83.
k) ib. I. 82.
l) ib. I. 67.

mus blicken ließen und Andre verführten. Damit nun die holsteinischen Kirchen von solchen Irrthümern befreiet bleiben möchten, veranlaßte der königl. Generalsuperintend. D. Josua Schwartz eine Zusammenkunft der Pröbste. In derselben wurde unter andern beschlossen: „daß man auf die „Reinigkeit der Lehre zu sehen habe, damit nicht „chiliastische Meinungen und Irrthümer sich verbreiteten. Von denen, welche sich der Gottes„gelahrheit widmeten, sollten verdächtige Acade„mien vermieden werden. Die Prediger sollten „nicht die geringste Veränderung in den Kirchen„gebräuchen unternehmen, noch eigenmächtig anordnen m).„ — Die Reformirten Prediger in Glückstadt erhielten den 13ten Jul. 1692 den Befehl, daß sie sich nicht unterstehen sollten, jemanden von der evangelischen Gemeine abzuziehen und zu ihrem Glaubensbekenntnisse zu bereden und den lutherischen Einwohnern wurde angedeutet, ihre Kinder nicht zu fremden Religionsverwandten in die Schule zu schicken n) — Vermöge einer fürstlichen Verordnung vom 16ten Jun. geschahe die Verfügung, daß die Confirmation der Kinder, welche das Alter und die Fähigkeiten hätten, alle Jahre unternommen, und daß solche an den Orten, wo die öffentliche Confirmation noch nicht im Gebrauch gewesen, ungesäumt eingeführt werden sollte o). —
Dem königl. Generalsuperint. D. Josua Schwartz trug der König Christian V. auf, mit dem Pastor

an

m) Kirchh. Ver. VI. 69.
n) ib. IV 89.
o) Arnck. von der Confirmation.

an der Jacobikirche in Hamburg D. Johann Friedrich Mener sich zu vereinbaren, daß alle Schwärmer, Enthusiasten, Chiliasten und dergl. aus dem Lande geschaft würden p).

Der regierende Herzog **Christian Albrecht** beschloß im Jahr 1694 den 27sten Dec., nachdem er 35 Jahre mit Ruhm, aber unter manchen harten Schicksalen, das Regiment geführet hatte, sein irdisches Leben. Er war der huldreiche Stifter der Academie Kiel, und zeigte bei aller Gelegenheit eine wahre Liebe gegen seine Unterthanen. Sein ältester Sohn Friedrich folgte ihm als Herzog in Schleswig-Holstein. Die erste Sorge dieses neuen Regenten war dahin gerichtet, wie tüchtige und geschickte Lehrer an Kirchen und Schulen befördert werden möchten. Zu dem Ende ließ er 1695 den 28sten Febr. einen Befehl ergehen, nach welchem allen Candidaten des Predigtamts eine Vorschrift ertheilet wurde, welche sie zu erfüllen verpflichtet seyn sollten, wenn sie im Lande Beförderung zu erlangen hofften. Sie sollten sich den geheimen Räthen und dem Generalsuperint. zur Prüfung darstellen, und wenn sie von denselben fähig befunden worden, sollten ihre Namen und Jahre in ein gewisses dazu verfertigtes Buch geschrieben werden. Nur diejenigen, welche diesem Befehl Folge leisteten, und als geschickt ein Amt zu bekleiden erfunden würden, konnten sich zur Beförderung Hofnung machen q).

1695.

Zwi-

---

p) Schwartz Chiliast. Vorsp. 432.
q) A. Olear. continuirte Gesch. der Herz. Schl. H. 81.

Zwischen den Generalsuperintendenten der Herzogthümer Schleswig und Holstein, dem königl. D. Josua Schwartz und dem fürstl. Caspar Herrmann Sandhagen entstand ein Zwist, welcher in der Folge der Zeit die Veranlassung zu manchen Streitschriften und traurigen Auftritten gab. Es hatte der fürstl. Generalsup. Sandhagen den Predigern, welche unter seiner Aufsicht waren, eine Auslegung des siebenden Cap. des Proph. Micha zur Bußpredigt zugeschickt. In derselben glaubte D. Schwartz chiliastische Meinungen anzutreffen. Er gab daher eine gründliche Widerlegung der Sandhagenschen Erklärung des Textes heraus, und warnete alle Prediger, welche ihm untergeordnet waren, für dergleichen Irrthümer r). Diese Schrift konnte der Generalsuperint. Sondhagen nicht beantworten, weil er schon den 17ten Junius von der Welt und dadurch aus der streitenden Kirche abgefordert wurde. Allein sein Nachfolger im Amte D. Hinrich Muhlius übernahm die Vertheidigung seines Vorgängers, und setzte diesen Streit, wie die Folge zeigen wird, mit Heftigkeit fort. — Herzog Friedrich traf im Jahr 1698 den 3ten Febr. eine Verfügung, wie es mit der Kirchenbuße, mit dem Beichtstuhl und mit solchen Personen, welche sich grober und strafbarer Laster

1696

1697

1698

---

r) Walchs Rel. Str. II 626. Der Titel dieser Schrift lautet: Gründliche Widerlegung einer fast dem halben Theil des Schl. Holst. Ministerii im Majo 1696. zur Bußpredigt fürgeschriebenen durchgehends aber dem Chiliasmo dienenden Auslegung des siebenden Capitels Michä.

laster schuldig gemacht hatten, gehalten werden sollte ˢ).

Der preiswürdige König Christian V., welcher nicht allein ein gütiger und gnädiger Herr, sondern auch ein wachsamer und tapfrer Held war, der sich durch seinen Heldenmuth bei Auswärtigen und Einheimischen ein großes Ansehn erworben hatte, endigte den 25sten Aug. seine Lebenstage. Es bewies sich dieser König besonders leutselig, und er regierte seine Unterthanen mit Liebe und Klugheit. Ein rechtschaffenes Christenthum zu befördern war sein ernstliches Bestreben. Nach dem Ableben desselben übernahm Friedrich IV. als König die Regierung, ein Herr von vortreflichen Eigenschaften und ein wahrer Vater seiner Unterthanen, welche er glücklich zu machen, nach äußerstem Vermögen sich bestrebte. Sie zu unterstützen und ihnen aufzuhelfen, wenn schwere Lasten sie drückten, hielte er für die edelste Bemühung eines Beherrschers des Volks.

1699.

Ein gewisser holsteinischer Prediger und Pastor zu Gykau, Johann Christoph Linekogel gab des bekannten Coccejaners und ehemaligen Professors zu Utrecht, Franz Burmanns Tractat vom Sabbath ins Teutsche übersetzt und mit einer Vorrede und Randglossen heraus, worin er des gedachten reformirten Lehrers Meinung Beifall gab, daß die Sabbathsfeier als ein blos levitisches Werk anzusehen sei, zu welchem Christen im neuen Testament nicht mehr verbunden wären ᵗ). Hier widersetzte

1700.

---

s) Kirch. Verordn. V. 65.
t) Walchs Rel. Streit. I. 781. Unparth. Kirch. Hist. II. 790.

setzte sich der königl. Generalsuper. D. Josua Schwartz in einer Schrift, welche den Titel führte: „wah„rer Bericht vom Sabbath." In der Vorrede beklagte er sich über die Hypothesen der fürstl. Generalsuperintendenten des verstorbenen Sandhagens und des damals lebenden D. Muhlius, doch ohne Benennung ihrer Namen. Er bewirkte auch, daß der gedachte Pastor Linekogel seines Amtes entsetzt wurde, und nicht eher seine Bedienung wieder erhielte, als bis er 1701 den 14ten Dec. seine Meinung vom Sabbath widerrief. Der fürstl. Generalsuperint. D. Muhlius beschwerte sich in einem Briefe an einen Prediger zu Brügge in Holstein, Johann Masius, über das Verfahren des Doct. Schwartz, und der nachmalige Hauptprediger in Kiel, Albert zum Felde, welcher zu der Zeit ein Zuhörer des D. Muhlius war, ließ eine Schrift wider den Generalsuper. D. Schwartz drucken, welche auf königl. Befehl zu Altona auf dem Markte durch den Scharfrichter verbrannt wurde. Dies brachte den Doct. Muhlius so sehr auf, daß er in dem Oberland-Consistorialgerichte zu Flensburg einige Blätter von der Vorrede des wahren Berichts vom Sabbath aus der Tasche zog, sie dem Generalsuperint. D. Schwartz vorhielte, zerriß und ins Angesicht warf mit den Worten: „das hat er als „kein ehrlicher Mann geschrieben." Diesem antwortete D. Schwartz: „den ehrlichen Mann „schieb ich ihm zurück, bitte aber, daß das „hochpreisliche Gericht, weil dessen hoher Respekt durch diese Insolenz höchstens lädiret „worden, es der hohen Landesobrigkeit refe„riren

„tiren wolle u).„ In der Epistel an den Pastor Johann Masius schilderte der Generalsup. D. Muhlius den D. Schwartz als einen unruhigen, aufrührischen und zanksüchtigen Mann, der den Namen Schwartz mit Recht führe, indem er sich der schändlichsten Griffe bediene, ehrlicher Männer Sanftmuth zu kränken. Er nennet ihn senem ferocem, einen Ahab, welcher Israel verwirre, einen solchen, dem man die Vergessenheit seiner selbst zu gute halten müsse, weil das Alter nebst andern Incommoditäten ihn kindisch und vergessen mache 2c. x).

Da diese Uneinigkeit unter den ersten Geistlichen im Lande herrschte, waren die Landesherren bedacht, durch heilsame Verordnungen solche Einrichtungen zu treffen, welche einen Bezug auf die Beförderung der wahren Frömmigkeit und auf die Rechtschaffenheit derer, welche Lehrer der Religion waren, und solche öffentlich vortrugen, hatten. König Friedrich IV. befahl den 23sten Oct. 1700, wie die Prediger berufen werden sollten, welchen Eid sie abzulegen hätten, und wie dahin zu sehen sei, daß die Lehrer bei den Schulen zum Predigtamt befördert würden y). Herzog Friedrich ließ den 17ten Febr. 1701 verordnen, daß nicht das geringste, was der wahren Religion schädlich seyn könnte, auf der Universität zu Kiel geduldet werden sollte; daß man weder in der Sache noch in den Redensarten von der heiligen Schrift und von

1701.

den

---

u) Schwartz Chiliast. Vorsp. Vorr. 15.
x) ibid. 17.
y) Kirchh. Ver. III. 93.

Aa

den symbolischen Büchern abweichen dürfe ²); ferner den 18ten Febr., wie es mit der Einrichtung der Ober- und Unterconsistorien zu halten sei ᵃ), und daß diejenigen, welche im Lande eine Beförderung hofften, 2 Jahre in Kiel sich aufzuhalten, verbunden wären ᵇ). Es wurde auch den 28sten April in dem fürstl. Holstein, so wie schon in dem abgewichenen Jahre in dem königl. Holstein geschehen war, die Verfügung getroffen, wie es mit der Besetzung der Predigerstellen zu halten ᶜ), und wie der Eid beschaffen seyn müßte, welchen die berufenen Prediger abzulegen hätten ᵈ).

1702. Der Streit, welcher zwischen den beiden ersten Geistlichen obwaltete, wurde noch immer fortgesetzt und mit Heftigkeit geführet. Der Generalsuper. D. Schwartz fand einen Vertheidiger an dem Prediger zu Schenefeld im Amte Rendsburg, Siegfried Benzen. Dieser nahm sich in einer Schrift: „Chiliastenfreund, und Sabbathsfeind„ des D. Schwartzen an, aber auch diese Schrift ist den 5ten Mai auf fürstl. Befehl in der Stadt Kiel durch des Henkers Hand auf öffentlichem Markte verbrannt ᵉ). Darauf ließ M. Johann Melchior Kraft, ein Diaconus zu Süderstapel und nachher Inspector und Pastor zu Husum, unter dem angenommenen Namen M. Krato die gerettete Ehre zweier hoch-

---

z) Olearii contin. Gesch. v. Schl. Holst. 195.
a) ibid. 198.
b) ib. l. c.
c) ibid. 202.
d) Kirchh. Verord. V. 74.
e) Jo. Moll. Cimb. Litt. I. 40.

hochfürstl. holsteinischen Generalsuperintendenten, nebst dem wahren Bericht von den schleswig-holsteinischen Kirchenstrettigkeiten, öffentlich ans Licht treten f). Diesem begegnete D. Schwartz mit einer Widerlegung, welche er chiliastische Vorspiele nannte, und worin er die streitigen Puncte ausführlich abhandelte, und sich wider seinen Gegner vertheidigte g).

Das hochfürstlich-holsteinische Haus erfuhr in diesem Jahre den traurigen Zufall, daß der junge Herzog Friedrich den 19ten Jul., da er bei der schwedischen Armee in Pohlen sich aufhielte, bei Klissow durch einen tödtlichen Schuß sein Leben endigte. Weil dessen einziger Sohn Carl Friedrich erst zwei Jahre alt war; so wurde die Landesregierung des fürstlichen Antheils von Holstein der Frau Mutter des Prinzen, Hedewig Sophia, einer gebohrnen königl. schwedischen Princeßin und dem Bischof August Friedrich übertragen. Wie aber der letztere im Jahr 1705 den 1sten Oct. die Welt verließ, folgte ihm nicht nur im Bisthum, sondern auch in der Administration der fürstlichen Lande sein Herr Bruder, Christian August.

In Süderdithmarschen trug sich ein merkwürdiger Vorfall zu. Der erste Prediger zu Barlt, M. W. gerieth durch einige Feinde, die ihren Haß gegen ihn aufs höchste trieben, in einen fiscalischen Proceß. Man klagte ihn seiner Lehre und Amtsführung wegen an. Ob er gleich seine Unschuld bewies und in der Absicht von den Predigern

1703.

f) Jo. Moll. Cimb. Litt. II. 432.
g) Unparth. Kirch. Hist. II. 790.

des meldorfischen Consistoriums das Urtheil dahin gesprochen wurde, daß die Sache völlig beigelegt seyn sollte; so glaubte doch der Probst, der sich von dem angeführten Prediger äußerst beleidiget hielte, die Sache sei zu wichtig, als daß sie so ungeahndet beigelegt werden könnte, und brachte es dahin, daß sie ans Oberconsistorium nach Glückstadt verwiesen werden mußte. Hier wurde diesem Prediger nach den Acten, und nach dem, was durch Zeugnisse wider ihn vorgebracht worden war, den 1sten April öffentlich das Urtheil gesprochen. Wie er dies mit der größten Aufmerksamkeit angehört hatte, und die Frage that: ob es bei diesem Urtheile bleiben müßte? wird ihm die Antwort ertheilet: nun finde keine Appellation weiter statt. Darauf erwiederte er: „ich habe also nunmehro niemanden, als den Richter aller Richter und aller Menschen, an den ein jeder Bedrängter appelliren kann. Zu diesem nehme ich daher meine Zuflucht,„ und fängt mit diesen Worten an:

„Ich J. C. W. nehme meine Zuflucht zu „dir, allmächtiger Gott, einig im Wesen, drei„faltig in Personen, Vater, Sohn und heili„ger Geist. Du allwissender Gott bist aller „Unterdrückten erste und letzte Zuflucht. Du „bist der Herr, der die Wahrheit hält in Ewig„keit, der Urtheil spricht, stehest bei allen de„nen, die dich in Wahrheit anrufen, thust den „Willen derer, die dich vor Augen und im Her„zen haben, beschirmest alle, die dich aufrichtig „kennen und lieben, und verdirbest alle Wider„spenstige. Dir will ich besonders meinen Hei„lande

„lande Jesu Christo alles übergeben, befehlen
„und heimstellen. So bitte ich dich nun, Herr
„Zebaoth, du gerechter Richter, du Bewahrer
„der Herzen und Nieren, da meine Feinde spre-
„chen: Gott hat mit ihm nichts zu schaffen,
„Gott hat ihn verworfen und verlassen, siehe
„an meine Unschuld und Geduld. Nimm mich
„von meinen Feinden, du bist mein Gott. Wei-
„che du nicht von mir, weil ich in der Welt
„verlassen bin. Sei du der Richter zwischen
„mir und meinen Feinden.„

„Ich appellire an dich, mein Gott, ich fle-
„he dich kindlich im wahren Glauben an Jesum
„an, daß der Probst — heute über 12 Wochen,
„der Landvogit — heute über 14 Wochen, und
„das Kind des Verderbens, der wider besser
„Wissen und Gewissen, wider Recht und Bil-
„ligkeit gegen mich gehandelt, sodann mit mir
„vor dem von dir gesetzten Richter erscheinen,
„und ihr Urtheil empfangen. Siehe da, mein
„Zeuge ist im Himmel, und der mein Recht
„spricht, mein Heiland. Fromme, gottfürch-
„tende und unpartheiische Herzen müssen inner-
„halb Jahr und Tag bezeugen, was ich bezeu-
„get habe. Diese Appellation übergebe ich J.
„C. W. ... meinem Herrn Jesu Christo, dem
„allergerechtesten Richter, der da weiß, erken-
„net, beschirmet und urtheilet eines jeglichen
„Menschen gerechteste Sache. Amen.„

Da nun der Kanzler, welcher vor sich diese Worte
niedergeschrieben hatte, ihm glimpflich zuredete:
„man hätte nach den Acten und nach dem Zeugnisse
„der

„der Wahrheit das Urtheil abgefaſſet, ſei er der
„Meinung, daß Unrichtigkeiten vorgegangen wä-
„ren; ſo ſollte die Sache von neuen und gratis er-
„örtert werden: nur dieſe Appellation ſei unchriſt-
„lich, und zeige von einem rachgierigen Gemüthe.
„Man müßte Gott nicht zum Richter herausfor-
„dern, da vor ihm kein Lebendiger gerecht wäre„.

Darauf antwortete M. W..... „ Dieſer
„unrechtmäßige Proceß hätte ihn um ſein Vermö-
„gen, und ſogar um ſeinen ehrlichen Namen gebracht,
„und ihn und die Seinen in Armuth und in Ver-
„achtung geſtürzet: er ſei ſo gewiß verſichert, ſein
„Heiland Jeſus Chriſtus, den er kenne, bekenne
„und an den er glaube, ſeine Feinde aber nicht al-
„ſo, würde ihn als ein gerechter Richter nicht ver-
„laſſen. Er habe ſich nunmehro alles Zeitlichen
„begeben, und Gott alles übergeben. Seiner
„Feinde Gramm, Quaal und Rachgier ſei uner-
„ſättlich, und bleibe bis in den Tod„. Nachdem
er darauf dem Kanzler von W... für ſeine Güte
gedankt, und den gegenwärtigen Herrn der Regierung den Segen des Allmächtigen angewünſcht hatte, fährt er nach Hauſe und ſtirbt 16 Tage darauf,
den 16ten Apr. am Charfreitage.

Der Probſt predigte den 24ſten Junius als
am Johannistage, an dem 12 Wochen nach dem
Tage der Appellation verfloſſen waren, über Luc. 1,
57 – 65. Und es kam eine Furcht über alle Nachbaren und dieſe Geſchichte ward alles ruchtbar —
mit vieler Munterkeit. Nach abgelegter Predigt
ſchickt er zu dem Landvoigt, und läßt ihm ſagen:
ob er ſich wol erinnere, daß heute der Tag ſei, an
dem

dem er nach der geschehenen Citation sterben sollte? Er befinde sich gottlob wohl. Der Bote ist noch nicht wieder zurück; so tödtet ihn ein Schlagfluß gegen 1 Uhr. Diesem folgte am bestimmten Tage der Landvoigt, und darauf der Fiscal, welcher in der Raserei seinen Geist hat aufgeben müssen.

So wenig man glauben kann, daß die weise Regierung Gottes hier etwas Uebernatürliches habe geschehen lassen; so besonders ist es, daß diejenigen Beisitzer des Consistorii in Meldorf, welche Freunde des M. W..... gewesen sind, fast alle in zwei Jahren ihr Leben geendiget haben h).

Im Jahr 1705 den 24sten Nov. ließ König Friedrich IV. eine besondre Kirchenordnung für die Stadt Altona und für die Herrschaft Pinneberg bekannt machen i). In dem folgenden Jahre geriethen die beiden Prediger in Glückstadt, Nicolaus Sibbern und Caspar Wildhagen in eine Zwistigkeit über die wirkliche Seligkeit der Gläubigen in diesem Leben. Pastor Sibbern hatte die Meinung, daß unter der Seligkeit in diesem und in jenem Leben kein wesentlicher Unterschied sei, auch davon in seinen Predigten erwähnet. Dieser Meinung widersetzte sich sein College, Herr Wildhagen. Man holte daher verschiedene theologische Bedenken von den Academien ein. Die theologische Facultät zu Wittenberg urtheilete, daß man zwar den Gläubigen in diesem Leben eine wirkliche Seligkeit beilegen müsse, es wäre aber eine Seligkeit der Gnaden und nicht der Herrlichkeit, welche sehr un-

---

h) Aus schriftlichen Zeugnissen.
i) Grassau Ver. 132.

terschieden werden müßten. Die theologische Facultät zu Greifswalde erinnerte, daß die Hofnung der Gläubigen mehr in sich fasse, als blos rückständige Grade der Seligkeit. Der königl. Generalsuperintendent D. Schwartz zeigte in einem weitläuftigen Urtheil, daß zwischen der Seligkeit in diesem und in jenem Leben ein wesentlicher Unterschied sei, indem in diesem Leben der Glaube, dort aber das Schauen statt finde k). Alle diese Responsa ließ Pastor Wildhagen unter dem Titel: „Theolo„gische Belehrung von einer sich in Holstein erhobe„nen neuen Lehre, daß die Gläubigen das ewige „Leben in diesem dem Anfange nach wirklich haben„, drucken. Pastor Sibbern wandte sich darauf an den königl. dänischen Hofprediger, Franz Julius Lütkens, und bat sich von demselben ein theologisches Bedenken über diesen Streit aus. Er erhielte auch in einer Privatantwort den Beifall desselben. Da er nun solches in Glückstadt und an andern Orten zeigte, wurde sein Gegner, Pastor Wildhagen dadurch veranlasset, an den Generalsuperint. D. Josua Schwartz zu schreiben, und sich von ihm ein Urtheil auszubitten. Dieser widerlegte darauf den von dem Hofprediger Lütkens geschriebenen Brief. Ueber dieses Verfahren des D. Schwartz beschwerte sich der Hofprediger Lütkens, und bewies, daß die Gläubigen schon wirklich in diesem Leben dem Anfange nach das ewige Leben genössen l)

Die

---
k) Walchs Relig. Streitigk. I. 817.
l) Unparth Kirch. Hist. II. 801. Unschuldige Nachricht. 1706. 463. 1708. 299.

Dieser Streit gab eine Veranlassung, daß die beiden Generalsuperintendenten D. Josua Schwartz und D. Hinrich Muhlius aufs neue an einander geriethen. D. Muhlius behauptete in einer Schrift, die er: „nothdringende Anrede an Herrn D. Josua Schwartz nannte, daß die Lehre von der wirklichen Seligkeit in diesem Leben nicht neu, sondern von Luther und andern Theologen angenommen, auch in dem Worte Gottes gegründet sei"); ferner ließ er ans Licht treten: „der un= „verfälschte Sinn unsers lieben Vaters D. „Martin Lutheri in dem bestrittenen Lehrsatz von „der wirklichen Seligkeit der Gläubigen all= „hier in diesem Leben„. Wider diese Schriften entwarf D. Schwartz einen weitläuftigen Trac- 1709. tat in drei Theilen, worin er die Meinung seiner Gegner: „eine in Holstein einreißende gefähr= „liche pietistische Lehre nannte, und bewies, daß „wir in diesem Leben nur einige Erkenntniß von dem „Zustande nach diesem Leben hätten, und folglich „unser gegenwärtiger Zustand der Gnaden von dem „künftigen Zustande im ewigen Leben sehr weit un= „terschieden seyn müßte„. Mitten in diesem Streite, da er diese letzte Schrift noch nicht völlig abgefaßt hatte, überzeugte er sich wirklich von der Wahrheit seiner Meinung, indem er 1709 den 6ten Jun. sein Lebensende erreichte.

Zu Wandsbek fing man an, eine *Biblia* 1710. *pentapla* im Druck herauszugeben. Dieses Werk war also eingerichtet, daß jede Seite in 5 Columnen eingetheilet war, deren jede eine besondre Ue=

m) Walchs Rel. Streit. I. 818.

bersetzung, und zwar die erste die bei den Papisten gebräuchliche Version Caspar Ulenbergs; die andre des sel. Luthers; die dritte des Johann Piscators; die vierte des Johann Hinrich Reitzens, und die fünfte die Holländische nebst eines jeden Uebersetzers Vorrede darstellte. Zuerst trat das Neue Testament ans Licht. Wider diese Ausgabe des N. Testam. schrieb der Pastor in Wandsbek, Michael Berens, einen eigenen Tractat unter dem Titel: „Entdeckung des Greuelwesens, welches mit „den *Bibliis pentuplis* die sogenannten neuen „Christen vorhaben„, worin er nicht nur meldete, daß die Neulinge durch diese Bibel ein so großes Greuelwesen in der Kirche Christi stifteten, als wol bisher kaum geschehen, sondern auch verschiedene anstößige Stellen, welche in denselben befindlich waren, anführte n). Im folgenden Jahre kam das Alte Testament in gleicher Gestalt zum Vorschein, und waren dem N. u. A. Testament die apocryphischen Schriften beigefüget o). Wie darauf der königl. Generalsuperintendent Lic. Theodor Dassau zur Visitation nach Wandsbek kam, brachte er es dahin, daß der Buchdrucker Johann Hermann Holl Wandsbek verlassen und den Druck der Bibel unterlassen mußte.

1711.

Weil sich auch um diese Zeit an einigen Orten im Lande Schwärmer einfanden, die ihre Gesinnungen und Lehrsätze auszustreuen suchten; so ließ der Administrator des fürstlichen Holsteins Herzog Christian August den 22sten Jun. eine Ver-

---

n) Walchs Rel. Streit. I. 898.
o) Unparth. Kirch. Hist. II. 898.

ordnung wider die Sectarios und Fanaticos herausgeben, und befahl, daß die Erkenntniß der Wahrheit zur Gottseligkeit mit allem Fleiße befördert werden möchte p). In eben der Absicht ließ König Friedrich IV. in Dännemark den 4ten Oct. allgemein anzeigen, daß keine der papistischen Lehre verdächtigen Bücher eingeführet werden, auch niemand, der auf einer der Pietisterei zugethanen Universität sich Studirens halber aufgehalten, im Lande eine Bedienung erwarten dürfte q), und wurde solches von allen Kanzeln in Holstein öffentlich kund gemacht. – Zu Schleswig kam in diesem Jahre durch die Bemühung und Vorsorge des Generalsuperint. D. Hinrich Muhlius ein Gesangbuch für die Herzogthümer Schleswig und Holstein unter dem Titel heraus: „Hochfürstl. Schl. „Holst. Gesangbuch zum Gott geheiligten Nu„tzen des öffentlichen Gottesdienstes, wie auch „der Hausandachten verfertiget: nebst einem „Anhange geistreicher Gebeter,„ r). Es war dieses Gesangbuch zum Gebrauch der fürstl. Kirchen in Holstein bestimmt. Weil aber die Kriegsunruhe die völlige Einführung desselben hinderte; so hat der nachmals regierende Herzog Carl Friedrich die Einführung dieses Gesangbuchs durch einem im Jahr 1738 den 31sten Januar publicirten Befehl allgemein verordnet s).

1712.

Auf

---

p) Walchs Rel. Streit. I. 903.
q) Kirchh. Verordn. IV. 98.
r) Schlesw. Holst. Anz. 1765. 233.
s) ibid. 1765. 236.

1713. Auf der Universität Kiel gerieth der Generalsuperintendent und Professor der Theologie, D. Hinrich Muhlius mit dem Rechtsgelehrten D. Franz Ernst Vogt in einen Streit. D. Vogt hatte über die Gewalt eines Fürsten in Religionssachen; über den Eid, welcher über die symbolischen Bücher abgeleget wird, und über andre Dinge sein Urtheil gefället. Es gab darauf D. Muhlius eine Streitschrift: de eo, quod iustum est circa religionem et libros nostratis ecclesiae symbolicos heraus. Wider diese schrieb D. Vogt zwei Programmen, welche aber im Namen der Academie widerlegt wurden. Darauf ließ D. Vogt eine Streitschrift: „de lytro incendario drucken, worin er behauptete: 1) daß diejenigen, die die Gespenster leugneten, religiöser wären, als die, welche solche glaubten; 2) daß ein Laye, der in seines Predigers Vortrag nicht erbauet würde, sich nicht zu ihm halten dürfe; und 3) daß man diejenigen, welche sich wegen Scrupel vom Abendmahl enthielten, nicht als Verächter zu halten habe. Wider diese Sätze zeigte nicht nur die Universität Kiel in einem Programm ihr Misfallen, sondern auch der fürstliche Probst, D. Christian Gottlieb Koch zu Apenrode gab, ohne sich zu nennen, eine bescheidene Widerlegung derselben heraus. Als darauf Professor Vogt eine kurze Abfertigung des un-
1714. genannten Autors drucken ließ, worin er zeigte, daß in der Schrift des D. Koch's lauter ungereimte Gründe und boshafte Lästerungen ausgekramet wären, welche er auf dem Kieler Umschlag feil bieten lassen, antwortete ihm jener in dem Widerschall
auf

auf Vogts Lästerschrift t), und damit endigte sich dieser Streit.

Wie im Jahr 1713 der schwedische General Steinbok die grausame und unmenschliche Handlung beging, daß er die Stadt Altona anzünden ließ, so, daß außer der evangelischen und reformirten Kirche keine 30 Häuser stehen blieben, und die Einwohner dadurch in einen unbeschreiblichen Jammer und in das größte Elend versetzt wurden, nahm sich König Friedrich IV. der unglücklichen Einwohner väterlich an, und schenkte ihnen vorzügliche Freiheiten. Allen fremden Religionsverwandten, welche in Altona ihren Aufenthalt gehabt hatten, wurde derselbe auch ferner gestattet, und ihnen besondre Begnadigungen ertheilet. u). Auch denen, welche sich zur griechischen Kirche hielten, erlaubte der König die freie Uebung ihres Gottesdienstes x). Nur den Socinianern wurde der Aufenthalt und die Glaubensübung an diesem Orte versagt. — Nicht allein aber das Uebel der grausamen Verheerung machte die Einwohner in Altona unglücklich, sondern auch die Pest wüthete hier und raffte die Menschen dahin. Das benachbarte Hamburg empfand diese schreckliche Plage ausnehmend, und es wurden in dieser volkreichen Stadt in einem Jahre von dieser Mordseuche bei 30000 Menschen getödtet. In Altona feierte man den 22sten März 1714 ein öffentliches Dankfest, daß die-

---

t) Walchs Rel. Streit. I. 948. Unparth. Kirch. Hist. II. 912.
u) Schmidts Beschr. der Stadt Altona 72.
x) ibid. 193.

diese Plage überstanden, und die landverderbliche Seuche abgewandt sei y).

So wie der fürstl. Generalsuperintendent D. Muhlius mit der Uebernahme seines Amtes, welches er als der erste Geistliche bekleidete, auch zugleich die Vertheidigung seines Vorwesers, des Generalsuperintendenten Casp. Herrmann Sandhagen übernahm; so folgte dem königl. Generalsuperint. D. Josua Schwartz ein Mann im Amte, welcher den von seinem Vorgänger angefangenen Streit mit dem D. Muhlius fortsetzte. Dieser war lic. Theodor Dassau. Schon in Kiel, woselbst er ein unmittelbarer Nachfolger des D. Muhlius in dem Pastorat an der Nicolaikirche und in der theologischen Profession war, gab er eine Streitschrift heraus, worin er die wirkliche Seligkeit der Gläubigen in diesem Leben leugnete, und damit dem D. Schwartz Beifall gab, dagegen dem D. Muhlius widersprach. Dieser Widerspruch nahm nach der Zeit, da er die Würde eines königl. Generalsuperint. erhalten hatte, zu, und er fand an dem fürstl. Generalsuperint. so, wie sein Vorgänger einen heftigen Gegner. Denn im Jahr 1713 ließ er „eine brüderliche „Anrede an die seiner Aufsicht anvertrauten „Prediger," drucken, worin er sie ermahnete, alle sectirische Pietisterei zu vermeiden; die Spenerischen Schriften nicht zu fleißig zu lesen, und die Irrthümer desselben zu entschuldigen; der Meinung des D. Speners von der Gegenwart der guten Werke in der Lehre von der Rechtfertigung nicht beizupflichten, und die enthusiastischen und fanati-

y) Schmidts Beschr. der Stadt Altona. 80,

tistischen Lieder in dem Hallischen Gesangbuche zu fliehen ²). D. Muhlius nahm sich des Speners wider Daſſau an, und beschuldigte den letztern eines unzeitigen Eifers. Dieser Streit ist durch wechselseitige Schriften genähret, und dauerte bis 1721, da der Generalsuperint. Daſſau den 6ten Januar durch den Tod allem Streite ein Ende machte, und dahin versetzet wurde, wo kein Streit und kein Zweifel über diese oder jene Lehre mehr statt findet. 1718.

Das Andenken der großen Wohlthat, da die gesegnete Reformation das helle Licht der Wahrheit über so viele Reiche und Länder ausgebreitet hat, ist an so vielen Orten nach einem Zeitraum von 200 Jahren mit Dankbarkeit erneuert worden. 1717. Auch Holstein, welches dieses schätzbaren Glücks frühe theilhaftig worden ist, und die Früchte einer gereinigten Religion unter der Regierung frommer und gottseliger Landesherren so viele Jahre im Segen genossen hatte, konnte bei einer so frohen Erinnerung unmöglich fühllos bleiben. Die Lehrer des Landes unterrichteten das Volk von dem, was der Herr bisher Gutes gethan hatte, und ermunterten ihre Zuhörer, die Güte Gottes zu preisen, daß er das reine Wort der Wahrheit so gnädiglich erhalten, und ihn zu bitten, daß er auch künftig daſſelbe zum Heil der Einwohner bewahren und beschützen wolle. Der König bestimmte in seinem Antheil des Herzogthums Holstein den 19. August zu einem Jubelfest ª). Auf der Academie Kiel kündigte

z) Walchs Rel. Streit. I. 950.
a) Craſſau Verordn. 134.

digte man die Feier dieses Festes durch ein Programm an, und es wurden unterschiedene Reden und Streitschriften, welche die Wohlthat der Reformation zum Gegenstande hatten, gehalten b). Auch in den holstein-ploenischen Kirchen beging man das Andenken der Erhaltung des Glaubens c).

1719. Im Jahr 1719 verordnete der König, daß den 14ten Jul. ein ausserordentlicher Buß- und Bettag gefeiert werden sollte d). — Der durch seine ärgerlichen und der geoffenbarten Religion widersprechenden Schriften bekannte Johann Conrad Dippel hatte sich am königl. dänischen Hofe den Character eines Kanzleiraths zu verschaffen gewußt. Seine üble Aufführung aber zog ihm die Ungnade des Königes zu. Denn es wurde ihm zu Altona, an welchem Orte er sich eine Zeitlang aufgehalten hatte, von einer königl. Commission der Character eines Kanzleiraths abgenommen. Seine Schriften mußten auf dem öffentlichen Markte durch den Scharfrichter verbrannt werden, und er selbst wurde kreuzweise geschlossen in die Gefangenschaft nach Bornholm gebracht e). — Den 21.

1720. Oct. des Jahres 1720 befahl König Friedrich IV., daß den 14ten Nov. in seinen Reichen und Ländern und folglich auch in Holstein ein Dankfest feierlich begangen werden sollte, nachdem nunmehro nach einem zehnjährigen Kriege mit Schweden der Friede

b) Jehse Nachr. von der Stadt Kiel 287.
c) Hanf. Nachr. von den Ploen. S. 294.
d) Graßau Verordn. 134.
e) Schmidts Nachr. von der Stadt Altona 836.

de wieder hergestellet worden war f). Dieser Friede ist gottlob bis auf unsre Zeit erhalten, und haben die Einwohner Holsteins die gesegneten Früchte der Ruhe, als das schätzbarste Kleinod der zeitlichen Wohlfahrt schon 70 Jahre genossen.

Der Besitzer der Grafschaft Rantzau, Graf Christian Detlev mußte meuchelmörderischerweise den 11ten Nov. durch einen Schuß sein Leben endigen. 1721. Weil nun der einzige Bruder des Erschossenen, Graf Wilhelm Adolph die Beschuldigung nicht von sich ablehnen konnte, daß er an diesem Morde Antheil hatte; so wurde über den letztern nicht nur ein Criminalgericht gehalten, sondern es wurde derselbe auch zu einer immerwährenden Gefangenschaft verurtheilet. Der König nahm darauf vermöge des mit dem Grafen Detlev Rantzau 1669 gemachten Vergleichs g), Besitz von der Grafschaft und den dazu gehörigen Kirchen, als der Graf Wilhelm Adolph 1734 den 21sten März in der Gefangenschaft sein Leben beschloß und keine Erben hinterließ. Dadurch ist diese Grafschaft den übrigen königl. Ländern einverleibet, ob sie gleich die Benennung einer Grafschaft behält, und durch einen königl. Administrator verwaltet wird, wie denn auch ein besondrer Probst, welcher nicht unter dem königl. Generalsuperint. in Holstein steht, die Aufsicht über die Kirchen dieser Grafschaft hat.

Im

---

f) Kirchenh. IX, 2.
g) Cronhelm hist. Bericht von den Ser. 298.

1725. Im Jahr 1725 den 5ten Jul. ist in einem zu Rendsburg gehaltenen Synodus von dem Generalsuperint. und Pröbsten beschlossen: 1) wie die Schulen künftig zu verbessern und die Einrichtung derselben zum Nutzen der Jugend zu befördern sei. Dann 2) wie die Kirchenzucht angeordnet und allen Aergernissen gesteuret werden mußte ʰ). — Die merkwürdige und stets denkwürdige Begebenheit, da auf dem Reichstage zu Augspurg 1730. 1530 die Protestanten ihr Glaubensbekenntniß dem Kaiser Carl V. übergaben, verdiente nach 200 Jahren billig eine dankbare und frohe Erinnerung. In allen evangelischen Ländern bestrebte man sich, das Andenken dieser Begebenheit durch verordnete Festtage feierlich zu begehen. Dies geschahe auch in Holstein. König Friedrich IV. befahl in der Absicht den 19ten Apr. in einem Rescript an den Generalsuperint. Conradi, daß bei den Pröbsten, Pastoren und Predigern die Veranstaltung getroffen werden sollte, daß eine Danksagung für die Uebergabe der augspurgischen Confession am 3ten Sonntage nach Trin. als den 25sten Junius von der Kanzel geschähe. Zum Eingange der Predigt mußten die Worte Matth. 10, 32. 33. Wer mich bekennet vor den Menschen, den will ich bekennen vor meinem himmlischen Vater: wer mich aber verleugnet vor den Menschen, den will ich auch verleugnen vor meinem himmlischen Vater, erkläret werden. Darauf sollte eine jede Gemeine in dem öffentlichen Vortrage ermuntert werden, dem Höchsten Lob und Dank

---

ʰ) Kirchh. Verordn. V. 28.

Dank für die Wohlthat zu sagen, daß das reine Wort Gottes bisher lauter erhalten worden sei i). Der regierende Herzog in Holstein Carl Friedrich ließ den 12ten Apr. durch eine Anzeige bekannt machen, wie dies Jubelfest in seinem Lande auf eine würdige Weise beobachtet werden müßte. Sowol in den Städten als auf dem Lande wurden 3 Tage, nehmlich der 25. 26. und 27. Junius dazu bestimmt. Die Academie Kiel beging dies Fest mit vorzüglicher Feierlichkeit den 28. und 29. Junius in Gegenwart des regierenden Herrn und der übrigen hohen fürstlichen Anverwandten. Durch die Vorsorge des holsteinischen Generalsuperint. D. Hinrich Muhlius traten 2 teutsche Ausgaben der augspurgischen Confession ans Licht. Den 30sten Jun. erhielten zu Kiel 15 Kandidaten in den 4 Facultäten die Doctorwürde, und der Herzog selbst beehrte die öffentliche Promotion der Kandidaten mit seiner hohen Gegenwart k). Nicht weniger verordnete der Herzog in Ploen, Friedrich Carl, daß dies Fest 3 Tage in den Kirchen seines Fürstenthums gefeiert werden sollte l).

Nach dem Rathschluß des Ewigen beschloß in diesem Jahre den 12ten Oct. der glorwürdige König Friedrich IV. in Dännemark zu Odensee auf der Insel Führen die Tage seiner irdischen Pilgrimschaft. Ungeheuchelte Gottesfurcht, Liebe zu den Unterthanen, Gerechtigkeit und ein offenherziges Betragen waren die Tugenden, welche diesen

---

i) Kirchenhist. IX. 33.
k) Gedenkmal der holst. Jubelfeier.
l) Hans. Nachr. von den ploen. Landen 353.

diesen Monarchen zierten, und ihm eine allgemeine Liebe und Ehrfurcht bei denen, die das Glück hatten, seine Unterthanen zu seyn, verschaften.

Die um der Religion willen vertriebenen Salzburger erregten in allen evangelischen Ländern und in den Reichsstädten Teutschlands ein allgemeines Mitleiden. Man suchte durch thätige Hülfe ihnen beizustehen und sie unterzubringen. Dies bewog auch den König Christian VI. den 25. Apr. 1732. in einem Rescript an den Generalsuperint. Conradi, ihm aufzutragen, daß in dem ganzen Herzogthum Holstein eine Collecte für die um des Glaubens willen vertriebenen Salzburger geschehen sollte m). Diese nebst den in den beiden Königreichen Dännemark und Norwegen, wie auch im Herzogthum Schleswig verordneten Collecten brachten 150000 Mark zusammen n). — Durch die Veranstaltung des fürstl. ploenischen Superintendenten und Hofpredigers, M. Peter Hansen ließ der zu Ploen residirende Herzog Friedrich Carl eine eigene Kirchenordnung für die Kirchen seines Herzogthums entwerfen. Es hatten zwar seine Vorfahren in der Regierung manche Verordnungen, die den äußerlichen Wohlstand der Kirche und derselben Gebräuche betrafen, drucken lassen. Weil aber in denselben nicht alles, was dahin gehörte, bestimmt war; so befahl der Herzog, diese neue Kirchenordnung zu verfertigen und solche durch den Druck ans Licht zu stellen, damit sie als eine Vorschrift bei den Kirchen seines Landes beobach-

m) Kirchh. Verordn. IX. 58.
n) Hist. der Emigr. aus dem Erzbisth. Salzb. III. 15.

achtet werden könnte º). Da auch in den holstein-ploenischen Landen niemals ein Synodus oder eine Zusammenkunft der Geistlichen gehalten worden war; so hielte man eine solche Zusammenkunft den 9ten Jul. 1733 unter dem Vorsitz des 1733. Superintendenten auf dem hochfürstl. Schlosse in Gegenwart des Herzogs und des ganzen Hofstaats. Der Superintendent Hansen ließ zu dem Ende eine Dissertation drucken. Zwei Prediger wurden zu Respondenten ernannt, welche die Einwürfe der andern Prediger beantworteten p).

Der in Kiel residirende Herzog Carl Friedrich gab den 18ten Jul. eine Verordnung für die Schulen in dem fürstl. Antheil von Holstein heraus q), und in dem darauf folgenden Jahre den 1734. 8ten May kam eine nähere Erläuterung dieser Schulverordnung ans Licht qq). — Bis jetzo war in dem fürstl. Holstein die *Formula concordiae*, weil sich ehemals der schleswig-holsteinische Generalsuperintendent D. Paul von Eitzen der Einführung derselben mit äußersten Kräften widersetzet hatte, nicht angenommen. Allein Herzog Carl Friedrich ließ einen neuen Eid aufsetzen, nach welchem sich die Lehrer und Prediger in seinem Lande so wie zu den übrigen symbolischen Büchern, also auch zur formula concordiae bekennen mußten r).

Im Jahr 1736 fanden sich einige mährische 1736. Brüder in Holstein ein. Sie wünschten in des

Her-

o) Hansens Nachr. v. den pl. Land. 357.
p) Samml. v. alten u. neuen theol. Sachen 1734. 657.
q) Acta hist eccl. XV. 296.
qq) ibid. XV. 306.
r) ibid. II. 1157.

Herzogs Landen aufgenommen zu werden. Es wurde ihnen aber der Aufenthalt in demselben versagt, und alle Prediger erinnert, ihre Gemeinen für diese Leute zu warnen. Sie wandten sich daher in das königl. Holstein, und erhielten die Erlaubniß, sich bei Oldeslo niederzulassen. Hier erbaueten sie einige Häuser, und nannten den Ort, wo sie ihre Wohnungen hinsetzten, Pilgerruhe. Ehe sie aber in Schutz genommen wurden, mußten sie sich von dem königl. Generalsuperintendenten Conradi auf höchsten Befehl zu Glückstadt examiniren lassen. Da sie in diesem Examen wohl bestanden, mußten sie einige Puncte, welche ihnen vorgelegt waren, beantworten. Diese Puncte waren 1) daß sie in der Lehre und im Leben nach den Hauptstücken der evangelisch-lutherischen Religion sich richten wollten; 2) daß sie den Grafen von Zinzendorf nicht als ihr Kirchenhaupt und als ihren Vorsteher erkennen; 3) daß sie mit der herrnhuthischen Gemeine keine Verbindung haben; 4) daß sie ihre Kirchendisciplin keinem in Holstein anpreisen, und 5) daß sie keine Missionarien in die königl. dänischen Reiche und Länder ausschicken wollten. Ihr Lehrer war M. Johann Georg Waiblinger aus Würtemberg. Dieser mußte sich nebst 5 andern jungen Leuten dem Generalsuperint. Conradi zum Examen darstellen. Es machte dieser Waiblinger dem lübeckischen Superintendenten D. Carpzov vielen Verdruß, weil er Gelegenheit suchte, sich in der benachbarten Reichsstadt Lübeck einen Anhang zu verschaffen s). Im Jahr 1740 sollten diese mährischen Brüder einen

---

s) Act. hist. eccl. IV. 239. 244. V. 35.

nen Eid der Treue ablegen. Sie erhielten aber die Erlaubniß, ihre Treue an Eides statt mit einem Ja zu bekräftigen. Es entstand unter ihnen 1741 eine Trennung, indem einige die herrnhuthische Gemeine für ächte Brüder erklärten und daher fortzogen t). Nach der Zeit haben sie sich gänzlich verloren und diesen Ort verlassen.

König Christian VI. ließ 1736 den 16ten April eine Verordnung, wie es mit der Heiligung der Sonn- und Feiertage gehalten werden sollte, bekannt machen u), und den 12. Oct. anzeigen, wie mit denjenigen zu verfahren sei, welche künftig zum Predigtamt befördert werden wollten. Denen im Examen bestandenen Candidaten sollten die beider Charactere *Laudabilis* und *haud illaudabilis* beigelegt, auch keiner in den königlichen Landen zu einem geistlichen Amte befördert werden, welcher nicht das 25ste Jahr zurückgeleget hätte x). — Für die Herrschaft Pinneberg mußte eine besondre Schulverordnung bekannt gemacht werden y). Da auch in der Elmshorner Gemeine die Confirmation, ob sie gleich in allen Kirchen geschahe, noch nicht gebräuchlich war; so ließ der König 1736 den 5. Oct. einen Befehl ergehen, vermöge dessen die öffentliche Confirmation der Kinder auch in dieser Gemeine eingeführet werden sollte z).

t) Act. hist. eccl. V, 673. X, 1034.
u) ibid. I, 817.
x) ibid. II, 66.
y) Corp. Constit. II, 1110.
z) Kirchh. Verordn. X, 8.

1737. Zu Rendsburg ist unter dem Vorsitz des Generalsuperintendenten Conradi ein Synodus der Pröbste gehalten. Auf demselben wurde beschlossen, ein neues Ritual abzufassen, und den Exorcismus, welcher in den mehresten Kirchen gebräuchlich war, abzuschaffen. Obgleich die Verfertigung des Rituals nicht zu Stande käm; so wurde doch laut eines königlichen Rescripts an den Generalsuperintendenten und an die Pröbste, den Exorcismus in den privative königl. Kirchen abzustellen, befohlen a). Auch ist mit königlicher Bewilligung: eine Ansprache an sämtliche Lehrer der beiden Herzogthümer Schleswig und Holstein verfasset und zum Druck befördert, welche von dem damaligen Probst zu Tondern, Johann Herrmann Schrader, aufgesetzt ist. In der fürstl. Residenz Ploen ist gleichfalls den 7. Aug. eine Versammlung der Geistlichen gehalten. Zu derselben hat der Superintendent M. Peter Hansen mit einer Abhandlung: de eo, quod justum est circa curam animarum pastoralem ein, worüber eine Unterredung von den gegenwärtigen Predigern, wie im Jahr 1733 den 9. Julius, angestellet worden ist b). — Zu Kiel feierte der Oberconsistorialassessor und Professor, Adam Hinrich Lackmann, das Andenken der dänischen und holsteinischen Kirchenordnung in einer lateinischen Rede. Es ist auch dieselbe unter dem Titel: „historia ordinationis ecclesiasticae Regnorum Daniae et Norvegiae

---

a) Dän Bibl. 6. St. 97. Act. hist. eccl. III, 201.
b) Act. hist. eccl. II, 599.

„et Ducatuum Slesvicensis, Holsatiae etc. ans licht getreten, und dem dritten Theil seiner Einleitung zur schleswig-holsteinischen Historie beigefüget c).

Da vermöge eines kaiserlichen Verbots vom 15. Januar die Wertheimische Bibel untersagt worden war; so ließ der König in einem Rescripte vom 13. Mai den Verkauf und die Einführung dieser Bibel in dem Herzogthum Holstein verbieten d). Es verordnete auch der König in einem Befehl, welcher den 18. Nov. unterzeichnet war, daß in den beiden Herzogthümern Schleswig und Holstein das Kirchengebet, welches in der teutschen Petrikirche in Copenhagen üblich war, gebraucht werden sollte e). — Die Schule zu Altona ist durch ein königl. Rescript vom 3. Februar 1738 in ein Gymnasium verwandelt. Man berief verschiedene Professores, und dem Präsidenten, wie auch dem Probsten in Altona, wurde als Gymnasiarchen die Aufsicht über diese neue Anstalt übertragen. Die obersten Classen, in welchen die Professores öffentlich lehrten, hieß das Gymnasium, die andern, welchen der Rector, der Conrector und die übrigen Schullehrer vorgesetzt waren, erhielten den Namen: Pädagogium f).

Herzog Carl Friedrich, welcher seine Residenz in der Stadt Kiel hatte, verließ 1739 den 18.

1738.

1739.

Bb 5

---

c) Act. hist. eccl. IV, 145.
d) Corp. Const. I, 290.
e) ibid. I, 322.
f) Schmidts Beschr. von der Stadt Altona 243.

18. Junius das Zeitliche. Dieser Herr hatte eine ausnehmende Hochachtung gegen die Religion, und die Bibel war ihm durch die wiederholte und öftere Lesung derselben so bekannt, daß er, wenn er selbst, wie zum öftern geschahe, an die Prediger schrieb, sein ganzes Schreiben mit den Worten der Schrift ausdrückte g). Seine Liebe gegen den geistlichen Stand war außerordentlich, und ein jeder Prediger fand bei ihm eine gnädige Aufnahme. Da bei dem Absterben dieses Herzogs der einzige Prinz Carl Peter Ulrich erst ins 12te Jahr ging, so übernahm der Bischof zu Lübeck, Adolph Friedrich, als der älteste Agnat, die Vormundschaft des hinterlassenen Prinzen, und die Administration des fürstlichen Antheils von Holstein.

In dem benachbarten Herzogthum Schleswig zeigten sich einige Separatisten, die die gefährlichsten Irrthümer hegten, und unter dem Deckmantel der Gottseligkeit die schändlichsten Laster ausübten. Der fromme und um die Ausbreitung und Beförderung eines göttseligen Wesens so sehr bemühte König, Christian VI., verordnete in der Absicht eine eigene Commission, welche die Lehrsätze dieser Separatisten untersuchen und ihnen das verdiente Urtheil sprechen mußte. Einer derselben gab sich sogar vor seinem Ende für den Messias aus, und starb als ein Gotteslästerer h). Es konnte nicht

---

g) Kehse Nachr. von den Predigern in Norderdithmarschen 622. 629.

h) Act. hist. eccl. VII, 387.

nicht fehlen, daß wegen der genauen Verbindung der Herzogthümer Schleswig und Holstein dieses Gift nicht auch hier um sich griff. Insonderheit wollte sich ein Medicinä Practicus in Glückstadt, Johann Hinrich Prätorius, durch seine schwärmerische Schriften einen Anhang verschaffen. Zu dem Ende gab er einen „Entwurf von der Ab„sonderung und dem Ausgang von Babel ꝛc." heraus. Nachdem diese Schrift auf königlichen Befehl verboten worden war, suchte er Sicherheit in Hamburg. Als er aber nach der Zeit sich wieder in Glückstadt einfand, ward er als ein Schwärmer und Verächter der hohen Obrigkeit ins Zuchthaus gesetzt, woraus er endlich 1742 im November mit dem Bedeuten entlassen worden, das Land zu räumen und sich nicht wieder hier sehen zu lassen i). — Dem königlichen Generalsuperintendenten ertheilte König Christian VI. den 14. Dec. eine Instruction, nach welcher sich derselbe in Ansehung der ihm anvertrauten Aufsicht über das Kirchen- und Schulwesen in den Herzogthümern Schleswig und Holstein verhalten sollte k).

Im Jahr 1741 wurde auf königliche Anordnung der Catechismus, welcher in den Königreichen Dännemark und Norwegen zum öffentlichen Gebrauch bestimmt war, auch in Holstein königlichen Antheils eingeführet l). Dieser Catechismus, welchen

1741.

i) Act. hist. eccl. VII, 387.
k) ibid. IV, 526.
l) Kirch. Verordn. X, 37.

welchen der königl. dänische Hofprediger, Doctor Erich Pontoppidan, auf ausdrücklichen königlichen Befehl vom 13. Dec. 1736. verfertiget hat, ist im Jahr 1737 in dänischer Sprache gedruckt und nachher ins Teutsche übersetzt ᵐ).

So sehr sich der gottselige König Christian VI. bestrebte, eine lautre und wahre Gottesfurcht bei seinen Unterthanen zu befördern; so suchten doch einige, welche eine Neigung zum Fanatismus hegten, sich von dem öffentlichen Gottesdienste und von den Versammlungen der Christen an den dazu bestimmten Oertern abzusondern, und Andre zu überreden, als wenn die Erbauung in heimlichen und Privatzusammenkünften besser befördert werden könnte. Weil aber daraus nicht nur eine Verachtung andrer Christen, sondern auch manches Unwesen, welches mit dem Schein der Frömmigkeit bedeckt wird, entstehet; so konnte solches unmöglich gebuldet werden. Daher mußte einer solchen Neuerung gesteuret, und derselben durch ein öffentliches Verbot Grenzen gesetzet werden. Dies geschahe, da zur Erhaltung der Einigkeit in der Religion alle heimliche Versammlungen unter dem Vorwand, sich zu erbauen, untersagt wurde. Nur allein öffentlich berufenen Lehrern und Predigern war es erlaubt, wenn es von ihnen verlanget würde, Privaterbauungsstunden zu halten ⁿ).

Durch

---

m) Dän. Bibl. II, 550.

n) Schmidts Beschreibung von Altona 212. Act. hist. eccl. V, 673.

Durch diese weise Verordnung konnte manche Unordnung, welche aus dem eigenmächtigen Beruf, Andre zu erbauen, entstand, gehoben werden.

Die in Rußland regierende Kaiserin Elisabeth entschloß sich, ihren Schwestersohn, den jüngern Herzog von Holstein, Carl Peter Ulrich, zu ihrem Thronfolger zu bestimmen. Weil aber, vermöge des von der Kaiserin Catharina I. 1727 errichteten Testaments, verordnet war, daß niemand den russischen Thron besitzen sollte, welcher nicht die griechische Religion angenommen, und ein öffentliches Bekenntniß in derselben abgeleget hätte; so mußte der Prinz, ob er gleich in der evangelisch-lutherischen Lehre bisher mit allem Fleiße unterrichtet war, sich es gefallen lassen, die Residenz Kiel und seine holsteinischen Lande zu verlassen, und nach Petersburg zu gehen. Nachdem er darauf 3 Monate von dem Erzbischofe von Novogrob in der griechischen Religion unterrichtet war, legte er 1742 den 17. Nov. in der großen Petri- und Paulikirche zu Moscau sein Glaubensbekenntniß nach der griechischen Confession ab, und empfing die Firmung mit dem Namen Peter Foedorowitz. An dem darauf folgenden Tage ernannte ihn die Kaiserin Elisabeth in einer Versammlung des Senats zu ihrem Nachfolger. Holstein erhielte demnach durch diese Glaubensveränderung einen Regenten, welcher der griechischen Religion zugethan war. Doch dies veranlaßte nicht die geringste Veränderung der einmal im Lande eingeführten Religionsgesetze.

Nur

1742.

Nur in dem Kirchengebete geschahe eine Abänderung, da es nunmehro hieß: „schütze mit deiner Rechten, stärke und bewahre unsern gnädigsten Landesherrn ꝛc." War der regierende Herzog in Holstein zum Thronfolger in Rußland 1743. ernannt; so erwählten den 3. Jul. 1743 die schwedischen Reichsstände den Administrator der fürstl. holsteinischen Lande, Adolph Friedrich, welcher zugleich Bischof in Lübeck war, zum Thronfolger in Schweden. Auf solche Weise sind alle drei Reiche in Norden mit Prinzen, welche aus dem königl. dänischen Hause abstammen, und deren Vorfahren Regenten des Herzogthums Holstein gewesen sind, besetzet, und blühen bis auf die gegenwärtige Zeit im Segen.

Ob zwar schon 1737 an den königlichen Generalsuperintendenten und an die Pröbste in Holstein ein Rescript erlassen war, dahin zu sehen, daß der Exorcismus bei der Taufe unterlassen würde; so war solches doch noch nicht allgemein befohlen. Dies geschahe aber 1743 den 4. Febr., da dem Generalsuperintendenten Conradi aufgetragen wurde, allen Predigern durch ein Circulare anzuzeigen, daß der Exorcismus gänzlich weggelassen werden sollte o). — Denen, welche in den Herzogthümern Schleswig-Holstein sich nach Copenhagen begeben würden, um daselbst zu studiren, ertheilte der König den 1. April die gnädigste Versicherung, daß

---

o) Schmidts Beschreib. v. d. Stadt Altena 184. Act. hist. eccl. VII, 373.

daß sie vor Andern Hofnung haben sollten, beför:
dert zu werden p), wie sie denn auch von dem bei
dem Eintritt in die Academie sonst gewöhnlichen
Examen befreiet seyn sollten q).

In Altona trafen gewisse Leute aus Norwe: 1744.
gen ein, welche sich Zioniten oder Zionsbrüder
nannten. Sie rühmten sich einer unmittelbaren
Eingebung Gottes und gaben sich öffentlich für
Propheten aus. Ihre äußerliche Aufführung war
sowol als ihre Lehre besonders und ausgezeichnet.
Sie ließen ihre Bärte lang wachsen. Um den Leib
oder Arm trugen sie eine weiße Binde, worin mit
rother Seide der Name Zion genähet war. Dem:
selben war eine gewisse Zahl beigefüget, deren Aus:
deutung ihrem Vorgeben nach künftig offenbar wer:
den sollte. So lange sie sich stille verhielten, war
ihnen der Aufenthalt in Altona nicht verboten.
Da sie aber einige Unordnungen unternahmen,
und den königlichen Gesetzen sich nicht unterwerfen
wollten, kam ein Befehl, welcher den 14. Aug.
unterzeichnet war, daß sie die Stadt Altona nicht
nur, sondern auch überhaupt die königlichen Lande
räumen sollten r).

In dem königl. Holstein ist durch ein Rescript
vom 4. Sept. die Privatcommunion sowol in der
Kirche

p) Act. hist. eccl. VII, 378.
q) ibid. VIII, 60.
r) Schmidts Beschreib. v. d. Stadt Altona 227. Act.
hist. eccl. XI, 746.

Kirche als im Hause, ohne Unterschied des Standes und der Würde, abgeschafft, dagegen im ganzen Lande die öffentliche Communion zu halten befohlen ⁵). — In Altona stiftete der König ein Seminarium von 5 Candidaten, welche künftig zum Predigt- und Schulamt gelangen sollten. In dieses Seminarium, zu welchem ein ansehnlicher Fond ausgesetzet war, sollten nur solche aufgenommen werden, welche gebohrne Erbunterthanen wären, oder deren Eltern in königlichen Diensten gestanden hätten. Von ihnen wurde erfordert, daß sie einen Beweis ihrer ehrlichen Geburt angeben könnten, weder durch Gebrechen des Leibes unansehnlich, noch durch kränkliche Leibesconstitution zu künftigen Amtsgeschäften untüchtig wären: ferner nicht zu jung und glaubwürdige Zeugnisse ihres Wohlverhaltens aufweisen könnten ᵗ). — Denen, welche in den Gemeinen der mährischen Brüder erzogen waren, sich daselbst aufgehalten und studiret hatten, wurde die Beförderung zu geistlichen Kirchen- und Schulbedienungen untersagt ᵘ).

Da bisher noch keine Vorschriften, welche sich besonders auf das Kirchen- und Schulwesen derer unter gemeinschaftlicher Hoheit stehenden Kirchen

---

s) Act. hist. eccl. IX, 557.

t) Schmidts Beschreibung von Altona 271.

u) Act. hist. eccl. IX, 956. Schmidts Beschreibung von Altona 225.

chen bezogen, bekannt gemacht waren; so vereinigten sich beide Landesherren mit einander, eine gemeinschaftliche Sabbathsverordnung, als auch eine Schulverordnung abfassen zu lassen, welche künftig in den unter gemeinschaftlicher Hoheit stehenden Kirchen beobachtet werden sollten. Jene, die Sabbathsverordnung, trat den 14. Dec. 1744 ans Licht, und befahl die gebührende Heiligung der Sonn- und Festtage, und die Abschaffung aller Misbräuche an denselben *). Dieser folgte 1745 den 11. Jan. eine gemeinschaftliche Schulverordnung, nach welcher die Schulen in den Districten, welche unter der Hoheit der beiden regierenden Landesherren stunden, eingerichtet seyn sollten y). — Es verordnete auch der König, daß, da einige Einwohner sich unterstanden, aus dem Lande zu ziehen, und sich zu den mährischen Brüdern zu begeben, diejenigen, die solches zu thun sich gelüsten ließen, aller ihrer Güter und ihres Vermögens verlustig seyn sollten z). — Der Herzog Friedrich Carl in Plöen ließ den 22sten Februar eine Einrichtung für die Schulen seines Herzogthums zum Besten der Jugend durch den Druck allgemein bekannt machen a).

1745

Im

---

x) Act. hist. eccl. IX, 592.
y) ibid. XI, 538.
z) Schmidts Beschreibung von Altona 226. Act. hist. eccl IX, 958.
a) Act. hist. eccl. XI, 559.

1746. Im Jahr 1746 den 6. Aug. beschloß Christian VI., ein strenger Verehrer der Religion und ein mildthätiger König, die Tage seines vergänglichen Lebens. Wie sehr er Frömmigkeit und Tugend zu befördern sich angelegen seyn ließ, zeigen die unter der Regierung dieses Königes öffentlich bekannt gemachten Befehle. Er selbst bewies sich als einen frommen und tugendhaften Christen, und daher wünschte er, daß auch seine Unterthanen das in der That seyn möchten, was sie äußerlich bekannten. Seine Gottesverehrung war mit Recht ein Muster des Verhaltens für Andre, und er diente dem Herrn mit einem lautern und unverfälschten Herzen. Friedrich V. war der glückliche Nachfolger und der würdige Sohn dieses gottseligen Königes. Dieser neue Regent der dänischen Staaten
1749. erlebte den frohen Zeitpunct, da das königl. Haus in Dännemark aus dem Oldenburgischen Stamm 300 Jahre in einer ununterbrochenen Erbfolge, und mehrentheils vom Vater auf den Sohn, den dänischen Thron besessen hatte.b) Ein in der Geschichte der Länder und in der Regierung der Völker unerhörtes Beispiel. Für diese Wohlthat suchte dieser Monarch dem König aller Könige ein Opfer der Dankbarkeit mit seinem ganzen Volke darzubringen. Der 28ste und 29ste October waren zur öffentlichen und allgemeinen Feier dieses Festes in Holstein bestimmt. An dem ersten dieser Tage wurde im ganzen Lande eine Dankpredigt gehalten, worin

---

b) Act. hist. eccl. XVI, 669. 701.

worin dem allgemeinen Beherrscher der Länder für die vielen und theuren Wohlthaten, welche unter der so beglückten Regierung der dänischen Könige aus dem Oldenburgischen Hause den Unterthanen widerfahren ist, Lob und Preis gesaget wurde. Dieser Tag war, da alle einstimmig Gott für das Gute, was er diesem Lande durch eine so milde und gnädige Regierung zufließen lassen, den demüthigsten Dank brachten und den besten Segen auf die Zukunft erfleheten, ein rechter Freudentag. Der 29ste October ist dadurch feierlich gemacht, daß in den Schulen des Herzogthums durch gehaltene Reden das Andenken der dem königlich dänischen Hause und allen Unterthanen der dem dänischen Zepter unterworfenen Länder erwiesenen Wohlthaten erneuret und mit frohem Jubel gepriesen wurde.

In den Kirchen des Herzogthums Holstein, welche unter königlich dänischer Hoheit stunden, waren unterschiedliche Gesangbücher im Gebrauch, und eine jede Gemeine hatte sich nach eigenem Gefallen ein solches erwählet, welches man nach dem Gutdünken der Vorsteher der Kirche als das beste hielte. Auf daß nun eine desto bessere Uebereinstimmung in dem öffentlichen Gottesdienste herrschen möchte, befahl König Friedrich V. den 2ten November, daß ein allgemeines Gesangbuch zum beständigen Gebrauch eingeführet werden sollte c). Dieser Befehl ging auch wirklich in die Erfüllung,

1752.

---

c) Act. hist. eccl. XVII, 562.

1753. füllung, da mit dem ersten Tage des 1753sten Jahres bei allen königlichen Kirchen im Lande das neue Gesangbuch, welches 1000 Lieder enthielte, auch von dem königlichen Generalsuperintendenten, D. Jeremias Friedrich Reuß, mit einer Vorrede begleitet wurde, wirklich eingeführet und mit dem Gebrauch desselben der Anfang gemacht worden ist. — Die gute Ordnung bei dem Dienste in dem Hause des Herrn zu befördern, und eine Gleichförmigkeit in den Kirchengebräuchen zu bewirken, kam ein holstein-ploenisches Kirchenritual ans Licht, welches der in Ploen residirende Herzog Friedrich Carl durch den Superintendenten M. Peter Hansen hatte verfertigen lassen [d]).

Den Römisch-Katholischen, welche sich bei der Garnison in der Stadt Rendsburg aufhielten, erlaubte der König durch ein Rescript vom 17ten
1757. Januar 1757, daß ein Layenpriester ihrer Religion sich an diesem Orte aufhalten könnte [e]), da sonst ein katholischer Prediger aus Glückstadt den Gottesdienst in aller Stille und ohne öffentliche Ceremonien zuweilen in Rendsburg hielte. — Im
1758. Jahr 1758 den 11. Dec. kam eine königliche Verordnung heraus, durch welche der überflüssige Gebrauch der Eide eingeschränkt, und alle Gelegenheit, einen Meyneid zu begehen, benommen werden sollte. Um aber auch die Menschen an die

Wich-

---

d) Act. hist. eccl. XVII, 858.
e) Matthiä Kirchenverf. 323.

Wichtigkeit des Eides zu erinnern, und ihnen die gerechten Strafen Gottes, welche diejenigen zu erwarten haben, die den Namen des Herrn mißbrauchen, lebhaft zu Gemüthe zu führen, wurde befohlen, daß alle Jahre am Vormittage des zweiten Weihnachtsfeiertages, und wo am Ostermontage mehr als einmal geprediget wird, an diesem Feiertage des Nachmittags eine Eidpredigt über einen bestimmten Text gehalten werden sollte f).

Friedrich Carl, der letzte Herzog zu Ploen, welche linie Johann der jüngere, ein Sohn König Christian III., gestiftet hat, endigte in der Nacht vom 18ten bis 19ten October sein leben. Nach einem mit diesem Herzoge 1756 den 29sten Nov. aufgerichteten Erbfolgevergleich g) nahm König Friedrich V. in Dännemark Besitz von dem Fürstenthum Ploen, und vereinigte dasselbe, da es so viele Jahre einen eigenen Herrn gehabt hatte, mit dem übrigen königlichen Antheile Holsteins. Aus denen zu diesem Fürstenthume gehörigen Kirchen ist eine Probstei gemacht, deren Probst der Hauptprediger an der Stadtkirche in Ploen ist. 1761.

Nach dem den 5ten Januar 1762 erfolgten Absterben der in Rußland regierenden Kaiserin Elisabeth bestieg der Schwestersohn derselben, der Großfürst und Herzog von Holstein, unter dem 1762.

Ma=

---

f) N. Act. hist. eccl. II, 470.

g) Hanf. Nachr. v. den Pl. L. 373.

Namen Peter des Dritten, den kaiserlichen Thron in Rußland. Dies verursachte in dem fürstlichen Holstein eine allgemeine Freude. Diese wurde aber bald vereitelt, da dieser Kaiser schon den 17ten Jul. sein Leben endigte, und die Regierung des russischen Reichs seiner Gemahlin, Catharina II., überlassen mußte. Diese übernahm darauf die Obervormundschaft in Hinsicht ihres einzigen Sohnes, des Großfürsten Paul Petrowitz, als regierenden Herzogs von Holstein, und ernannte den Prinzen Georg Ludwig aus dem bischöflich eutinischen Hause zum Statthalter der holsteinischen Lande. Wie aber derselbe schon 1763 den 7. Sept. aus der Welt ging, erhielte der in Eutin residirende Bischof von Lübeck die Statthalterschaft über die Länder des Großfürsten in Holstein.

1763. Ein königlich dänischer Professor bei dem Gymnasio in der Stadt Altona, Johann Bernhard Basedow, veranlaßte durch eine Schrift, welche er Philalethie, oder neue Aussichten in die Wahrheiten und Religion der Vernunft bis an die Grenzen der glaubwürdigen Offenbarung h) nannte, manche Streitschriften unter den Gottesgelehrten in der evangelischen Kirche. Denn da er von den Grundsätzen der evangelischen Lehre abwich, seine Liebe zu Neuerungen in der Religion und seinen Haß gegen die Diener derselben mehr als zu deutlich zeigte und zu erkennen gab, konnte es nicht fehlen,

---

b) N. Act. hist. eccl. V, 1085.

fehlen, daß seine Lehrsätze Widerspruch fanden. Dieser vermehrte sich, da er in der Folge durch seine Schulschriften, und vorzüglich durch sein Elementar- und Methodenbuch in der gelehrten Welt ein nicht geringes Aufsehen machte i). Allein so viel Aufsehen seine versprochene Schulverbesserung machte; so hat der Erfolg die Erwartung, die einige sich von diesem großen und wichtigen Unternehmen versprachen, nicht bestätiget. — Durch die Vorsorge der Kaiserin Catharina II. wurde eine Casse zur Versorgung der Prediger-Wittwen im fürstlichen Holstein aufgerichtet k). Diese so vortrefliche Einrichtung, welche das Andenken dieser großen Monarchin auch in Holstein verewiget, erhielte in der Folge die Erweiterung, daß die Anstalten dieser Wittwen-Casse nicht sowol in Ansehung der Schulen im Lande überhaupt, sondern auch besonders in Ansehung der hohen Schule in Kiel, gemeinnützig gemacht wurde l). 1764.

Holstein, welches das seltene Glück so viele hundert Jahre genossen, unter der Herrschaft der wohlthätigsten und frömmsten Regenten zu stehen, empfand mit der äußersten Betrübniß die Schreckenspost, daß König Friedrich V. gestorben sei. Dieser Mo- 1766.

---

i) N. Act. hist. eccl. XI, 68.

k) ibid. VI, 41.

l) Hene zehnjähr. Glückf. des Cymb. Ruf.

Monarch, welcher mit Wahrheit ein Herr von einem menschenfreundlichen Herzen war, erreichte den 14ten Januar in der besten Blüte des Lebens das Ziel seiner Tage. Ihm folgte der noch jetzo glorreich regierende König in Dännemark Christian VII. Unter der sanften und milden Regierung desselben genießen die Einwohner Holsteins noch immer das Glück des Lebens und der Ruhe. Dies Glück sowol als die Ruhe zu befördern, hat es bisher nicht an weisen und heilsamen Anordnungen gefehlet. Im Jahr 1767 den 8. Jun. wurde die Kirchenbuße, weil der Zweck derselben der Absicht, warum sie eingeführet war, nicht allemal, und nur selten entsprach, dagegen Mißbrauch und Aergerniß dadurch öfters verursachet wurde, abgeschafft und solche in eine Gefängnißstrafe verwandelt m). Allen königlichen Unterthanen des Herzogthums Holstein, welche sich den Studien widmeten, ließ der König 1768 den 1sten Februar anzeigen, daß sie künftig, wenn sie in den Herzogthümern sich Hofnung zur Beförderung machen wollten, zwei Jahre auf der Academie Kiel sich aufzuhalten und daselbst zu studiren schuldig und gehalten seyn sollten n).

1767.

1768.

Ein jüdischer Calender, welcher in Altona für das Jahr 1769 gedruckt war, legte einen Beweis

1769.

---

m) N. A. h. eccl. VIII. 608.

n) ibid. VIII. 606.

Beweis ab, wie feindselig die Juden, da sie doch unter Christen wohnen, und den Schutz derselben genießen, gegen sie gesinnet sind, und mit welcher Verachtung sie den Glaubenslehren derselben spotten. Der Verfasser, ein jüdischer Schreibmeister, hatte in demselben hämische Bezeichnungen der christlichen Festtage und Lästerungen der christlichen Religion angebracht. So hatte er unter andern, aller Heiligen in aller Huren, Trinitatis in die unflätige Dreieinigkeit, Fastnacht in Possennacht; Creuz-Erhöhung in Bild-Erhöhung verwandelt o). Der Schulmeister, von dem dieser schändliche Calender verfertiget war, starb, ehe die Sache ruchtbar worden ist, und entging dadurch derjenigen scharfen Züchtigung, die ihn betroffen haben würde. Der jüdischen Nation, welche sich damit zu entschuldigen suchte, daß dieser Calender weder auf Befehl ihrer Aeltesten, noch mit Vorwissen derselben gedruckt sei, ist darauf im Namen des Königes angedeutet, daß sie für alles, was künftig von ihrer Seite gedruckt werden würde, einstehen, auch alle Jahre von den Calendern einige Exemplare ins Oberpräsidium einzuliefern verbunden seyn sollten p). — Obgleich die portugiesischen Juden seit vielen Jahren in Altona gewohnt und schon 1611 einen Begräbnißplatz bei dieser Stadt erhalten haben; so sind sie doch erst unter der Regierung Sr. königl.

---

o) N. Act. hist. eccl. XI, 652.

p) ibid. X. 568.

Majestät Christian VII. privilegirt, eine eigene Gemeine auszumachen, indem ihnen die Erlaubniß dazu den 22sten März 1771 ertheilet ist q).

1771.

Da in andern protestantischen Ländern die überflüssigen Festtage, welche mehr zur Ueppigkeit als zu einer wahren Gottesverehrung angewandt wurden, durch höhere Befehle abgeschafft sind; so geschahe solches auch im Herzogthum Holstein. Nicht nur von Königlicher, sondern auch von Großfürstlicher Seite erging in der Absicht ein Rescript, welches von allen Kanzeln verlesen wurde; und worin die Feier folgender neun Tage, nemlich des dritten Weihnachts-, des dritten Oster- und des dritten Pfingsttages, ferner der heiligen drei Könige, der Reinigung Mariä, Johannis des Täufers, der Heimsuchung Mariä, Michaelis und Allerheiligen unterlassen werden sollte. Im Gegentheil ist verordnet, daß alle Jahre am Sonntage nach dem 1. Nov. ein Reformationsfest zum Andenken der großen Wohlthat, welche durch die Glaubensverbesserung des großen Luthers bewirket worden ist, im Lande gefeiert werden sollte: wie denn auch das Fest der Verkündigung Mariä auf den Sonntag Jubica versegt ist, da denn an demselben über die zu dem Verkündigungsfeste verordneten evangelischen und epistolischen Texte geprediget wird r). — Die mährischen

---

q) Matthiä Kirchenverf. 360.

r) N. Act. hist. eccl. XI. 634.

schen Brüder erhielten den 20sten December die Erlaubniß, sich in dem Herzogthum Schleswig, und zwar im Amte Habersleben niederzulassen, und eine eigene Gemeine zu errichten. Zu dem Ende sind die Verordnungen vom 7ten December 1744 und vom 18ten Januar 1745, nach welchen alle, die in den Gemeinen der mährischen Brüder sich aufgehalten und studiret hatten, zu keinen geistlichen Bedienungen befördert werden, und daß diejenigen, welche sich zu den mährischen Brüdern begeben würden, ihrer zurückgelassenen Güter verlustig seyn sollten, aufgehoben und künftig für ungültig erkannt s).

Das Jahr 1773 ist für das Herzogthum Holstein mit Recht sowol in der politischen als in der Kirchengeschichte ein merkwürdiges Jahr, weil in demselben die fürstliche Regierung gänzlich aufgehoben und ganz Holstein der Herrschaft Sr. Königlichen Majestät des jetzt regierenden Monarchen in Dännemark unterworfen ist. Es war 1767 den 22sten April zu Copenhagen zwischen dem Könige Christian VII. in Dännemark und der Kaiserin Catharina II. in Rußland, als Obervormünderin ihres Herrn Sohnes des Großfürsten und Herzogs in Holstein, Paul Petrowitz, um alle Zwistigkeiten, welche zwischen der Krone Dännemark und dem herzoglich holstein-gottorpischen Hause obgewalt

---

s) N. Act. hist. eccl. XII. 408.

waltet hatten, aufzuheben, ein provisorischer Tractat geschlossen. Vermöge desselben sollte der fürstliche Antheil des Herzogthums Holstein, sobald der Großfürst die Mündigkeit erlanget hätte, dem Könige von Dännemark übertragen werden. Dagegen sollten die Grafschaften Oldenburg und Delmenhorst dem Großfürsten zum Eigenthum übergeben und diese Grafschaften von dem Kaiser zum Herzogthum erhoben werden. Die Uebergabe des fürstlichen Antheils an den König geschahe darauf auf dem Schlosse zu Kiel 1773 den 12ten November. An diesem Tage versammleten sich alle Collegien und Civilbediente. Der großfürstliche Principal-Commissarius, der geheime Rath, Caspar von Saldern, kündigte die Uebergebung mit einem kurzen Vortrag an, ließ die Abtretungsacte vorlesen, und sprach die Einwohner von ihrer Verpflichtung an das herzoglich holsteinische Haus los. Darauf versicherte der königliche Principal Commissarius, Graf Detlev von Reventlau, den Unterthanen die landesväterliche Huld und Gnade Sr. Königlichen Majestät von Dännemark, nahm die Huldigung von den Prälaten, von der Ritterschaft und allen übrigen Bedienten durch den Handschlag t). Auf solche Weise wurde der König von Dännemark Besitzer des ganzen Herzogthums Holstein, und erhielte die bischöfliche Hoheit über alle Kirchen desselben, außer den fünf Kirchen, welche unter der Hoheit des Bischofs zu Lübeck stehen. Diese und

andre

---

t) A. h. eccl. n. Temp. I, 892. 895.

andre Vorzüge, deren das königlich dänische Haus
theilhaftig geworden war, veranlaßten den König,
auf den 1sten December einen allgemeinen Dank-
und Bettag wegen der dem Könige, dem königlichen Erbhause und den königlichen Reichen und Ländern gegebenen Merkmale der Güte und der gnädigen
Vorsorge und Beschirmung des Allerhöchsten zu verordnen u).

In den vormals großfürstlichen und gemeinschaftlichen Kirchen war noch die Kirchenbuße gebräuchlich. Durch eine königliche Verordnung vom
22sten December 1774 wurde dieselbe abge- 1774
schafft x). Auch war in dem königlichen Antheil
Holsteins nur ein Text zur Predigt am allgemeinen
Bußtage bestimmt, welcher alle Jahre erkläret
wurde. Es erging daher ein Rescript an alle Prediger im Lande, daß von dem Jahre 1775 an,
ein von dem königlichen Generalsuperintendenten
vorgeschriebener Text den Predigern bekannt gemacht
werden sollte, und daß alle Jahre durch ein Circulare
ein andrer Bußtext angezeiget werden würde. —
Für die vormals gemeinschaftlichen Kirchen verord- 1775
nete der König anstatt des bisher gewöhnlichen Kirchengebets, nach welchem nicht allein für das königliche, sondern auch fürstliche Haus und die zu denselben gehörigen hohen Personen die Fürbitte geschähe, ein andres, in welchem blos für das königs-
liche

u) A. h. eccl. n. Temp. I, 901.

x) A. h. eccl. n. Temp. II. 208.

liche Haus in Dännemark die Fürbitte eingerichtet war.

1776. Vermöge des am 29sten Januar 1776 publicirten allen Unterthanen so erfreulichen Indigenatrechts, geschahe die allerhöchste Verfügung, daß niemand künftig zu einer geistlichen Bedienung im Herzogthum Holstein, so wie in den übrigen königlich dänischen ländern gelangen sollte, der nicht ein Eingebohrner sei. Kein Fremder darf kraft dieser Verordnung von einem Patron der Kirche zur Wahl gestellet, oder dem Könige zu einer Prediger- oder andern geistlichen Bedienung in Vorschlag gebracht, noch weniger ihm solche mitgetheilet werden. — Den Exorcismus bei der Taufe, welcher in den zuvor gemeinschaftlichen Kirchen noch immer gebräuchlich gewesen war, wegzulassen, ist den 22sten Juli auf königlichen Befehl die Anordnung gemacht, dabei dann ausdrücklich angedeutet wurde: daß dieserhalb nicht die geringste Erwähnung weder in Predigten noch sonst geschehen möchte.

Da bisher die Unterconsistorien im lande die Prüfungen der Candidaten des Predigtamts, besorgt, und die Geschicklichkeit der geprüften Subjecte beurtheilet und bestimmet hatten: dieses aber, weil in den beiden Herzogthümern so verschiedene Unterconsistorien befindlich sind, nicht mit der so nothwendigen Gleichförmigkeit geschehen konnte; so verordnete der König
1777. den 6sten August 1777, daß künftig das Examen

men der Candidaten, welche Holstein als ihr Vaterland erkannten, durchgehends an dem Diensttage nach Michaelis zu Glückstadt in dem Oberconsistorio den Anfang nehmen sollte. Den Examinirten sollte nach der Beschaffenheit und nach dem Umfang ihrer bewiesenen Einsichten und Fertigkeiten entweder der erste und höchste oder der andre und der dritte Character beigeleget werden y). — Damit auch die künftigen Lehrer des Volks zu dem Lehramte, welches zu verwalten, sie sich vorbereiteten, desto geschickter und tüchtiger erfunden werden möchten, sind im Jahre 1778 den 11ten Junius laut einer bekannt gemachten Vorschrift, die Fähigkeiten bestimmt, welche diejenigen, die die Universität Kiel beziehen, und die an den gestifteten Stipendien Antheil zu haben wünschen, besitzen müssen. 1778.

Es ist sicher, daß die Gesänge einen vorzüglichen Theil der öffentlichen und geheimen Verehrungen Gottes ausmachen, und sehr Vieles zur wahren Erbauung beitragen können. Um so viel mehr machen sich solche Männer um ihre Mitbürger verdient, welche Fleiß und Mühe anwenden, die der Andacht gewidmeten Lieder der Nutzbarkeit näher zu bringen. Daß dieses Geschäfte so viele verdiente und würdige Männer in unsern Zeiten mit Vortheil und im Segen unternommen haben, sehen wir aus den für so unterschiedene Länder und Städte in der evangelischen Kirche verfertigten Liedersammlungen.

Auch

---

y) Matthiä Kirchenverf. 409.

Auch Holstein war so glücklich durch die Bemühung
1781. des schon verewigten Kanzlers in Kiel, Herrn Johann Andreas Crankers, eine solche Sammlung
von 9 4 Liedern zum allgemeinen Gebrauch bei
dem öffentlichen Gottesdienst zu erhalten. Der
königlichen allergnädigsten Verfügung zufolge ist
dieses Gesangbuch zuerst den 15ten April, als am
ersten Ostertage 1781, hier eingeführet. — Die
königliche Milde und gnädige Vorsorge, Unterthanen glücklich zu machen und ihnen den Weg dazu zu
1783. bahnen, zeigte sich auch darin, daß Se. königliche
Majestät für die beiden Herzogthümer Schleswig
und Holstein 1000 Exemplare von Feddersens
Sittenbuch für den Bürger und Landmann
zum Geschenke vertheilen ließen. Bei allen Predigern geschahe Vorfrage, wie viel Exemplare sie für
ihre Gemeinen nöthig achteten, damit die gnädigste
Absicht des Königs erfüllet würde.

Der Unterricht der Jugend ist ein wichtiges,
aber auch nützliches Geschäfte der Lehrer. Von diesem Unterrichte hänget in der Folge das zeitliche und
geistliche Wohl der Menschen ab. Wie glücklich
ist demnach ein Land, wenn in demselben die Schulen so eingerichtet sind, daß Kinder mit Nutzen und
zum Besten auf die Zukunft in denselben unterwiesen werden; und daß Lehrer bei ihrer sauren Arbeit
den Endzweck ihrer Bemühung stets vor Augen haben. Gewiß ein nicht geringer Segen breitet sich
dadurch über die noch werdenden Bewohner eines
Landes aus, ja die Religion erhält ihre rechte Würde,

de, und die übereinstimmende Neigung der Menschen, sich, so viel möglich, des Guten zu bestreben, bewirket das Band der allgemeinen Ruhe und des verträglichen Lebens. Gute Schulen verschaffen dem Lande auch gute Einwohner und Unterthanen. Es können aber unmöglich gute Schulen statt finden, wenn nicht der Unterricht in denselben so beschaffen ist, daß er als ein guter Same in die zarten Herzen der Kinder ausgestreuet wird, um dermaleinst gute Früchte zu bringen. So wie die Landesherren Holsteins von jeher sich das Wohl der Schulen haben angelegen seyn lassen; so muß man es auch als ein vorzügliches Merkmal der gegenwärtigen Regierung rühmen, daß sie auf die gute Einrichtung und Verbesserung der Schulen stets aufmerksam sei. Zu dem Ende ist auf allerhöchsten Befehl im Jahr 1785 ein kurzer Unterricht im 1785. Christenthum zum richtigen Verstande des kleinen Catechismus Lutheri in allen Schulen des Herzogthums eingeführet, und den Lehrern befohlen, ihre Unterweisung darnach einzurichten.

Fremde Religionsverwandte, welche sich hier im Lande aufhalten, finden auch unter der milden und sanften Regierung eines Christian VII. den vollkommensten Schuß. Um sie den Einwohnern und Eingebohrnen des Landes völlig gleich zu machen, ist ihnen den 22sten September erlaubt, daß ihre Leichen in den Städten und auf dem Lande unter Läutung der Glocken und unter Beglei-

Dd tung

tung der Geistlichen und der Schule auf dem Kirchhofe und in der Kirche bestätiget werden könnten ᶻ).

So gesegnet Holstein bisher im Irdischen gewesen ist, da die Einwohner desselben die Früchte des Landes in Ruhe und im Frieden genießen; so glücklich ist es in Ansehung der kirchlichen Verfassung, indem in demselben, wie man aus dem Angeführten siehet, die lautre Wahrheit des Evangelii, so wie sie von unsern Vorfahren angenommen ist, bis auf diesen Tag feste stehet. Unser allergnädigster Landesherr sorget noch immer durch weise Verordnungen für die Erhaltung derselben. Der Herr Herr setze den König und das ganze königliche Erbhaus bis an das Ende der Tage zum Segen, und bewahre das unschätzbare Kleinod des Glaubens uns und unsern Nachkommen.

z) A. h. eccl. n, Temp. XII. 1030.